1894—1905 年的大国角逐与英国的孤立政策

中国问题

[英] 托马斯·奥特————著

李 阳————译

图书在版编目（CIP）数据

中国问题：1894—1905年的大国角逐与英国的孤立政策／（英）托马斯·奥特著；
李阳译．—北京：生活·读书·新知三联书店，2019.6
（世界）
ISBN 978 - 7 - 108 - 06623 - 7

Ⅰ．①中…　Ⅱ．①托…②李…　Ⅲ．①对华政策－研究－英国－1894-1905
Ⅳ．① D822.356.1

中国版本图书馆 CIP 数据核字（2019）第 100274 号

责任编辑　徐国强
装帧设计　薛　宇
责任校对　曹秋月　曹忠苓
责任印制　徐　方
出版发行　生活·讀書·新知 三联书店
　　　　　（北京市东城区美术馆东街22号 100010）
网　　址　www.sdxjpc.com
图　　字　01-2019-1000
经　　销　新华书店
印　　刷　三河市天润建兴印务有限公司
版　　次　2019 年 6 月北京第 1 版
　　　　　2019 年 6 月北京第 1 次印刷
开　　本　635 毫米 × 965 毫米　1/16　印张 25.5
字　　数　308 千字
印　　数　0,001 - 7,000 册
定　　价　58.00 元
（印装查询：01064002715；邮购查询：01084010542）

目　录

致 谢

人们说领事们全都变得有些怪；商人们说那是因为他们不得不学汉语，而那些商人，却是一帮能在中国住上三十五年，竟连在街上问路的汉语都没学会的家伙。

——威廉·萨默塞特·毛姆（William Somerset Maugham），
《领事》（*The Consul*）

在研究过程中，我向众多的朋友和同事欠下了人情债。埃里克·戈尔德施泰因（Erik Goldstein）知道我有多么感激他，为他经常的、从不缺失的鼓励和支持。我还要对格伦维尔（J. A. S. Grenville）致以特别的谢意，是他最早激发了我对"伟大的侯爵们"的兴趣，在我作为一名历史学者蹒跚起步时，也是他给了我深思熟虑且发人深省的建议。我要向基思·尼尔森（Keith Neilson）专门致谢，他在百忙中拨冗阅读了全稿，并提出非常中肯的意见，使本书得到了极为必要的斧正。感谢彼得·马什（Peter Marsh），为我解释了理解约瑟夫·张伯伦（Joseph Chamberlain）外交观的一些关键要点。尼古拉·罗思柴尔德（Nicholas Rothschild）非常友善地和我分享了关于"阿尔弗雷德先生"（Mr. Alfred）秘密活动的信息。斯

1

文·伯格曼（Sven Bergmann）、纠仓松（Tadashi Kuramatsu）、已故的奥利弗·马洛·威尔金森（Oliver Marlow Wilkinson），还有领取奖学金的研究生和我的好朋友康斯坦丁·A. 帕格达斯（Constantine A. Pagedas），也使我受益匪浅。我要感谢菲利普·贾奇（Philip Judge）为我贡献了他的制图技术。还要感谢牛津大学出版社富有耐心并且总是支持我的历史学编辑克里斯托弗·惠勒（Christopher Wheeler）。本书的任何价值所在，都极大地受益于他们的帮助，而本书的任何缺陷，都应由我独自负责。

在由英国高等教育基金委员会的研究评估考核（Research Assessment Exercise，RAE）掌控的现代英国学术界，财政支持在很多方面都很重要，我很高兴地感谢艺术和人文研究委员会（Arts and Humanities Research Council）给我放了研究假，使我得以完成本书。

我决定用威妥玛拼音，而不是罗马化的汉语拼音来标示中国地名和人名，以与本书的研究所根据的史料保持一定程度的一致。

我要感谢下列机构和人员，承蒙他们允许我引用其拥有版权的资料：哈佛大学贝克图书馆（Baker Library, Harvard University）、贝尔福伯爵纪念馆（Rt. Hon. the Earl of Balfour）、伯明翰大学图书馆（Birmingham University Library）、博德利图书馆（Bodleian Library）、大英图书馆理事会（Trustees of the British Library）、剑桥大学图书馆理事会（Syndics of Cambridge University Library），查特斯沃斯庄园董事会（Trustees of the Chatsworth estate）、丘吉尔学院（Churchill College）的院长和董事们、格洛斯特郡档案室（Gloucestershire Record Office）、汉普郡档案室（Hampshire Record Office）、赫里福德郡档案室（Herefordshire County Record Office）、哈佛大学霍顿图书馆（Houghton Library, Harvard University）、帝国战争博物馆（Imperial War Museum）、肯特郡档案室（Kent Archives

Office）、英国议会图书馆（Library of Congress）、国立苏格兰档案馆（National Archives of Scotland）、国立苏格兰图书馆（National Library of Scotland）、N. M. 罗思柴尔德档案馆和图书馆（N. M. Rothschild Archives and Library）、索尔兹伯里侯爵阁下（Marquis of Salisbury）、美国国家档案馆（United States National Archives）。

王室拥有版权的资料，承蒙女王陛下文书局（Her Majesty's Stationery Office）准许使用。我还要向我在无意中侵犯了版权的任何人诚挚地致以歉意。

最后，我要向我的父母致以特别的谢意，感谢他们一贯的支持和鼓励。不过，我最大的感谢还要给予我的妻子乔安娜（Joanna）和女儿格温德琳（Gwendolen）。在我沉浸于史事之时，是乔安娜维持了家庭的薪火，我要将本书奉献于她。

托马斯·奥特
2006 年秋

导　言

　　漫长的 19 世纪的倒数第二个十年，是一段史无前例的全球危机时期。1894—1905 年最紧迫的问题就是"中国问题"。中国的未来发展问题，实际上也就是中国的生存问题，是列强在欧洲之外所面临的最复杂的问题。尽管有狂乱的"非洲混战"，以及更为紧张、更具戏剧性的"东方问题"，但是人们普遍预期的中华帝国的崩溃，却与列强有着更加千丝万缕的联系。这个"无限大的东方问题"似乎"孕育着某种灾难性的可能；也许会在欧洲列强为中华帝国的废墟你争我夺时，引发世界末日大决战"。[1] 这绝非神经过敏的政客的夸大之词。

　　在 19 世纪的上半叶，中国逐渐并入西方的国际关系体系，是由两个不断发展的因素同时驱使的：一是太平天国叛乱（1850—1864）后，作为统治者的清王朝的内部削弱；二是挟先进科技的欧洲列强的扩张，迫使中国向西方的商业、外交和传教活动打开门户。自从 1860 年中国被迫进入"条约体系"后，中华帝国的相当大一部分，已经变成了欧美"帝国非殖民地化的延伸"。[2] 随着 1894—1895 年日本迅速击败中国，欧洲各国总理府的走廊里都回荡起"中国问题"的声音。按照 19 世纪 90 年代社会达尔文主义的观点，中国已经成为似乎垂死的国家链条中的最新一环。中国行将灭亡的说法"像瘟疫一样传遍了欧洲"。在当时的许多观察家看来，"中国已经取代土耳其，成为头号病夫"。[3]

索尔兹伯里（Salisbury）勋爵在他 1898 年 5 月于樱草会（Primrose League）发表的经常被人引用的关于"垂死国家"的演讲中，对这一现象做出了也许是最尖刻的表述。他预言："欣欣向荣的国家将逐渐蚕食垂死国家的土地，文明国家之间冲突的种子会逐渐显现出来。"[4]这是极具先见之明的。直到 1905 年，中国问题都使所有其他国际问题黯然失色。中国的羸弱符合国际关系中一种崭新的扩张主义动态，反过来又在刺激着这种动态。中国成了列强政治的目标。列强之间的关系遂从欧洲的核心地区扩展出来，一直延伸到东亚的边缘。欧洲的外交政策制定者们"被迫小心翼翼地关注着中国和欧洲政治晴雨表的每一步变化——因为一个地区的政治形势会影响到其他地区"。[5]

"中国问题"有一种复杂的、令人尴尬的意味。人们以不同程度的紧迫心情，预测中国将土崩瓦解，这点加剧了列强在这一地区的争斗。然而与此同时，欧洲的政客们又都心照不宣地认同，最好不要让中国正式分裂。他们的谨慎与在公开辩论时咄咄逼人的扩张主义言论形成了鲜明的反差，这种谨慎是受诸多因素影响的。中国不像非洲，并非很容易确认的可填补的权力真空。中国表面上是由一些松散联合的总督辖地组成的，但鉴于其高度的文化和种族同一性，直接的外族统治一向会受到中国民众的强烈抵抗。[6]而且，在 1895 年后争夺铁路、矿山及其他商业特许权的斗争中，中国与外国列强关系的性质发生了深刻变化。因为这样的特许权使资本输出成为必需；并且要求政治稳定。维持中国，符合金融帝国主义的逻辑。因此，中国并不十分符合法国历史学家勒努瓦（Renouvin）对 19 世纪是"宰割天下的时代"的特性描述，尽管这并不妨碍列强以强制性外交的手段，在中国的土地上建立桥头堡，通常的形式是由划定的"势力范围"包围的海军基地。[7]

英国的政策必须因这些变化而进行调整:"我们的对华政策……应当是一种稳健的政策。……我们的确想看到这些土地向普遍贸易开放,但我们不想看到它们在这个垂死的大帝国预期的继承人们之间分崩离析。"[8]一年后,《爱丁堡评论》(*Edinburgh Review*)上的一篇文章,以令人钦佩的洞察力概括了英国的现存问题。中国的"分裂"既非正在发生中,也非绝对不可避免的。但是英国的在华商人现在必须抵御有政府撑腰的欧洲对手的挑战。英国外交必须保护贸易利益和现有的条约权利,以防中国当局从"内部"违约以及其他列强从"外部"侵蚀。"我们被迫采取的外交手段,[意味着]当我们抵挡俄国和法国的攻势时,必须让中国挡在剑锋之间。也就是说,每一刺都要让其穿过[中国主管外交事务的]总理衙门的躯体。"[9]

中国问题在19世纪90年代后期加剧了列强之间关系的不稳定状态。在亚洲,对于奥斯曼帝国、波斯帝国和中华帝国看似不可逆转的衰败,俄国的影响似乎越来越势不可当。鉴于俄国在地理上紧邻中国,其对中国东北和清帝国其他边疆省份的"温和渗透"很难遏制。亚洲的大角逐似乎在向有利于俄国的方向倾斜。[10]英国与两个"传统的"帝国对手法国和俄国之间,自1891—1892年以来关系的趋紧,进一步改变了国际格局。巴黎和圣彼得堡为了国家利益,抛弃了既有的原则、偏见和传统,于1894年结成了一个羽翼丰满的军事同盟。其主要目的是将德国限制在欧洲,与此同时,两个同盟伙伴尽情地在欧洲之外追逐各自的利益。这实际上意味着,其矛头主要是指向英国的。俄国在中国北方看似贪得无厌和不可遏制的野心,搅乱了当时有利于英国的远东政治现状。与此同时,"非洲混战"也进入到最后阶段,英法之间剑拔弩张。法国受到与俄国结盟的鼓舞,这时频繁扮演起"俄国走狗"的角色;而在中国,两个盟友的外交代表在所有场合串通一气，以致外交界将他们称为"连体婴儿"。[11]
德国也显示出欲在世界舞台上担当主角的更大野心。法俄结盟的结
果是形成了对德国的某种钳制，限制了其在欧洲纵横捭阖的外交自
由，但与此同时德国也在不断向海外扩张其对"国际事务"的野心。
在此，德国也触犯了英国的利益。[12]与此同时，在国际政治的外围，
日本和美国也开始崭露头角。

国际政治的变局对英国的影响比对任何其他大国都大。中国问
题对英国的冲击源于英国作为强国的双重性质。人们以往过多地强
调了其对欧洲势力平衡的传统关切。但是英国并非一个专门的欧洲
大国。其帝国是由两个战略集团构成的，一个是英国的欧洲部分，
另一个是印度部分。[13]如果将英国的利益确定为全球性的，那就要求
英国的力量必须能够延伸至全球各地。然而列强势力布局的广泛变
化对英国造成了限制。这些变化既反映也加强了英国力量的双重性
质。俄国的扩张对英国的利益形成了最严重也最持久的威胁。俄国
始终是欧洲列强体系中稳固的一部分，1894年与法国结盟后更是如
此。然而，其在亚洲的扩张影响了并非体系一部分的英印战略集团。
俄国的威胁也许在地理上局限于中亚和远东，但其全面的战略意义
却源自系统因素。因此，首先是缺乏限制俄国扩张主义的系统性战
略伙伴，其次是1902年与作为非系统性强国的日本最终结盟，引发
了大量各种各样的问题。

在一些当时的人看来，这些问题预示着英国国际地位的下降。
他们认为孤立是危险的，为此而提高了警觉。于是英国外交政策的指
导原则受到了更加细致的审查，在此过程中，已有的维多利亚时代
的外交政策共识——避免在和平时期做出有约束力的承诺——瓦解
了。中国问题提供了一个理想的棱镜，可借此研究英国与列强不断
变化的关系，并且更深刻地研究英国孤立政策的性质，这是此项研

究的基本观点。"孤立"这个概念，很久以来都被专门与索尔兹伯里勋爵其人和其政策联系起来，不过这样的估量有低估他在外交方面的精明强干之嫌。[14]对孤立问题，有两项经典研究成果，分别是 C. H. D. 霍华德（C. H. D. Howard）和 G. W. 蒙格（G. W. Monger）做出的，二者都是外交史学家的精妙研究中令人钦佩的范例。霍华德关于 19 世纪末英国国际地位的论述，是对 G. M. 扬（G. M. Young）肤浅滑稽的论调优雅的反驳。扬曾说外交史"无非是记录一名办事员对另一名办事员说了些什么的流水账"。蒙格的研究很适当地考虑了英国的全球利益，而不是主要从一个欧洲人的视角切入话题。不过，霍华德对意图的研究并不总是与政治行动充分吻合。而蒙格尽管从帝国角度切入，但他太过于关注刚刚显露的德国的威胁了。[15]

最近，扎拉·斯坦纳（Zara Steiner）和基思·尼尔森（Keith Neilson）以他们集中于 1914 年研究的隐含的目的论，对于过度聚焦德国的倾向进行了重要的纠正。不过，他们的综合研究将对孤立问题的外交反应很大程度上置于布尔战争（Boer War）后的时期，因此没有体会到中国问题使对英国国际地位的现代思考明确化的程度。他们还有一种隐含的设想，孤立不仅结束了，而且是一项多少稳固的政策的有意结果。[16]本书的观点预先在此提出，恰恰相反，这根本不是英国政策的目的。

与此同时，约翰·查姆利（John Charmley）提出，索尔兹伯里的政策尤其植根于保守党（Conservative）或"乡村党"（Country Party）与众不同的外交政策传统中。这种说法尽管有些推测性，却有极大的价值，很可能为进一步的研究指出了一条康庄大道。然而，正如本书中指出的，自由党（Liberal）统一主义者*政府对英国外部

---

* Unionist，即反对爱尔兰自治的英国人。——译者注

问题的回应，尽管受到了托利党（Tory）和辉格党（Whig）的设想和同情的影响，却是建立在关于外交政策的普遍观念基础上的。实际上，政党归属还不如作为不同政治世代的成员更具决定性。[17]

因此，本书的焦点是，英国在孤立主义的更广阔背景下对中国问题的应对。说明本书不打算做什么，也同样重要。这不是一项关于中英关系的研究，也不是对英国在华政策的解释，更不是对中国对外关系的论述。关于英国对华或在华政策的论著已经存在，尽管其数量令人惊讶地少。[18]本书反之，将中华帝国作为列强角逐的目标，并研究中国问题对英国政策的国际冲击。

国家之间的关系超越狭义上的外交政策，包括许多关系和因素——商业的、文化的、财政的、外交的和战略的。[19]"外交背后的现实"尽管重要，外交的现实也同样重要。还没有人能改进马克思的名言，是人民创造了他们自己的历史，尽管不是在他们选择的情况下创造的。外交和政策尤其要服从于自由意志和偶然性之间的不确定性。[20]此外还有很多需要考虑的因素。当然，历史学家必须对他们积累的材料进行一定程度的整理和取舍，以掌控资料。不过外交的凌乱现实很重要。对它们进行消毒处理，努力构建一种新理论或者一种包罗万象的综合学说，很容易被误认为支配材料。忽视外交政策方面一些看似"鸡毛蒜皮的小事"的重要性，可以简化过去的政治，却不能阐明政策制定者的关切和动机，也不能阐明他们行动的结果。[21]

领会外交现实，并非主张唯我论。外交政策决策是精英阶层的责任，他们对政策问题的概念化，是由政策运行的体系决定的。[22]因此，1900年前后的英国外交官们的外交概念、对"国家利益"的见解、对外政策目标和所寻求的战略选择，都是与维多利亚时代晚期政治的特殊性质紧密相连的。所以，对外政策制定过程，需要置于"充斥着高级外交官、公务员和国际法学家的半封闭的世界"这个更广阔的政治环境中审视。[23] 高层政治的运作，要考虑根深蒂固的、习惯性的利益和敌对的权力中心，这些都会影响决策。摩擦的源泉之一，始终是潜在的但时常又是非常真切的，那就是白厅 * 中财政部日益增长的影响。在某种程度上，外交部在抵制财政部的压力方面，处于比其他部更优越的地位，因为它相对花钱较少。但是在更广阔的意义上，外交决策还是要受财政的限制。19 世纪政府体系的设计，意在加强正统的财政保守主义，这也助长了对外政策方面的谨慎。财政限制和财政保守主义不允许采取巴麦尊式（Palmerstonian）的虚张声势、杀气腾腾的政策。[24]

维多利亚时代政治生活中不断增长的官僚化，也对 19 世纪的外交研究有影响。为政治决策做准备，是一个部官僚阶层的职能，而各部都是在通过简化可供选择的政策的复杂性来履行这种职能的。反过来，这又会导向一种说法，所做的选择是必然的，是由任何特定形势下所能认识到的或者能够接受的逻辑决定的。[25] 政界人士和公务员们对不断变化的形势做出反应的方式，也反映了他们的核心信念体系。每项政治行动，无论是实际的还是提议的，都建立在一系列思想和价值观的基础上。"官方的观点"，或者说是"外交部的观点"，及其"被接受的认识和经常未明说的假设"，是对外政策研究的中心。[26] 与此密切相连的是政策制定者的主要考虑因素和见识。这些或许是歪曲失真的，却是决定性的。它们好比过滤器，印象和信息是经过它们之后被接受的，无论经过了怎样的选择和加

---

* Whitehall，英国主要政府机关所在的伦敦街道，一般代指英国政府，本书中有时也直接代指英国外交部。——译者注

工，无论多么不完整，都影响了政策制定者们对客观性和轻重缓急的判断。

维多利亚时代晚期英国制定外交政策的精英们，并不局限于议会和政府人士，或者海外的外交官们。这点由约瑟夫·张伯伦及其在上层社会和金融界高层中的派系支持者们的秘密活动就可说明。中国问题的背景中同样重要的是有组织的压力集团所起的作用。"中国协会"（China Association）和"中国联盟"（China League）在英国议会中都已得到确认。当议会辩论中国问题时，"辫子委员会"（Pigtail Committee）发挥着突出作用。的确，保守党后座议员中的"中国党"（China Party）尤其组织良好，声势浩大。[27]

与对外政策制定核心接近的，还有英国初生的秘密情报机构的成员。随着近年来一些与情报相关的资料披露，这个此前"迷失的维度"现在可以更充分地纳入对英国和其他大国关系的分析中来了。尽管尚未形成"情报界"，但内部的沟通渠道是存在的，这使得高级情报官员成为更广泛的对外政策"战略集团"的一部分。[28]

就对外政策的机制而言，制定政策的大部分权力归外交大臣所有。他在内阁中享有相当大程度的自主权，以至可反映出外交事务是王室特权的一部分这一观念，不过同样重要的是大多数大臣都"对外交事务一窍不通且毫不关心"。有两位大臣——殖民地与印度事务大臣和财政大臣——能够定期得到外交事务进展的通报。此外，还有一个关键的角色，通常由对外交和帝国事务有特殊兴趣或专业知识的、年长的赋闲前高官担当，比如索尔兹伯里最后一届内阁时期的德文郡公爵（Duke of Devonshire）。[29] 如果内阁对外交事务的集体参与是间断的，那么最终的决策权仍保留在大臣们手里。于是，罗斯伯里（Rosebery）不得不与哈考特（Harcourt）的干预做斗争，而索尔兹伯里也发现自己先是受到了内阁集体，后来又受到了约瑟夫·张伯伦周围的小圈子的掣肘。

对外政策制定过程的关键是外交大臣与首相之间的关系。本书论述的这段时期，经历了三位不同的首相，分别是罗斯伯里勋爵（1894—1895）、索尔兹伯里勋爵（1895—1902）和阿瑟·贝尔福（Arthur Balfour）勋爵（1902—1905），以及三位不同的外交大臣。其中索尔兹伯里勋爵影响最大，特别是因为 1895—1900 年，他不仅端坐在首相宝座上，同时还掌管着外交部的大印，而且此前他也曾长期担任过外交大臣。他对英国在中国的问题，以及由此衍生出的与其他大国的关系问题的观点，因此就成为理解这一时期英国对外政策变化的关键，不过这并不是说他的前任—— 1894 年 3 月至 1895 年 6 月在运气不佳的罗斯伯里内阁中担任外交大臣的金伯利（Kimberley）勋爵，或者自 1900 年 11 月继任他的兰斯当（Lansdowne）勋爵，就相对不重要。

金伯利的历史名声遭遇了维多利亚时代大部分政治人物的命运——他在很大程度上被遗忘了。甚至戈登·马特尔（Gordon Martel）令人钦佩的研究成果，尽管更为平衡和公正，仍然做结论称金伯利最终"是个零"。[30] 某种程度上这也反映了金伯利模糊晦暗的公众形象。如果说他在生前很大程度上不为其国人所知的话，那么他浩瀚的私人文件无法为人们看到，又进一步延长了他的默默无闻期，直到 20 世纪 90 年代晚期，一个关于他的更充分、更细致也更为人喜爱的形象才渐渐浮现，不过对他的外交政策的研究，仍然是很不够的。[31] 这并不是为金伯利成为一位"被遗忘的外交大臣"而喊冤叫屈，因为他在外交部的任期实在太短了，而且他的性格和气质太过谨慎、沉默和温和。然而，金伯利的政治生涯仍以为官时间出奇地长和与"内阁核心集团"异常亲密而为特色。[32]1868—1895 年，他持续在自由党每一届政府中任职；许多代表自由党组阁的雄心勃勃的政治人物都将他划入了想象中的后格莱斯顿时代政府高官的行列。早在1885年，金伯利就因为"是个比他想象的更强健的人"而给罗斯伯里留下了深刻印象。[33] 他掌舵外交部的十五个月，是他漫长的政治生涯的巅峰时期，而他为官的大部分时间都参与了帝国事务和外交事务。

约翰·沃德豪斯（John Wodehouse，1826—1902），自1847年起的第三任沃德豪斯男爵，也是自1866年起的第一任金伯利伯爵，出生于诺福克郡（Norfolk）一个保守党贵族家庭，但他还在伊顿公学（Eton）读书时，就接受了自由党的政见。在外交部担任了四年政务次官（并于1859—1861年再次担任该职）后，他于1856年被任命为驻俄国公使。在圣彼得堡，他宣扬克拉伦登（Clarendon）的直率优势政策，给俄国政府留下了深刻印象。自1868年起，无论何时自由党掌权，他都能在内阁中担任高官。1868年他被任命为掌玺大臣，1870年他又转到殖民地事务部，一直干到1874年。1880年他又回到那里，然后于1882年开始掌管印度事务部。金伯利一共三次出任印度事务大臣（1882—1885，1886年2—8月，1892—1894）。在他掌管印度事务期间，恰好发生了两次英俄关系的重大危机，分别是1885年的平狄危机（Pendjeh Crisis）和1893—1894年的帕米尔危机（Pamirs Crisis），都是因俄国在中亚的扩张引发的。于是，亚洲事务和与圣彼得堡的关系，始终是他经常关切的事情。他在殖民地和帝国事务方面的丰富经验，使他成了"一位学者型的、自恃且自控的管理者，一位'帝国的勤杂工'"。[34] 自19世纪80年代起，帝国事务与外交事务之间的界限越来越模糊了，而且格莱斯顿也经常将技术上属于外交部管辖范围内的事情交给金伯利办理。[35] 外交部是金伯利"一生的目标"；1870年在克拉伦登猝逝之后，高级外交官都认为他是最可能也最适合的继任者。[36] 具有讽刺意味的是，当他最终于1894年得到这一宝座时，他却想选择去印度事务部，"从长久的习惯看，这里比外交事务更适合我，尽可能快地解开自己能缠上的结，不是一件非常令人愉快的工作，无论多么重要"。[37]在金伯利看来，罗斯伯里和哈考特之间错综复杂的关系绝不是个省心的问题。自由党内部缺乏团结，也是他与罗斯伯里在政策方面密切协调的原因，而这种协调时常被误读为屈从。[38]毋宁说金伯利与罗斯伯里在对外事务上有着同样的辉格党人的观点，金伯利急于抵消哈考特对政府稳定的威胁。

金伯利是外交部事务称职的管理者，但他在很大程度上维持了他从罗斯伯里那里继承来，又间接地受到索尔兹伯里影响的政策。在远东，他试图通过与列强合作，尤其是与俄国合作，解决中日甲午战争造成的复杂国际局势，但又不使合作正式化。与英国外交界的大部分高层人士一样，金伯利认为中国和大多数东方国家都在"不断腐朽"："就统治阶级而言，中国烂到了根子上。"甲午战争结束时，金伯利就已经做出结论，未来俄国与日本之间的冲突近乎不可避免，而后者"在对抗俄国方面，是我们的天然盟友"。[39]

在金伯利担任外交大臣期间，英国与欧洲主要强国在亚洲的关系都恶化了。他认为："法国人……太滑头了，只要有可能，他们总想占我们的便宜，每当我想好好地理解他们时，几乎总是要失望。"[40]至于俄国，他渴望与圣彼得堡保持联系，如果可能的话，还要改善关系。[41]像许多辉格党人一样，金伯利本能地对德国人不大亲近，但他推行既定的政策，倾向于德国和德国领导的三国同盟。在评论英国与德国因南非德兰士瓦而起的摩擦的背景时，他曾写道："德国对其他列强所惯于采用的霸道语气……在与英国这样的强国交流时，是不合适的。"的确，当后来由柏林主导的与法国和俄国结成的短命的东亚联盟于1895年6月解体时，金伯利的幸灾乐祸之情溢于言表：

"德国人总是对我们耍流氓，我无法抑制某种程度的满足感。"[42]

金伯利作为外交大臣的风格多少有些冷漠迟钝，而且他"拒绝匆匆加入外交十字军"。但这不应视为他优柔寡断的表现，尽管俄国外交官们曾专门评论过"犹豫不决、令人困惑的金伯利勋爵"。[43]他大体上承认外交事务"需要沉着坚定地处置"。金伯利的外交政策受到维多利亚时代普遍存在的"孤立主义"共识的支配，基于一种避免在和平时期卷入承诺的愿望。[44]

第五任罗斯伯里伯爵阿奇博尔德·菲利普·普里姆罗斯（Archibald Philip Primrose，1847—1929）的名声，很大程度上来自"他受了什么苦，而不是他在首相任上做了些什么"。[45]他始终是最神秘莫测也最令人迷惑的现代英国首相之一。他出生于一个有着长期辉格党传统的家庭，拥有在维多利亚晚期的英国政治生涯成功的所有先决条件。他是个贵族，不过与索尔兹伯里不同的是，不属于古老家族，他是一个在苏格兰和英格兰都拥有地产的大地主。他的社会地位、财富和才智，使得他年纪轻轻时便脱颖而出，成为自由党的"后起之秀"。他迎娶了汉娜·罗思柴尔德（Hannah Rothschild）——19世纪70年代晚期英国最富裕的女继承人，他曾在大赛马会上获胜，还当上了英国首相。但尽管如此，对于政治生活来说，他却令人不可思议地低能。他秉性耽于享乐，又太容易激动，缺乏政治成功所必需的坚毅、冷酷和专一。正如当时有激进倾向的新闻记者加德纳（A. G. Gardiner）所评论的，他不具备"性格素质"，就维多利亚时代这个词的全部内涵而言，他的确如此。他生性高傲冷漠，这使他经常避开日常政治中的激烈交锋，像阿喀琉斯一样，独自在帐中生闷气。他是个有缺陷的英雄，"一位政坛的哈姆雷特"。[46]

尽管有所有这些缺点，罗斯伯里仍然是一位富有经验和智慧的外交政策制定者。他的权威不亚于俾斯麦，这点由他"将坚定和谨慎很好地结合起来……在所有英国政治家中，他的政策最为稳健和冷静"就可证明。[47] 他曾两度出任外交大臣，第一次是1886年在格莱斯顿第三届政府期间，第二次是1892—1894年。外交部也是逃避议会不大纯净的政治空气和内阁苦差事的一个避难所。他在任内给外交部带来了精益求精和搜集详细情报的风气。情报可以是社交界的闲谈琐闻，但他更经常要求的是地缘政治方面的"硬"数据。[48] 罗斯伯里对英国的战略重点有清晰的认识，这种认识受到他的帝国主义观念的强烈影响。像他那一代的很多人一样，帝国主义对他有着强烈的吸引力。作为当时政治中也很盛行的达尔文进化论观点的反映，他宣扬盎格鲁－撒克逊民族的优越性，并声称日益增强的帝国竞争意味着"此时此刻，用采矿营地的话来说，我们肩负着'为未来的要求钉木桩、划界限的使命'"。如果说帝国思想是罗斯伯里的政治基础，那么他的外交政策是务实的。[49]

在两次外交大臣任期内，罗斯伯里都被一种设想指引着，就是需要维系英国对外关系的连续性。在与其他列强的关系上，他维持着一种"无拘无束"的政策；但是在他任外交大臣的最后时期，英国在国际政治中的处境却更为局促。法国和俄国之间新出现的友善，以及随之而来的法俄海军在地中海合作的可能性，还有与德国关系的日趋紧张，都意味着罗斯伯里寻求减少对德国领导的集团的任何依赖，同时要改善与俄国的关系。[50] 与德国的关系逐渐疏远是事实，与法国在暹罗（泰国）和非洲的关系越来越紧张也是事实，而与圣彼得堡加强联系的目标也仍然捉摸不定，这些发展都加强了英国更趋向孤立主义的立场。

还有一个额外的复杂因素，强加给罗斯伯里一个自由党分裂争斗的状态。正是在这个背景下，罗斯伯里的帝国主义才很重要。他在 1894 年前努力争当外交大臣，使对外政策处于自己掌控之下，部分上是试图保证自己能够继承自由党的领导权，但部分上也是为了根除格莱斯顿主义的传统。[51] 然而，他升到首相职位，并没有保证他完全掌控自由党。莫利（Morley）还在爱尔兰事务部沉思，哈考特还在财政部愠怒，政府从一开始就离心离德。这些情况使得金伯利的角色变得格外重要。

来自国内外的约束压抑也促成了罗斯伯里对初现的中国问题的态度。中日甲午战争后，他声称"让日本站在我们一边"一向是他的远东外交的指导原则。[52] 这是对战争期间英国对外政策的过分简单化的阐述。从一开始，他和金伯利就希望与俄国合作，但这个愿望始终没能实现。对战后局势的一个重要考虑是希望不要与日本发生任何对抗。甚至与俄国的修好，假如付出得罪日本的代价，都是不值得的。在很大程度上，这种考虑是日本出人意料的军事成功的结果。和许多当时的观察家们一样，他也对中华帝国的广大及人们设想的其被动地吸收外部冲击的能力印象深刻。"中国的'办法'是无精打采，懒于承认他们正迅速且明显地衰弱下去。"中日冲突开始时，他曾这样评论道。[53]

在战争期间和战后，罗斯伯里是能听得进对中国问题的更宏大的地缘政治解释的。他推论说，中国也许的确在分崩离析的边缘，而这样的不测情况会对全球力量平衡产生重大影响，甚至会导致列强间的大规模冲突。列强目前面临着"两个东方问题"；远东的这个比之土耳其的未来的问题，"严重性一点也不差，而且维度甚至还更广大"。为了应对这两个潜在的爆炸性问题，英国必须集中其资源："我们决不能自我分散；我们决不能耽于不急之务；我们必须时刻准备着将我们的力量充分投入到受东方问题影响的这两个地区中的一个，或同时投入两个。"[54] 正是这些相互矛盾的愿望，使欧洲各国高官们产生了"摇摆不定的罗斯伯里内阁"的总体印象。[55] 这样的评价并不完全公平，但是罗斯伯里的外交活动无疑反映了自由党的所有对外政策选择阻力最小的路线的本能趋势。

罗斯伯里的光芒一向有被另一个人遮掩的倾向，那就是罗伯特·阿瑟·塔尔博特·加斯科因–塞西尔（Robert Arthur Talbot Gascoyne-Cecil），第三任索尔兹伯里侯爵（1830—1903），他在1885—1902 年期间曾三度出任首相。索尔兹伯里的主要政治利益是在外交事务方面，他认为这是相对远离公众干扰的一个政治分支。[56] 无论对国内还是国外，他的政策都是务实的。公民权的扩大和公众在国家政策中发挥更大的作用，对他来说是不合口味的，但他接受了这些变化。外交不可能与内政分离："所谓'钟摆'，似乎已成为英国政治的规律。"这意味着"任何对外政策都不可能成功，除非它能在钟摆的一摆之内完成"。[57]

未改革的外交部对索尔兹伯里来说是个很适宜的环境。他对行政事务毫无兴趣，始终是"一尊离得远远的高傲的神"。虽然他选择做个"独自工作的教练"，但他也没有忽视外交部，尤其是他的最后一个任期的常务次官托马斯·桑德森（Thomas Sanderson）爵士和掌管远东司的弗朗西斯·伯蒂（Francis Bertie），发挥的作用比历史学家们所认识到的更为重要。[58] 索尔兹伯里选择孤独隐秘的哈特菲尔德庄园（Hatfield House），也就是他的法式别墅，做他在外交部的办公地——这个习惯给了人们他偏爱"秘密外交"的印象。[59] 索尔兹伯里喜欢缓慢地做出结论，不愿使自己陷入鲁莽的行动中，不过一旦他做出了决定，他的行动是非常迅速的。[60] 索尔兹伯里是维多利亚时代的政治人物中为数不多的可以公正地称为知识分子的人之一。他才思敏捷、风格简洁，加之他言论背后知识的力量，都使得他的发言有一种诱人的特性，但历史学家们应当小心，不要假设一个人早先经常是新闻风格的关于原则的声明与后来的政治行动有太大程度的连续性，也不要假设他公开发表的讲话有较强的系统连贯性。公开讲演毕竟是为一定的政治功能服务的；或者，如索尔兹伯里曾经轻描淡写地说的，他也要充当"公众思想的顾问"。[61] 不过，索尔兹伯里在对外事务方面总体的政策和观点仍然有潜在的连贯性。像他的榜样卡斯尔雷（Castlereagh）一样，他宁愿低调而默默地工作。这是由外交的性质决定的。外交的主要特点就是变化无常："外交家的荣耀是所有形式的短暂奖励中最短暂的。"任何特定的外交问题都没有清晰的解决办法："逻辑在外交中是没用的。"[62] 情感的亲和力和宏观设计同样与他是不相容的。他承认国家都是由各自的利益指引的。他认为在国际政治中运用道德标准是无意义的，道德纯粹是私有的。主权国家之间关系的标志就是原始社会般的野蛮。与格莱斯顿不同的是，他没有充当道德十字军，没有支持镇压巴尔干民族；但他也没有对民族自决原则施以"自由主义的同情"，尽管他认识到民族主义是现代政治的因素之一。[63] 不过，索尔兹伯里绝不是一个冷血的真正政治家。尽管他关于官方事务的私人信件和笔记中时常掺入幽默的冷嘲热讽，并充满了赏心悦目的反语和警句，但是格莱斯顿和索尔兹伯里各自的贬损者和钦佩者对两人进行的道德两分，显然是过度简单化了。[64]

索尔兹伯里的外交思想是做一股和缓的力量。成功的外交认同互利，也建立在互利的基础上。在阿瑟·马斯登（Arthur Marsden）恰如其分的总结中，索尔兹伯里认为外交是一种需要讨价还价的"市场"："他明白不付出代价将一无所获，但他坚持价格应当公道。"[65] 他力主"平衡……的必要性"，认为国际政治中力量的平衡是不言而喻的公理，这反映了如今已被广泛接受的观点。无论如何，"欧洲国家体系……小心谨慎地达成的平衡结构"是他的外交努力所能接受的更广泛的格局。这也加强了他天生的谨慎。[66]

像维多利亚时代很多受过教育的人一样，索尔兹伯里的思想也受到了达尔文科学著作的影响，他后来对外交政策的观点，也显示出 19 世纪 90 年代盛行的社会达尔文主义的迹象。1898 年 5 月，他在皇家艾伯特会堂（Albert Hall）讲演时，对一些"垂死的国家"构成的危险提出了警告。这些国家的"组织破坏和腐朽"将诱使列强扩大对它们的影响。正如他在早期的一篇文章中所评论的，这些影响"如果过度而且频繁，就将成为征服的托词"，于是就会威胁到主要列强之间关键的平衡。因此，有必要保证这些腐朽的国家"平等地依赖于所有大国……或者通过大使们的监管……或者通过分治"。[67]这种观点也支配着索尔兹伯里对中国问题的政策。

这种观念对索尔兹伯里的吸引反映了他对人类总体的悲观。他是个不主张革新的保守党人，不会像托利民主主义者们那样受到帝国使命这种浪漫念头的鼓舞，也不会像罗斯伯里那样受到某种意义上的盎格鲁－撒克逊种族优越论的激励。他厌恶张伯伦起劲地拉着他的爱国主义风箱所吹出的"侵略飓风"。[68]然而，他仍然承认威望观念日益增长的重要性，在这方面他至少部分上继承了比肯斯菲尔德伯爵 * 的衣钵。索尔兹伯里并不渴望帝国扩张，但他接受保卫帝国是对外政策核心的主张。关注军事实力和战略，而不是经济上的计较，主导着他的思想。无论他在哲学上有着怎样的悲观主义，但在外交政策上，他对英国的物质和精神上的力量都保持着一种基本的乐观主义，尽管他也意识到国家实力在军事和经济上的局限性，在贸易上选择"门户开放"原则，在领土兼并上选择非正式的

---

* Beaconsfield，1804—1881，英国保守党领袖，在把托利党改造为保守党的过程中发挥了重大作用，两度出任英国首相，大力推行对外侵略和殖民扩张政策。——译者注

政治安排。[69]

　　索尔兹伯里于 1895 年最后一次出任外交大臣。但外交部是个费力的部门，而整个 20 世纪 90 年代索尔兹伯里的健康都很成问题。的确，他的发病周期越来越短，他也越来越频繁地被迫将外交部的日常管理职责交付他的外甥阿瑟·贝尔福。[70]索尔兹伯里夫人长期健康状况不佳，并最终于 1899 年去世，这进一步重创了他。到 1900 年夏天时，伊舍（Esher）勋爵已将他描述为"一辆崩溃的破车"。[71]尽管索尔兹伯里日益恶化的健康并没有影响到他的智力，但严重减弱了他作为政府首脑的效率，他似乎准备"放任自流"了。他在外交政策方面的见解比年轻一代的大臣们还是要高明，年轻大臣们经常奉行的是"有些事必须做"的盲目的行动主义。但他们缺乏先见之明，到了 1900 年秋天时，索尔兹伯里的"惰性力"就被更积极的外交政策的强烈呼声扫到一边了。[72]

　　索尔兹伯里对远东问题的看法是矛盾的。俄国是他的主要关切因素。按他的分析，俄国的远东政策是肆无忌惮的扩张主义："如果它能够的话，它无疑想吞并朝鲜半岛，而我们不可能通过在圣彼得堡提出'抗议'来阻止它。必须采取更为强硬的手段。"[73]然而却很难找到这些手段。与罗斯伯里不同的是，他不倾向于接受与日本战略联手以在亚洲限制俄国的需求。他认为日本文明是一种"蘑菇文明"，膨胀得快，衰败得也同样快，因而在政治上是靠不住的。[74]在索尔兹伯里的外交政策考量中，日本扮演的是次要角色。他认为，日本对于英国的战略价值"很容易被高估"。而且，"在日本利益所及的地方，俄国总能收到些贿赂"。[75]

　　到了 19 世纪 90 年代后期，英国非正式地倒向三国联盟的势头衰弱了。索尔兹伯里开始猜疑这时已相当自信而独断的德国，尤其是其年轻的皇帝了。[76]缺乏战略伙伴和"更为强硬的手段"，促使索尔兹伯里寻求通过直接谈判来限制法国人和俄国人的扩张了。在这方面他只取得了部分成果。通过 1896 年 1 月达成的英法协定，法国人在东南亚和中国南方的野心得到了有效限制。但俄国人就要难打交道多了。1898 年初，与俄国达成一项广泛的地区性的"权宜协约"，被证明是不可能的，索尔兹伯里不得不以 1899 年 4 月达成的一项局限得多的铁路协议来聊以自慰。[77]

义和团运动后，当中国问题进入最尖锐的阶段时，寻找阻止俄国的进一步扩张和亚洲大冲突的危险的任务，已经落到了索尔兹伯里的继任者兰斯当勋爵的头上。有太多的人将兰斯当的外交大臣任期看作一段间奏，是索尔兹伯里的终曲，或者在爱德华·格雷（Edward Grey）爵士时期欧洲的缠斗愈演愈烈的序曲。再或者，这段任期也被视为他本人政治生涯的一段插曲，与他担任陆军大臣的不大成功的经历，以及后来在议会上院充当保守党反对派的死硬领袖的表现相比，都黯然失色。[78]

当索尔兹伯里于 1900 年 11 月将兰斯当调任外交部后，倾向于保守党的媒体纷纷批评这是一项懒政，不是适当的重组。兰斯当的任命尤其被称为"头等笑话"。芒罗（H. H. Munro，即"萨基"[Saki]）在其讽刺文章《威斯敏斯特的爱丽丝》（*The Westminster Alice*）中挖苦兰斯当是"白衣骑士"："'翻身落马（即陆军部）的伟大艺术，'白衣骑士说，'是就便摔到另一匹马（即外交部）上……马可不是一种好驾驭的牲口……不过假如我拍拍它，再跟它说法语，它也许就会明白我想到哪儿去。而且……它也许会去的。懂法语，又有一副好脾气，你就能无往而不利。'"[79]

对于亨利·查尔斯·基思·佩蒂-菲茨莫里斯（Henry Charles Keith Petty-Fitzmaurice，1845—1927）——第五任兰斯当侯爵来说，作为政治人物，他可绝不只是和蔼可亲和有语言天赋。他出生于一个显赫的辉格党家庭，但 1880 年因爱尔兰土地立法问题和格莱斯顿分道扬镳了。兰斯当的财富、社会地位和担任公职时间之长，使他在维多利亚晚期政治人物中很有声望。像金伯利一样，他是个"非常'稳妥'的人"。[80]19 世纪 70 年代初，他在陆军部担任次官。更具影响的是，他在 1883—1894 年出任了领事和帝国事务方面的职务，先是担任加拿大总督，继而担任印度总督。他在北美任职期间，对于加拿大幅员辽阔、虽然方兴未艾但潜力巨大的南部邻居，有了比索尔兹伯里更多的了解。担任印度总督和 1895 年后主持陆军部，则使兰斯当对于军事改革和集中英国资源的必要性有了深刻认识。不可避免地，在印度期间，他的注意力集中到俄国对中亚的威胁方面。兰斯当丰富的亚洲经验和他对俄国事务的了解，使得罗斯伯里于 1893 年提出请他出任驻圣彼得堡大使——这又是一个与金伯利相同的巧合，不过他拒绝了这一提议。[81]

就性情气质来讲，兰斯当始终是个辉格党人，并经常给人以"性格极其谨慎且优柔寡断"的印象。[82]在兰斯当担任外交大臣的前十八个月，索尔兹伯里在外交部的影响仍然隐约可见，兰斯当时常向他咨询。兰斯当的外交大臣生涯是在不利情况下起步的。中国问题达到了最尖锐的阶段，并使英国的力量所受到的限制更鲜明地突出来。政府本身在外交政策问题上分歧就很大，而国家实力又不允许解决危机。加之布尔战争给财政带来了越来越大的负担，意味着对俄国采取强硬措施充满了危险。鉴于兰斯当的帝国事务经验，他对东方更为了解，也更为同情。[83]至少，即使说他也怀有中国即将腐朽的想法，在言论上他也比他的三位前任更为谨慎。总体来说，他急于通过扼制外国对中国领土和主权的进一步蚕食，而稳定义和团暴乱后中国的局势。兰斯当对中国东北维持现状不大乐观。但他准备将中国东北让给俄国，以换取一个对俄国有约束力的条约。然而任何对这个方向抱有的希望，假如当真考虑过的话，始终是水月镜花。[84]

与索尔兹伯里不同的是，兰斯当打算更加积极地解决英国的对外政策问题，但他行事务实。他没有受到什么战略大设计的驱使。如果说他不是随波逐流的话，他也仍然像其他辉格党人一样，选择阻力最小的路线。他非常积极地追逐短期的便利，但对长期的影响似乎考虑不多。的确，不仅是与日本的结盟，而且包括1904年的英法协定，都有兰斯当未能充分领会的后果。

虽然对外政策的决策权属于外交大臣和首相，最终属于内阁，但是外交部和各个单独的外交机构对于对外政策的制定过程也有意义重大的贡献。在本书探讨的这段时期，有两位高官在这一过程中处于中心地位，分别是托马斯·桑德森爵士和弗朗西斯·伯蒂。二人都是经验丰富的公务员，对远东事务都有相当多的了解，尽管不是一手经验。

桑德森是个老手，1859年就进入了外交部。他是第十五任德比伯爵（Earl of Derby）的门徒，受到了维多利亚时代治国原则的训练。对于他认为属于英国传统的政策，他都是坚定的支持者。他也"珍视某些自由主义的思想观念，或者至少是个辉格党的同情者"。他"知识渊博、才干出众……他显然属于老派人物"。[85] 桑德森也在相当大程度上能够左右政策，无疑更多地掌管着外交部的日常事务。他是个恪守细节、要求严格的人，"多年来他都使外交部在唱独角戏……是他个人的动力在维持外交部的运转"。[86]

桑德森支持兰斯当与日本进行结盟对话，他认为这将稳住日本，从而稳定东亚变幻无常的国际关系。然而，他对这一时期的中国的观点中，有一种潜在的根本设想，就是"以往的炮艇外交是正确的"。[87]

他在维多利亚晚期一代的对外政策精英中散布了大量反俄情绪，对索尔兹伯里与俄国谈判解决问题的企图也持怀疑态度。直到1906年从外交部退休，他都对俄国保持着警惕。他对英国关于俄国问题的态度，正如基思·尼尔森所说的，是"冷嘲热讽和实用主义的混合"。[88] 同样的混合态度也影响了他对英国外交的总体观念。他主张与其他列强合作，如果英国的利益能够得到保证，但不得不惜一切代价。于是，他越来越认为德国是个难打交道的"顽固的民族"。[89]

桑德森与伯蒂的关系一向不睦，这也导致了他们对任何特定的对外政策问题经常持对立观点。[90] 与多少有些死板和条理分明的桑德森不同的是，伯蒂拥有一个贵族背景的人的全部自信——他是阿宾登伯爵（Earl of Abingdon）的小儿子。他性情暴躁而傲慢，政治偏好上则是个苛刻的俾斯麦式人物，因而获得了一个"伯蒂牛"的绰号，但他是个目光敏锐、精明狡黠的观察家。如果说伯蒂与兰斯当的关系有些疏远，他却发现索尔兹伯里更容易接受他的主张。[91] 不过，在东亚问题上，伯蒂在外交部中有着相当大的影响。在1899年新成立远东司后，他的影响进一步加强，在这个东亚问题成为大国政治的首要焦点的时期，促成了东亚事务更加专门化和专业化。与议会中国协会的交流，伯蒂也是主要渠道。[92]

对外交官们来说，驻北京的职位可绝非好差事。东亚地区的驻外生活有诸多不舒服的地方，正如北京公使团一名年轻成员所说的："小吵小闹没完没了，人都长得一模一样，整天颠来倒去废话连篇。"夏天的炎热、嘈杂和气味都令人无法忍受，似乎只有在西山的夏日官邸日子还得过。[93] 干燥的气候也是一项磨难，而且派驻北京对健康的危险也是不能不考虑的。在驻北京公使中，传奇的炮舰外交官巴夏礼（Harry Parkes）爵士，外交生涯中有很长时间是在东京度过的，但在转任北京后，便时常发生昏厥，随即死于任上。"北京难受的气候和费力的工作"，也破坏了 1892—1895 年任驻北京公使的欧格讷（Nicholas Roderick O'Conor）的健康。[94] 他的继任者窦纳乐（Claude MacDonald）爵士，此前在被视为有损健康的外交驻地棕油河* 三角洲待过五年，显然毫发无损，却在四年驻北京期间频频病倒。[95]

中国职位最大的不利之处还是其远离欧洲大国首都的外交活动中心，以及"中国政界的扑朔迷离"。而且，地理位置的遥远，意味着事业前景的暗淡："[在北京]一个人总有被视为东方外交家的危险，这虽然对他的驻任非常有益，但作为欧洲政治人物，这是不合潮流的。"[96] 北京的职位经常难以找到人充任，关心事业前途的年轻外交官们也频频拒绝转任中国的提议。总而言之，"能力一流、性格坚定且具有东方经验"的人，愿意接受驻北京职位的人寥寥无几。正如索尔兹伯里 1895 年所写的："这桩差事如此不招人喜欢，只要另有机会，就没人愿意去。"[97]

1894—1905 年的三任英国驻北京公使，只有欧格讷是正式外交官。另外两位，一位是职业军人，偶尔进入了外交界，另一位则是领事官员成功转型为外交官。无论总体的准确性如何，当时对驻外外交官的定义，"穿着佩有金饰带的制服，坐在电报线末端，只按照白厅的命令行事，并每天向外交大臣报告的办事员"，是不适用于北京的。[98] 不像东京，驻北京公使团享有更大的行动自由。虽然与日本的重要事务往往由伦敦处理，中国事务却在很大程度上由一线的英国官员决断。萨道义（Ernest Satow）在接手北京公使团时，很清楚"这是个烫手山芋，东京的差事要舒服多了"。[99]

欧格讷（后来的尼古拉斯爵士）是一位职业外交官。像外交和

---

* Oil River, 流经尼日利亚和贝宁的河流，是尼日尔河的支流。——译者注

殖民地事务机构的许多高级官员一样，他具有爱尔兰－苏格兰血统，但也是一名罗马天主教教徒。他于1866年进入外交机构，1883年被任命为驻北京公使馆参赞。1885年因巴夏礼爵士病故，他于一个格外关键的时刻——英俄平狄危机期间，执掌起驻北京公使馆。他被认为很好地完成了使命，他也成功地通过谈判达成了英中关于西藏和缅甸问题的协议。[100] 他于1892年重返北京担任公使。欧格讷是个率直而严厉的外交官，是巴夏礼的门徒，在与中国人打交道时偏爱强硬手段，例如他提议皇家海军采取"强力措施"镇压长江上游地区针对外国人的暴力事件。[101] 然而欧格讷仍然对中华帝国潜在的力量和资源印象深刻，主张采取某种形式的干预措施，阻止日本在东亚崛起。由于他同时具备近东和远东的经验，他强烈反俄，俄国在中国东北的不断扩张始终是让他忧心忡忡的问题。的确，在中日甲午战争期间，他和他的法国和俄国同行尤其显得"不睦"。[102]

欧格讷的继任者窦纳乐是外交机构的一名"军人－外行"。[103] 他生于一个英印军官家庭，有足够出色的军队经历，曾参加1882年的埃及战役和1884年的萨瓦金（Suakin）远征，但未能升到少校以上军衔。1882—1887年他担任英国驻开罗武官，1887年成为驻桑给巴尔（Zanzibar）临时代办。1889年，英国外交部将他派往棕油河（尼日尔）保护领地，协助与柏林进行关于英德刚果边界划界的谈判。

窦纳乐不过是"一名步兵军官，有着令人愉快的风度举止，但对东方一窍不通"。[104] 他获得任命，全仗索尔兹伯里。后者迫不得已，必须任用"对远东一无所知的聪明人"，他相中了窦纳乐："棕油河是个如此令人厌恶的地区，他也许愿意接受这个职位，而且他一向全力以赴地工作。"索尔兹伯里要继续将"我们最优秀和最高效的代表"留在更高的职位上。[105] 用一名长期在中国任职的领事的话来说，窦纳乐"对于公使一职尽心尽力。他是个高大、白皙的人，有着一双炯炯有神的蓝眼睛，四肢灵活，生气勃勃"。他认为自己和巴夏礼是一个模子里出来的："但是哈利爵士（即巴夏礼）就像是拧螺丝，清帝国官员的气焰越高，螺丝就拧得越紧。"[106] 在这方面，他展现了"欧洲人对中国普遍的态度……严酷无情、铁石心肠；而按照时下的标准，窦纳乐则是巧妙地保护了英国的利益"。[107] 在争取对方让步的斗争中，窦纳乐证明是个干劲十足的外交代表。在中国的西方商人希望"他们的人"要"善于拍桌子"。窦纳乐无疑做到了，他帮助英国商人们获得了比他们期望的更多的让步。不过阿瑟·贝尔福却抱怨这位公使"太固执，并不总是聪明"。[108] 窦纳乐没有及早意识到义和团运动日益扩大的警报信号，然而一旦危机来临，他的历练、他的坚毅和沉着镇定的性格，使得他能够化险为夷。他领导了被围困的使馆区的防御行动。像所有具备东方经验的英国外交官一样，窦纳乐不信任法国人和俄国人。他起初也怀疑日本对英国的战略价值，但后来变成了英日同盟积极的斡旋者。[109]

　　再没有比窦纳乐和萨道义之间更大的反差了。萨道义爵士是个"高效、机警、谨慎……的外交官……一个最讲条理的文书工作者"。他有将近十年都是窦纳乐的上级，他于 1861 年入驻日本领事馆，在东京度过了十三年，在此期间他赢得了外交部首要的东方通之一的名声。他是 19 世纪从领事官员转为独立且更具声望的外交官为数不多的人之一。在曼谷任职四年后，他出任过驻蒙得维的亚（Montevideo）和丹吉尔（Tangier）的公使，然后被任命为驻东京公使。[110] 萨道义影响最大的地方可能是日本，尽管日本政府曾对他1895 年获得任命感到不快："他们认为他是巴夏礼爵士的信徒，而巴夏礼的名声令他们感到恐惧和疯狂。"[111] 后来的学者认为萨道义视野更广阔，有亲东方观念，但他是个英国利益有效的代表，即使说他有些低调。他在伦敦的名声毁誉不一。索尔兹伯里认为他并不具备"一流的才能",甚至连通常支持他的桑德森都认为他既糊涂也令人糊涂。[112]

萨道义对中国问题的态度是复杂的。直到日俄战争时,他仍然对中国走向现代化的能力表示悲观:"人们忘记了中国人的消极抵抗,他们就像弹性橡皮一样。你可以用你的手指试试,一旦你的手指移开,你的影响就消失了。"[113]在日俄战争爆发前夕,他曾预料中国会发生"波兰模式"的分裂。俄国人的扩张是令萨道义一生都忧心忡忡的事情:"俄国是个引人注目的大国:它是最年轻的国家,却胃口大张,目标是要统治一切;东欧和整个亚洲都在它的觊觎之下。"作为英国外交政策较早的倾向的反映,萨道义曾支持与德国领导的三国同盟密切合作,但后来对"德国人盛气凌人的作风"变得更为警惕起来。[114]

1894—1905年,当中国和"中国问题"移至迅速变幻的国际舞台的中心时,在这个英国外交政策的关键时期,就是这些人在主事。他们对远东问题的关注点和建议怎样融入了政策,这些问题又怎样决定了英国政策的轮廓和方向,都将在随后的章节中详细探讨。

第一章

"无限大的东方问题"：
列强和中日战争，1894—1895

1895 年日本战胜中国，使得中华帝国成为列强角逐的目标。那年春天英国《泰晤士报》（*The Times*）的一篇社论提出，国际政治已经发生了一次重大革命，英国的对外政策必须适应业已变化的形势："远东已经形成了一个新世界。我们必须承认这一点并妥善利用之。"实际上，文章继续写道，日本的胜利是英国外交的失败：英国在东方的威望削弱了，而日本奠定了自己地区性新强国的地位。[1] 接下去的十年将展现，远东现状的错位将产生远远超出这一地区的影响。亚洲的战争产生了中国问题，而中国问题又开启了英国的国际孤立问题。

罗斯伯里在辞职后，针对说他在战前和战争中都优柔寡断的指控进行了辩解。英国本来也有可能卷入战争，"欧洲列强们出于相互猜忌，是不可能自视清高而袖手旁观的，那么在有将其他列强拖入战争的一定的可能性的情况下，不去真正地阻止战争的灾祸，却将灾祸从日本转移到我们自己身上，这似乎是一种莫名其妙的政策"。罗斯伯里也反驳了说他的政府对正在崛起的日本不够友好的指责：是英国的海军教官帮助培养了不断壮大的日本海军；1894 年 7

月签订的英日贸易协定，也为修正所谓不平等条约体系铺平了道路。他对《泰晤士报》的政策建议进行了挖苦："'专家的政策'似乎是，在中日两国激烈交战期间，同时对两国都保持压倒性的影响。这样的政策说说容易，然而他却忘了指导我们应当采取什么办法来具体施行。"[2]

罗斯伯里的辩解如果说是可想而知的，但也是有说服力的，使得战争期间限制英国政策发挥的三个关键因素凸显了出来：英国缓和交战两国关系的影响力有限；英国的地区性利益与能够就地保护这些利益的海军力量长期不相称；以及英国的干预有可能使事态升级。两年后，当中国的下一场国际危机达到高潮时，罗斯伯里又进一步阐述了他在 1894—1895 年实施的政策的依据。他就此写道：

　　一、让日本站在我们一边。
　　二、为这个问题保存实力和类似的可能机会。……我要使大英帝国像高悬在这些强盗们头上的雷雨云，而不是像散落在帝国各地的毛毛雨。[3]

罗斯伯里的两个辩解都不是误导，不过在 1897 年他显然已经在创造某种神话。实际上，英国的对外政策还要复杂得多。

英国历史学家相对不大重视中日甲午战争。这点掩盖了此战对 19 世纪 90 年代后期国际政治进程的重大意义，尤其是对英国对外政策的影响。[4]这场战争本身是由中国和日本在朝鲜半岛的对抗造成的，而其直接起因则是朝鲜反日民族主义者与寻求仿效日本明治维新的改革者之间的冲突所引发的动荡。汉城政府镇压东学党起义失败，导致中国和日本都向朝鲜派出了军队，日本于 1894 年 8 月 1 日宣战。[5]

在伦敦，罗斯伯里和金伯利预料中日冲突将对英国在东亚的地位产生不良影响。经常有人声称英国在战争的早期阶段是同情中国的。[6] 但没有档案证据能证实这种断言。英国的态度其实更为中立和复杂。的确，1894 年初，罗斯伯里曾提醒英国驻北京公使欧格讷，"英国和中国在亚洲的很多地区，利益是非常一致的"。[7] 但这并未转化为在对日战争中积极支持中国。假如英国政府受到亲中国情绪的影响，就会威胁中止 1894 年 7 月 16 日签订的影响深远的英日通商条约。但英国根本没有在利用经济杠杆施压日本方面采取什么行动，只是金伯利做了若干尝试，企图阻止在远东爆发军事冲突。欧格讷受命对中国总理衙门的大臣们施加一些和缓的影响。[8]

英国驻北京公使从一开始就想维护中国和日本之间的友好关系："我们不可能有其他政策！" 6 月初时，他认为关于中日同时出兵朝鲜所引发的纠纷，北京的"友好建议"将足以避免一场冲突。[9] 到月底时他就不那么安心了。尽管中国军队的集结非常缓慢，但欧格讷仍然警告道："局势正在发生危险的变化，在滑向战争或者其他混乱的方向。"他推测日本是想"和中国共同保护朝鲜的领土完整，但要把中国从统治地位上赶下来"。[10] 日本驻柏林公使青木周藏子爵也曾短期担任驻伦敦公使，在第二天与金伯利会晤时近乎承认了这一点。金伯利对日本人反复保证东京正在采取一切预防措施以避免局势恶化并不满意，他"诚挚地建议日本不要挑起冲突"——然而冲突正是日本外相陆奥宗光的真正目标。金伯利警告说，中国和日本因各自对朝鲜的欲望而引发任何冲突，都将招致俄国人的干涉。[11]

除了严格的外交手段，金伯利不愿意再采用任何其他办法来避免战争了。他拒绝了中国邀请英国海军在朝鲜海域徉动，以逼迫日本接受一项妥协性的解决方案的提议。[12] 这显然是企图将其他大国拖入随后的冲突，以抵消日本的力量。6 月 29 日，金伯利重申了他关于一旦发生战争，俄国将会干预的警告。7月初时，他指令英国驻东京代表，利用他以为存在的日本对俄国人威胁的恐惧予以施压，强调说日本对外政策的当前进程，"只会给外国强权干涉提供更大的机会"。[13] 就在这时，英国在东京的外交活动也掉了链子。傅磊斯（Hugh Fraser）公使于6月突然去世，使馆事务落在了仅仅是位三等秘书的拉尔夫·斯潘塞·佩吉特（Ralph Spencer Paget）肩上。佩吉特虽然能干，但是太年轻，担负不起同伊藤内阁打交道的重任。[14] 在傅磊斯的继任者亨利·勒普尔·特伦奇（Henry Le Poer Trench）到达东京前，金伯利的意图，只能主要仰仗外交大臣本人的努力了。

如果说金伯利关于俄国威胁的警告对日本人只产生了有限的影响的话，那更准确地是反映了他自己的担忧。无论英国在朝鲜危机中采取什么样的主动行动，都将对英俄关系产生不利影响。如果孤立地从伦敦和圣彼得堡的关系的角度来研究，是不可能正确地理解英国在中日甲午战争期间的外交行动的。因此，当金伯利向法国大使皮埃尔－阿尔贝·德克雷（Pierre-Albert Decrais）吐露，他对朝鲜半岛的"严重事态"极为关切，英国的地区利益将不允许它始终袖手旁观时，他的目标更多针对的是俄国，而不是他在凯多赛（Quai d' Orsay，法国外交部所在地）的同行。[15]

俄国的外交活动在6月期间绝非消极，不过俄国统治阶层还没有准备好公然推行其积极的远东政策。俄国的亚洲战略是长期的，而且依赖于其跨西伯利亚大铁路，然而那时距这条铁路完工还需要好几年。6月底时，俄国为便利中日谈判提供了很好的办公室。[16] 五天后，俄国驻东京公使米哈伊尔·亚历山德罗维奇·希特罗沃（Mikhail Aleksandrovich Khitrovo）向陆奥宗光发出照会，如果日本军队不与中国军队同时撤离朝鲜的话，日本将承担"严重责任"。[17]

欧格讷警告说，俄国有可能带头采取一种主动的国际行动。当时，俄国和英国的目标并非相去甚远。当然，俄国提议北京和东京同时从朝鲜撤军，是将其自身当成了双方谈判的适当基础。中国的总理衙门接受了欧格讷的建议，发出了愿意重启谈判的信号，条件是不触及中国对朝鲜的宗主权问题。[18] 如果说将双方拉到谈判桌前已经并非难事的话，金伯利的外交活动还必须达到另一个目标。英国的外交大臣实际上是同时在两条战线上展开了外交战。不仅要避免战争，而且还要保证这个目的不能是通过证明会损害英国在中国海周边利益的协议达到的，正如他警告中国和日本的。[19]

佩吉特受命敦促陆奥宗光重启谈判："如果日本政府希望避免欧洲干预朝鲜事务的话，就不要浪费时间了。"[20] 金伯利的议会副官爱德华·格雷（Edward Grey）爵士也重申道："我们将采取一切适当的措施，促成 [中国和日本之间] 友好地解决问题。"[21] 的确，在金伯利看来，日本的领导人似乎很顺从于英国的表态。7 月 6 日，日本驻伦敦公使青木周藏通知英国外交部，只要接受如下三个条件，他的政府愿意与中国谈判：（1）恢复秩序；（2）组成一个中日联合委员会，推动和监督朝鲜进行必要的行政和财政改革；（3）对朝鲜武装力量进行改组，使之成为"一支有自卫能力的军队"。日本将保持克制，不提出容易引发争议的朝鲜独立问题，如果中国也能同样克制的话，同时一旦谈判开始，从半岛撤军的问题也将着手解决。最后，东京政府要求日本被赋予"在所有事务上，无论政治还是商业，与中国同等的权利和权限"。金伯利支持将这个"合理的建议"作为双边谈判的基础，但是无用。7 月 12 日，日本断绝了和中国的外交关系。[22]

金伯利也许早就预料到欧格讷和佩吉特无法向双方施加足够的压力，迫使它们进行谈判。这时他向法国、德国、俄国和美国的政府发出提议，联合干涉以促成朝鲜危机和平解决。[23] 他的努力是徒劳的。美国政府立刻拒绝了。德国人则如桑德森正确预料到的，只有德国在该地区的贸易受到影响时，才会干预中日冲突，而且，无论如何，"他们会让我们挡在前面"。这时，无论俄国和英国，谁在这个问题上挑头，威廉街（Wilhelmstrasse，德国外交部所在地）都无所谓。与此同时法国政府暗示，他们会受到俄国和英国的行动的引导，"不过他们并不打算正式干预"。鉴于凯多赛重视与俄国的联盟的战略重要性，除非俄国采取行动，否则不大可能指望法国会做出任何支持。[24]

于是，金伯利的第二项外交倡议，成功的关键就要看俄国了。然而，俄国的政治领袖们却不着急回应。[25]沙皇亚历山大三世（Alexander III）和他长期任职的外交部长尼古拉·卡尔洛维奇·格尔斯（Nikolai Karlovich Giers）这时都已病入膏肓，而且分别于1894年11月和1895年初辞世。圣彼得堡的决策机制将在接下来的几个月逐渐瘫痪。然而，考虑到俄国亚洲战略的长期性质，圣彼得堡采取急促行动显然是不明智的。于是，格尔斯决定拖延时间，并通过长期担任驻伦敦大使的格奥尔格·冯·施塔尔（Georg F. C. von Staal）男爵探问金伯利提议的联合干涉的精确性质，尤其是"我们是否考虑过超出建议的任何行动"。那当然是金伯利还没打算做的事情，他只是重复了一下他希望其他列强和他联手逼迫中国和日本达成协议的愿望。假如外交努力失败了，进一步的行动成为必要，那是他们届时才应考虑的事情。[26]

与此同时，俄国的亚洲外交也正在经历着一种微妙的变化。7月伊始，陆奥宗光对希特罗沃6月30日提议同时从朝鲜撤军的措辞强硬的照会做出了回应，再度向俄国政府保证日本对朝鲜并无图谋，一旦秩序恢复，其军队就会立刻撤退。格尔斯收到这些保证后，表示"极其满意"，指示希特罗沃敦促陆奥不要拖延，尽快与中国开启谈判，以避免中日军队在朝鲜发生冲突的可能性。随着俄国对日本的态度明显软化，俄国在远东的斡旋行动也告一段落了——陆奥宗光很快就将这一情况通报了金伯利。[27] 这也意味着格尔斯这时不会参加金伯利提议的由所有对东亚有兴趣的大国联手的外交干预。正如格尔斯通知施塔尔的，俄国这时已预料到一场冲突不可避免了，但只要冲突严格保持局部性，俄国就将继续作壁上观。[28]

作为避免战争的最后努力，金伯利提议由中日共同占领朝鲜，同时明确划定一个缓冲区将两支占领军分隔开。[29] 这样就为通过外交手段解决朝鲜纠纷争取了时间。金伯利希望通过协调欧洲列强的政策，逼迫中国和日本。[30] 虽然中国的总理衙门发出了接受这一提议的信号，但列强们却宁肯按兵不动，等到战争开始再考虑采取主动行动。在这样的情况下，日本是不大可能被迫停手的。时间在一点点耗尽。伊藤和陆奥已经决心对亚洲大陆动武，在日本于 7 月 20 日发出最后通牒后，英国已经没有斡旋空间了。[31]

在 7 月 22 日陆奥与佩吉特通话之前，金伯利本人已经采取了听天由命的态度，任由事态发展了。除非有可靠且有效的制裁手段做后盾，逼迫一向是不大可能成功的：“严厉的词句除非带有威胁性质，是不可能阻止日本最大可能地利用他们的机会的。”[32] 自朝鲜危机爆发后，金伯利从未打算采取纯粹外交之外的手段。在北京，欧格讷还没有认识到事态的严重性。他做出最后一分钟的努力，试图说服金伯利和佩吉特，外交手段还没到山穷水尽的地步。战争是“灾难性的”，“眼看着 [中国] 被削弱，在很多年内一蹶不振，是不符合我们的利益的”。[33] 他向佩吉特保证，伦敦政府“正在竭尽所能以避免冲突”，但这只是一厢情愿，而非对事态新近发展符合实际的判断。然而他仍然敦促年轻的驻东京“临时代办”警告陆奥不要冒军事冲突的危险。[34]

欧格讷的建议太晚了。他也许明白这一点，因为无论是他致佩吉特的正式公文还是私人交流邮件，都是通过外交邮包，而不是更快捷的电报发送的。无论如何，在战争爆发前的最后一星期，英国外交部已越来越相信，任何和平努力都是徒劳的，正如桑德森所反思的："我怀疑是否从一开始，就根本没有机会让日本人保持平静。一切都在指向一个结论：他们早就下定决心要获取惊人的成果——无论是顺从他们的心愿，还是要诉诸战争。"[35]

在战争爆发前夕，维多利亚女王也介入了讨论。鉴于朝鲜局势日益紧张，她提议"由我们和俄国联合施压"。[36]金伯利和罗斯伯里都同意，任何干预行动都必须拉上俄国。但俄国有进行单边干涉的可能性，实际上却是英国保持克制的主要原因。金伯利后来也反思到，日本"一心要战"，在所有早期的斡旋努力都失败后，干预将不得不是"武装调解，并且当真要直接针对日本"。其成功与否很大程度上要依靠于俄国的合作。如果成功了，英国和俄国就要共同且永久性地对朝鲜负责。20世纪70年代英法在埃及合作的恼人经历尚令金伯利记忆犹新，他警告说，这样形式的英俄共管，必是"令人不快的前景"。因此，在没有外国势力干涉的情况下，让两个交战国自己打出个高下更好。[37]罗斯伯里对"中日纠纷"也持同样的观点。由于俄国地理位置邻近，如果实行共管，必然对其更为有利。他强调地区平衡的重要性：任何针对日本的行动，都会"削弱或疏离那些海域的一个巨量级的大国，而这些大国本是抵挡俄国的防波堤"。[38]

罗斯伯里和金伯利都没料到日本军队在海上和陆上都取得了决定性的胜利。先前的亚洲战争经验使他们认为战争进程将会非常缓慢。在日本宣战大约两个星期前，金伯利曾要求英国海军部和陆军部的情报机构评估双方的相对实力。海军部坚定地认为日本海上力量更强，指出："虽然中国的军舰吨位和舰上武器均占优，但日本人的组织、纪律和训练水平要高出很多,因此认为日本海军实力更强,是合情合理的。"陆军情报机构在评估朝鲜半岛双方陆军相对实力时,也得出了类似的结论:"从所有……方面看,日本陆军和中国陆军相比,都像是 19 世纪文明的军队和中世纪时期的军队相比。"不过,军官们警告说,中国或许会千方百计地试图拖延战争,既希望消耗日本的资源和士气,也希望吸引外国力量来干涉。[39]

这绝非凭空臆想,伦敦的许多舆论影响者都持这种观点。《泰晤士报》信心满满地预测,中国大得多的人力储备意味着"日本终究会为其早期的胜利付出昂贵的代价"。[40] 这种观点也不限于舰队街(Fleet Street,伦敦多家报馆总部所在地,泛指英国新闻界)。担任大清帝国海关总税务司的赫德(Robert Hart)爵士坚信:"如果战争持续得足够长,我们(也就是中国)必将获胜:中国人坚毅勇敢、体格强壮、数量众多,必将胜过日本人的猛打猛冲、训练有素和领导有力——日本人已经如日中天,而我们还将日益改善!"按照《泰晤士报》外事主编吉尔乐(Valentine Chirol)的说法,就连欧格讷都相信"最终中国的铁砧将耗尽日本的铁锤"。[41] 不过,这可绝非欧格讷对交战双方当下形势的正式评估。战争爆发前不久,他曾公开表示他"对日本人突然而猛烈的攻击将产生的可能后果严重担忧,而日本人似乎正在考虑这样的突袭"。中国"对于危及其领土完整的侵略,有 [潜在的] 抵抗能力",这种能力是不能低估的。然而,他仍然警告说:"中国的陆军和海军官僚们普遍目光短浅,军事知识贫乏,他们的舰队有可能被打得七零八落。"[42]

无论对战争结果的预测如何,金伯利和罗斯伯里都一致认为,除非战争的迷雾移除,英国外交应保持按兵不动。英国"当前缄口不言的政策必须继续推行"。[43] 英国的官方立场是严格保持中立,但实际上,金伯利的政策主要有两点考虑:不要疏远日本,要让格尔斯确信英国没有单边行动的意图。英国和日本都不愿意使相互的关系变得紧张起来。在中国海域发生的一场海战中，一艘英国的船只被击沉了，陆奥和金伯利都采取了息事宁人的态度，东京立刻自愿做出了充分赔偿。金伯利非常高兴，没有再依据国际法对此斤斤计较，因为国际法是不大可能干预实际的政治行动的。[44] 但这绝不能表明英国对日本的态度全面趋软，正如金伯利在处理战争结果引发的第二个问题——让上海及其通路中立化——时所表现的。根据条约开放的通商口岸上海，是长江流域对英国非常有利可图的贸易中心，是一个规模相当大的国际商业聚落，但也是中国一个主要兵工厂的所在地。英国外交部毫不怀疑中国会封锁通向上海的道路以保卫其兵工厂，并因此而中断商业交通。于是，要保持船道畅通，唯一的办法是向日本政府索取"一个保证……他们将避免对上海及其通路采取军事行动"。陆奥按要求做出了保证，意味深长的是，没有附加任何条件。[45]

当8月和9月，陆奥试图修改保证，增加中立须由交战双方相互承认的条款时，金伯利坚决地拒绝了。英国外交部远东司的维利耶（F. H. Villiers）指出，尽管中国不断加强长江口周边的防御，陆奥也应当遵守其无条件承诺。伯蒂对此表示同意，并建议金伯利："如果我们从这个保证上后退，我们肯定会在中国人面前'丢脸'，除非中国人封锁长江，我们才能允许日本人溯江而上。"[46] 在上海问题上采取强硬立场，并非全无危险，因为该港的防御并不牢靠，日本"有可能发动突袭，使我们被迫诉诸武力"。[47] 作为威慑手段，英国军舰匆忙赶往远东。英国皇家海军中国站司令、海军上将爱德华·弗里曼特尔（Edward Fremantle）爵士奉命采取必要的防范措施，以防日本海军破坏陆奥的承诺。对金伯利来说幸运的是，主要的战场在北方，陆奥最终停止了在这点上施压。[48]

正如竭力避免与日本发生任何纠纷一样，金伯利也希望与圣彼得堡的关系一切顺利。战争爆发后不久，他向格尔斯保证，英国将不会在朝鲜问题上采取单边行动，并承诺在所有与当前危机有关的问题上充分交流情报。[49] 的确，欧格讷受到了指责，说他没能和他的俄国同行喀希呢（Arthur Pavlovich Cassini）伯爵适当地合作。欧格讷怀疑喀希呢"推行的路线直接有损于"英国在华利益。金伯利急于同俄国搞好关系，尤其是为了将俄国人进行单边干涉的机会降至最低。据新近到任的驻圣彼得堡大使弗兰克·拉塞尔斯（Frank Lascelles）爵士于 8 月底的报告，搞好关系的愿望似乎是相互的。[50] 并非所有人都对当前形势同样满意。对中国和英国同样热爱的赫德爵士曾抱怨英国的不作为："如果英国不采取行动（我说的行动是指命令英国海军阻止日本人武力登陆），那么 [中国] 将握住俄国伸出的手！……我一点儿也不欣赏英国的对华政策——那是一种冷漠无情的政策，他们据此评估价值或低估价值。假如中国投向俄国的怀抱——那么东方的价值就变了！"[51] 他怀着这样的想法致电金伯利，敦促他采取某种形式的干预措施，阻止日本人向北京挺进。金伯利和罗斯伯里绝非无视中俄联手的可能性；他们也并不相信俄国不会单独采取外交行动。[52] 但是他们更清楚地了解英国政策在海军方面和政治方面的局限性。

到 10 月初时，罗斯伯里和金伯利认为该是提出另一项外交倡议的时候了。当时日本在朝鲜半岛的攻势正在稳步推进。10 月 9 日，一支先遣部队跨过了中国东北边界，在鸭绿江对岸建立了第一座桥头堡。与此同时，对于中国在渤海湾远端的最后一座堡垒旅顺港的攻击，也在准备中。随着日本人向北京进发已具备了明显的可能性，赫德爵士和欧格讷都对华北正在蔓延的无法无天现象发出了警告。金伯利对驻中国首都的公使馆的安全深表担忧。[53] 但他更为害怕的是，假如日本人向北京挺进，或者强加给中国严苛的媾和条件，"俄国无疑将有效地发出它的声音"。[54]

俄国人的政策这时比以往更神秘莫测。在战争的最初几个月，格尔斯反复强调，无论列强采取什么样的集体行动，英国和俄国都应该起领导作用。在他最后一次与拉塞尔斯谈话时，这也一直是他的立场。[55]然而，拉塞尔斯注意到，俄国的外交部长显然对战争结果不感兴趣。大使心想，格尔斯也许是在以静制动，只有在日本完全控制了朝鲜后，他才会出招儿。当时在俄国首都流传的其他流言中，有说格尔斯已经同日本人达成了密约，因而能镇定自若地等待日本最后的胜利。尽管拉塞尔斯本人怀疑这样的密约的存在，但他也不能否定之。实际上，类似的情报也在大约同样的时间由驻其他国家的大使报告到英国外交部，激发着英国人对俄国外交传统的不信任。[56]英国的远东外交来到了一个至关重要的十字路口，战争的三种不同但又看似同样可能的政治后果浮现了出来。一方面，如赫德爵士所反复警告的，中国在战败后，也许会倒向俄国，将其作为首选的保护者，不惜一切代价满足俄国的要求，以换取其服务。另一方面，假如俄国与日本存在相互谅解的传言是真的，那么俄国就已经在向日本提出不合理要求，作为回报，让日本在朝鲜为所欲为。这两种后果都将牺牲英国的利益，削弱英国在东亚事务中的地位。最后，假如赫德和欧格讷不祥的预言是正确的，整个华北都将陷入无政府的混乱状态，危及那里的外国人的生命和财产。不说人道主义关怀，任何针对中国既定的满族统治的叛乱也都会危及欧洲人在那里的影响。在这样的情况下，列强的军事干预将是不可避免的，英国当然不能袖手旁观。虽然继续不作为已不再是可行的选项，但英国的外交政策仍然必须小心翼翼地选择路径。

这位北京的海关总税务司是第一个敦促英国政府干预战争的人。

通过伦敦的一位朋友——自由党前国会议员和格莱斯顿的助手伦德尔（Rendel）勋爵——他劝谏罗斯伯里"形势已到了最关键的时刻"，除非英国采取行动，否则"中俄联盟就呼之欲出了"。罗斯伯里拒绝按照赫德爵士的建议派海军去中国海域示威，因为这将破坏日本人在朝鲜的军事行动，会被视为敌对行为。[57] 疏远东京，肯定会将日本赶向俄国的怀抱。而维持前几个月的严格不作为态度则相反，又要冒使中国转向俄国的危险。毕竟，中国"大约是我们唯一的天然盟友"。罗斯伯里仍然认为适宜在圣彼得堡打探一下，假如日本人进军北京，俄国的态度如何。[58]

10月初时，来了一个机会，通过一个非官方的渠道，赫德爵士向伦敦报告，北京当局打算讲和且不控告战争罪行，只要列强保证让朝鲜独立并保持中立。可能是协调一致的行动，欧格讷也于同一天提出了类似的主张。战争发展到这一阶段，该是欧洲列强伸出援手促成和约的时候了。[59] 不需要再进一步向罗斯伯里证明"中国的事态……糟糕透了"。正如他的私人秘书所记载的，这些报告提醒了罗斯伯里，"假如容许节节胜利的日本人一路打到北京城下，而这种情景似乎已近在眼前，接下去会发生什么情况"。[60] 保住使用外交手段解决问题的机会，还有另一个紧迫原因，意大利和法国已在磋商采取措施保护在华北的外国侨民了。[61]

罗斯伯里决定采取行动，引发了金伯利的不快。外交大臣于8月底离开伦敦后，拒绝返回担负起斡旋的任务。金伯利"坚决地将他的所有同事都拒之门外"。至于首相，金伯利在日志中记录到，他"对中国和日本的事情太过大惊小怪了，他已经回城操心起关于和谈的建议。我认为根本用不着那么着急……事情不取决于多几个小时或少几个小时，总有各种琐事影响事情真正的进程"。[62] 外交部的日常管理只能仰仗伯蒂，"罗（斯伯里）认为他的确是那里最优秀的人才"。[63] 首相也许曾嘲笑过金伯利"用老派的观点看待大臣的责任和义务"，但这其实很符合他的心意，使他能够将外交事务揽到自己手中。[64] 罗斯伯里的行动一点儿也不隐秘。10月3日，他专门召开了一个内阁会议，讨论中国事务，会上金伯利也表示支持采取行动："我们要告诉法国、德国和俄国，假如目前的混乱局面继续恶化下去的话，我们对在华欧洲人的境况和安全深为担忧，我们要问问他们主张采取什么措施。与此同时，我们增派海军以加强力量，也许是必要的。"[65]

第二天，英国驻巴黎大使馆临时代办康斯坦丁·菲普斯（Constantine Phipps）通知法国外交部，英国希望发起一项列强的集体行动。[66]10月5日，法国、德国、俄国、美国和意大利的政府受邀与英国一起，"在大国保证朝鲜独立，日本的战争开支将得到赔偿的基础上"进行干预。与此同时，特伦奇奉命询问东京这些条件能否接受作为和约的基础。设想中的干预纯粹是外交领域的，没有考虑任何其他措施。[67]

最新的调解努力又走了夏天时的老路。意大利外交部长欣然接受了英国的提议，这点掩盖了意大利在这个问题上的重要性，而美国政府却拒绝参加任何集体行动。德国政府认为干预还"太早"。柏林不愿在俄国还没有做出反应的明显迹象的情况下采取行动。奥地利人则有样学样，拒绝参加任何在远东的外交行动。[68]俄国现在成了就此问题采取任何进一步行动的关键。正如金伯利向首相指出的："如果俄国和我们达成一致，出来挑头的话，其他国家可能会跟随。"伯蒂表示同意，不过他反对英国对朝鲜成为外交协议的一部分做出保证，因为这样要承担有可能与俄国对抗的潜在义务。[69]法国外交部也不愿让自己过早地承担义务。除非能与俄国步调一致，法国也不会采取行动。但俄国的决策仍然很缓慢。格尔斯的儿子兼副手暗示说法国和俄国应当协调政策，"以防英国鲁莽行事"。法国驻北京公使施阿兰（Auguste Gérard）警告说，任何海军行动都既不符合俄国利益也不符合法国利益，因为那将使英国"担任主角"，英国是该地区首屈一指的海军强国。[70]

又一次，英国外交的成功要仰仗俄国了。10 月 17 日，拉塞尔斯争取到一次在唱诗班桥*会见格尔斯的机会。当时北京已重申了愿意接受国际保证下的朝鲜独立和赔偿日本作为和谈条件。拉塞尔斯奉命寻求俄国的合作，以说服日本接受这些条件。赫德爵士认为，这只是一片"橄榄叶"，而非整个橄榄枝，因为中国不会乞求和平。[71]格尔斯表示他个人倾向于接受提议，但推托说没有沙皇的旨意，他无法行动。不过，他明确反对任何使用武力的行动。非常清楚的是，除非得到英国政府坚决的保证，一向谨慎的格尔斯是不会做出任何承诺的。[72]虽然在金伯利看来，是俄国对外政策的麻痹造成了"外交事务的不幸局面"，但形势仍然看不出有什么进展。实际上，10 月24 日拉塞尔斯得到了通知，俄国将不参加提议中的调停，相应地，大国之间就此问题进行的对话也应当暂停。[73]格尔斯的谨慎是一个障碍，日本希望阻止大国干涉则是另一个。陆奥尽管承认英国的友好情谊，却强调说战争仍未取得决定性战果。金伯利表示，"我们促和的努力"停顿了。其实，他"对谈判破裂……并不懊恼"。[74]

沙皇于 11 月 1 日病故，这刺激了俄国的外交行动。中国总理衙门的大臣们为日本人的进展所震惊，于 11 月 3 日宣布中国希望停火：日本要撤出中国东北，中国则承认朝鲜独立，并同意赔偿日本。虽然金伯利不愿对中国的呼吁做出回应，格尔斯却立刻发声了：俄国愿意参加列强的集体外交行动，但不愿意领头。这是狡猾的一步棋。格尔斯现在能够更好地坐观列强的反应了，自己却除了含糊的行动，

＊ Pevcheskii Most，俄国外交部所在地。——译者注

而不必做出任何承诺。金伯利做出了同样的回应。然而 11 月 9 日，经内阁批准后，金伯利还是命令拉塞尔斯向格尔斯提议，以联合照会的形式将中国的和谈建议转达给日本政府。[75]

俄国外交的突然行动只是一次抢跑。格尔斯对金伯利的提议迟迟不予答复，又回到了他 10 月中旬的立场。德国人显然犹犹豫豫，甚至漠不关心，而法国人只有在列强达成一致的情况下才肯参与行动。鉴于这些不确定因素，金伯利断定英国和俄国单独行动是不明智的。[76]格尔斯决定踩刹车，使得倡议中的行动戛然而止。俄国人的反应"不令人鼓舞"，正如首相所总结的："我们已经竭尽全力，我们没有办法了。"[77]这对罗斯伯里来说是个挫折，他在 10 月时已经受到新闻界的批评，说他过于冒进了。的确，法国驻北京公使毫不怀疑调停努力受挫对英国来说"相当失败"。[78]

英国的远东外交停滞不前，一直到 1895 年 1 月初。诸多因素造成了最新的僵局。欧洲所有大国首都要人的更迭，影响了在远东问题上采取积极的外交行动。在俄国，年轻且缺乏经验的尼古拉二世（Nicholas II）继位，而小心谨慎且被严重低估的格尔斯已奄奄一息。在柏林，经过秋天的首相危机后，政治生活恢复得非常缓慢，而法国正深陷于其最新一次内阁危机中，最终导致了 1895 年 1 月卡西米尔－佩里耶（Casimir–Périer）政府的倒台。[79]

而且，到了 1894 年末，近东问题又一次引人注目起来。亚美尼亚大屠杀暴露了后格莱斯顿时期自由党内阁的裂隙。内部分歧妨碍了罗斯伯里－金伯利组合外交政策的实施，促使蛮横的财政大臣威廉·弗农·哈考特（William Vernon Harcourt）爵士越来越频繁地干涉起外交事务："俄国 [至少目前] 还不是恼人的因素，真是幸运。但我们的步伐必须非常谨慎。我们还从来没有像现在这样在大国中缺少朋友。"金伯利不需要这样的提醒。[80]

远东形势的迅速发展本身也促成了各国外交的谨慎。日本人因军事胜利而越发胆壮，加之外国列强明显不能协调一致，日本的立场变得更加强硬起来。10月底时，青木已经发出了强烈的私人暗示，日本很可能要求朝鲜独立，以日本人的支配地位取代中国。除了战争赔款外，他暗示说东京还会提出领土要求，最可能的目标是台湾。青木的私人暗示与不久前格尔斯对拉塞尔斯发出的预告惊人地相似。鉴于新近传出过俄日预先存在协定的谣言，这点很可能加强了金伯利对俄国的怀疑，以及他对进一步调解行动的谨慎。[81] 有一些夸张的报道称日本对中国威海卫军港的偷袭因英国军舰的出现而受阻，这在日本激起了反对英国的公众舆论，并达到了相当大的程度，甚至促使东京政府不愿承受英国的外交压力了。日本不考虑中国的和谈愿望，特伦奇得到通知说日本不会屈服。[82]

面对日本在中国东北的攻势，中国的军事反应充满了混乱和敷衍。11月21日，当日本人攻占旅顺后，战争的结果已不可逆转。中国当局决定求和，并请美国做调停者。取得突破性进展的希望非常短命。美国人的介入是三心二意的。没过几天，陆奥就拒绝了求和提议。[83] 虽然日本人对北京推行的是强硬路线，但对列强发出的却是和缓的信号。陆奥的副手林董（Hayashi Tadasu）子爵向特伦奇保证日本对和平的渴望是诚挚的。这位副外相想出了一套策略高明且小心谨慎的说辞，将现实政治的考量和利他动机的专业性结合了起来。他突出了日本自我的战略利益，以增强其保证的可信度：对中华帝国的任何一部分占领时间稍长，都会导致日本的军事资源严重吃紧，因此日本急于结束战争。然而，林董仍然强调"新近的胜利……表明［日本］完全有资格获得其所要求的战利品"。[84]

这时英国的外交政策发生了决定性的转变。日本的军事实力，加之中国应对策略的无效，使金伯利和罗斯伯里认定，阻挠这个正在崛起的地区性强国是不符合英国利益的。这意味着英国将改变支持中国的传统政策。金伯利建议中国派一位全权代表赴日本，就和平协议进行谈判。他主张，中国在新近战败后，立场非常关键，不应因"形势问题"而拖延和平。他还安慰性地补充到，尽管也许并不那么令人信服，"这是最便利的途径，后面还有欧洲最强大的一些国家撑腰，不丧失任何尊严"。金伯利决定不支持中国，预示着他和罗斯伯里对中国和日本谁是远东的首选伙伴的抉择。[85]在这种情况下，中国的总理衙门认定，除了接受陆奥的要求，任命一位全权代表开始谈判外，别无可行的选择。鉴于没有现成的外国支持，中国只得听命于日本。1月底，两名中国特使抵达了广岛，和谈即将开始。[86]

列强这时又活跃起来。1月23日，俄国人向拉塞尔斯打探，英国是否准备和俄国一起敦促交战双方媾和。施塔尔在伦敦也发出了同样的声音。金伯利和罗斯伯里欢迎俄国人的倡议。俄国不断使他们陷入进退维谷的境地。他们在中国努力寻求与日本和谈时拒绝予以支持，是有意识地冒着将中国驱入俄国怀抱的危险。只有与俄国合作，英国才有可能企图对圣彼得堡和北京施加些影响，从而阻止俄中结盟。[87]这样一种协定的可能性从未远离英国高级外交官们的头脑。1月初，欧格讷报告说一位中国官员正前往圣彼得堡，据说是要与俄国商谈秘密结盟。他相信迄今尚无俄国代表和中国高官之间的谈判。他认为"中国政府只有陷入绝境"，才会倾向于与俄国结盟，"……条件是立竿见影地结束战争，制止日本的侵略……而不考虑对国家未来的影响"。[88]

对俄国与生俱来的不信任，加上对中国领导人根深蒂固的没信心，使得金伯利和罗斯伯里坚定了与俄国维持良好关系的决心。实际上，整个1894年的秋天，罗斯伯里都在引人注目地向圣彼得堡大声示好。在每年11月10日首相在伦敦市政厅举行的年度讲演中，罗斯伯里断然宣称"假如俄国能和英国在亚洲事务上真诚不疑地携手共进，世界和平就将一劳永逸地迈出伟大的一步"。罗斯伯里对已故沙皇的热烈赞颂和提及俄国时总体友善的语调，使得英俄已达成密约的谣言四起。[89] 金伯利又为谣言添了把火，强调了当前与圣彼得堡关系的友好性质。尽管他否认了有与俄国达成协议的考虑，并向法国驻英大使阿尔贝·德克雷（Albert Decrais）保证法国的利益将得到尊重，但他仍强调英俄两个大国对于中日战争正在协调一致地努力。年轻的沙皇对于俄英之间达成一项"良好而公平的协议"展现出支持态度。[90] 尽管俄国官员也排除了有俄英在亚洲缓和关系的考虑——英国对俄国发出的外交方面的友好腔调被认为不过是"调情"，不会破坏"和睦的夫妻"——但凯多赛对这些谣言的反应仍然是典型的紧张不安。[91]

如果说圣彼得堡对与英国的协议没有欲望，认为有可能削弱新近形成的俄法联盟的凝聚力，那么俄国对罗斯伯里 1894 年秋天的公开发声的反应，则展现了英国的远东政策对其他列强关系的影响程度。而且，不同的大国对最终的远东和平的反应这时业已成形。英国和俄国将挑头，法国将尾随其新盟友，而德国将持观望态度，或者做俄国或者做英俄联合的走狗。最终促成 1895 年 4 月的三国干涉的利益汇聚，这时已经开始。然而，金伯利和罗斯伯里对俄国怀有的深深的猜疑，无疑也是双向的。格尔斯也坚信，阻止英国的任何单边行动是势在必行的。[92]

施阿兰对远东政治形势的分析，代表着许多欧洲外交家的观点。他提出，中国的战败代表着英国的误算，因而标志着英国外交的挫折。于是，与俄国修好成了伦敦试图限制危害扩大的措施。[93] 正如英国希望与俄国合作，作为遏制俄国的办法一样，俄国也认为与英国联合行动，是阻止英国在远东取得重大进展的唯一办法。相互不信任却为合作提供了基础。与此同时，伦敦和圣彼得堡解决了它们在帕米尔高原的边界纠纷，现在两国政府之间没有明显的分歧了。[94]

一次重大的、主动的单边外交行动，是金伯利最不愿意考虑的事情。他对远东政治的前景充满了不祥的预感，也怀疑东京接受外界调停的意愿。他的主要目标就是"与俄国走在同一条路线上"。在这方面他体现了罗斯伯里的观点，"与俄国密切协同的重要性……是高于一切的"。[95]然而，无论金伯利和罗斯伯里多么急于与俄国一起联合行动，形势又一次证明了"心急吃不得热豆腐"。格尔斯于1月26日亡故所产生的间隙是一个因素，广岛的和谈陷入僵局是另一个因素。首次见面，伊藤博文首相和陆奥就拒绝承认中国特使的身份证明，并于2月2日中断了会谈。这绝不仅仅是关于外交礼节的正确形式的争议。陆奥和伊藤显然预先知道中国特使的证书存在缺陷，他们迅速地将情况公之于众，以羞辱北京。[96]这样，他们就当着全世界的面对中国当局的善意提出了质疑，逼迫中国派出大学士李鸿章亲自与日本人打交道。

与此同时，中国北方的战局又在向更加有利于日本的方向发展，东京政府看到了拖延任何预备性谈判的好处。在此期间，中国北洋水师的主要海军基地威海卫的陷落和张荫桓使团的受辱，使中国降到了乞求者的地位："中国瘫倒了——西方列强在相互观望，既害怕牵一发而动全身地引发大混战，也希望事态继续发展，好在最后来坐收渔利——日本则在乘胜追击，胃口越来越大，野心越来越强，气势越来越盛。"[97]

赫德的估计只有部分是正确的，因为欧洲外交界又开始行动了。1月29日，虽然广岛的谈判仍迟迟不能开始，但俄国外交部亚洲司司长彼得·阿列克谢耶维奇·卡普尼斯特（Pyotr Aleksevich

Kapnist）伯爵却就此问题与拉塞尔斯举行了会谈。他在表达希望"这个问题完全和谐"的愿望时，通知大使说，希特罗沃也奉命与特伦奇合作，敦促日本尽早实现和平。此前几天，卡普尼斯特也同样约见了法国大使蒙泰贝洛（Montebello），表示现在是列强采取某种集体行动的时候了。[98] 卡普尼斯特约见拉塞尔斯和蒙泰贝洛是奉一次部长会议之命。在1月20日于圣彼得堡举行的这次部长会议上，沙皇的大臣们决定寻求与英国和其他大国达成谅解，以遏制日本并维护朝鲜的独立。与此同时，俄国在太平洋上的小舰队将得到加强；如果预期的协调行动不能成功，俄国将选择另辟蹊径。[99]

特伦奇、阿尔芒（Harmand）和希特罗沃相应地分别在东京发表了声明，但内容是一致的。林董保证日本无意使事态极端化，其开启和谈的愿望是真诚的，但托词不了解当前的和平条件。日本不急于向欧洲列强展示其有利态势；但陆奥对英俄有可能联手感到不安，重申日本既无意分解中国，也不愿推翻清王朝。[100]

卡普尼斯特又一次约见了拉塞尔斯，这回建议两国政府应当就联合行动交换意见。金伯利欢迎俄国人的倡议，却不想冒任何险。甚至在日本对威海卫发动总攻之前，他仍然担心日本"会被胜利冲昏头脑，会在诱惑之下把中国逼入绝境，而不顾及最终的后果"。[101] 英国的政策明显地转变为不再支持中国。金伯利警告新任法国大使阿方斯·德·库塞尔（Alphonse de Courcel）：其他大国的威胁可能会冒犯东京。假如集体干涉失败了，欧洲列强的威望将大跌，事态也许会升级。然而，他仍然同意德库塞尔的建议，英国、法国和俄国应当继续像现在一样交流观点。金伯利也重复了他接受俄国"协调一致地行动"的提议。[102] 他在会见施塔尔时又进一步阐明了这一观点，但由于后者无法对其政府的任何行动做出承诺，为了等待俄国人的澄清，又耽误了一些时间。[103]

尽管金伯利明显希望与俄国协调行动，但他也没有忽略与其他大国发展关系。法国唯俄国马首是瞻，倒不难以捉摸。美国政府反复陈述了自己置身事外的意图。德国在其外交部长阿道夫男爵马沙尔·冯·比贝尔施泰因（Marschall von Bieberstein）指导下，迄今保持着低调。但是德国在远东也有重要的商业利益，于是金伯利这时指望起德国。在与经验丰富的德国大使保罗伯爵冯·哈茨费尔特（von Hatzfeldt）会谈时，金伯利表示，俄国在法国的支持下，倡议就某些不祥的可能性交换意见；尽管他对此不反对，但要预先指出困难。日本的野心会达到什么程度，仍然不清楚。因此，预想中的交换意见，也许必须包括当东方的领土发生变化时，对欧洲列强做出补偿的问题。在会谈结束时，金伯利鼓励柏林放弃当前的保守态度，并承诺让德国政府了解事态的最新发展。哈茨费尔特在离开时，相信英国不会妨碍，甚至还会帮助德国争取某些"好处"。[104]

俄国在后亚历山大和后格尔斯时代外交政策处于过渡期所造成的不作为，以及德国决定继续观望，都令金伯利非常恼火。他在 1 月和 2 月初的主要精力，都花费在与意大利商谈界定各自在东非的势力范围上。[105]与此同时，施塔尔又得到指示，不要卷入关于实际的和谈进程的讨论中。此外，大使还单独被告知，圣彼得堡同意金伯利关于形势严重性的看法：清帝国在此番大败后如果崩溃，是极具可能性的；假如日本继续向北京推进，后果将难以预料。俄国政府理解"金伯利勋爵的困惑和犹豫"，但除了重申此前关于交换意见的建议外，也没有更多的办法。不过，施塔尔还是暗示了金伯利，俄国将朝鲜独立的原则视为其政策的关键目标。[106]

2 月中旬，金伯利没有认真对待由英俄联合倡议，支持中国的停火建议的主张。当时普遍认为中国新任命的首席谈判代表李鸿章会提出停火建议。但计划赶不上变化。当中国的总理衙门向俄国人提出帮助争取停火的请求时，却只是被告知，俄国将建议日本讲和，但不会施加压力。[107] 这反过来又导致金伯利对亚洲正在进行的战争的态度发生了微妙变化。从这时起，他的立场明显趋于消极。这种变化不仅因为俄国除了建议日本停战，对其他事情都显然无兴趣，也缘于英国对中国形势的判断。还在 1 月底时，金伯利就已经对中国的短期前景表现得非常悲观了："就统治阶级而言，中国已经烂到了核心，不过中华民族是个勤劳的民族，也许还有未来。"[108]

在拉塞尔斯用电报传来俄国拒绝支持李鸿章的停火建议的消息的同一天，欧格讷的一份长篇报告也通过邮包送到了外交部。驻北京公使的语气中充满了失望。北京当局的核心"被整个军事体系的一团混乱吓坏了"，但欧格讷怀疑新近的败绩会给统治阶层的态度带来彻底的改变。在现有政权统治下，中华帝国无力进行系统性的改革。但欧格讷仍然敦促伦敦不要改变其对华政策，继续支持中国，以使"帝国潜在的力量"能够得到发展。中国的高级官员们对英国抱有巨大的信任，对其保护了上海深怀谢意。不过，这并不能排除中国政府未来某个阶段会走反英路线的可能性。中国现在已来到了一个关键的十字路口，"对于我们来说，至关重要的是了解中国是会土崩瓦解，还是有可能恢复元气、重振生机，并注入足够的力量以自卫"。欧格讷本人坚信中国拥有足够的"潜在力量"以避免瓦解和分裂。不过他承认中华帝国"在现有政权统治下，不可能具有符合现代思想和周边形势需求的发展"。解决的办法是英国支持一项计划，"重组 [中国的] 陆军和海军防务，建设铁路，发展其财政和行政体系，等等"。作为回报，英国应得到"保证……中国怀有诚挚的目的"。[109]

在随后的一封私人信件中，欧格讷详述了他公文中的观点。俄国忌惮日本人从中国东北发起进攻，俄国远东舰队新近的加强，表明它也在为应付各种不测而做准备。"法国在这里和在欧洲一样，会追随俄国人行动，他们的态度是一种可怜的奴性"。至于德国，欧格讷评论说，它目前只满足于"赚钱"，正焦急地等待着中国向它订购新战舰。而且，他警告说："德国外交部长显然认为如果中国被分裂为一个个'小岛'，是件很不错的事情。假如战后在中国出现了'抢夺'角逐，他们是决不会落后的。"此后不久，他又警告桑德森说："中国如果要生存，必须要有所变化，而且是剧烈的变化。……一旦中央政府崩溃了……我们会面临一个群龙无首的中国，那将是非常危险的。"[110]

欧格讷1月7日的公文在白厅引发了一场政策争论。桑德森建议在战场尘埃落定前什么也不做。金伯利表示同意："我们只能如此。"外交大臣与首相达成了一致，但罗斯伯里关照要允许欧格讷开展拟议中的沟通，不过不在和谈进行的同时："但我们不应冒丧失这样一个机会的危险——为了这样的机会，德国人会拼命的。"[111]俄国人显见的拖延，加上不愿疏远日本，再有对中国最近的未来深深的悲观，使得英国的政策在中日战争的最后阶段麻痹了。

在北京，欧格讷鼓励中国不要中断和谈。私下里，他对中国的前景非常悲观。他警告印度总督，如果战争继续打下去，中国"将陷入半无政府的状态"，尽管他还不准备承认"未来的中国将是个'可以忽略不计的量'"。[112]尽管这位公使有亲中国的倾向，但他却小心翼翼地防止自己在中日战争的最后阶段被拖进其他大国的努力中。当李鸿章向欧格讷征询建议，并询问如果日本要求中国割让大陆领土，英国的支持能否立刻指望得上时，欧格讷认定问这样的问题为时尚早。李鸿章继而多少有些夸张地要起草一份中英之间的秘密盟约，欧格讷仍然不为所动。李鸿章提出，英国应当代表中国与日本谈判，"或者换言之，保证结束战争，拯救中国于任何领土损失"。作为回报，北京将让予英国一定年限的治理中国的权力，"有重组和控制中国陆军部和海军部，建设铁路，开采矿藏，开放若干新的通商口岸的专有权"。欧格讷没有理睬这些提议，他知道这些都是瞒着总理衙门提出的，他只是敦促李鸿章尽快与日本人开启谈判。欧格讷毫不怀疑，李鸿章"一定向俄国和法国的公使们也抛出了同样的诱饵"。[113]

谈判在马关（Shimonoseki）举行，金伯利坐等结果。2月23日，他召见了库塞尔，在会谈中他表现出对日本人可能的和平条件非常关注。他认为俄国在紧盯着朝鲜和中国东北的形势发展，而英国关注的主要是贸易问题和中国通商口岸的未来。金伯利警告说，决不能允许日本在中国获取专有权利，并将中国变成其附庸国。他确信日本人将要求中国割让台湾。由一个有相当强大的海军力量的强国占领该岛，"让他笑不出来，但他非常公开地承认英国对此不会反对"。不过，他暗示说，西方列强必须加强其海军力量在中国海域的展示，以作为反制措施。[114] 至于俄国，金伯利继续维持其貌似协调政策的努力。因此，当施塔尔终于询问英国是否像俄国一样，对朝鲜独立问题极其重视时，外交大臣愉快地做出了肯定回答。[115]

在列强们等待着和谈开始的同时，英俄之间就谈判的可能进程的交流，却像是一场"拳击"比赛。3月6日，施塔尔回访了英国外交部。金伯利强调了英国商业利益的重要性，并证实罗斯伯里政府不反对将台湾割让给日本。在他们的会谈过程中，施塔尔形成了鲜明的印象，金伯利担心中日在战后形成联盟。中日如果重归于好，将有损于英国的商业利益。施塔尔听金伯利说，日本公使保证"日本根本无意毁灭'天朝上国'，相反，日本希望能够重新提振中国。但这种良师……的作用，恰恰是英国所不愿接受的。我认为这对我们（即俄国）的利益也是不利的"。[116] 库塞尔注意到，其他外国外交官也捕捉到英国对即将开始的和谈敏感性增强的信号。这位法国大使感到，远东事件宣告了国际政治的一个新时代的来临，所有大国都将受到影响：

> 在以一个新的洲际和大洋际平衡，取代英国在两个世纪中都是主要因素之一的有限平衡的过程中，英国在老欧洲的列强中，无疑是为发挥作用做了最充分的准备的。你可以肯定它在捍卫自己的利益方面不会减少丝毫力气。但是很明显，它的总体政策……注定要经历一个全方位的重大变化，这点我们不应欺骗自己。[117]

金伯利与俄国协同行动的努力，得到了俄国新任外交部长阿列克西斯·鲍里索维奇·洛巴诺夫－罗斯托夫斯基（Aleksis Borisovich Lobanov-Rostovskii）亲王的友好回应。洛巴诺夫命令施塔尔继续与英国秘密地交换意见，以便密切关注英国在远东的利益和行动。[118] 英俄双方相互的不信任暂时继续推动着两国在同一条道路上前进。在马关谈判的第一回合结束后，洛巴诺夫又向伦敦伸出了另一只触角。日本驻圣彼得堡公使西德二郎暗示说，日本将要求中国割让渤海湾上的一座半岛。洛巴诺夫提出，日本扩张到中国大陆上，将使中国的首都极易屈从日本人的压力。[119] 金伯利坚持他已有的立场。虽然不同意日本人在大陆上有所得，但他更看重的是达成一项协议。他对库塞尔说，谈论领土问题为时尚早。相反，他的精力集中在赢得法国和俄国的支持，由三国驻东京代表联合施压，迫使日本披露其和平条件。[120]

马关谈判进展得很顺利。然而，在谈判的关键时刻，3月24日，李鸿章遭到了一名日本暴徒的袭击并受了伤。无疑因为考虑到外国可能干涉的传言，伊藤及其外相借这一事件，使日本的强硬立场有所后退，多少降低了他们的条件。四天后，日本天皇宣布了无条件停火。4月1日，日本向李鸿章提出了要求：朝鲜独立，割让台湾、澎湖列岛、辽东半岛，开放更多的通商口岸并赋予日本更多的商业权利和特权，以及战争赔款3亿两白银（约合5000万英镑）。[121]

外国列强很快就知晓了这些条件，因为李鸿章小心翼翼地持续向它们通风报信。如果说他诱使欧洲列强在马关谈判前就开始干涉的努力失败了的话，他显然并没有放弃希望，在他被迫于条约上签字之前，是有可能争取到干涉的。4月1日，中国公使向金伯利通报，日本的确要求割让台湾。金伯利坚持自己经常重复的方针：英国不欢迎割让，但内阁已经决定不反对。[122]金伯利将等着条件全部披露。

为了反制李鸿章的策略，日本人也向列强简略地通报了其和平条件。随着关于日本人的要求的最早的消息从马关泄出，施塔尔反复思考了金伯利宣称的不偏不倚的立场。这位大使认为，英国的利益决定着英国必然要站在北京一边，不能容忍日本将来控制中华帝国。[123]洛巴诺夫或许早就得出了同样的结论，但行动上仍然小心谨慎。俄国的立场在4月的第二个星期缓慢地变化着。4月4日，洛巴诺夫承认他感到欣慰，日本人的"条件并不比预想得更苛刻"，但认为他们要求得到旅顺港，"是个非常严重的问题"。一天后，他又重复道，日本占领辽东半岛，"将是对北京持久的威胁，将危害朝鲜的独立"。俄国外交部长显然还没有决定如何就日本的要求做出反应。显然在很大程度上还要看其他列强的反应。但洛巴诺夫仍然暗示，中国海域的俄国海军舰队的规模将大致追平日本。到4月8日时，洛巴诺夫下定了决心。他通知拉塞尔斯，日本获取任何领土"都将令俄国不快"，要防备亚洲大陆上由日本人控制的地区与俄国的远东省份毗连。洛巴诺夫确认了圣彼得堡"阻止拟议中的（辽东半岛的）获取"的决心，说"这将使朝鲜的独立成为虚幻"。[124]

在4月5日的会见中，拉塞尔斯提出"与在远东获取了优势地位的强国为敌，将是不明智的"。这种观点获得了伦敦的一些政治人物的认同。实际上，罗斯伯里和金伯利在推行外交政策时，也越来越顾忌他们内阁同僚们的观点。他们试图达成一致意见，却只是制造出更多分歧。自由党内科布登主义激进派（Cobdenite Radical）与罗斯伯里的支持者们的冲突，从来不是秘密。首相与他的财政大臣之间不睦的关系，也使既有的紧张局面雪上加霜。深受失眠症折磨的罗斯伯里和热情奔放的哈考特之间矛盾的根源，是众多错综复杂的受挫的个人野心和意识形态差异。的确，自由党的这两位领袖连泛泛之交都谈不上。[125] 虽然在国内政治中，哈考特往往是从基本属于温和稳健的立场上发表党派色彩强烈的言论，但在对外政策上，他倾向于英国本土主义的立场，不过这并没有减弱他的好战性。这位外交大臣也紧盯对外政策问题，作为推动其个人利益的手段。他给金伯利写了大量信件，批评现行外交政策的方方面面，并要求金伯利向他咨询。尽管金伯利将哈考特的信件描述为"暴躁且无知的长篇废话"，但他仍不得不安抚财政大臣，因为后者无疑有能力扳倒政府。[126]

3月底时，出现了一个新机会，使哈考特能够重振其对外交事务业已消退的影响。3月28日，奉金伯利之命，格雷向法国发出了一份措辞严厉的警告，要求法国不要蚕食上尼罗河谷的英国势力范围。[127] 这篇讲话"激起了轩然大波"，哈考特抓住了这点，力图恢复其对外交政策设计的某种控制力。[128] 这将罗斯伯里和金伯利逼到了困难境地。财政大臣在自由党后座议员中比在内阁中有更多的支持者。内阁中几乎没人认为他懂得外交事务。[129] 然而，在哈考特被冒犯的尊严的重压下，政府仍有沉到吃水线以下的危险。不过，假如对财政大臣让步太多，罗斯伯里和金伯利又可能丧失对外交政策的控制权。[130] 财政大臣和罗斯伯里除了内阁开会，早就互不见面了，金伯利充当了两者之间的中间人。他的"简短的安抚性回答"却不足以平息哈考特的怒火。[131] 作为回应，哈考特拓宽了攻击面，并对外交政策的总体路线炮火全开。随着格雷的讲话激起的风波逐渐消退，哈考特将注意力转移到"外交部经常胡编乱造出的大量怪物"上来。他顽固地坚持科布登路线："我相信……我们不应插手这件与我们的利益只有非常间接的关系的事情——尽管我知道我们到处插手，尤其爱干预跟我们一点儿关系也没有的事情。"外交部反对割让辽东半岛就是一个恰当的例子："难道世界上在我们没有伸手的其他地方，就没有馅饼吗？"哈考特对罗斯伯里和金伯利的"帝国主义外交"的批评，大多措辞风格更适于在阳台上讲演，而不是在内阁中进行理性的讨论。不过，哈考特的结论并非毫无道理，"对我们来说，尤其愚蠢的是，带头采取与东方正在崛起的强国日本为敌的行动——而让俄国去扮演它的朋友"。英国不应与俄国或任何其他大国协调行动，哈考特力主："在我们所处的位置上，真正的力量是绝对中立。"[132]

后来，在哈考特和金伯利仍然在为他们的"理解"争吵不休的同时，财政大臣提出了辞职威胁。罗斯伯里担心哈考特在未经事先磋商的情况下对外交政策发表声明："哈考特和我在对外政策问题上，有着根深蒂固且相去甚远的分歧。他的视点明显地集中在大英帝国与外国之间存在的问题上，单独的外国总是正确的，而大英帝国总是错误的。"假如让哈考特畅所欲言，"他没准会让政府立刻分裂或倒台"。[133] 金伯利继续努力安抚着财政大臣。但是就连他的耐心也在慢慢减弱："哈考特实际上坚持要扮演联合首相的角色。"金伯利抱怨说，哈考特关于远东事务的信件，"淋漓尽致地暴露出他对外交事务的无知和傲慢"。更糟糕的是，哈考特的怪诞行为造成了外交政策上的一个僵局，一时间英国的大部分外部问题"都需要强硬处置了"。金伯利警告说，这只能导致事情"更加变化无常"。[134] 外交大臣不打算和财政大臣妥协，但考虑到后者有能力坏政府的事，金伯利不得不向哈考特保证，他没说过"能让我们承担任何义务的哪怕一个字"。[135] 罗斯伯里则试图坚定金伯利的决心。他同意，政府关于对外政策的立场"简直无可容忍"。他本人青睐"高效的外交政策"，但哈考特反对，且双方无法妥协："我们正接近于分道扬镳，因为我无法在这些关键问题上妥协。"[136] 一次预定于4月8日召开的内阁会议，将不得不确定亚洲政策。

在金伯利不得不抵挡哈考特对外交领域的频频"犯边"的同时，国际外交形势也没有静止不变。金伯利继续对所有选择持开放态度。4月3日，他就日本的和平条件与哈茨费尔特进行了讨论。他说，割让旅顺港，就相当于使日本成为中国的保护国，恐将加速后者的崩溃。他暗示说，俄国和法国都希望看到中国进一步被削弱，这给哈茨费尔特留下了深刻的印象，英国有可能参与对日本施加温和的压力，迫使日本归还辽东半岛，但除非俄国也行动，英国才会行动。[137] 洛巴诺夫也同意这些观点，他认为让日本获得旅顺港将构成"对中国永久的威胁"。当他询问拉塞尔斯英国是否会参加一个国际干涉行动时，这位大使暗示说不大可能。[138]

金伯利小心翼翼地避免"发表任何明确意见"。为此他向外国外交官们发出了相互矛盾的信号。施塔尔和哈茨费尔特于4月6日分别游说他同意联合干涉。然而两人都没能从金伯利那里打探出他的明确意图。哈茨费尔特表示，某种形式的干涉现已在所难免，外交大臣对此冷静以对。日本占领旅顺港对北京所暗含的威胁，可以通过迁都而很容易地化解。或者，也可以说服日本不要再把其兼并行动扩大到辽东半岛以外。哈茨费尔特怀疑这些观点的实际性，金伯利可能也怀疑。后者承认英国的利益集中在上海和长江流域，使哈茨费尔特形成了强烈的印象，金伯利的消极态度缘自他不希望得罪交战中的任何一方。[139]

金伯利的困局没有直截了当的办法可以解决。一方面，劝诫日本不要吞并辽东半岛，或者至少是将其限制为只吞并最南边的一点点，似乎都不大现实。假如日本拒绝了英国的要求，形势也许就要升级为全面的军事冲突了。这是双方都不希望的。另一方面，如果严格地不加干涉，那就将使中国沦为附属国的地位；再或者，假如北京拒绝这些条件的话，"我们或许要粉碎中国王朝，瓦解中华帝国"。金伯利倾向于不干涉，"只提出最低限度的反对"，但他同意由内阁在这两个同样令人不快的选项中做出抉择。罗斯伯里支持金伯利克制的倾向："我们不能同日本开战，除非它直接并立刻威胁到英国的利益。"这样，可行的办法仍然悬而未决。[140]

在内阁于4月8日辩论远东局势的同时，洛巴诺夫向其他列强提议联合行动，协商让日本克制的办法，并敦促日本不要坚持提在中国大陆割让领土的要求。他向拉塞尔斯解释说："日本获得任何领土，都将令俄国不快。"俄国担心日本通过扩张领土，变得和俄国毗邻。俄国无疑试图阻止日本提出的领土要求，"这将使朝鲜的独立变得名存实亡"。[141]直到那天的内阁会议后，拉塞尔斯用电报发的报告才到达伦敦，但大臣们在会上已决定反对干预。[142]这是哈考特所希望的决定，却使金伯利陷入了困境，而这决定还不是财政大臣暴躁骄横、盛气凌人的策略促成的。

哈茨费尔特是第一个得知内阁决定的外国使节。首相亲自向他解释说，英国的利益并没有因为日本人的要求受到很大影响，因而不足以促使英国参与干预行动，他担心干预只有在威胁动武的情况下才会成功。不过，罗斯伯里暗示了这并非最终决定，假如俄国怀有武装干涉的想法，那么问题将会重新考虑。他同意哈茨费尔特的看法，对远东有兴趣的列强这时都在打着自己获取领土的算盘，但他否认了英国在这方面有任何野心：“英国所拥有的，已经超出了其消化能力，它认为这样的获取（即获得舟山群岛）是不值得的。”[143] 施塔尔也来拜访金伯利，提议列强应当“以最友好的方式”，劝阻日本兼并大陆领土，结果他发现金伯利的反应“极其冷淡”。[144] 对俄国外交部长来说，英国的决定是个令人不快的意外。拉塞尔斯也警告说，拒绝干涉“将鼓励日本人得寸进尺地提要求”。实际上，中国驻伦敦公使告诉桑德森，就赔款而言，日本的和平条件是过分的，而就“领土割让而言，实在是太过分了”。[145]

英国决定不干涉，引发了列强密集的游说活动。施塔尔-哈茨费尔特组合第二天就卷土重来了，极力劝说金伯利法国和德国支持俄国的干涉建议已经“创造了新形势”。金伯利顶住了他们的压力，但也警告罗斯伯里，不干涉有可能带来更广泛的不利影响：“我们和俄国分道扬镳，将对我们在欧洲的关系产生影响。”[146] 德国外交部长声称，马关提出的条件将确立“日本对中国所有沿海省份实际上的优势”，而哈茨费尔特则提出“大国之间缺乏联合”将造成中国分裂的危险。[147]

在圣彼得堡，卡普尼斯特和洛巴诺夫警告说，英国的冷漠很可能会鼓舞日本的顽固和野心；日本在战后继续占领旅顺港，将对东亚的和平构成威胁。[148] 拉塞尔斯怀疑俄国关心中国和朝鲜的未来，背后并没有多少利他主义的动机。他推理说，日本永久占领旅顺港，几乎肯定要断掉俄国自己在这一地区获取具有战略重要性的深水不冻港的念头。假如日本拒绝予以充分的补偿，俄国肯定会诉诸武力。而且，拉塞尔斯头脑中始终有一种挥之不去的怀疑，俄国也许已经与日本达成了协议，为日本在朝鲜东岸获得一个港口而补偿俄国。[149]

法国外交官加入了德俄的努力，共同劝说金伯利改变主意。库塞尔力劝他，德国可能支持俄国的倡议，已经开创了新的国际形势，并强调"现在好比到了'十字路口',我们的决定至关重要"。金伯利尽管承认英国与其他大国分离是危险的,但仍坚称英国的利益决定了其政策。金伯利不是第一次提出商业方面的考虑——即让整个中国都开放于对外贸易——是决策的关键。[150]第二天,这位法国大使又同施塔尔和哈茨费尔特一起重新发起了冲锋,尽管他们已经得出了结论:英国内阁4月8日的决定是不可更改的。为了让金伯利认识到"孤立政策"所固有的危险,他提到了英国的地区性利益和更广泛的战略利益:当面临日本在这一地区铁政治和军事优势时,再谈商业利益就纯属天方夜谭了。日本是个野心勃勃的强国,将轻而易举地控制从台湾到旅顺港的中国沿海地区。库塞尔主张巴黎和伦敦改善关系,并鼓吹英国、法国和俄国是天然的利益共同体。

金伯利不为所动。这位外交大臣解释道,与战胜的日本的关系和与战败的中国的关系同等重要。但他同意远东的国际政治已经来到了转折点。库塞尔的策略是引诱金伯利与法国和俄国合作的一次巧妙尝试,他承诺尽快解决与英国在非洲和暹罗明显的纠纷,并维护英国的在华利益。然而,法国希望将英国拉进远东的法俄同盟,其最根本的原因还是担心德国支持俄国的干涉主张,将降低法国对俄国的同盟价值。[151]英国支持联合行动,将会抵消这一影响。然而他的意图太明显了,这使金伯利很难接受将远东问题与非洲问题联系起来。不过阿诺托(Hanotaux)指出,这一联系彰显了中国问题的影响是全球性的,而不仅仅是地区性的。

与日本的关系仍然是个问题。日本"好战,野心勃勃,沉醉于胜利之中,除非受到强迫,是不会约束其要求的",而强迫则须承担战事升级的风险。尽管金伯利和罗斯伯里认为继续与俄国合作非常重要,但他们也不打算为此付出与日本对抗的代价。[152]两人在4月中旬的讨论,是将他们重新定位英国政策,倾向于日本的更早的决策合理化。这并不是出于胆怯，而是由对英国实力所受到的限制的现实性判断所决定的。而且，金伯利和罗斯伯里也不相信俄国会在亚洲实施什么重大措施。军事情报部门的首脑约翰·阿德（John Ardagh）报告说，"俄国人根本没有准备好在陆上与日本人开战"，他们完全没有能力"单独应对重大打击"。[153] 像洛巴诺夫那样，外交上说大话，背后却只有小棍子撑腰，想阻止日本，恐怕只能增加失败的风险。

英国的立场引起了其他列强的深思。库塞尔在与金伯利会见后，报告说伦敦的外交官，尤其是施塔尔，都因英国对外政策的这一明显的彻底转向而困惑。实际上，库塞尔发现金伯利"因为英国的完全孤立而非常紧张和暴躁"。[154] 他的观察不无道理。施塔尔那阴郁的预言，"对与俄国的总体'谅解'将产生非常不利的影响"，并非让金伯利无动于衷。罗斯伯里也因洛巴诺夫的不快而"烦恼"，但仍坚信干涉"弊大于利"。不过，头脑中充满了俄国更广大的战略威胁的罗斯伯里，还是主张必须极其慎重地处理和俄国的关系。他很担心与圣彼得堡相通的电报线会被切断："我们必须记住，亚美尼亚和中亚甚至也算远东。"罗斯伯里和金伯利决定，采取特殊手段来安抚俄国人。[155]

施塔尔被请回唐人街见罗斯伯里。罗斯伯里对英国和俄国在中国问题上出现了明显分歧表示了遗憾，但他重申对日本的干预将是徒劳的，因为日本很可能拒绝干预。他还老调重弹地说，公众舆论将不允许他的政府参与强迫日本的行动。他向施塔尔保证，他"对我们的联合行动至为重视，假如出现了实际的机会，他很愿意证明自己对此的见解"，他还表达了自己的希望："局部的分歧不应破坏我们长期的'谅解'，而正是这种谅解形成了……他的远东政策的支点。"[156]

罗斯伯里关切不要让远东危机撕裂英国与俄国的关系，是可以理解的。比朝鲜的未来或者东亚的力量平衡更迫切的事还多得很。正如英国驻君士坦丁堡大使菲利普·柯里（Philip Currie）爵士所警告过的，英国在地中海更为关键的战略利益、解决亚美尼亚危机，都要完全依赖于"英国和俄国的联合行动"。[157] 罗斯伯里如果拒绝参与拟议中的对朝鲜冲突的干预，就要冒破坏与俄国在近东的合作的危险。首相越来越担心远东危机可能存在的升级。

4月16日，《泰晤士报》登出新闻，日本人在马关谈判中提出了第六条要求，禁止以国际仲裁作为解决关于中日和约的未来纠纷的手段。罗斯伯里警告说，这"实际上意味着日本意在成为中华帝国的保护国，这也可能意味着中国当今王朝的消亡"。俄国不大可能接受这一情况，尽管英国还能"暂时……泰然处之"。但他仍然发出了警告，让日本实质上灭亡中国，使中国的资源为日本的野心所利用，将产生长期而深远的后果。罗斯伯里认为这第六条"是多年来我们所收到的最重要的新闻"，制造了"具有极端严重性的危机"。西方列强将寻求有实质性保障的矫正：

> 我们也许的确到了眼看着中国分裂的边缘。另一方面，我们也许到了日本与若干西方列强的战争的边缘，而紧随着这场战争的同样是分裂。
>
> 我们目前的态度必须是冷静的，但我们必须为应对最严重的紧急情况做好准备。同时手握两个东方问题，对我们来说的确有些困难。我们和我们的先辈们迄今只成功地应对过一个，但已足以引起我们的警惕了。然而这个新的东方问题的严重性丝毫不差，其规模甚至更为巨大。[158]

事态在逐步升级，4月17日，传出了伊藤和陆奥逼迫李鸿章在现有形式的和约上签字的消息。鉴于形势的这些发展，罗斯伯里急于恢复与俄国的"共同行动"，要求东京向列强提供拟议中的和约的完整文本。[159] 对金伯利来说，雪上加霜的是，特伦奇突发中风，使英国在东京的外交深受妨碍。使馆秘书杰勒德·劳瑟（Gerard Lowther）低估了俄国和欧洲干涉的可能性。《马关条约》签字的第二天，他竟然说："纵观整个谈判过程，日本政府始终给我留下了一个深刻印象，他们非常渴望避免发生任何能够引发列强干预的事情，在这方面他们似乎成功了。"[160]

无疑，日本人谋划着抢在其他列强之前一步；而且，鉴于英国公开声明过无意干涉，现在一切都有赖于俄国的反应了。如果罗斯伯里和金伯利有理由担心日本人的桀骜不驯，那么他们很快就会有充分的理由对俄国产生同样的担心了。4月18日，奥匈帝国外交部长古斯塔夫·卡尔诺基（Gustav Kálnoky）伯爵同英国驻维也纳大使埃德蒙·蒙森（Edmund Monson）爵士讨论了东亚局势。尽管奥匈帝国本身对东亚并无兴趣，但其外交官却密切注视着俄国对外政策的总体趋势。由于维也纳通过1887年的《地中海协议》仍然与英国紧密联系在一起，奥匈帝国外交部形成了经常与英国外交官分享有用情报的习惯。卡尔诺基告诉蒙森，在中日战争期间，俄国人完全不了解战事的进展速度。他们习惯于亚洲缓慢的战争进程，始终消极地等待着天上掉馅饼，出现机会让他们提出在华北或朝鲜割让一个不冻港的要求："俄国政府现在明白了，他们上了日本人的当，日本人敏锐地抓住了正确的时机，因此俄国人希望欧洲列强采取某种协同的行动。"[161] 在随后的一封私人信件中，蒙森详细描述了卡尔诺基提出的一些观点。俄国和欧洲列强的关系将在战后发生变化："俄国将不大愿意再做欧洲强国；它将变成一个几乎纯粹的亚洲国家，完成其明显的使命。"对英国来说，俄国向东转向，绝不仅仅意味着其活动会在中国增多，而且随之而来的俄国迅速动员其武装力量的需求，注定要重新激起俄国对波斯形成更大的影响或者打开土耳其海峡的欲望。[162]

俄国人对李鸿章不情愿地签署和约的反应是迅速的。4月19日，洛巴诺夫再度邀请英国、法国、德国和俄国一起，敦促日本归还辽东半岛。洛巴诺夫实际上已经下定了决心，如果日本拒绝俄国领头的倡议的话，干涉行动应不止于外交方面的恳求。为防备这种情况，他"设想在海上进行一次针对日本的像战争一样的联合军事行动"，其直接目标是将驻朝鲜的日军孤立起来——这是一个德国非常愿意参加的行动。[163] 洛巴诺夫在与拉塞尔斯会谈时，态度非常谨慎，但极力说服他，面对列强的联合行动，日本一定会在旅顺港的问题上退让的，这又进一步加强了对伦敦的外交压力。而且，不出拉塞尔斯所料，沙皇的大臣还指出，英国袖手旁观，只会助长日本人的嚣张气焰，使亚洲形势进一步复杂化。施塔尔在伦敦也进行了同样的游说。这最新的邀请是对罗斯伯里4月13日私下里向施塔尔做出的保证的检验。然而，施塔尔在金伯利那里却没有取得什么进展，金伯利怀疑仅仅提建议恐怕不足以逼迫日本在提要求方面做出让步。[164] 身在东京的劳瑟又加强了外交大臣的疑虑："仅仅采取警告的形式，而不暗示随后将有任何干涉行动的交流……将对日本毫无作用。"劳瑟表示，不仅是日本公众舆论，而且日本统治阶级的许多成员，都坚持必须以一份严厉的和约来羞辱中国；这份条约"必须包含一个极具实质性的保证，使中国在未来的很多年匍匐在日本脚下"。劳瑟警告说，日本将会抵抗俄国单独进行的武力干涉，但也许会屈服于列强的联合行动。[165]

金伯利希望能争取到时间，他拒绝了哈茨费尔特和施塔尔的游说，指出公众舆论是强烈倾向于日本的。哈茨费尔特表示，金伯利非常清楚，他拒绝参加集体干预行动，将有损于与圣彼得堡的关系。这位外交大臣也明白，英俄关系恶化，将使法国渔利，在引人注目的非洲和其他殖民地纠纷中，增强法国对英国的影响力。[166]

远东的事件有可能危及英国在多条战线上的外交政策。冷漠无情地执行严格的不干涉政策，将会冒疏远中国以及俄国和其他欧洲大国的危险。但假如日本受到其他大国强烈的压力的话，这样也会得罪日本。在日本的第六条要求披露后的那个星期，罗斯伯里的焦虑急剧地增长。这时，罗斯伯里设想过接管外交政策。在对国际形势进行了漫长的权衡后，首相承认与俄国和德国的关系已经恶化了："因为我们没有伸手去火中为他们取出中国栗子，两国都已经……厌恶起我们。"英国因为在中国问题上的恐火症所招致的敌意，有可能导致其他列强以中断对埃及财政的国际共管作为报复。在近东的亚美尼亚和远东同时爆发危机，使罗斯伯里认识到，安全是无法通过草率的外交行动获得的：

> 世界处于非常危险的境地……但在此（即近东问题）之上，我们还要面临无限大的东方问题，此时此刻就是中国和日本之间的和平所演化出的形势。这种形势非常难以判断……但有一条是清楚的，那就是情况的确令人担忧；充满了各种灾难性的可能；而且欧洲列强在中华帝国的废墟上角逐，的确有可能导致世界末日来临……我们决不能自暴自弃；我们决不能再做任何没必要的事情；我们必须随时准备好在受到东方问题影响的一个地区或两个地区，充分地投入我们的力量。[167]

罗斯伯里倾向于稳健，并预料外部形势还可能进一步复杂化，与哈考特和莫利等人对干涉主义的对外政策的厌恶结合在一起。结果，4月23日，内阁重申了其在远东问题上严守中立的决定。[168] 正如库塞尔正确地概括的，金伯利和罗斯伯里下定决心维持"观望态度"。[169]

为将英国拉拢回来，洛巴诺夫展开了另一项努力。他被"英国政府……的背叛"所惹恼。他不相信有秘密的英日协定。但是，从金伯利反复提及英国的商业利益这一表象判断，他担心英国的公众舆论已经受到了诱导，欧洲人要从贸易中获利，似乎是由日本人保障的。俄国则相反，不会受到这种想法的左右。俄国的地缘战略立场促使它必须阻止日本在亚洲大陆上立足。一旦让日本人建立了立足点，就会使规划中的跨西伯利亚大铁路和俄国在太平洋沿岸的其他出海口都受到威胁。因此，沙皇政府要坚决在中国大陆维持"战前状况"。因此，也必须说服英国参加集体行动，以免另外三个大国陷入必须诉诸武力的境地。[170] 作为最后一分钟的努力，洛巴诺夫和施塔尔又询问道："假如我们可以明确地理解为英国政府不会采取进一步行动的话，那么是否愿意参加外交信息沟通？不过，这种谅解无疑必须对日本保密。"金伯利拒绝了提议，并且又一次将日本人可能拒绝引为其主要理由。洛巴诺夫又进行了一次说服英国政府的努力，但仍然徒劳无功。[171]

与此同时，4月23日，俄国、法国和德国驻东京的公使，分别到日本外交部向林董递交了内容相同的"普通照会"，传达了要求将辽东半岛归还中国的"友好建议"。三国的干预令日本领导人措手不及。依照劳瑟的评论，其效果"令人惊恐"。不过，他仍然认为"日本的要人对我们的尊重要超过其他大国，我希望我们会因为没有参加这次我认为不合时宜的抗议而有所收获"。[172]

金伯利对日本人的态度是慎重的。在他于4月24日会见洛巴诺夫后，拉塞尔斯私下里向这位外交大臣建议，由他向东京提议放弃对辽东半岛的领土主张："如果他们坚持自己的要求的话，与俄国开战就将是不可避免的。"[173] 拉塞尔斯的建议实际上意味着替俄国去火中取中国之栗。这是金伯利不愿意做的。与此同时他意识到，三国干涉所引发的危机可以使英国从中渔利，却不用得罪相关各方。于是，当 4 月 24 日与日本新任驻伦敦大使加藤高明伯爵会谈三国干涉事宜时，他抓住了机会。在向加藤强调了新形势的严峻性后，金伯利抛出了他的撒手锏：英国无意剥夺日本"合理的胜利果实，尽管英国很在意不要扰乱现状"。[174] 金伯利以"神秘的口吻"警告日本人不要使事态升级，要同意恢复中国大陆"战前的原状"。无论金伯利还是罗斯伯里都没打算采取进一步的行动了。伦敦可以说没有干涉，它将继续维持其"善意的中立"。[175]

伊藤和陆奥决定拖延对三国进行任何官方答复。与此同时，日本外相发起了徒劳的分化三国和争取美国和意大利积极支持的外交攻势。然而这些努力能否成功，关键要看英国。当加藤于 4 月 29 日重返英国外交部，确认英国是否打算支持日本时，金伯利强调了英国的中立立场，但私下里劝说加藤，向三国让步并不丢脸。金伯利认为悄悄地做好事是不可能获得任何好处的，他确保了他对日本人进行的非正式的劝诫和斡旋都被通报给了洛巴诺夫。[176] 在得不到英国的支持，美国又严守中立的情况下，伊藤和陆奥别无选择了。只有意大利愿意支持日本，但也只愿在能与英国协同行动的情况下。4 月 29 日，枢密院（Imperial Council）的一次会议决定，同意修改和约，向三国干涉让步。在接下去的几天，又有一系列后续的外交行动，但到了 5 月 4 日，日本同意从整个辽东半岛撤出军队。[177]

从表面上看，罗斯伯里和金伯利对这场危机的结果感到满意。英国与两个交战国的关系都大致没有受到影响。的确，英国的外交在对中国有兴趣的各个列强之间成功地保持了平衡。但再仔细地审视一番，就会发现形势多少更为复杂。欧格讷从北京写来报告，说尽管俄国、法国和德国驻中国首都的公使尽力地"夸大三大强国为中国做出的杰出贡献"，将日本赶出了辽东半岛，中国政府却意识到三国并不是出于完全利他的动机的。总理衙门对英国并非没有反感，干涉只是暂时粉饰了太平。欧格讷认为，从长远来看，俄日关于朝鲜的冲突将是不可避免的："不过我看不出我们为什么应该帮俄国人火中取栗，尽管我们也不应该假装要阻止它获得一个开放的港口。"最终，俄国的目标是将中国东北变成它的保护领地，甚至索性吞并之。[178]

金伯利同意欧格讷关于日俄就朝鲜必有一战的预测。他对已选定接替特伦奇出任驻东京公使的萨道义爵士说，他认为"在对抗俄国方面，日本是我们天然的盟友"。他也担心俄国将挑战日本在朝鲜的地位，"争端可能起自那里"。[179] 在致驻北京武官艾尔弗雷德·卡文迪什（Alfred Cavendish）上校的一封私人信件中，他详细阐述了这个观点："[日本]无疑将有一支强大的舰队，但那将是抗衡俄国人的力量，迄今明显是有利于我们的。我们的政策必然是要使日本成为我们的盟友。"金伯利相对随意地将日本称为"我们天然的盟友"，并不应太过夸张。正如他的政务次官在回忆录中所写的，"英国的大臣们这时的眼光还没有超越当下"，也并没有预见到两国后来会成为盟国。[180]

与法国的关系大体上没有因三国干涉而有所变化。英国的外交官们很早就认为在亚洲事务上，法国只是俄国的附庸。至于德国，它追随俄国的倡导，被认为是受到"任何国家所采取过的最可笑的自私的一种总体政策"驱使的。[181] 无论如何，德国的行为不是受到远东利益驱使的，"而是因为那将巩固法俄联盟，而法俄联盟迄今还只停留在理论和情感上，因而也是无害的"。[182]

远东的力量平衡因为日本的胜利和远东"三国同盟"的出现而发生了变化。对英国来说，关键的力量还是俄国。与圣彼得堡的关系因为英国未参加俄国挑头的干涉而更加复杂化了。的确，洛巴诺夫亲王本人承认，日本在 4 月 23 日后的退让，"很大程度上要归功于"金伯利向加藤提出的非正式的"建议"。[183]但私下里，俄国的高级外交官们不无微词。施塔尔认为英国的大臣们缺乏预见性和勇气。英国现在与其他列强疏远了，而德国与法国之间形成的新的"亲密关系"将给英国在埃及和非洲问题上带来麻烦。洛巴诺夫本人认为日本从中国领土上迅速撤军符合俄国的关键利益。而且，不让中国落入英国的完全影响之下也很重要，尽管华南已经处于英国的支配之下了。[184]

金伯利充分意识到英俄关系的潜在裂隙。在一份见解深刻的长篇战后总结中，他反思了不参加干预的决策及其对与圣彼得堡的关系可能产生的后果。关于后者，金伯利毫不怀疑，拉塞尔斯与"洛巴诺夫的关系，一定会因为我们不同俄国一起抗议日本而受到损害，我们对在这件事情上不能与它合作表示最诚挚的歉意"。虽然维持战前的现状是可取的，但日本要求获得辽东半岛，对英国利益的影响并没有到"非要我们干涉的地步。反倒是割让台湾对我们损害更大，是我们无论如何不能同意的"。实际上，与日本的关系也并非风平浪静。日本军队仍然占领着威海卫，并将一直待在那里，直到赔款问题得到满意的解决。对英国来说，最坏的结果可能是日本在渤海湾保留永久性的军事设施："如果日本人在威海卫，他们将会把……[中华]帝国一切两半，他们将会轻而易举地控制上海和长江流域的重要商道。"[185]

亚洲的战争使英国的孤立主义问题更加鲜明地凸显了出来。与以前的历史学家们的诠释相反的是，金伯利和罗斯伯里开始在地区性层面改变英国的政策。他们决定在1895年春季不反对日本，使得未来选择与东京合作作为远东战略成为可能。与此同时，1894—1895年的事件展示了英俄关系的裂纹；这对英国在这一地区之外的政策会有影响。与圣彼得堡密切协同的政策在理论上无疑是渴望的，但在实践中证明是办不到的。一时最好的办法似乎是静观形势的进一步发展。然而，有一个政治事实非常清楚：无论金伯利怎样为日本向三国让步扫清了道路，最终还是日本决定这样做防止了英国和俄国之间的裂隙进一步扩大，而这仍然是英国在中国的政策中最令人担忧的前景。

第二章

"地图上的安慰"：
列强和中国问题，1895—1898

随着日本退让，英国外交政策最危险的时刻过去了，但英国的困难并没有结束。战争刚刚结束，中国的财政困难就变成了不稳定的源泉。中国的战败刺激了扩张主义者，特别是远东三国联盟的胃口。两个因素结合，使得中国问题从一个地区性问题变成了全球性问题。在接下去的三年中，中国问题的最后阶段将不仅影响英国在这一地区关键的政治利益，也将破坏维多利亚时代对外政策的基础。

至于英国对北京的未来影响，欧格讷起初是乐观的。他打探出总理衙门对英国并无恶感。金伯利对加藤的非正式警告，早被欧格讷小心翼翼地通报给了衙门，"于是帮的这个忙就记在了我们的账上"。然而还不到两个月，他就注意到英国对清廷的影响力急剧下降了。[1] 这一突然逆转暗示着，不仅中国事务的变化速度在加快，而且英国的反应在减慢。

中日战争结束后，最紧迫的问题是战败国的财政困境。1895年标志着中国财政对外关系的转折点。在此之前，中国的外债微乎其微。战争改变了一切。不断增加的军费开支迫使中国政府请求了四笔贷款,总数达到 663.5 万英镑。战后中国的财政需求变得更加巨大。战争赔款和对日本的其他欠款高达约 2.5 亿两白银（相当于 3800 万英镑）。强加给中国的和平条件是严苛的。半数的战争赔款须在六年内付清,如不能在 1898 年前支付,还须付 5% 的利息。[2]

支付战争赔款,只能通过借外债来解决。这样影响就不仅限于中国了。虽然表面上是北京当局与私人银行打交道,但中国的财政困难由此变成了国际不安定因素,而且围绕着赔款问题展开的财政外交,最终将扩大英国与三国同盟的裂隙。北京通过担任中国海关总税务司的赫德爵士接近了汇丰银行（Hong Kong and Shanghai Banking Corporation, HSBC）,作为潜在的贷方。尽管这位总监并不认为"汇丰银行的人是一流的银行家",但是该银行仍然依靠在 1894 年和 1895 年接连贷出两笔款项,提高了在中国的地位。这两笔贷款英格兰银行（Bank of England）都拒绝担保,但总金额仍达到了 463.5 万英镑,超过了中国战时总借款的三分之二。[3] 汇丰银行打算全部在伦敦金融市场筹集这些贷款款项,不过它也承认,需要其在中国的小伙伴德华银行（Deutsche-Asiatische Bank, DAB）的支持。德华银行是一家半独立半国有的银行,为德国在东亚的企业提供金融服务。

汇丰银行与德华银行的财政赞助者贴现公司（Disconto Gesellschaft）的谈判,起初进展顺利,但到了 5 月初,德国政府下令银行家们暂缓达成任何协议,直到日军撤出辽东半岛的事宜最终确定。[4] 德国外交部不满意由海关岁入提供担保,倾向于由施压的三国联合提供一笔贷款。这个金融的三国同盟,显而易见将会与英国作对。法国政府很快就发出信号,愿意合作确保这笔贷款,并为此目的由六家法国银行组成了一个集团。毫不奇怪的是,巴黎也努力地拉拢起俄国来。[5] 汇丰银行的管理者们,以其伦敦总经理嘉谟伦（Ewen

Cameron）爵士为代表，向桑德森通报情况时，仍对筹到这笔贷款抱有信心，但是担心三个施压的大国会得到中国海关的控制权。[6]

由于英国对北京的政治影响主要依赖商业优势和赫德爵士对中国海关的监管，将英国银行排除在贷款之外是金伯利深恶痛绝的。欧格讷奉命警告总理衙门，不得接受俄法德排外的贷款。在这件事情上，驻北京公使已经非常积极了，他警告说："政治而非财政的国际控制，是有悖英国利益的。"[7] 显然，贷款问题牵涉更为广泛的政治问题，外国贷款变成了政治工具。中国的财政困难只是给列强的箭囊中又增添了一支箭，而列强在使用这最新的武器时是毫不迟疑的。法国人试图将贷款谈判与其他地区性事务联系起来，要求"矫正"法国控制的越南东京地区（Tongkin，即越南北部）与中国南方的边界。[8]

由于德国政府对贷款谈判的干涉，汇丰银行与其德国伙伴之间的关系也紧张了起来。这家香港银行越来越怀疑德国人有涉足中国的野心。有情报称其伙伴德华银行正在北京谈判单独贷款，以海关国际化做担保，贷款的回报是要优先采购德国公司的产品。[9] 这样的情报令人不安，使得英国远东政策的设计更加复杂。嘉谟伦爵士游说桑德森不能允许国际控制中国海关，那将损害英国在华的商业利益。英国的商业地位受损，则会破坏英国在亚洲的威望。嘉谟伦要求，英国外交部必须敦促中国，抵制欧洲其他国家干预大清帝国海关的任何企图。[10]

这也是金伯利的目标，不过外交部对汇丰银行独自处理这样大一笔贷款的能力没有信心。桑德森对维持现有的海关机制，并确保赫德爵士最终的继任者是英国人更为重视。汇丰银行为争取这笔贷款业务的任何行动，都有可能遭到法国和德国的反对，从而使维持英国人监管中国海关的现有格局的努力受到影响。正如桑德森对嘉谟伦所说的，英国政府将支持由英国、法国和德国联合贷款，在汇丰银行筹集英国的份额时，由罗思柴尔德银行予以支持。这个主意最早是由罗思柴尔德勋爵提出的，他是该银行的首脑，也是罗斯伯里的岳父，首相经常向他征询意见。因此，罗斯伯里政策的目的，并不是要"取得对法国和德国的外交胜利"，而是要使贷款问题国际化，从而防止远东三国同盟变成财政三国同盟，以巩固以英国人监管中国海关为中心的英国在华影响。[11]

这是对新形势的合理反应，但也是对欧洲大陆和中国事态发展的深刻误读。俄国坚决反对在战争的善后问题上容许英国置喙。欧洲大陆上的银行家们和个别政府早已积极地在进行着谈判。法国和德国的谈判倾向于在柏林和巴黎的金融市场上同时筹集这笔贷款，但谈判迟迟无结果，是因为法国外交部长阿诺托想把俄国人拉进来。与此同时俄国财政部长谢尔盖·尤里耶维奇·维特（Sergei Yulevich Witte）在与巴黎的罗思柴尔德家族进行着谈判。当他们的合作未能达成后，维特又向巴黎的其他银行家族寻求起支持。[12]到了5月中旬，金伯利和罗斯伯里对这些活动越来越警惕。英国驻巴黎大使达弗林和阿瓦侯爵（Marquess of Dufferin and Ava）警告说，阿诺托"一直在热切地寻求使中国的贷款完全由法国银行家来资助，而将英国的资金排除在外"。[13]欧格讷奉命警告中国，在未预先与英国磋商的情况下，不得接受法国和德国的贷款提议。中国如果接受俄国的援助，"将陷于欠俄国人情的尴尬境地"，未来将难免遭到俄国的领土索求。欧格讷报告称，中国的大臣们对于接受三个干涉大国的任何施予所须承担的潜在风险，不需要进一步的提醒，但"他们恐怕无法抵御三国的压力，除非他们能在开放的市场上借到钱"。[14]

将贷款国际化的企图在北京似乎从来不大可能实现。到了5月中旬，远东三国同盟开始解体。这个同盟是中日战争最后阶段出现的紧迫情况促成的，但始终是个机会主义的"权宜婚姻"。其目标完全是消极被动的，除了不准日本占领辽东半岛之外，再没有什么积极的内容了。一旦直接目标达到，其衰败就是不可避免的了。"阵营内的不和谐已经清晰可见。"欧格讷从北京发来了电报。罗斯伯里也了解到"法国和德国之间存在着大量纠纷，法国人极厌恶将德国人与法国和俄国联系起来"。[15] 三国的不和引发了各自努力筹集贷款的可能。这反过来又提高了解决欧洲大陆资金问题的必要性。金伯利命令英国驻巴黎、圣彼得堡和柏林的大使分别发出警告，反对"企图零碎地筹集贷款的竞争性行动，这样会引发混乱，使得中国必须提供的安全担保一点点地消失掉"。假如排除了伦敦金融市场，中国为支付战争赔款所需借款的总额，是无法筹集到的，因而必须寻找到一个令各方都满意的解决办法。[16]

金伯利的提议来得太晚了，也没多少实质性内容。法国和德国的政府均沉默以对。阿诺托"暗示他将考虑支持对贷款份额进行平分"，但反对在此问题上掺入任何正式的政府利益，而且他拒绝对任何方针做出承诺。[17] 哈茨费尔特含糊地说了几句客套话，但坚持组成一个国际财团是筹集贷款的最好办法。实际上，德国外交官们都在猜测，与金伯利的保证相反的是，他早就秘密地在打算完全由"一家大型的英国银行"来筹办这笔贷款。[18]

推动贷款问题向前，真正的关键在圣彼得堡。多种不同因素共同使俄国的态度成为远东国际政治中决定性的变量。法国急于与俄国联合行动，以防法俄联盟被削弱，是一个因素。而德国努力维护与圣彼得堡的密切联系，恰恰是为了损毁法俄联盟，这是又一个因素。最后，依靠其地缘接近性，俄国在中国大臣们的心目中，分量总是要重一些。洛巴诺夫怀疑英国企图操纵贷款是想扩大其在中国的非正式影响。他下定决心不让金伯利剥夺俄国通过三国干涉获得的任何好处。[19] 金伯利于 5 月 17 日会见了施塔尔，强调说中国对英国有巨大的商业重要性，而这重要性却对洛巴诺夫没什么影响，罗斯伯里确认英国希望达成一个"完整的协议"，也对俄国无害。拉塞尔斯在圣彼得堡也进行了活动，试探俄国外交部长联合行动的可能性，结果得到闪烁其词的回答。[20]

洛巴诺夫的态度与 5 月 18 日阿尔弗雷德·罗思柴尔德（Alfred Rothschild）"气急败坏地"通知金伯利的消息形成了鲜明反差，消息称中国已经接受了价值 800 万英镑的俄国贷款。[21] 俄国外交部长显然在"极力地哄骗"拉塞尔斯以争取时间，与此同时，维特的代理人，也是后来担任华俄道胜银行（Russo-Chinese Bank）首任总经理的阿道夫·尤里耶维奇·罗特施泰因 [Adolf Yulevich Rotshtein，又称阿道夫·罗思坦（Adolf Rothstein）]，正在与巴黎的大银行家们谈判贷款的最后细节。[22] 金伯利和桑德森对洛巴诺夫"相当含糊"地回应拉塞尔斯的打探大为不满，现在也不再相信他的可靠性，或者实际上是他的诚实性了。不过，关于维特的代表在巴黎谈判这件事，英国人也不是唯一被洛巴诺夫骗过的。还在四处游说组成一个国际大财团来管理这笔大贷款的德国人，也被洛巴诺夫瞒得严严实实。威廉街直到 6 月 1 日，才知道罗特施泰因巴黎谈判这回事。[23]

俄国人在贷款问题上要的花招，说明英国人和俄国人在中国的目标，相距已经远到了什么程度，但也显示了远东三国的"同盟"是何等空洞。都到了 5 月底，欧格讷还没看出三国有在北京联合行动的迹象。但是这位公使也批评了金伯利在战争赔款问题上的政策："我们在这个问题上施压太过了。有许多中国人已经认为，他们从屋中赶走了一条狼，却又引来了三只虎，吃尽了他们的一切。"[24]

欧格讷声称"三大国的联合行动……甚至在形成之前……就已经瓦解了"，是正确的，但他的设想却是总理衙门不会"束缚和羁绊"

中国。6月5日，洛巴诺夫向中国驻圣彼得堡公使确认了提供4亿法郎（约合1582万英镑）黄金贷款，利息为4%，利息支付由俄国和里昂信贷银行（Crédit Lyonnais）、巴黎银行（Banque de Paris）联合担保。尽管这笔贷款通常被称为"法俄贷款"，但这次"维特先生的大胆行动"几乎无异于法国人又借给了俄国人一笔钱，正如阿诺托所言，其中2.5亿法郎将存在巴黎。法国对贷款细节的疑虑是无足轻重的，联盟的重要性是高于经济考虑的。[25] 俄国的政治考量非常明显。俄国驻巴黎大使阿图尔·帕夫洛维奇·冯·莫伦海姆（Arthur Pavlovich von Mohrenheim）男爵称赞维特这一财政和外交上的妙计具有战略必要性，防止了俄国"在我们紧邻亚洲的边界上，出现第二个埃及和土耳其"。在柏林，荷尔斯泰因（Holstein）更为直白地概括了新形势："法国出了1500万英镑的钱，俄国提供了担保，并以这种方式将它的手扼在了中国的咽喉上。"[26]

金伯利继续向中国人强调他们"未来将陷入严重的困局"。即使他不能劝说中国人拒绝俄国的贷款，他也希望至少能引诱他们拖延一下。[27] 但这位外交大臣的战斗是无望取胜的。要想阻挠俄国人的贷款完成，关键还是在欧洲。于是金伯利又将其努力方向集中于柏林和圣彼得堡。德国人的怨愤并不容易使英国在贷款问题上增强影响力，但雄心勃勃的英国驻柏林临时代办马丁·戈瑟兰（Martin Gosselin）却从德国外长马沙尔那里争取来一个承诺，德国政府将不允许这笔贷款中的任何一部分从德国的金融市场上筹得，如果英国也做出同样保证的话。[28]

如果说欧格讷和戈瑟兰没取得多大进展的话，那么金伯利试图影响圣彼得堡的努力更是无功而返了。6月初时，金伯利向库塞尔发出了警告——他无疑相信自己的话会被传到圣彼得堡。他说他不可能对俄国利用这笔贷款获取"对中华帝国整个北方的主宰性影响"

这种可能性漠不关心。[29] 然而洛巴诺夫却对这样的警告无动于衷。这位俄国外长不咸不淡地向拉塞尔斯保证说，他的行动完全是由迫使日本归还有争议的半岛，从而保证亚洲和平的愿望驱使的。他解释说，鉴于中俄之间有着漫长的边界，与中国的友好关系是俄国的关键利益之一。俄国提供的这笔贷款，尽管其总额还不到强加给中国的战争赔款的一半，但已是能达成的最有利的安排了。[30] 金伯利也只得默认了，但他还是提醒施塔尔说，英国在东亚有相当大的利益，英国"不可能任其受损，也不可能允许自己在那里的影响被削弱"。[31] 7 月 6 日，这笔贷款的协议最终签字。正如伦敦和柏林一直怀疑的，其条款允许俄国在财政支援的外衣下扩大其对中国的影响。[32] 实际上，维特"毫不掩饰其对中国不能按期还款的期望，那样俄国就获得了直接干涉中国财政的权力"。俄国据说要求其跨西伯利亚大铁路穿越中国东北，其战略意图对英国也不是没有影响的。[33]

1895 年的贷款是维特让俄国"和平渗透"中国北方的宏大的亚洲计划的关键部分，而且就其本身而言也是 4 月份外交干涉辽东问题的理所当然的财政上的必然结果。俄国的远东政策现在获得了动力。在贷款完成后几个星期内，华俄道胜银行就在罗特施泰因的监管下成立了，像往常一样又是法国资金支持的。英国情报分析机构正确地判断出华俄道胜银行实际上是由维特控制的。[34] 直到俄国外交采取积极的步骤将俄国对中国的财政影响转化为政治硬通货时，英国仍然在保持消极被动的政策。

金伯利警告施塔尔尊重英国在远东的利益，成了他在任期间最后的活动之一。到了 6 月底，罗斯伯里政府就倒台了，接下来该索尔兹伯里勋爵制定新的对华政策了。对金伯利来说，洛巴诺夫在中国贷款问题上明显的欺骗证实了英国对俄国总体政策长期的怀疑。他给拉塞尔斯的临别赠言是："在圣彼得堡，任何俄国人，无论多么和善、高尚或者有良心，都别指望他们习惯性地说真话，除非你发现他是个与一般规则格格不入的另类。他说那不是他们的行事方式。"[35]

索尔兹伯里对俄国人的可靠性，并没有比他的前任有更多的指望。但是到他上任时，远东事务已经没那么紧要了，取而代之的是亚美尼亚问题的再起。俄国人希望平定近东的局势，正好有利于索尔兹伯里，因为这将容许他暂时搁置和重新校正英国的对华政策。随着俄国人的注意力聚集到亚美尼亚和君士坦丁堡，索尔兹伯里希望"在其他事情上——比如帕米尔边界和中国贷款——我们与俄国人的一切争论都要暂停。我推测，我们可以设想即使俄国人脾气再火暴，他们也不想再'点火'了"。[36]无论如何，俄国需要一个喘息空间，以巩固其在远东的地位。正如荷尔斯泰因所说的，"[俄国人]对索尔兹伯里有一种明显的畏惧"，他们一时还不想卷入任何国际争端。[37]

在中国于6月接受了法俄贷款后，列强之间的又一个新星座在远东政治中浮现了出来。由于阿诺托反对与德国人进行任何金融合作，威廉街这时又想重新和英国结盟了。两国联合行动，施压总理街门就法俄贷款没有覆盖的那部分战争赔偿的贷款开始谈判。中国的大臣们更愿意倾听英国和德国的提议，因为俄国和法国的政治意图太露骨了。于是，将英国和德国纳入中国的财政计划，密切地反映了李鸿章的外交谋略：更早地将纠纷国际化，以挫败外国列强更深远的野心和盘算。两笔价值分别为100万英镑的数额较小的贷款——即英国（或称卡塞尔）贷款和德国（或称南京）贷款——于1895年达成。第二年，又达成一笔价值1600万英镑的英德贷款，由汇丰银行和德华银行联合操办。[38]

到1896年时，似乎在中国事务上，德国已经与英国携手并肩了，共同的利益构成了两国密切合作的坚实基础。[39]1895—1896年，在中国问题的国际政治上，一种新的平衡已经建立了起来。与中日战争结束时热烈的媒体猜测相反的是，英国似乎不必诉诸坚决的行动或者密切的政治参与，就能保护其在华利益了。索尔兹伯里有充分的理由选择后发制人，等待俄国人先出招。与金伯利不同的是，他对日本的野心及其对英国的可能价值心怀疑虑。当萨道义爵士向新任外交大臣咨询其亚洲政策时，索尔兹伯里做了详细回答。日本对英国的战略价值"很容易被高估"。他不怀疑日本有阻止俄国获得不冻港的意图，但考虑到俄国的陆上交通线，他怀疑日本人有这个能力。而且，"俄国总能在那些海域找到些能收买日本的好处"。俄国的扩张不会损害日本的利益："我的印象是，更为精明的日本官员们并不反感在那些纬度地区看到足够的俄国力量，以抵消英国的力量。"他认为，萨道义不应向日本官员们提出任何政治建议，也不应"暗示可以有任何针对俄国或中国的海上或陆上军事合作"。[40]

索尔兹伯里的分析是冷嘲热讽，但精明且令人信服。在他担任外交大臣的最后时期，他一直有个设想，同俄国人达成协议能给日本带来明显的好处，他希望日本的政治家们能够足够聪明地认识到这一点。"我们不应怂恿日本人对抗他们（即俄国人），而应该建议他们与俄国人友好相处。"1897年秋天他这样对萨道义说道。[41]这也会有保持东亚稳定的良好作用。然而，索尔兹伯里仍然低估了日本人对俄国的仇恨程度，这种仇恨意味着两国之间的任何协议都永远不过是权宜之计。不过索尔兹伯里不打算利用这两个大国之间潜在的摩擦为英国牟利。稳定要比冲突带来的不可估量的危险更为可取。

外交大臣将精力集中在与法国解决在东南亚的突出纠纷上。这是索尔兹伯里在外交政策上务实和被动的作风的典型例证，正如桑德森所说的："我们从来不看我们眼下3英寸之外的地方。"[42]索尔

兹伯里与法国解决亚洲纠纷的动机是双重的。首先，在 1895 年 6 月
20 日分别签署的两个中法条约中，法国获得了在华南的云南、广东
和广西三省的独有的商业和工程特权。这三个省都与法属印度支那
相邻。实际上，金伯利在离职前不久，曾担心过有可能在邻近香港
的地区割让领土给法国，会导致俄国提出类似的要求：“如果让俄国
人夺取某些领土，并且有力地扼住中国（这似乎不是不可能的事情），
我们就危险了。”[43]

在中日战争结束后的头两年，对中国领土的这种争夺没有成真
的。然而，索尔兹伯里不得不承认，在中国南部边疆地区，主动权
在法国人手里。英法在东南亚的关系，在 19 世纪 90 年代的大部分
时间都是紧张的。索尔兹伯里是在这种背景下看待 1895 年 6 月签订
的中法条约的。关键的因素是自 1893 年来就在导致关系紧张的暹罗
的未来问题。一旦法国人对暹罗的影响牢固地建立起来，法国就会
获得对英国在缅甸的地位构成某种威胁的力量。如果暹罗这个缓冲
区消失了，英国就会面临法国从东边、俄国从北边对印度联合施压
的极其不利的局面。法国人在华南日益频繁的活动，虽然对暹罗问
题是次要事件，但也是这同一个问题的一部分。[44]

索尔兹伯里解决缅甸和法属印度支那边界问题的努力，得到了
亲英派人士库塞尔的大力帮助。库塞尔在第一次会见新任外交大
臣时，就提出了这个问题。索尔兹伯里的政务次官寇松（George
Curzon）也支持使暹罗中立的任何联合行动。他认为这将移除未来
冲突的一个潜在源泉。[45] 在为此而于 1896 年 1 月 15 日签订的英法
条约中，英国和法国同意在湄公河流域互不冲突。[46] 与法国的协议，
在英国外交必须运行的更广大的背景下，还要服务于另一个目的。
英法的妥协使得法国从远东的现状中得到了好处，这就减弱了法国
支持俄国任何进一步的亚洲政策的动机。满足了法国的湄公河计划，

有一个令人愉快的副效应，就是削弱了法俄联盟的凝聚力。

　　然而，法俄联盟不可能因为就东南亚的几条森林带达成协议就瓦解了；德国明显地受到英国的吸引，也不能说明这两个大国重组的联盟就有多牢固。德国人此前也曾想和法俄集团合作，此后也未必不会再生此念。整个 1895—1896 年的冬天，英国的外交官们都不断获得证据，德国人在舟山群岛寻求建立一个加煤港。同样，一个由 18 名军人组成的俄国小舰队也在胶州湾进行了冬季维修补给，因此加重了英国人对俄国人在中国的图谋的怀疑。[47]到了 10 月底，《泰晤士报》又报道说俄国驻北京公使与中国政府达成了一项协议，授权俄国修一条铁路，穿越中国东北北部直达符拉迪沃斯托克（海参崴），再修一条支线通往旅顺港。该报猛烈抨击俄国对华政策危及了远东的力量平衡，正如施塔尔警告洛巴诺夫的，在英国引发了轩然大波，也凸显了英国的政治阶层对中国问题的关注程度。[48]施塔尔以强烈的措辞否认了人们猜想中的喀希呢条约的存在。但即便如此，这位俄国驻北京公使在 10 月初还是曾经尝试过与中国政府达成联盟条约，只不过失败了。[49]

　　索尔兹伯里尽管意识到了跨西伯利亚大铁路对俄国潜在的政治价值，但仍然不肯在中国积极行动。1895 年底，他全神贯注于亚美尼亚事务。正如索尔兹伯里以一种近乎俾斯麦式的语气对哈茨费尔特坦承的：俄国人在这儿的作用如果太积极了，只会碍事，而他们陷入中国事务越深，在近东就会越发分心，并且不得不分散其海军和陆军的力量。在这样的情况下，俄国人就不可能对土耳其海峡展开海军行动了。索尔兹伯里解释说，英国将只反对俄国的军舰在旅顺港获得排他性特权。[50]而在 11 月 9 日于伦敦市政厅发表的公开演讲中，索尔兹伯里又宣扬"亚洲有我们所有人的空间"。1896 年 2 月初，索尔兹伯里在议会的主要助手阿瑟·贝尔福又进一步阐述了他的观点。他在布里斯托尔（Bristol）发表演讲时表示，英国政府不反对俄国在朝鲜得到一个不冻港："我应当欢迎这样一个结果，这是该偏远地区的一项明显的进步……无疑，亚洲和非洲对我们所有人来说都足够大了。"[51]

索尔兹伯里的消极态度意味着英国的对华政策"就当地实力而言……缺乏足够的分量"，正如驻北京公使馆的中文秘书所言。中立的观察家们，如荷兰驻北京公使克诺贝尔（F. M. Knobel），也持同样的观点。克诺贝尔曾评论说，"英国因其摇摆不定的政策，已经丧失了先前对北京的影响力"，输给了俄国。[52]中国的大臣们容许俄国在中国东北修一条新铁路，使跨西伯利亚大铁路的长度大大缩短；俄国工程师获准在铁路可能经过的地区进行勘测；在旅顺港为俄国舰队建设冬季停泊地的要求也得到了满足。1896年5月，显然是在索尔兹伯里无心插柳的推动下，日本和俄国各自驻朝鲜的代表达成了一项临时的地方性谅解，日本承认俄国在朝鲜享有与日本平等的权利。到了6月，这项协议升级成为《洛巴诺夫－山形协定》（Lobanov-Yamagata Agreement），认可了俄国和日本的同等地位。实际上，这是一种维持现状的做法，承认了急于将自己的影响力扩展到整个朝鲜半岛，但又无力或不愿单方面行动的两个大国之间的"僵局"。[53]

沙皇尼古拉的登基典礼，也为洛巴诺夫和维特恢复喀希呢已于1895年秋天在北京开启的谈判提供了机会。来莫斯科出席典礼的中国特使、大学士李鸿章，受到了俄国谈判代表强大的压力，他也很可能收受了俄国人的贿赂。谈判的结果是分别于1896年5月22日和6月3日签订了中俄条约。这是将在日本人侵略俄国的远东领土、中国或朝鲜时生效的共同防御协定。俄国也获得了修建一条穿越中国东北的黑龙江省和吉林省到达符拉迪沃斯托克（海参崴）的铁路的权利。条约使俄国几乎未付出代价,便巩固了在中国北方的优势地位。将朝鲜纳入防御协定,又保证了俄国有权干涉朝鲜事务,成为对《洛巴诺夫－山形协定》的补充。然而,洛巴诺夫和维特也没能全部如愿以偿。在中国和华俄道胜银行关于中东铁路(Chinese Eastern Railway,CER)的附属协定中,李鸿章非常精明地坚持了支线铁路必须以标准轨距,而不是俄国的宽轨距修建。而且,工程必须由私人公司来承担,这就使中国人能够参与其中,并且防止了铁路成为俄国向中国东北北部投入力量的载体。[54]

尽管索尔兹伯里没有从官方渠道了解到这个条约,但他知道李鸿章在与洛巴诺夫和维特谈判。公开地,英国外交官们依然不知道有此条约,但实际上,索尔兹伯里是在设想其存在的情况下行事的。他仍然不断地鼓励俄国进一步参与远东事务,尤其是因为这可能有助于他在1896年9月于英国女王的夏宫巴尔莫勒尔堡(Balmoral)会见年轻的沙皇时,达成某种工作协议。[55]尽管这个协议没有具体化,但索尔兹伯里9月的"触角"却表明了对两国政府保持关系稳定的热望。实际上,英俄在远东的关系一直是风平浪静的,直到1897年底,当德国人强行出现在中国的政治舞台上时,才又一次在中国引发了动乱。

1897年11月,两个德国基督教传教士在中国山东省被杀,给了柏林借口以实施谋划已久的在中国北方攫取领土的计划。德皇私人的外交人员似乎从他的表兄弟那里得到了沙皇俄国支持这样的计划的消息。然而,当德国东亚舰队于11月14日占领了山东半岛的胶州湾后,俄国新任外交部长米哈伊尔·尼古拉耶维奇·穆拉维约夫(Mikhail Nikolaevich Muravev)伯爵却来了个大变脸。他声称俄国有"首泊权"(droit du premier mouillage),并且有一支俄国海军舰队已经被派往那里去捍卫这一权利。[56] 穆拉维约夫是在虚张声势，以为德国会就此放弃占领。他的如意算盘也并非丝毫不切实际，柏林的确对这样的行动有所顾忌，加之中国贷款问题新近引发的不快，的确有可能永久性地毁掉与圣彼得堡的关系。德国对当前的危机毫无准备。其与英国的关系也尚未从德皇鲁莽的"克鲁格电报"（Kruger telegram）的影响中恢复。[57] 柏林对付俄国的唯一王牌——与英国结盟，或者至少形成更亲密的关系——于是也用不上了。一些人，尤其是威廉街的后台人物弗里德里希·冯·荷尔斯泰因（Friederich von Holstein）考虑起英德重新修好的可能性。应当说服索尔兹伯里，"这是以相对代价最小的让步，将德皇拉回到英国听得到的范围的最佳时机"。[58]

英德可能重归于好，在 1897 年秋天引起了俄国的些许不安。英国更紧密地贴近由德国领导的三国同盟，其战略影响非常明显，正如时任驻圣彼得堡使馆临时代办的高慎（Edward Goschen）爵士所说的："毫无疑问，英国将给它加入的集团带来在欧洲的实力优势。"[59] 然而，无论荷尔斯泰因和德国总理霍恩洛厄（Hohenlohe）多么渴望与英国拉近关系，但他们仍然明白，英德修好是要付出代价的。因此荷尔斯泰因和霍恩洛厄拒绝拿胶州湾换中国沿海的其他港口。再往南边的备选港口离英国在长江流域的势力范围太近了，而去占领胶州湾以北的港口又会更加冒犯俄国的势力范围。德国突然改变政策，要与英国修好，还有另外一个原因。德国如果去讨好俄国，就意味着卖身于俄国。在俄国人予取予求的情况下达成俄德谅解，总是要为害英国的。然而荷尔斯泰因坚信，伦敦支持德国对抗俄国，是符合其自身利益的。[60]

德国的突变令英国政府很是意外，一时陷入了进退维谷的境地。一方面，不可否认的是，远东存在着列强到处争夺海军基地和商业利益的危险，人们普遍认为这种危险最终会导致中国的彻底瓦解。[61] 另一方面，英国的国内因素也开始发挥作用。1897年初，英国的"中国协会"敦促外交部向中国政府要求开放青岛为通商口岸。这些老中国通们指出，开放这个港口能预先阻止俄国人和德国人涉足胶州湾。外交部经常收到这样的建议，并非所有这样的建议都被认为具有可行性，尽管远东司的人们逐渐认识到"'中国协会'还是有一些稳健而明智的人的"。[62] 对于胶州湾是否有可能作为一个开放的港口，意见是不一致的。接替欧格讷担任驻北京公使的窦纳乐爵士怀疑其商业价值，但承认"开放[青岛]……将……阻止俄国的任何此类图谋"。但他否认胶州湾的战略价值，认为那里永远不可能成为适当的海军基地："该港根本不适于作为军舰的锚地。"[63]

还没等英国政府做出任何决定，德国的巡洋舰中队就已经开进了胶州湾。英国政府现在面对的是完全不同的新局面。在整个危机期间英国的政策实质上都是被动的，受制于双重的不确定性，一是德国在胶州湾的特定目标和对中国的总体意图，二是在德国占领之前德俄两国会不会兵戎相见。关于第一点，柏林的官方声明表示，占领该港只是暂时性的，是为了对传教士被杀索取赔偿。然而，割让不同港口给德国的流言整个1897年都在流传。10月初，索尔兹伯里在与萨道义谈话时，提到了德国在远东获取一个港口的可能性，"他还说他们希望我们准许他们占领舟山，而我们对舟山拥有确定无疑的权利"。索尔兹伯里毫不怀疑俄国会仿效德国的每一步骤："索尔兹伯里勋爵说，只要俄国在那里寻求的是商业优惠，我们就不干涉，但如果他们打的是任何军事行动的算盘，那我们就不得不采取相应措施了。"[64] 这番话勾勒出英国外交在胶州湾危机期间的总体方向。

在德国出兵占领胶州湾前一个星期，时任驻柏林大使的拉塞尔斯报告说，德国政府正在采取措施以保证在远东获得一个海军基地和补煤站。窦纳乐确信"胶州湾归他们了，他们打算'不惜一切代价地'守住那里"。[65] 更重要的是，还存在德国和其他列强开战的可能。实际上，外交部的高官们都很担忧远东"三国同盟"会借尸还魂。桑德森准确地判断出俄国人支持德国在"中国的某地获得一个港口，认为这将有利于俄国的最终利益"。按照弗朗西斯·伯蒂的分析，德国人在采取行动前，无疑预先征得了俄国人的同意："俄国人现在有可能索取大连湾或其他不冻港，作为德国获得港口的补偿，他们有可能与德国人携手，支持中国抵抗英国的贪欲。"[66]

桑德森和伯蒂都担心瓜分中国的大战将一触即发。桑德森在与德国大使讨论占领胶州湾的问题时，警告说"不应让掠夺政策启动"。哈茨费尔特回答时，坦白地挑明了前景："即使别人不动手，俄国人也早晚要动手的。"[67] 亚洲的安定是很不牢靠的。日本人对欧洲人瓜分中国的意图也很警惕。日本外相小村寿太郎警告说："占领这样一个战略要地……势必危及远东和平。"赫德爵士对德国人的行动也同样深感不快，但仍然建议中国的大臣们向德国让步，"这是危害最小的解决办法"，免得其他列强借此插手中国事务。[68]

从危机一开始，索尔兹伯里就保持着自己的典型态度——"聪明地不作为"，尽管他预料德国人将赖在胶东。他大概是在11月17日同哈茨费尔特会谈后形成了这一观点。德国大使表达了英德通过次要事务重新修好的愿望。他强调说，德国这次行动的唯一目的，是为传教士遇害向中国索取一些赔偿。与此同时，他小心翼翼地避免为他的政府的任何明确政策做出承诺。他只是表示德国的公众舆论或许不允许政府从胶州湾撤军。哈茨费尔特也暗示道，为了争取俄国人的支持，德国的外交政策承诺要关照俄国的利益。与德国的关系更加缓和，将有利于英国。索尔兹伯里对德国在中国沿海占领某个地方没有表示反对，但明确地对哈茨费尔特说，"这个地方越往北，对于英国来说越不成问题，也越不是不可取”。[69]

索尔兹伯里持此坚定方针，是事出有因的。正如莫伦海姆向阿诺托解释的，俄国政府正试图强迫德国以胶州湾换取在俄国或法国势力范围之外的港口。[70]德国这时面临着一个尴尬境地。占领胶州湾导致了与俄国关系紧张，而屈从于俄国的压力又相当于承认德国的政策要听命于法俄同盟。又如索尔兹伯里毫不含糊地表明的，用胶州湾换其他地方，又会损害与伦敦的关系。实际上，整个1897—1898年的冬天，德国外交官们都在急切地驱除英国对德国野心的怀疑。哈茨费尔特和驻北京公使海靖（Edmund von Heyking）男爵反复保证德国将尊重英国的利益。海靖甚至声称，中国提出过提供胶州湾以南的其他港口，被他的政府拒绝了，“因为英国和德国政府间存在着诚挚的关系”。这样极力地表达善意却没有取得伦敦的信任，而是引出了伯蒂一个简洁的评价：“犹大的信用。”[71]

在这样的情况下，威廉街最终放弃了交换胶州湾的念头，并于11月22日正式通知了俄国。俄德危机达到了顶点，但是还不到一个星期，穆拉维约夫就决定放手了。[72]他这样做很大程度上是因为他别无选择。俄国政府并没有真正打算在远东冒险打一仗，其法国盟友也不倾向于支持任何将德国赶出胶州湾的行动。随着穆拉维约夫退却，欧洲的紧张气氛消散了，但对英国来说，胶州湾事件引发了更复杂的问题。外交部的“军师”们出现了意见分歧。常务次官仍然主张保持中国的领土完整。就桑德森对其执行角色的理解，这位小心谨慎的官僚坚决支持“传统”的政策。从危机一开始，他就警告并反对“掠夺政策”，而伯蒂却对此持相反态度。[73]

索尔兹伯里在两派意见之间犹豫，并且一反常态地在应对瞬息万变的远东局势方面表现得摇摆不定。起初对于德国在中国沿海获得一个永久性的港口或补煤站，他倾向于争取“补偿性利益”，后来又收回了成命。[74] 总体而言，索尔兹伯里反对在远东再获取一个海军军港。他在 11 月份不肯说出任何明确的行动方案，根源在于他担心德国攫取胶州湾引发"对中国的大争抢"，这是他力图避免的结果，却是他越来越躲避不开的。[75]

此外，对德国在中国的最终目的也摸不清。11 月和 12 月，德国人打算放弃胶州湾，换取其他港口的谣言流传极盛。[76] 由于对德国人提出的要求的确切性质仍不知晓，形势越发令人困惑。到 12 月中旬时，海军情报机构报告说德国人将留在胶州湾。[77] 就这时所能确定的情况来看，德国人并没有要求获得一个补煤站。相反，他们的主要关切似乎是惩罚杀害传教士的凶手和包庇罪行的中国官员。就以往中国部分地区发生的反传教骚乱的经验来看，这似乎是合情合理的。山东巡抚李秉衡是"一个傲慢而褊狭的排外的老派中国官员"，惩罚他尤其被视为让北京深刻认识到袭击外国人的后果的有力措施。[78] 相反，德国人的第五条要求——在山东修建铁路、开采矿藏的优先权——引发了担忧。像 1895 年的《中法条约》一样，这样的优先权使得英国于 1858 年签订《天津条约》时所获得的最惠国待遇受到削弱。当 12 月 6 日窦纳乐汇报说中国政府打算接受德国的所有要求时，索尔兹伯里指示他警告北京，接受第五条要求将迫使英国"就相关权利遭到无视而索赔"。[79]

赔偿的准确性质没有说明。索尔兹伯里渴望的是德国不要向中国提领土要求。除了怀疑德国人对胶州湾的占领是永久性的之外，他还推断出英国对德国在中国海域获得一个补煤站的无论是实质性还是假定性的反对，都很可能会被北京抓住，用以拒绝德国的要求，从而造成伦敦和柏林关系的疏远。[80] 索尔兹伯里的谨慎是有道理的，却不能阻止这样的情况发生。12 月 16 日，海靖通知德国外交部长比洛（Bülow），假如他的英国同僚没有提出领土补偿的要求的话，总理衙门本是打算接受德国人永久占领胶州湾的要求的。然而并无迹象表明窦纳乐提出了这样的要求。[81] 这很可能是中国官员们有意在列强间施用离间计，希望借此逼迫德国人彻底撤出胶州湾。

两位驻北京公使之间的小争执，解除了人们对德国占领胶州湾的长期性所仍存的怀疑。在此方面，12月中旬标志着英国人思维的一个转折点，尤其是索尔兹伯里。在此之前，英国人对于德国人要在中国北方获得一个立足点，一直是平静看待的，只有伯蒂除外。窦纳乐在12月初的言论，很大程度上反映了索尔兹伯里本人的想法：

> 如果……德国人要求赔偿只是幌子，真正目标是攫取胶州湾作为海军基地，那么没有理由认为他们的所得将会损害我们的利益。很显然……这样的结果会令俄国人非常不满，他们会视之为窃取了他们的果酱。很少有人会怀疑，山东的港口在德国人手里，远不如在俄国人手里会对中国的独立构成威胁。[82]

但是12月中旬，一支俄国舰队出现在旅顺港，极大地改变了形势。[83] 俄国海军现身渤海湾，似乎预示着桑德森此前担忧的"掠夺政策"将上演。在官方场合，穆拉维约夫否认有任何领土野心，表示俄国决定"接受中国政府让俄国舰队在旅顺港过冬的提议"，完全是出于后勤考虑。高慎爵士没有受到俄国外长花言巧语的影响。他警告说，一俟跨西伯利亚大铁路完工，"俄国人就会大张旗鼓地开发建设一个冬季不冻港，或者是旅顺港，或者是附近地区其他同样便利且地理位置同样重要的港口"。暂时，俄国的陆海军都还没有充分准备好，还不允许它横行霸道，"或者采取任何有可能使其与其他列强交恶的行动"。高慎的分析是很有道理的，不过穆拉维约夫实际上惧怕的是英国人会索要华北沿海的领土补偿，从而预先阻止俄国人未来的扩张。[84]

俄国舰队在旅顺港过冬，增强了英国国内对索尔兹伯里的压力，要求他对远东危机做出积极的回应。早在 12 月初，中国协会的伦敦委员会就已经在敦促英国外交部对德国的行动做出反应了。老中国通们看到了胶州湾的战略重要性，指出在渤海湾的入口处拥有一个海军基地，加之在山东修筑铁路的专有特许权，将使"占领国对北京产生一定程度的政治和商业影响"。这样的影响会"严重损害英国的利益"。协会警告说："我们在远东，可能已经站在了开启一次新征程的'门槛'上，可能会导致极其危险的政治后果。"[85]12 月 3 日，身为怡和洋行（Jardine Matheson & Co.）股东和中国协会干事的克锡（William Keswick），又一次提出了采取紧急行动的要求。他提到了俄、法、德三国联手吞并中国大部的可能性，建议"英国政府应就长江流域各省向中国政府提出报价，以确保英国在该地区的影响"。担任中国海关官员的裴式楷（Robert Bredon）提议与日本密切合作，以恢复在中国北方的力量和影响的平衡。他还主张英国应该占领山东海角北岸的威海卫港，作为英国维持其在中国北方的势力和影响的显著信号。[86]

这些都是难以忽略的重要声音。伯蒂尤其认识到，对他刺激索尔兹伯里采取行动的努力，这些声音极有帮助。这时，外界的建议已是在反映，而不是影响英国高级外交官的态度的转变。这些外交官们同意裴式楷的意见，认为"对于德国人和俄国人在中国北方的行动缺乏足够的抗衡"。欧格讷建议英国政府应当宣示其在华利益，"实际上划定势力范围"。[87] 三个月后，欧格讷在致桑德森的一封私人信件中，详细阐述了这一建议。鉴于他此前对中国事务的经验和他这时在圣彼得堡的任职，他主要关切的是俄国在整个亚洲对英国利益的威胁。他认为俄国将以不可阻挡之势，通过中国东北向北京，甚至还可能向更远的地方推进，而他怀疑英国阻止俄国推进的能力。地理位置有利于俄国。他预言"俄国将年复一年地向南压迫，直到有一天大厦倾覆，一段历史插曲不可避免地最终结束"。英国只能暂时性地阻止俄国人的扩张。欧格讷的分析突出了大英帝国所受到的更广泛的地缘战略的约束："如果我们在华北阻拦他们，他们就会相应地在中国其他地方，在印度边境，在波斯湾袭扰我们。如果我们在华北挤压他们，他们就会在有机会时反咬我们，而其他列强对此只会幸灾乐祸。"[88]

伯蒂对这种历史必然性的观点相对无动于衷。他将注意力转向了更为紧迫和实际的问题。12 月 23 日的一份备忘录反映了他对远东三国同盟借尸还魂的持续担忧。伯蒂在这份备忘录中谈到了抗衡问题。他警告说，任何划定英国势力范围的企图，都等于是邀请此前的三国同盟来瓜分"中国未划定的部分"。不应鼓励划分势力范围，因为英国的"最高利益就是在所有地方开展不受限制的自由贸易"。万不得已时，也就是"当我们发现自己在中国的其他地方都处于不利位置，或者法国蠢蠢欲动时"，英国也只应该"对长江流域进行一定的控制"。伯蒂反对仿效俄国派海军舰船到中国北方海域过冬，因为这有可能刺激法国向中国南方的海南岛或北海派出军舰。出于同样的原因，他也反对以获取额外的领土作为对俄国和德国预期的不当获利的补偿。只要中国保证不割让邻近香港的领土，就足以捍卫英国的直接利益了。此时此刻，一支"能够对付俄德法联盟的舰队，就是我们最好的安全保障"。索尔兹伯里同意他的助理次官的见解。他还不认为有在中国获取领土的需要，"除非俄国或德国彻底兼并了中国某一部分的土地"。[89]在距离香港将近 1000 英里以外的中国北方保持一支机动舰队，后勤保障的困难极大。所以，伯蒂备忘录的言外之意，就是英国必须在中国北方获得一个海军基地。

早在 11 月，窦纳乐就曾私下里建议，在中国北方海域获得一个有防御设施的补煤站，是令人渴望的。他曾主动咨询过中国站的总司令、海军上将亚历山大·布勒（Alexander Buller）爵士，"假如出现下列两种意外情况：第一，德国人赖在胶州湾不走了；第二，德国人放弃了胶州湾，在福州附近获得了一个新的补煤站"，是否应该在香港之外争取获得另外一个海军基地？在得到布勒的回复后，窦纳乐向索尔兹伯里发了一份私人电报，表达了他的建议。[90]

索尔兹伯里还从其他方面得到了进一步的建议。前新加坡海峡殖民地总督和中国协会前总干事金文泰（Cecil Clementi Smith）爵士在回答伯蒂的问询时，阐述了自己对东亚局势的看法。他认为，德国对胶州湾的占领，将不会损害英国的商业利益。胶州湾作为"兵家必争之地"，只有在德国与中国打交道时对德国有所助益，但"在对付任何其他欧洲列强或列强联盟时，都将成为软肋"。至于俄国，金文泰认为它占领旅顺港是不可避免的。实际上，他认为"俄国恐怕比此前任何时候都更有可能和我们达成友好的谅解"，尊重各自的势力范围，以对抗日本。他反对仿效俄国和德国的行动："我们没有一支规模足够大的军队，能够维护这样的港口处于高效状态，我们的舰队在世界上越是分散，战斗力也就越弱。"取而代之的策略是，英国政府应该集中力量巩固香港。鉴于中国的形势不断走向动荡，金文泰的建议打动了索尔兹伯里，令他认为言之有理。[91]

金文泰的建议得到了拥有远东经验的英国皇家海军学院院长、海军中将理查德·特雷西（Richard Tracey）爵士的支持。他认为，占领一个港口，比如对马海峡的巨文岛（Port Hamilton）那样的港口，就好比得到一头"白象"*。德国人在胶州湾建立一个基地，对英国

---

*指保管起来既费钱又费事的累赘东西。——译者注

的利益并不构成严重威胁，因为德国并不具备必要的补煤站全球网络。在胶州湾建设军事要塞耗资巨大，"而且一旦德国人与我们交战，那将是他们的弱点而非优点，因为他们不得不努力去防卫该港"。[92] 1898 年 1 月初，英国驻烟台领事阿连壁（Clement F. R. Allen）就俄国人和德国人占领港口的交易的效果，提交了一份详细的备忘录。他得出了与金文泰和特雷西同样的结论：中国北方的外国海军基地是潜在的隐患，因为它们需要高昂的经费来设防；就商业而言，只有大连湾，或许包括旅顺港，是有价值的："威海卫绝对没有商业价值。"他认为，胶州湾"将被极好地改造成一个小通商口岸，将为外国贸易开辟出一块处女地，但是作为[中华]帝国总体对外贸易的一个支点，其价值将微乎其微……就如同其政治意义一样"。[93]

来自如此不同渠道的建议，增强了索尔兹伯里本能的谨慎。无论如何，他对新建一个海军基地所须承担的额外开支持保守态度。当窦纳乐私下里建议在中国北方获取一个设防的补煤站时，索尔兹伯里的评论是："这意味着再花 4 万英镑。"[94]索尔兹伯里对此建议明显地不积极，不应视为他没有战略。库塞尔认为索尔兹伯里"表面镇静，内心慌张"[95]，也不对。索尔兹伯里并非没有认识到远东危机的存在，但他不肯轻举妄动。正如索尔兹伯里 12 月 23 日向桑德森所解释的，他预料到德国人将会在胶州湾或者中国北方的其他地方获取领土权；他也预料到俄国人对旅顺港的占领是永久性的。外国对中国领土的攫取，使他集中思考起三个中心问题：

一、这是否会改变战略形势，使我们有必要占领新领土？如果是的话，占领哪里？

二、我们是否需要采取这样的措施，以维护被笼统地称为我们的声望的东西——也就是我们作为对那些海域的商情比其他列强都更加感兴趣的一流强国的地位。

三、俄国和德国所占有的地位，是否增强了它们的力量，使它们能够对北京施加政治影响，并在对我们的商业利益很重要的事务上，比如挑选海关总税务司等，为维护我们的影响所采取的必要措施形成某种反制。

他认为可能采取的行动，是在烟台一带建立一个"过冬站"，"或者让我们的舰船经常出现在那里"。[96]

索尔兹伯里认识到危机有可能削弱英国在中国的地位。不过，英国地位的下降仍然必须放在更广阔的背景下审视。他坚信，英国地位的相对下降，某种程度上是自找的。索尔兹伯里在任职期间，一直非常清楚英国实力的局限性和国内政治体制对外交政策的长远规划所造成的障碍。因此，他毫不犹豫地将他在中国所面临的困难归咎于他的前任。在应掌玺大臣、他长期的政治密友克罗斯(Cross)子爵的特别要求而撰写的一份备忘录中，他承认"我们为维护自己的地位，在与巨大的困难做斗争"。中国倒向俄国，将其视为保护者，"以及中国无法平息对我们在战争中支持日本而产生的愤慨"，都是造成这些困难的原因。英国在中国巨大的商业利益，使得"我们必须要让中国人在得到合理满足的情况下对待我们"。索尔兹伯里否定了罗斯伯里明显支持日本的政策，认为那是一种"孤立且多少有些古怪"的行为，没有给英国带来任何好处。相反，在中国人眼里，"我们成了无法信任的人"。英国从对华贸易中获益甚丰，并且"是他们多年的盟友"，然而到了危难时刻，英国人却指望不上。结果，他总结道："当非常严重的问题发生时……我们不得不克服我们在1894—1895年无端抛弃我们先前的政治态度所造成的巨大成见和怀疑，而艰苦跋涉。"[97]

然而，无论索尔兹伯里对罗斯伯里对待中日战争的政策有着怎样的误解，到 1897 年与 1898 年之交，他也认识到，那样的举措如今是必要的了。出于现实政治的考虑，他认为确保赫德爵士担任的中国海关总税务司一职的继任者为英国人，比在中国沿海获取领土更为重要，这一观点得到了熟悉外交事务的高级官员们的认同。[98]还有其他因素必须考虑。年底时，殖民地事务大臣约瑟夫·张伯伦抱怨说，他在机密文件中找不到任何有关中国的内容，"尽管公众舆论一直在期望我们采取某种振奋人心的行动。公众舆论是一种很好的指南，但我猜想，当议会开会时，我们会受到尖锐的质疑，如果在此之前我们什么也不做的话，我担心我们的谦逊将对我们的朋友和外国政府所产生的效果"。这是这位自由党统一主义者政府强人的一次典型的发飙。索尔兹伯里不大可能同意张伯伦关于公众舆论是决策指南的观点，但他承认"'公众'会要求在中国获得些领土上或者说地图上的安慰……即使作为纯粹感情问题，我们也必须有所作为"。[99]

　　这样的承认并不意味着立刻行动。张伯伦为回答索尔兹伯里的评论，进一步阐述了自己对中国局势的观点。他怀疑中国市场的潜力被极大地夸张了。然而，为了维护英国在东方的威望，"我们落后不起"。他对无所作为更广泛的后果发出了警告："如果我们按兵不动，对于我们欧洲同盟中那些亲爱的朋友和盟友们进一步冒犯英国，就将是巨大的鼓励。"在亚洲，日本人"将是可贵的盟友"，因此建议"更加亲近日本"。如果英国决定索取补偿，那么只要事先征询日本的意见，日本的支持就可以指望得上："我倒不觉得需要签订什么同盟条约，但我希望达成某种谅解，那将是非常有益的。"他鼓励索尔兹伯里满足日本人的希望，将日本驻伦敦的公使馆升级为大使馆："此举将被其他列强理解为一份'未成文的盟约'的标志，却不需要我们承担任何义务。这将使日本人很高兴，简直比给天皇颁嘉德勋章都管用。"[100]

张伯伦的年终书信，与日本政策的一定调整不谋而合。萨道义报告说，伊藤政府对德国人有可能占领整个山东深为忧虑，并且担心俄国会最终逼迫日本人撤出威海卫。东京希望英国也在舟山群岛安营扎寨："他们对我说，日本现在愿意做英国请求它做的一切，以获得英国的友谊。"[101] 实际上，索尔兹伯里已经向窦纳乐打听过，渤海湾是否有小港口"适于做德国人所占港口的平衡力"。新年前夕，他终于向驻北京公使下了命令，如果中国政府割让领土给德国人，英国也要求"一些相应的割让"。[102] 索尔兹伯里起初曾担心向中国索取领土，财政上耗费将很巨大。也有人警告过他，英国在远东"即时地"投入力量的能力是非常有限的。[103] 然而，到了 1897 年 12 月底，他却打定了主意，在中国北方建立一个英国海军基地，与德国的青岛基地相抗衡，是必要的。1898 年 1 月初，他会见了海军大臣乔治·乔基姆·戈申（George Joachim Goschen），"讨论中国的各个港口"。[104] 1 月 5 日，窦纳乐又重复道，汕头、舟山等都是比北方的港口更适于做海军基地的地方。[105] 无论最终的选择是哪里，都必须做出决定，要获取中国的某一部分，作为对德国占领胶州湾的回应。

1 月初，中国政府同意长期租借胶州湾，并将中国在胶州湾的主权转移给德国。1 月 4 日在换文时，中国人又以德国特别影响地带的形式额外割让了以胶州湾为中心的大约 50 公里宽的地区。[106] 德国新任外交部长伯恩哈德·冯·比洛（Bernhard von Bülow）为了维护自己的"完全自由行动政策"，决定不向列强直接通报中德协定。此举引发了更多的不安，迫使英国外交官们多少要依赖于消息灵通人士的猜测。实际上，柏林从来没有公布过 1898 年 3 月 6 日胶州湾协定的全文。[107]

围绕着谈判的秘密和德国人使用残酷的暴力，本来令索尔兹伯里非常反感。但他是个务实的人。尽管他认定英国有必要采取一些反制措施，但他继续向德国人保证伦敦不反对德国索要胶州湾。[108]索尔兹伯里希望争取到时间。他不想被视为跟着德国人起舞，也启用"掠夺政策"。相反，他宁愿让俄国人来扮演这个角色。较早时候的决策——在中国获取一个港口的行动被推迟了。其他列强会仿效德国皇帝的榜样，似乎是没有疑问的。正如赫德爵士所说的："德国人的行动简直要让我发狂——他们目空一切，蛮不讲理，很可能会引发仿效。"[109]

1897年底还有一件复杂的事情，胶州湾危机中断了中国政府和英德汇丰银行 – 德华银行财团就第三部分战争赔款正在进行的谈判。这笔钱大约有1600万英镑。由于银行方面要求对作为贷款担保的厘金和盐税进行更强的控制，谈判本来就已经变得棘手了。然而，12月22日窦纳乐又报告说，作为对俄国在中国北方垄断性铁路专营的回报，俄国人的一笔贷款已经谈成了。这是中国人的一项谈判策略，是为了争取更有利的条件。但是，在俄国人控制旅顺港后，如果一笔俄国人的战争赔款贷款实现了，并以北方铁路做担保，将产生严重的影响。在英国财政大臣迈克尔·希克斯·比奇（Michael Hicks Beach）爵士看来，贷款问题是一个更广大的问题——中国未来的长期财政问题——的一部分。财政赞助必须成为"更明确且更强有力的（对华）政策"的一部分。理想的状况是，这个政策应当"与俄国人协作"以推行，"否则，我怀疑我们是否有足够的能力单独实行"。就第三部分赔款贷款而言，比奇宁愿由政府来出借这笔钱，以换取商业方面的特惠。"应当由我在彻底保密的情况下来做这件事（就像苏伊士运河股份一样），不通过卡梅伦和他的［汇丰］银行。"[110]

索尔兹伯里本人并不反对"与俄国人协作"。在他任职的最后阶段，他越来越认为有必要同俄国改善关系：“但这只是期望的目标，只有出现机会时才能实施。”[111] 第三笔战争赔款贷款也许正是一个这样的机会。于是，索尔兹伯里给窦纳乐打电报，提议由英俄联合贷款。从欧格讷的一份报告来看，这样接近俄国也是合理的。欧格讷报告说，在维特的指导下，俄国远东政策设定为：平和地穿过中国北方，同时在表面上维护“天朝”的完整。这位大使、桑德森，还有赫德爵士，都急于与俄国重新修好。[112] 窦纳乐也支持这一点，他在私下里向伯蒂提议：“就我们在这里的总体政策而言，时机已经来临了，如果可能的话，我们应当同俄国达成谅解。如果我们能够为此一起工作的话，那将更好，而我认为这是可能的；但是，如果不能的话，也请让我们照此促进我们的政策。”[113]

于是，到1898年1月初时，英国的远东外交来到了一个关键的节点，需要内阁做出决策：“我们是应该与俄国同行，还是不与它同行，那就意味着与它对抗。”为了避免自己“再次跌跟头”，就像在1895年亚美尼亚大屠杀时期那样，索尔兹伯里寻求内阁达成一致意见。英俄联合向中国贷款之事，相对于19世纪末英国政策的核心战略问题，只是个附带问题。这个核心战略问题是：在大国外交的更广阔的背景下的对俄关系。伦敦与圣彼得堡通过在中国的金融合作而重归于好，将改变列强之间的系列组合，正如索尔兹伯里在内阁会议前向贝尔福所解释的：“当然，为贷款而进行的谈判有可能谈崩，那样的话，这个俄国人的问题就不会发生了。但是，这个问题非常重要，因为如果我们与俄国人合作成功了，就将使列强在欧洲的聚合发生某种变化。”这就涉及英国孤立主义的核心了。这并不是猜测索尔兹伯里考虑过与俄国在完全意义上结盟。但同样清楚并且与以往的历史诠释相反的是，他曾准备超越与俄国达成纯粹的地区性协议，对英国政策进行重大的重新定位。鉴于俄国对英国利益所产生的影响的双重性质，与圣彼得堡达成的谅解绝对不可能仅仅局限于地缘战略的外围。与俄国重新修好是否有可能，完全取决于英国是否能默许俄国获得旅顺港，这才是"问题的真正关键所在"。[114]

与索尔兹伯里的愿望相反的是，内阁决定继续拖延和观望。大臣们并不反对比奇的建议，由政府进行一项贷款，但是将具体细节留给索尔兹伯里和财政大臣去敲定。意义重大的是，鉴于内阁在3月份曾进行过讨论，关于对俄关系的"意见分歧"又重现了，张伯伦是一派，戈申和比奇是另一派。后者希望让俄国加入贷款谈判，但张伯伦反对与俄国进行任何调和。[115]关于有可能与美国趋近，没有做出任何明确的决定，不过将命令驻华盛顿大使朱利安·庞斯富特（Julian Pauncefote）爵士悄悄地做些调查。张伯伦本人从来没有提及这个"意见分歧"。实际上，在与施塔尔进行的一次私下谈话中，他还暗示过他赞同"俄国与法国关系反弹"。无论如何，在1898年的内阁会议结束时，他提出邀请美国政府与英国和日本一起，"坚决主张任何其他列强做出或得到的任何让步，都要由所有其他列强共享，也就是说，不允许有任何排他性权利"。假如这一主张失败了，那么可以理解，"我们将为自己争取些利益，以与胶州湾取得平衡"。[116]

这时有三条道路摆在了索尔兹伯里面前：他可以听从窦纳乐的建议，向中国索取领土补偿，以逢迎国内翘首以盼的公众；他也可以寻求与俄国达成一项协议，这项协议在东亚只作为权宜之计，但是具有清晰可见的更广泛的国际影响；他还可以像美国一样选择一种"门户开放"政策。这些选择有一些是互不兼容的，但并非全部，不过全都要承担风险。索尔兹伯里青睐的选择是与俄国达成协定。前景并非完全不祥。尽管有人说英俄在亚洲只有一个共同点，就是："它们互不信任。"但是一向支持英俄缓和关系的施塔尔，一直在反驳这种观点。[117]不过，解决问题的关键在圣彼得堡。正如欧格讷1

月初在打探俄国人的政策时所发现的，俄国外交界对德国人相当不满。这甚至使维特和穆拉维约夫联起手来。[118]

对于战争赔款贷款正在进行中的拉锯战，有可能毁掉与圣彼得堡改善关系的任何外交计划。金融又一次成了政治手段，正如希克斯·比奇所评论的：考虑中的 1200 万英镑英国贷款是不能"作为金融交易……进行推荐的"，而完全是"出于政治理由"。很显然，如果俄国和法国搞定了这笔战争赔款贷款，"将……被视为我们的外交挫折"。一方面，如果我们搞定了这笔贷款，"将严重地激怒俄国和法国——它们的反应很可能是夺取旅顺港或者海南，或者采取中国无力抵抗的其他暴力行动"。[119] 于是，俄国人的选择需要小心地予以引导。这笔贷款不能以牺牲英俄友善为代价，也不能使其妨碍英俄达成谅解。无论贷款谈判的结果如何，窦纳乐和索尔兹伯里都更迫切地希望由一位英国人选接替赫德爵士担任中国的海关总税务司。[120]

关于贷款的竞争，非常接近于激起一场外交口水战。李鸿章在俄国人和法国人沉重的压力下屈服了，于 1 月 12 日拒绝了英国的贷款报价。[121] 五天后，比奇在斯旺西商会（Swansea Chamber of Commerce）发表的一番广为流传的演讲中，宣称中国不是"一个可以被任何欧洲或其他地方的列强征服或兼并的地方"。中国的商机必须对所有人开放，英国"政府极其坚决，将不惜一切代价，哪怕是——他想说得平和一些——如果必要的话，以战争的代价，保证门不被关上"。[122] 比奇"突然发炮"警醒了法国和俄国驻伦敦的大使。桑德森试图安抚施塔尔的惊恐，但也捎带了一句警告："我对施塔尔说，口无遮拦、说话令人不快，是希克斯·比奇一项公认的缺点——不过我倒没看出来有哪国政府需要主动对号入座，除非它真的想把英国排除在对华贸易之外。"[123] 这段插曲展现了横亘在与俄国达成谅解的道路上的重大障碍，不过桑德森对施塔尔的警告，也表明了索尔兹伯里并非要不惜一切代价与俄国人达成协议。

外交部里对英俄修好也有一些反对意见。影响越来越大的伯蒂仍然坚信俄国对辽东半岛有领土野心。他对索尔兹伯里说，德国人在中国获得补煤站，是对它1895年参加反日三国同盟的奖励。不过，或者是出于误解，或者是德国人使了诈，占领胶州湾并非最初交易的内容。俄国人如今受到了沙皇曾对德皇做出的不明确的保证的约束，不便提出反对，于是希望由英国来提出，"并且对我们没有这样做感到失望"。[124] 索尔兹伯里没有理会伯蒂关于俄国在东亚有不断扩张的欲望的警告，仍决定选择与俄国修好。维特对德国人的不满，似乎使天平倾向了可能成功的一边。他也明白国际问题是不能分别解决的，它们都是环环相扣的，试图解决一个问题的任何尝试，都会影响到其他问题。

因瓜分西非而与法国产生的紧张关系，在1897年不断加剧。[125] 随着基钦纳（Kitchener）率军沿尼罗河（River Nile）向上游挺进，与法国在非洲发生冲突已具备了明显的可能性。这时可不宜与法国的盟友再发生争执。相反，欧格讷应提出达成某种形式的谅解，索尔兹伯里也很愿意做出一些让步："我们将为促进俄国人在北方的商业目标而付出努力，如果我们可以认定它愿意同我们合作的话。"[126] 索尔兹伯里希望同时收获英俄谅解的外交收益，和将从自我否定的"门户开放"政策所得到的大多数好处，而不必去依赖还没有证明自己的美国。

欧格讷在圣彼得堡进行的谈判似乎进展顺利。穆拉维约夫很意外地非常欣赏达成工作协议的提议，认为这样的主张"将使我们各自的利益扩大到总体领域"。他欢迎将促成和英国"更密切的相互理解的任何建议"。不过，似乎很清楚的是，穆拉维约夫的兴趣很大程度上在于使俄国在中国北方的势力范围得到确认。这位俄国外交部长也丝毫不隐讳，俄国自己对胶州湾的规划让德国人给搅和了。[127] 这可不是好兆头。实际上，当欧格讷最终于 1 月 22 日见到维特时，这位俄国财政部长也询问起"假如俄国对旅顺港的占领成为永久性的，英国的态度如何？形势所迫，很可能使得暂时的占领变成长期"。维特似乎欢迎在相互承认专有的势力范围的基础上达成协议，认为这将有助于遏制德国人。然而，欧格讷也很快意识到，维特"担心英日结盟"。[128]

维特关于划定各自势力范围的主张超过了索尔兹伯里的期望。他警告施塔尔说，划分外国势力范围，将开启中国的分裂。施塔尔回答说，俄国在中俄边境毗邻地区的影响是"地理事实"，是无可辩驳的。[129] 这彰显了英俄达成谅解所涉及的实际问题。不过，相互承认势力范围的主张得到了窦纳乐的强烈支持。这样干净利落的解决办法，对于怀有军国主义思想的他来说，显然很有吸引力。他强调与俄国达成的协议"应基于其承认我们在长江流域或任何其他地区的势力范围"。[130]

索尔兹伯里这时弄清了自己的处境。关于就中国和土耳其问题与俄国达成谅解，他认识到这两个国家都处于外国列强的支配之下，"俄国和英国的利益经常是相悖的，中和双方的努力经常要比真正的对抗更符合各自的利益"。拟议中的谅解，旨在对俄关系方面实现某种缓和："我们的目标不是瓜分领土，而只是划分优势。"[131] 欧格讷对成功的机会依然持乐观态度。但无论是什么样的机会，它们都在开始减弱，因为到了 1 月底，沙皇的大臣们，尤其是穆拉维约夫和陆海军的高级将领们，在和维特的斗争中占据了上风，推动起对旅顺港和大连湾的永久占领。而且，虽然欧格讷在圣彼得堡进行的谈判有所进展，但俄国人仍然企图破坏窦纳乐进行的贷款谈判。

索尔兹伯里还不打算在贷款战中认输。他指示窦纳乐警告总理衙门，如果接受了俄国人的贷款，那么英国将要求对应特许权。[132]
这是符合先前的惯例的。然而，自从德国人占领了胶州湾，俄国人事实上占领了旅顺港以来，远东的形势大不同了。第三笔战争赔款贷款不仅仅是个复杂因素，几乎更具有象征作用：如果中国拒绝了英国的贷款要求，却接受了俄国人条件差得远的贷款，那么"我们相对于俄国在中国的地位就将极大地相形见绌"。[133]

这也是张伯伦的观点，只是他对索尔兹伯里有能力避免这一局面的信心在迅速减退。"如果我们不对中国采取更坚决的态度，政府就将面临巨大的麻烦。"他警告道。俄国对旅顺港可能的攫取及其阻挠英国对中国贷款的举动，只不过是其不断膨胀的扩张主义的最新表现而已，但是其扩张尤其有悖于英国的利益。"如果任事态这样发展下去，我们的威望将荡然无存，我们的生意也将随之倾覆。在这样的形势下，我不能容许这样的政府再存活一年。"这位殖民地事务大臣提议与美国和德国协同努力，迫使外国占领的所有中国港口向所有贸易开放，迫使中国开放南京和其他港口，开放国内航行，最后：

> 如果俄国拒绝这些条件，那么我们就应当要求其舰队离开旅顺港，如果必要的话，迫使它离开。
>
> 我敢说，对于内阁来说，这是一条太过强硬的路线，但是假如我们依然无所作为的话，很快到了议会开会时，内阁的滋味就更不好受了。[134]

与俄国达成谅解并解决贷款问题的前景，这时暗淡了下来。在俄国首都举行的最新一轮谈判中，穆拉维约夫对贷款的细节佯装不知。他的副手弗拉基米尔·尼古拉耶维奇·拉姆斯多夫（Vladimir Nikolaevich Lamsdorff）伯爵于是提出由俄国和英国分担贷款。更加令人不安的是，在与维特的内斗中占据了上风的穆拉维约夫，暗示了俄国要捍卫在波斯和中国的势力范围。[135]这就意味着要求英国人在俄国人占优势的情况下放弃德黑兰，英国政界还不可能同意这种提议，索尔兹伯里也不打算接受。他告诉欧格讷，俄国人破坏窦纳乐和李鸿章关于贷款举行的谈判的行为，"非常不友好且具有侮辱性"，与沙皇本人做出的友好保证背道而驰。窦纳乐在北京的抗争迫使李鸿章拒绝了俄国人的贷款报价，并保证不出让长江流域地区和将海关总税务司的职位保留给英国人选。[136]

在这样的情况下，这最后一笔战争赔款贷款本应丧失其政治意义了，但索尔兹伯里并不这么看。首相对英俄达成谅解越来越不抱希望。他给窦纳乐打电报说："我们与圣彼得堡进行了一些友好的交流，但他们诚意不足，说话含糊。"于是在他看来，与俄国人联手贷款已不再可行。[137]桑德森在悲观和乐观之间摇摆不定："我对我们与俄国达成某种协议不抱太大希望，但假如我们能有一些作为，哪怕仅仅使我们的利益与俄国人必然相悖这种本能感觉稍稍减弱一些，那就是一种进步。"[138]

欧格讷则相反，受到了拉姆斯多夫的保证的鼓舞。拉姆斯多夫说，沙皇尼古拉支持两国在迄今利益倾向于冲突的地区"达成协议，以防擦枪走火或发生误解"。大使认为，"皇帝的认可标志着谈判进入了重要阶段"。[139]在欧格讷看来，第三笔战争赔款贷款从来不是首要考虑的事情。索尔兹伯里本人曾暗示，接近俄国意味着"超越中国问题并凌驾于其上"。显然，他曾期望通过与俄国人达成协议，获取"确定的好处"。然而，正如欧格讷对拉塞尔斯所说的，索尔兹伯里怀有的期望是，与俄国形成某种形式的"联盟（这是他本人亲口对我说的），从而结束我们在欧洲的孤立状态"。欧格讷对此根本不反对，但他认为，"除非我们下决心向前推进，直到遭遇无论如何无法克服的障碍"，否则就不应该开启谈判。[140] 欧格讷有些草率地使用了"联盟"这个词，应当予以一定的体谅。即便如此，大使的事例仍然证实了我前面的判断，索尔兹伯里的计划远比历史学家们此前所认为的深远得多。

中国的贷款问题不大可能成为无法克服的障碍，尤其是自李鸿章开始与英德由汇丰银行牵头的财团谈判后。这次谈判适时地于3月1日达成了贷款协议，对巩固英国在中国的地位有所助益。正如伯蒂所预料的，尽管比奇早先有些保守，但汇丰银行在遏制俄国人对中国建立金融和政治控制的企图方面，发挥了有效作用。[141] 在这个意义上，欧格讷的分析是足够令人信服的。然而，正当欧格讷为推动谈判披荆斩棘地努力之时，索尔兹伯里却要为放弃谈判寻找借口了。2月19日，李鸿章与英德财团达成贷款初步协定的当天，他诱使拉姆斯多夫承认了，在俄国最初的贷款条件中，有租借大连湾和旅顺港二十年的要求，而且，"他们打算不惜一切代价守住这些港口"。[142]

事态的这一最新发展成为2月23日内阁会议的主要议题。大臣们接受了俄国最终获取辽东的两座港口是不可避免的这一事实。贝尔福总结道，一些大臣"对于事态这样的进程并无不满，因为与自由贸易结合起来，这样就开放了目前未开放的港口，并且实际上使得法国如果对海南有侵略之心的话，也无法采取比类似的租借更过分的政策了"。作为捍卫已有条约权利的附加努力，内阁也决定采纳张伯伦1月11日的建议，探索英美达成协议的可能性，"以防止中国沿海地区被其他列强瓜分"，如果不成的话，也要保卫现有的商业权利。[143] 这意味着努力方向稍有调整。迄今，索尔兹伯里仍希望争取与俄国人达成协议，以保卫英国在中国更广泛的战略利益和商业权利。将美国拉进来，将使欧格讷进行的谈判更加复杂化。随着与俄国人达成协议的可能性越来越小，美国这一选项也就变得越发诱人。贝尔福曾对高慎解释说：“我们的希望是，将与俄国达成友好谅解和与美国达成防卫协议结合起来。鉴于俄国并没有提出什么有违这种协议的要求，似乎没有理由不使这两个政策并行不悖。”[144]

贝尔福的解释多少有些虚伪，因为很明显和俄国不大可能谈出结果来了。英国的外交政策一时陷入了停滞。索尔兹伯里的病倒使事情更是雪上加霜。正如桑德森向欧格讷所抱怨的：“我们本可以在贝尔福的领导下有所进展的，但现在我真不知该怎么办了。”首相“静养了起来”，以便在3月能主持时间已变得很短的内阁会议。[145] 而且，作为索尔兹伯里副手的贝尔福，似乎不愿意接近华盛顿，直到俄国人摊牌，从而顺带着证实了俄国方案与美国方案的不兼容。这时，在圣彼得堡，拉姆斯多夫通知欧格讷，英德私下里与李鸿章达成了贷款协议，并迫使李鸿章保证尊重英国在长江流域的利益和赫德爵士的继任者，“给皇上留下了很令人遗憾的印象”，因此，“关于更广泛的问题的讨论”就搁置了下来。在这样的情况下，桑德森总结道：“协议取得进展的前景，顿时暗淡了”。[146]

欧格讷也是这么看的：“我们面临着非常严峻的形势。”英国承受不起与1895年用胁迫手段保持了中国完整的三大强国争斗。他承认“除了战争，再没有什么能阻止俄国人在辽东半岛的野心了”。他建议集中力量保护英国在中国的商业利益，“要在舟山群岛和银岛（Silver Island，即镇江焦山）建立海军基地。因为如果法国人进占海南，就能迅速地夺取我们在香港，甚至还有巨文岛所想要的一切”。英国因此最好将其海军力量投入这一地区：“那样我们才有实力与其他列强分庭抗礼。”像英国其他外交家和政治家一样，这位前驻中国公使严厉抨击中国领导层改革的能力和愿望：“［中国］有无数的机会听从我们的忠告，但它却选择去拥抱北极熊，现在它必须承受后果了。”至于与俄国的关系，欧格讷对他正在进行的谈判立刻取得成果不大乐观，但他对长远仍然充满希望："俄国人内心里对我们的海军非常恐惧，也与日本人水火不容，所以说我们手握着一张大牌，我们决不能轻易放弃。"[147]

直到与俄国重新修好的愿望确定无法实现后，贝尔福才去靠近华盛顿，着眼于形成某种形式的联合的亚洲政策。他询问英国驻美大使庞斯富特，麦金利（McKinley）政府是否会和英国一起，反对外国列强通过占领或租借中国领土"试图限制中国向所有国家开放通商的任何行动"。[148]在接近美国之前白白浪费了将近两个月的时间，说明索尔兹伯里还是更倾向于和俄国达成协议。向麦金利提出的建议，如果得到接受的话，将使与俄国达成索尔兹伯里所希望的那种工作协议也成为可能；不过，那也将使英国本身获得中国领土变得更困难，尽管还不是不可能。然而，鉴于美国外交界众所周知的行动迟缓，这个提议几乎注定是要失败的，加之古巴哈瓦那港爆炸事件后美西战争正在迫近，情况就更是如此了。毫不奇怪的是，正全神贯注于战争准备的麦金利，对于庞斯富特的询问做了闪烁其词的回答。[149]

虽然在华盛顿进行的谈判没有进展，内阁仍然于3月14日开会讨论中国问题。由于对美国人可能做出的反应无法确定，大臣们都趋于谨慎。另一方面，未来与俄国关系的轮廓已经越发清晰可辨了；至于德国，情形也越来越清楚。整个2月和3月初，一方面欧格讷仍在追求着与俄国人达成协议这一虚无缥缈的目标，另一方面德国人的野心却已昭然若揭，不仅仅限于胶州湾周边这一特定区域，而是扩大到整个山东省。正如德国驻北京公使海靖向窦纳乐所解释的："从商业上讲，我们有意使山东成为德国的一个省。"尽管柏林后来批驳了海靖信口开河的言论，但3月初海靖与窦纳乐就山东省内的铁路特许权达成的一项协议，以及半官方的德国媒体对于胶州协定的签署所做出的欣喜反应，都使英国外交官们确信，柏林已下定决心要把山东变成其专属地盘。英国驻北京公使馆一等秘书艾伦赛（Henry Bax-Ironside）预言，德国"将建立一个'国中之国'，如果他们在旨在占领的地区遇到任何来自政府的阻力，他们都会采取已经行之有效的霸道手段，以逼迫羸弱的北京政府"。[150]

寇松也是这么看："德国人正在对山东实施全面垄断。"他预测胶州将会对外国贸易关闭。[151]德国在危机期间的所作所为使得人们对其野心越发怀疑。然而，这也彰显了英国更广泛的战略困境，正如伯蒂坦率地向拉塞尔斯所解释的：

> 就山东而言，德国人已经给自己招来了惯常的麻烦。我满怀希望，我们将成功地使他们陷入困境。
>
> 我坚信如果我们表现出说话算数，我们和我们的欧洲大国朋友们之间，就不会有太多麻烦了。不幸的是，法国、俄国和德国都固执地认为，我们打不过一个一流强国，更不用说两三个了，即使有日本站在我们一边。这种偏见很难消除，尤其是当我们还竭尽全力地助长这种偏见时。[152]

伯蒂的结束语，反映了年轻的外交官们和政治人物们对于英国在国际上的孤立和外国对英国弱点的看法的日益增长的不安。

一个打破僵局的机会在2月底时自动浮现了出来，中国主动提出请英国租借威海卫。[153]这可不是什么爱的礼物。总理衙门预料到英国人会因德国人和俄国人的所得而要求补偿。中国的大臣们主动献上威海卫，是希望以此阻止英国占领长江流域的战略要地。另一方面，把威海卫租借给英国，将是对俄国和德国的遏制。贝尔福和窦纳乐一致认为，俄国占领旅顺港和大连湾，德国占领胶州湾，导致"这些大国对中国政府的影响极大增长,到了有损〔英国利益〕的地步,似乎可想而知我们会采取一些报复行动"。窦纳乐认为:"如果我们占领威海卫,就会给〔德国主宰山东的计划〕以致命一击,从而招致其敌意。但是话说回来,我们也应该在北方得到一个立足点,唯一剩下的港口——从海军的观点看,再没有比这更好的了……很少有人会怀疑,如果日本人撤离了,〔德国〕打算占领之。"[154]

这最后一点,使得形成新的对华政策变得陡然紧迫起来。窦纳乐于 3 月 12 日收到通知:"〔如果德国接管威海卫,〕我们认为影响将非常坏。"但考虑到可能产生的财政负担,英国对那里的特殊权利并无欲望。就舟山群岛达成一个协议似乎更可取,不过这也要视俄国在辽东半岛的最终野心而定。[155] 然而,英国的政策仍然在慢慢地转向认为有必要在中国获得一块领土,以与俄国和德国抗衡。但是最终决定仍然要靠已经完全犹豫不决的内阁做出。

虽然索尔兹伯里因病缺席,但是在公众已经明确就远东政策展开辩论的情况下,内阁还是于 3 月 14 日召开了会议。施塔尔关切地评述道,媒体猜测俄国人将继续留在旅顺港,已经引发了"最强烈的反响"。[156] 公众舆论对大臣们形成了越来越大的压力,要求他们尽快推出明确的路线政策,然而他们却仍然没做到。大臣们明白迅速决策至关重要,但任何决定都含有风险。如果他们选择不接受威海卫这一提议,那么中国北方恐怕很快就要任由俄国人和德国人施加损害英国利益的压力了。不过,也没有人能预测,假如英国当真占领了那个港口,俄国人会做何反应。而且,如贝尔福所说的:

> 对德国的新政策会产生什么效果?会导致一个三国同盟在远东对抗我们吗?我们能抵抗这样的联盟吗,(1)如果我们没有日本的支持,(2)如果我们有日本的支持?对抗能够只局限于在远

东吗？这是否意味着一场全面战争？……威海卫对我们有什么军事价值，我们又须付出怎样的代价？

贝尔福认为，无论内阁做出什么决定，都必须"抢在中俄达成协议之前拟定政策。当机立断绝对必要"。然而，对这个棘手的问题做出决定，仍然推迟了。唯一积极的决定是，要求出让从北京到长江上的城市汉口的铁路线。[157]

俄国要租借辽东半岛的两个港口的企图，使得迅速做出决定变得更为重要。贝尔福和索尔兹伯里决定重启在华盛顿的努力，但美国政府仍然迟迟不做答复。[158]这一拖延使得索尔兹伯里陷入了乞求者的尴尬境地。3月16日终于收到了麦金利的答复。总统尽管支持在中国实行开放贸易政策，但提醒说，占领中国领土的大国中，还没有一个宣布有任何排除外国贸易的意图。显然，麦金利不打算帮索尔兹伯里解决问题："他看不出美国目前有任何理由背离传统政策：尊重外国联盟……避免干涉……欧洲各国的纠纷。"[159]这就断绝了一项外交选择。这条航船在美国孤立主义的岩石上搁浅了。

现在必须为获取中国领土准备理由了，尤其是自3月16日媒体透露俄国已正式提出租借旅顺港和大连湾之后。3月27日，中俄签订协议，准许俄国租借两个港口及更多领土，并授予俄国辽东半岛和中国东北盛京省（Shangking province）的铁路特许权。欧格讷曾劝告穆拉维约夫应当克制，不要推行这样一条路线，但无济于事。穆拉维约夫以一种无法弥补其言辞的前后矛盾的固执，"全然拒绝承认中国领土完整的原则……遭到了租借旅顺港的要求的破坏，也不承认由此构成了中华帝国分崩离析的危险"。[160]穆拉维约夫在中国东北和旅顺港问题上的虚伪，引发了伦敦的不快情绪。[161]更关键的是，俄国确定占领旅顺港，也给了索尔兹伯里三心二意的对俄缓和外交政策以最终一击。1月时索尔兹伯里手中攥着的三条线，到3月中旬时已有两条断了。值得庆幸的是，俄国现在已因跟着德皇劫掠似乎已成死尸的中国，而招致了憎恶。现在该是到了按照决策行动，遏制盘踞在中国北方的德国人和俄国人的时候了。

萨道义受命非正式地询问东京对日本人撤离后由英国接管威海卫的态度。伊藤私下里对萨道义说，日军将在战争赔款支付后撤离，日本欢迎由英国租借此地，以免其落入俄国人或德国人之手。萨道义报告说，实际上，在为第三笔战争赔款贷款进行谈判的过程中，德华银行曾经打听过日本人是否会撤出威海卫。东京希望将英国拉进中国北方，意图非常明显："无疑，再没有什么比看见英国和俄国打起来更能让日本高兴的事情了，而你在判断形势时，必须把这点考虑进去。"[162] 英国人的势力出现在渤海湾，将使日本一旦重新面对三国联盟的压力时，可缓解潜在的弱势。实际上，一向谨慎的日本政府两边下注，也在努力修补与法国和俄国的关系，并最终于1898年4月达成了《西－罗森协定》(Nishi–Rosen agreement)。欧格讷从圣彼得堡发回电报，说无论如何，俄国人或德国人企图占领威海卫，似乎是不可能的。[163]

内阁现在拥有了大臣们要求的所有信息。在3月22日举行的一次内阁特别委员会的会议上，做出了第一项决策。这一延误部分上要归因于索尔兹伯里的久病。[164] 更重要的是，讨论不仅限于租借威海卫问题。关于国家外交政策的总体原则，大臣们出现了深刻的分歧。讨论反映出一大批大臣对于英国认为理所当然的"孤立政策"是否明智可靠，越来越感到不安。索尔兹伯里在外交政策方面的领导受到了挑战。首相健康的危险状态又进一步削弱了他的权威。[165] 最重要的是，现在是他政策的优劣及其所基于的原则，受到了彻底审查。

内阁分成了两派。"反威海卫派"认定俄国为亚洲的主要对手，主张采取坚定的政策，以将俄国逐出旅顺港，即使冒战争的危险。反过来，英国自己也不应当索取中国领土，以维护中华帝国的完整。但是这一派成员也基本不怀疑，如果没有一个可靠的盟友的话，英国也不可能长期持久地维持反俄政策。因此这个"反威海卫派"大致相当于萌芽状态的内阁中的反孤立主义派。其成员，尤其是张伯伦，但也包括贝尔福和两位军事大臣——海军大臣戈申和陆军大臣兰斯当，都主张和一个欧洲大陆强国结盟，认为较可取的是德国。

这是一群杂七杂八的人组成的乌合之众，绝非自然形成的团体，其成员也没有坚定明确且连贯一致的外交政策观点。张伯伦是对外交政策应走"新路线"喊得最响亮的人。然而，在他人生中与索尔兹伯里独特联手的这七年，他从无一次犯过伦道夫·丘吉尔*那种致命错误，即低估首相的机敏和智谋。尽管他在内阁辩论时大呼小叫、咄咄逼人，但他却下决心要避免像很多人以为的那样斗个鱼死网破。他出身于伯明翰（Birmingham）的螺丝制造商家庭，发出过反对英国国教者和激进主义的声音，新近又和卡文迪什（Cavendish）和塞西尔（Cecil，即索尔兹伯里侯爵）的支持者积极地联起手来。当张伯伦于1895年加入索尔兹伯里的统一主义者政府时，出乎大多数政治观察家，包括索尔兹伯里本人意料的是，他要求担任殖民地事务大臣，而不是某个国内事务部的高级职位。当时索尔兹伯里曾嘲讽张伯伦，说他对帝国事业的支持"完全是理论上的"。[166]

但是张伯伦新产生的兴趣绝不止此。某种程度上，他的帝国主义思想可谓设计在一架更大的飞机上的激进主义。他是一个有着强大概念能力的政治家，打算对维多利亚时代晚期人们普遍接受的政

---

* Randolph Churchill, 1849—1895，英国政治家，英国著名首相温斯顿·丘吉尔之父。他曾两度在索尔兹伯里内阁中任职，因与索尔兹伯里首相意见分歧而辞职，本以为会引发轩然大波，公众舆论却并无强烈反应。这次失算导致了他政治生涯的结束。——译者注

治基础提出质疑。与哲学思维的业余爱好者莫利和政治讨厌鬼拉布歇雷（Labouchere）的激进主义不同的是，他的激进主义是面向建设性目标的。他的大多数国内改革方案都因为与保守党人的主张相似而受到阻挠。[167] 不过，他决定执掌殖民地事务部，倒不是要为自己的主张寻找一个不大危险的出口，而是反映了他越来越坚信，中部地区的市政改革者们所希望治愈的社会疾病，疗法在于须在更大范围内运作的计划。张伯伦是个娴熟的政治行家，精通煽动大众的艺术，始终将自己的手指按在公众舆论的脉搏上，从英国人对帝国形势日益加剧的不安中寻求支持。他的政治主张，是因为他看出英国作为世界头号工业化国家的地位已经相对衰落，从而提出的。他认为这种衰落势头，只能由宗主国和自治殖民地之间实行更紧密的联系，才能予以阻止甚至逆转。也就是说，英国国内的繁荣和进步，要依靠帝国的发展。因此他提倡创建"不列颠关税同盟"（British Zollverein）。[168] 这也是对大英帝国传统的自由放任政策的直接挑战。他那看似无穷无尽的精力和好勇斗狠的政治风格，使得其绰号"白鸣汉乔"* 闻名全国。他将帝国观念与激进派的集体主义思想融合了起来。促进更大的帝国思想的国家行为，将为英国国内错综复杂的社会问题和对外经济关系问题，提供似乎很简明的解决办法。

张伯伦的帝国主义思想对索尔兹伯里处理外交事务有着重要影响。如果说殖民地事务大臣的帝国计划更多地散发的是理论知识而不是实践经验的气息的话，那么张伯伦现在的政治影响力要比以往任何时候都强。索尔兹伯里并没有忘记，张伯伦发展帝国的主张是

———————

* Brummagem Joe，乔（Joe）是张伯伦的名字约瑟夫（Joseph）的昵称，Brummagem 则与张伯伦家族生意起家且他本人此前担任市长的 Birmingham（伯明翰）近似，Brummagem 有"华而不实且廉价低劣"之义。——译者注

与英国和其他列强的关系密切相关的。张伯伦认为英国传统外交政策的失败，是国家商业衰退的主要驱动因素。[169]索尔兹伯里在远东危机期间外交行动的迟缓，又日益加剧了张伯伦对首相处理英国对外政策问题的愤怒。

当索尔兹伯里的第三届政府任期到达一半时，两个人的关系跌到了最低点。政界已形成共识，张伯伦"对我们外交部门的现首脑非常厌恶，认为他脑筋过时"。[170]在张伯伦看来，俄国新近在渤海湾的行动有悖于英国的在华利益。早在2月初他就曾要求对俄国人在那里的扩张采取"更坚决的态度"，如果俄国人拒绝恪守"门户开放"的原则的话，"我们就应当勒令其舰队离开旅顺港，如果必要的话，就赶它走"。将近两个月过去了，张伯伦的斗志一点儿也没减弱。[171]

张伯伦公开号召打仗，在其他反对孤立主义的人看来，也太过冒失了。贝尔福从一开始就犹豫不定。他的直觉将他导引向张伯伦指引的方向，但他不愿意挑战他的首相舅舅。[172]执掌着未经改革的陆军部的兰斯当勋爵，可以说也是如此。他对于英国在西非和尼罗河流域问题上采取积极行动，表现出态度有所保留，也不大可能支持张伯伦如今在远东倡导的此类行动。而且，2月初的时候，兰斯当因为内阁反对他拟议的陆军改革而提出了辞职，但被索尔兹伯里慰留了。[173]于是，感恩于首相的他，也不愿反对索尔兹伯里在威海卫问题上的主张。

海军大臣戈申对于欧洲政治也有广泛的了解。他和他的贵族同僚们不同的是，他的社交圈子是伦敦城的财经人士们。他是位银行家，后来也担任过财政大臣，但他的政治思想从未狭隘地局限于财经事务和经济管理。他曾在南美打理过私人生意，1876年受官方委派在埃及任职，1880年被任命为驻君士坦丁堡特使，因为出色地斡旋了黑山和希腊的边境问题而名声大噪。实际上，格莱斯顿曾认为戈申是一位很好的外交大臣人选。[174] 他此前曾于 1871 年到 1874 年执掌过一次海军部。他对欧洲事务渊博的知识和他的出众才智，都使人们对他颇为看重。

无论他对威廉二世统治下的德国有怎样的偏见，他都看不出英国和德国有什么根本的政治分歧。在埃及，情况则相反，当他调查埃及总督乱七八糟的财政状况时，他遭到了法国人的对抗；在君士坦丁堡，他不得不抵挡俄国人的阴谋诡计。而且，在他第二个海军大臣任期内，他首要关切的问题便是，阻止法俄海军在地中海联手。[175] 戈申绝无对索尔兹伯里的政策无限信任的倾向，他曾于 1895 年领导过内阁反对索尔兹伯里的亚美尼亚政策的行动。他从战略的观点，认为在中国获取一个海军基础，将使英国业已紧张的资源再承担额外的负担。他也强调占领威海卫将产生的外交上的不良后果。他指出，欧格讷提议的领土补偿政策，隐含着一种"外交上的失败"，标志着对英国已有的对华政策的背离。[176] 所以说，戈申的政策原则就是"传统政策"，即在远东保证不受阻碍的贸易和维护中国领土的完整，这是一项索尔兹伯里提议抛弃的政策。像贝尔福和兰斯当一样，戈申失之于过于谨慎；而与和他政见大体歧异的张伯伦不同的是，他认为远东发生的事件都没有太大的重要性。[177]

在 1 月 11 日的内阁会议上，戈申得到了财政大臣希克斯·比奇的支持。比奇也是"反威海卫派"的首创成员之一。他绝对不会不屑于偶尔爆发一下好斗精神。实际上，1 月 17 日的斯旺西演讲泄露出他昔日在 1875—1878 年"大东方危机"（Great Eastern crisis）期间，作为迪斯累里（Disraeli）强硬的沙文主义的支持者的些许痕迹。在 1898 年 3 月的内阁讨论期间，比奇的立场很大程度上受到了财政部对财政问题担忧的影响。索尔兹伯里曾抱怨说"格莱斯顿分子在财政部的大本营对比奇的思想所产生的影响非常危险"，的确是件不可小觑之事。[178] 然而英国的财政问题也的确需要关注。财政部的高级官员们于 1896 年断定，英国的财政体系有危险的裂纹，很快就将出现收入不足，需要通过增税或暂停偿债基金来予以弥补。1896 年，比奇首次允许政府开支跨越了 1 亿英镑的"门槛"。增加的开支中超过一半用在了帝国防务上，很大程度上是供给了海军为维持"两强标准"[*] 所必须增长的经费。[179] 到了 1898 年，令他焦虑的就是要厉行节约，或者至少将开支的任何进一步增长降至最低。所以说，是财政拮据促使他反对再额外获取一个海军基地。[180]

德文郡公爵（Duke of Devonshire）当时担任着枢密院议长（Lord President）职务，是仅次于索尔兹伯里的最高级大臣，地位与贝尔福和戈申类似。他很关切远东新近发生的事件所显示的战略预兆。[181] 公爵曾于巴麦尊手下在陆军部完成了其政治学徒期的历练，对于军务有相当丰富的经验，因而对于帝国防卫问题也有特殊的兴趣。自 1895 年起，他主持萌芽状态的内阁防务委员会。他的政治生涯起家于兰开夏郡（Lancashire），他也始终依附于该郡，而该郡的棉花贸易则在某种程度上要依赖于中国市场。[182] 他娶了曼彻斯特公爵的遗孀、出生于德国的路易丝·冯·阿尔滕（Louise von Alten）女伯爵，所以对维护与德国的良好关系非常在意。然而，在 1895 年拒绝了外交部的职位后，[183] 他一直小心翼翼地避免擅闯该部的领土了，并克制自己不去挑战索尔兹伯里对外交政策的主导。他总是显出一副多少有些无精打采的样子，更看重于新市场而不是高级政治，他这时几乎代表着一种过时的野心。

最后，这一派中最后一位也是影响最小的成员，是地方政府部

（Local Government Board）大臣亨利·查普林（Henry Chaplin）。他被提拔到内阁大臣之列，是后来让索尔兹伯里非常后悔的任命之一。[184]他有个"布莱克尼乡绅"（Squire of Blakeney）的绰号，其形象既有些像漫画的乡绅，又有些像"香槟查理"*，他将时间无节制地花在了赛马和陪伴威尔士亲王上，还经常谈论自己部门职责之外的问题。像张伯伦一样，他有贸易保护主义倾向（不过他主要是在农业方面）。[185]而且，他是个迪斯累里式的浪漫的帝国主义者，亲德国并在德国有亲戚。后来在一份回顾性的备忘录中他写道，在3月的内阁讨论中，他支持了张伯伦采取坚决政策的主张。他提出"支持派舰队前往大连湾，如有必要的话，采取武力反抗俄国人占领那个地方和旅顺港……俄国人的胆子似乎一天天在变大……我们将不得不在……[反抗]和使国家蒙受更多的羞辱之间做选择，在我看来，只是个时间问题了"。[186]查普林的政治命运像他在赛马场上的运气一样跌宕起伏。尽管他在下议院党内同僚中很受欢迎，但在内阁中说话却没有多大分量。[187]最终，他的意见都变得无关痛痒，但却是对"孤立"深感不安的标志。

"威海卫派"的成员们则不那么悲观。他们以索尔兹伯里为首、寇松为辅，认为俄国占领旅顺港是不可避免之事，英国无法阻止，但可以通过占领威海卫来遏制俄国。他们"不认为这样的进程是令人不快的"，因为这样注定将开放更多的中国港口和外国通商。租借威海卫，也被视为迫使圣彼得堡在达成英俄地区性协定方面更为顺从的一个手段。[188]显然，这一政策也有意为索尔兹伯里与俄国就中国问题达成"妥协"的失败企图续命。尤其是索尔兹伯里和寇松都对与德国结盟的实际价值，实际上也是其吸引力，持极其谨慎的态度。

---

* Champagne Charlie：《香槟查理》是19世纪风靡一时的一首流行歌曲。——译者注

在 3 月 22 日的委员会会议上，"威海卫派"的意见压倒了反孤立主义者们。除了张伯伦坚持反对外，大臣们决定接受中国的提议。[189] 索尔兹伯里、寇松和伯蒂协同的努力打破了平衡。寇松对一向有些桀骜不驯的内阁转而支持索尔兹伯里的意见，起到了极大的作用。这位政务次官终其一生，始终"对那个地方（威海卫）保持着父母般的兴趣"。[190] 寇松曾在东方游历，并对东方问题有很多著述，是一位公认的东方事务专家。他像索尔兹伯里一样，对那些"生死的帝国"的战略问题很感兴趣，并窥破了德国人占领胶州湾和俄国人攫取旅顺港的前兆。在经过了一番广泛的调查后，1897 年 12 月底，他在一份很长的报告中警告索尔兹伯里，德国人"粗暴地破坏了中国北方的力量平衡"，有损于英国利益。因此需要得到补偿：

> 德国和俄国在中国北方所处位置的危险性，在于它们控制了渤海湾，并且离北京很近……因此它们将能够对中国政府施加更大的压力。我们的地位本已因俄国人在朝鲜的优势而大为动摇，由此看来，似乎最有可能受到损害。在陆地上，俄国人始终窥伺在中国的大门口……德国人……又伏在了另一侧的门阶上。其他人再想进去，就困难多了。

寇松对中国的局势有非常明确的看法，对于英国未来在这一地区的路线、方针、政策，也同样有坚定的主张。他强烈建议在威海卫海域展示英国海军的实力，以强调英国捍卫其在中国北方的影响的决心。他想鼓励就英国在远东变化了的战略需求和利益展开一场辩论。他认为必须制定和执行新的中国政策。直到最近，英国"无论海军还是商业，都在中国享有着无可争辩的优势"，但是好景不再了。他不仅仅是要号召警惕性，"也是在呼唤……一种决心，任何人胆敢明确出手，则我们也要出手"。必须让北京明白，"如果发生了某些情况，我们一定会保卫自己的"。[191]

在 3 月 14 日未做出任何决定的内阁会议结束后，寇松和伯蒂立刻分别起草了一份备忘录，他们得出了同样的结论，都支持接受中国的提议。两份备忘录当时都在内阁成员中进行了传阅。寇松的长篇报告，起初只提交给出席 3 月 22 日在海军部举行的委员会会议的六位最高级大臣（贝尔福、张伯伦、戈申、德文郡公爵、希克斯·比奇和兰斯当），但随后就展示给整个内阁了。[192] 这两份备忘录是政务次官和助理次官沟通协作的结果。两人彼此欣赏各自对外交和帝国事务明快的见解。伯蒂认为该是采取行动的时候了，需要在中国北方获取一个战略支点以遏制俄国和德国："在威海卫，我们将直面俄国人，并将对德国人的行动进行一定的管控。德国人显然下定决心要垄断山东的一切。"[193]

寇松强调，俄国修建一条穿越中国东北的铁路，加之占领了旅顺港，"将使俄国最终控制满洲和盛京，并使之……掌控那些水域威力最大的军港"。寇松认为，无论穆拉维约夫会做出什么样相反的保证，旅顺港都将很快变成一个壁垒森严的基地，配备修船所、军火库和其他设施。这将改变这一地区的海军实力对比。英国必须"获得一个相应的阵地"。不采取行动，就意味着默许俄国"在中国北方攫取迄今最大的势力范围"。寇松又进一步在更广大的地缘战略的层面上阐述了自己的论断。俄国一旦发展成为"通往北京的海上通路和陆上疆界的无可争辩的霸主"，就势将寻求使其影响扩大到整个庞大的直隶省，然后可能再进入山西省，最终控制黄河以北的整个中国北方。

德国人的出现使形势进一步复杂化。除非英国反抗，否则俄国人和德国人的领土攫取，将肯定会把英国从中国北方排挤出去。必须采取紧急行动，以捍卫英国在东方的威望及其对北京当局和各省总督的影响。在威海卫升起英国国旗，将是一个清晰的信号："我们没有将中国北方的土地丢弃给我们的对手。"寇松也强调了问题更广阔的外交背景。他说，正如日本所鼓励的，接受中国的提议，"将给我们的信用以一个留置权，在得到要求的情况下，也给我们与日本结盟以一个留置权"。而放弃中国北方，只会将日本推向俄国的怀抱。[194]

伯蒂支持他的观点。如果日本人仍然赖在威海卫，等着最后一笔战争赔款支付，他担心会导致远东"三国同盟"卷土重来。德国人将占领威海卫，法国人和俄国人将在其他地方获取补偿："而我们只能在长江流域自我安慰，眼看着我们的贸易逐渐被挤出中国的北方和南方。"将法国人限制在中国南方，使之遵守1896年1月签订的英法协定，和通过海军和外交手段遏制俄国人和德国人的影响，这些企图都将土崩瓦解。[195]

寇松试图缓解人们对占领威海卫的更广泛的影响的担心。英国接管威海卫，不可能引起俄国的反对，因为威海卫在山东，在俄国设想的势力范围之外。而且，威海卫"距辽东有100英里，与中国东北既不接壤也不可能威胁到那里，并且也不会对俄国人自认为正当的扩张产生任何形式的妨碍"。然而，俄国可能的反应只是问题的一个方面。寇松和索尔兹伯里对德国人的担心丝毫不亚于对俄国人，作为对这一点的反映，寇松接下去分析了租借威海卫可能对英德关系产生的影响。他否认这会被视为"正当的冒犯"，但承认这有可能变成"恼怒的源泉"，并强调"我们占领威海卫……将使我们获得我们所渴望的与它达成妥协，并在将来使它变得更理性的手段，还能迫使它尊重山东的条约权利"。

寇松和伯蒂一致认为，立刻采取直接行动是必要的。寇松指出：

"如果我们不想让别人吞下这颗樱桃，为什么我们不自己一口吞下呢？难道非要只咬一口，还要让它留在盘子里，刺激别人的胃口？"任由英国"被挤出……[中国]北方"，将助长人们关于英国软弱的印象，"使我们的名声无论在北京还是在全中国，都将一败涂地"。[196]继寇松的报告之后，3月17日，伯蒂又给贝尔福写了一封私人信件。这位外交部助理次官仍然认为1895年的"三国同盟"有可能卷土重来。他主张，英国必须占领威海卫，如果必要的话，如果中国在三大列强的压力下最终拒绝租借的话，就采用武力占领。他认为，英国"必须把它租下来，以与德国人租借胶州湾和俄国人租借旅顺港、大连湾相抗衡"，此举意义十分重大。[197]

两份备忘录首先于3月22日在海军部，由高级内阁大臣和海军专家进行了讨论。根据寇松的记录，大臣们"对于[占领威海卫的]战略理由犹豫不决，但对占领的政治理由，却明显认为是可取的"。只有张伯伦，可能还有比奇，持不同意见，所以委员会决定支持租借。3月25日下午召开了内阁全体会议，寇松承认是专门为此目的举行的，在索尔兹伯里的提议下，委员会的决定得到了批准。[198]按他当时的猜测，大部分怀疑者可能都是受到了议会和选举方面的考虑的影响，"我想，坐在我们这边议席上的所有人（包括张伯伦和戈申等反威海卫派人士）都明白，如果没有威海卫"，在4月5日议会下院就中国问题举行的辩论上，"我们的处境将会非常艰难"。[199]这种担忧绝非庸人自扰。在全国性媒体和议会中，政府的中国政策，尤其是索尔兹伯里对外交事务的引领，受到了猛烈攻击："在国内需要巴麦尊，在北京需要斯特拉特福德·坎宁* 这样的人物"，而"前座议席上的软骨头们"和那些"动摇、犹豫、

---

* Stratford Canning，1786—1880，英国外交家、政治家，曾长期担任英国驻奥斯曼帝国大使。
　　——译者注

怯懦的大臣们"被认为根本不符合这样的标准。整个 1898 年的上半年，由于索尔兹伯里"失败"的对外政策，统一主义者们在一系列补缺选举中遭遇了逆转，其中最引人注目的是，在寇松被任命为印度总督后空出的兰开夏郡绍斯波特（Southport）选区议席，他们遭到了惨败。[200]

内阁会议之后，窦纳乐立刻得到指示，去搞定租借之事。甚至在他于 3 月 28 日向中国总理衙门提出要求之前，中国站的军队总司令就已经收到了命令，要他在渤海湾集结一支海军部队，兵力要超过旅顺港的俄国舰队。这一行动的目的，就是配合窦纳乐的活动，以压制俄国人威逼中国政府以迫使其收回成命的任何企图。驻北京公使不得不在巨大的时间压力下展开行动："俄国人用了三十天，而内阁才给我七天。"[201] 然而，4 月 2 日，窦纳乐敲定了租借之事，威海卫于 5 月 24 日完成了交接。[202]

一旦租借之事敲定，就需要通知列强了。欧格讷奉命向穆拉维约夫保证，英国政府不反对俄国租借大连湾商港，尤其是俄国外交部长此前还保证过，该港依然向所有外国贸易开放。不过，欧格讷指出，随着跨西伯利亚大铁路延伸进入中国东北，"该地区的社会、政治和经济状况必将不可避免地发生彻底变革"。而且，租借战略地位极其重要的非商港旅顺，改变了远东的总体格局，正如俄国政府在 1895 年三国干涉日本时实际上强调过的那样。占领旅顺港，"很可能对北京产生具有重大国际意义的政治影响"，"在远东将被普遍理解为瓜分中国行动已经开始的信号"。在这样的情况下，考虑到穆拉维约夫拒绝了索尔兹伯里 3 月 22 日的提议，英国为保护其地区利益，"必须保持完全的行动自由"。[203]

与俄国的关系这时变得极其紧张。施塔尔发现贝尔福对远东局势的发展，显得"非常关注，非常痛苦，给他留下了深刻的印象"。

施塔尔保证俄国占领辽东半岛是出于防御目的，但贝尔福丝毫不为所动。施塔尔得到的答复是，俄国得到了旅顺港，便处在了威胁中国首都和打破地区平衡的位置上。[204] 更糟糕的是，3 月 29 日，穆拉维约夫正式宣布租借旅顺港和大连湾，几天后他通知欧格讷，他早先对大连湾的保证是假设性的，要依与中国人的谈判结果而定。欧格讷被穆拉维约夫这一得寸进尺的欺骗行为激怒了：

> 俄国佬对我们太不像话了……但说这话没用……我更希望等最初的恼怒消退后，我们能重新谈判公平友好的协定。俄国人也许是想戳我们一下——但另一方面，他们不会急于把我们推向日本人那边的。[205]

桑德森凭其四十余年与俄国人打交道的经验，所做出的判断是有洞见的。然而，到了 1898 年春天，紧张的英俄关系却"明显地冷却了下来"。[206] 实际上，尽管一方面英国人担心三国同盟会卷土重来，但另一方面施塔尔和库塞尔也认为，威海卫割让给英国人，也是英日谅解存在的证据。[207]

还需要将租借之事通知柏林政府。拉塞尔斯在向威廉街通报时，强调说获取这块领土"是为了恢复渤海湾的力量平衡，而这一平衡是因俄国人占领旅顺港而被打破的。俄国人此举损害了英国的利益，却没有直接伤及德国的利益"。[208] 然而，德国政府将整个山东视为其势力范围，要求英国宣布接受德国在那里的主宰地位，而且，英国要承诺不从威海卫向山东内地修铁路，英国于 4 月 20 日做出了这一保证。[209] 伦敦也正式宣布，英国"无意在山东省伤害或挑战德国的利益，或者在该省给德国制造麻烦"。[210] 这一承诺也许不大真诚，因为海军基地的选择，恰恰是为对抗德国在中国北方的立足点。然而，此举仍然产生了柏林希望的效果，尽管德皇对在离德国的新海军基地这么近的地方发现英国人大为光火："威海卫将……毫无用处，是白花钱，证明英国背离了其所素有的实用常识。"[211]

就欧洲外交而言，4 月 20 日的声明标志着 1897—1898 年远东危机的结束。欧洲主要大国都接受了中国领土现状的变化。对英国来说，它获得了一个政府都明白顶多不过是二等的海军基地。与优越得多的旅顺港相比，这地方没有真正的能与之抗衡的战略价值，而修筑防御设施还要花上一大笔钱。俄国人"对我们占领了威海卫非常恼火"，但那只不过是水表的泡沫，无足轻重。至于旅顺港，桑德森承认："我不认为旅顺港对商船开放这个问题有多大的实际意义。那里不是商港，也不可能成为商港，假如大连湾能够开放，那么实际用途已经足够了。"[212]

桑德森的这番话表明，在远东危机期间，英国的政策是受到一种感知性的需求驱使的，即要对德国人进入中国和俄国人的所得求取平衡。俄国人占领旅顺港和大连湾在某些方面成为一个受欢迎的借口。对于德国攫取胶州湾进行同样手段的还击，这一决定原则上是在 12 月就已经做出了。英国媒体强烈的反俄情绪，是贝尔福和寇松在议会和窦纳乐在与中国人谈判时，为了给租借威海卫进行辩护，只提需要在中国北方抵消俄国人的影响的原因。[213]

但选择这样一个地方，本身就说明此举很大程度上并不是针对俄国的。贝尔福本人就承认，这里可能根本起不到抗衡旅顺港的作用。中国站的军官们宁愿选择封锁旅顺港来阻止俄国占领中国大陆的任何地方，海军部也就威海卫战略地位的不利发出过警告。[214] 最后，威海卫距最近的英国海军基地香港大约有 1300 英里，而俄国人在旅顺港的要塞可以很容易地从西伯利亚得到支援。英国人在威海卫，还面临着一个古老的战略问题：作为海上强国，它没有有效的手段来遏制陆上强国。英国不可能指望通过占领威海卫，来阻挡俄国人穿越中国东北进攻北京。

实际上，陆军部和海军部很快就决定放弃在威海卫设防的计划。这时各方面都已经普遍接受，假如发生了战争，无论是对俄国还是法国，都不要指望守住威海卫。该港只是在"海军在和平时期使用，或者中国发生不牵涉对俄战争之类的事件时"才有用。[215] 陆军和海军的权威人士都做出了结论："威海卫在战略上处于一个太过孤立的位置，在与一个海上强国交战时，根本无法满足军事占领的需要"。特别是针对俄国，"根本看不到未来有需要威海卫的地方"。如果要使其在战略上能够自给自足，就需要在那里永久性地驻扎一支兵力超过该地区任何其他海上强国的庞大的海军部队。无论财政部还是两个军事部门，实际上都不赞成这样的方案。最最要命的是，还得在那里建设耗资巨大的永久性防御设施。[216]

如果说威海卫不适合于同一个海上强国或一个海上强国的联盟的战争，那么在对抗德国人时，倒可能证明有用。单是英国海军出现在威海卫这个事实，就能够制止德国人在胶州湾和山东的进一步行动。虽然俄国人在远东的扩张，许多人都认为是不可避免的，但德国人的野心，却仍然是可以遏制的。于是，租借威海卫便有了政治目的。[217] 在对抗俄国时，它可能服务不了任何战略目标，因此在大角逐中不具备真正的政治价值。它更多地体现的是象征性价值，有助于安抚英国国内强烈的反俄情绪。另外这也是向其他列强宣告，英国不会将中国北方丢弃给它们。占领威海卫，服务于三重目的：就战略而言，这对德国人在胶州湾和整个山东起到了一定的控制作用；就外交而言，这标志着远东危机的结束；就国际影响而言，这有助于维护英国作为一流强国在东亚的威望。

中国问题的性质，及其对英国政策的影响，经历了一个重大变化。自1895年起，自由党和统一主义者的政府，便将贷款用作抵挡其他列强对英国在华政治和战略利益的挑战的主要金融工具。胶州危机之后，这些工具也加剧了先前结盟的三国之间的分歧。就此而论，索尔兹伯里不愿选择金伯利和罗斯伯里1895年曾考虑过的与日本人结盟的方案，认为其不具系统性，就容易理解了。与日本人达成协议，将促使1895年的三国同盟卷土重来，从而减少英国腾挪的空间。1897—1898年的危机表明，索尔兹伯里手下的一大批大臣都受到一种感觉的驱使，他们认为他的超然政策是不适当的。正如本章所呈现的一些新证据所显示的，首相的处境非常微妙。他不仅寻求与俄国达成协议，也预期这一协议将改变"欧洲列强的组合"。[218] 直到与俄国人达成谅解明显变得不再可行了，他才转而采取了孤立主义立场。索尔兹伯里对"反威海卫派"取得了压倒性胜利，巩固了他设想的"孤立政策"。索尔兹伯里没有预料到的是，张伯伦虽然在威海卫问题上被击败了，这时却拾起了英德联盟的问题。这个办法会成功吗？它是否有助于英国安定"中国问题"的努力？它是否会迫使英国放弃任何孤立的借口？都将在接下来的三年见分晓。

第三章

"一些新奇的会谈"：
联盟和协议，1898—1899

租借威海卫，标志着1897—1898年中国危机的结束。这勉强称得上是索尔兹伯里的胜利，但3月的讨论显示，内阁中反对的声音在增长。在中国问题的反响下，原本对外交政策存在的共识开始瓦解。1898年春天，对于中国问题上出现的令英国感到日益紧迫的局面——一个欧洲大陆联盟正在形成，一个人数虽少影响力却不小的大臣群体，开始积极地寻求更为激进的解决办法。索尔兹伯里本人承认局势的严峻性，但却只追求更为有限的目标。在1898—1899年这段时间，他又将回到与俄国达成协议的选择上来。

在最近的危机中，索尔兹伯里明显不愿采取积极的政策，这引发了政府内部的不满之声，认为他就像是逝去时代遗留下来的老古董。在一个国际政治形势变化越来越快，事件规模越来越大的时代，他对于正在萌发的危机的小心谨慎的回应，看来已经不合时宜了。阿瑟·贝尔福的私人秘书、颇具影响力的杰克·桑达斯（Jack Sandars），就曾对这位首相的外甥坦承，索尔兹伯里"已经没有能力深入地分析他所面临的问题了"。与此同时，时任陆军部政务次官并将很快接任寇松的外交部职位的圣约翰·布罗德里克（St. John

Brodrick），"期望着有一天，阿瑟［·贝尔福］做首相，乔治［·寇松］任外交大臣，你我还有奥斯汀［·张伯伦］、［乔治·］温德姆（Wyndham）、吉姆（克兰伯恩子爵 [Viscount Cranborne]）将组成内阁的'核心会议'，我相信我们将真正为帝国干一番大事业"。[1]

这样的批评在低级别的大臣中尤其流行，但也不仅限于他们当中。在一些高级大臣看来，租借威海卫的决定也没有满足业已变化的国际环境的要求。他们认为这一决定是索尔兹伯里短期应付的迟缓外交原则的标志。然而，正如寇松所猜测的，首相的批评者们最终都闭了嘴，因为他们明白，4月5日议会重开时，政府需要"拿出点儿东西来"。[2]不过怀疑主义的暗流仍然很强劲，这时开始对政策产生影响了。在当前中国危机的引力拉动下，张伯伦利用了索尔兹伯里休病假的机会，开启了一种奇特的私人外交。

1900年前后英国和德国关于结盟的谈判，是19世纪国际外交中众多"本应成功的事情"之一。对于两国之间这样一个联盟的幻想，长期吸引着学者们。[3]早期的观点将谈判的失败归咎于威廉街外交官们的愚蠢，遭到了格哈德·里特（Gerhard Ritter）有力的反驳。里特的分析是，从来就没有过转折点，因为英国对这样的联盟是根本不能接受的。[4]对这个问题较新的研究往往不大专注于政治人物个人的作用了，但仍然得出了类似的结论。并没有机会被错过。两国缺乏共同的利益，因此不可能有联盟。这仍然是共识较高的观点。[5]然而，仍有充足的空间，在其特有的背景——中国问题——之下，来重新审视1898年的联盟谈判及其开端、过程和更广泛的影响。

张伯伦1898年3月的最初提议，其动机既在于辩论的话题，也在于联盟谈判本身。到1897年时，首相与殖民地事务大臣在政府刚上台时形成的那种友善关系，已经变得紧张起来。张伯伦在帝国事务上的观点与首相歧异。索尔兹伯里的仁厚和消极使得情况不断恶化。

整个 1897 年，张伯伦都因为索尔兹伯里"最令人沮丧的行为"——即在尼日尔问题上对法国心慈手软——而倍感煎熬。[6] 索尔兹伯里被动地接受远东被强制性地改变的现状，使张伯伦越发坚信首相已无能力捍卫英国的海外利益了。基本上没有什么可以指望首相的了，他于 1898 年 2 月初向贝尔福抱怨道："假如索尔兹伯里勋爵仅仅能看到危险，并准备予以应对，我就能给他想出办法来，而不是匆匆忙忙地提出不大可行的建议来。"[7] 在张伯伦看来，索尔兹伯里在中国问题上的自满是不可接受的。时任建工部（Office of Works）局长，也是张伯伦的老朋友的雷金纳德·伊舍（Reginald Esher），曾记录说张伯伦对局势很是烦恼："他谈到了中国和西非，谈到了法国和俄国，广博的见解和词句，会令十年前的伯明翰人大为震惊……我们正走到了岔路口……为了帝国的扩张，我们必须寸步不让。"[8]

索尔兹伯里的失败似乎到处都在显现。法国即将在英国受损的情况下，扩大其西非殖民地，而英国政府似乎既无力也无愿望采取适当的应对措施。同样，英国似乎对应付错综复杂得多的远东局势也没有准备。张伯伦预料英国或因尼日尔问题与法国，或因中国问题与俄国而必有一战。3 月 12 日，内阁首次开会讨论租借威海卫的可能性。两天前，他要求国防委员会召开一次会议，考虑这两战的可能性，此举彰显了 1898 年 3 月时张伯伦对英国的国际地位的关切的深度。[9] 张伯伦毫不怀疑，外交上的孤立加剧了英国国际地位的弱化。因为英国就其海军力量和帝国面积而言，不能仅指望一个伙伴，它必将受到其他列强外交计谋的影响。合理的补救措施是还要同欧洲大陆的一个强国结盟。出于俄国人在亚洲的策略和法国人在非洲的行动、这两国之间的联盟，以及昔日的激进党人对专制独裁的俄国的不信任等原因，与这两国中的任何一国达成协议，张伯伦都认为是不可取的。在这样的情况下，接近德国似乎就理所当然了。

这对张伯伦来说并不算新思维。早在 1889 年，他就曾表达过与德国修好的愿望。他渴望和德国人联手，并不完全是出于严格的外交考量。像维多利亚时代晚期的很多人一样，张伯伦在国际政治方面也信奉达尔文主义思想。他的视野也受到了当时很时尚，成为主流政治话语的种族主义观念的影响。他强烈主张和同族的盎格鲁－撒克逊美国人及同种的条顿民族德国人结盟，而不和斯拉夫人或拉丁人联手。这种种族主义观念对政策制定的影响，尽管不能量化，但却不可忽视。而且，对基督教一位论信徒张伯伦来说，与同为新教信奉者的德国人结盟，比同信奉天主教的法国人结盟，无疑是更适合的选择。[10] 张伯伦有自己的计划，他富有人格魅力，在英国有广大的追随者，这使他能够发布自己的政治创见："乔"是个能成大气候的人。[11] 他个人的政治野心无疑也是一股驱动力：假如他成功地倡导了和德国人结盟，那么这一妙招很可能会使他在爬竿取物游戏中最终登顶，最有把握的是，这会使他在英国外交政策和帝国政策的制定中具有更大的控制力。

约瑟夫·张伯伦是一条政坛上的鬣狗。他感觉到索尔兹伯里的身体在衰弱下去，情况有利于他来推行一条不同的外交路线。重病之中的首相离开了英国，这时正在法国南方的博利厄（Beaulieu）疗养。在去国外之前，他就已经不再主持内阁会议了。一旦到了国外，索尔兹伯里对他的大臣们就没有什么影响了。实际上，他似乎根本不知道在他缺席期间内阁都通过了什么决议。贝尔福受委托掌管外交部。索尔兹伯里之后最高级的大臣德文郡公爵主持内阁会议。[12] 这是个奇怪的组合。暮气沉沉的公爵根本管不了他的同僚大臣们。贝尔福在外交部的权责也不明确。他作为索尔兹伯里的副手掌管外交部的短暂期间，该部可谓形成了双重领导。十年后弗朗西斯·伯蒂曾回忆道："在索尔兹伯里勋爵兼任［外交］大臣的晚期……他和阿瑟·贝尔福并不总是一心的，舅舅其实很嫉妒外甥在他不在期间打理外交部的才能。”[13]

贝尔福本人曾抱怨说："在我短暂地担任外交大臣期间，上帝并没有厚待我。"[14]关键的是，他和德文郡公爵都广泛支持张伯伦的外交政策观点。公爵在远东有和张伯伦一样的特殊利益，而贝尔福只是不愿意支持索尔兹伯里在 1898 年 2 月和 3 月的中国政策。1898年夏天，他曾反思道，索尔兹伯里"没有处理好中国问题"。[15]贝尔福是个经验丰富、善于冷静分析问题的政治高手，是真正领会了帝国战略问题的少数大臣之一。像张伯伦一样，他担忧英国的弱点。在内阁接受了威海卫后，他潜伏的担忧又重新浮上了表面。得到这座港口，只是使英国的总体战略地位变得更糟。正如他私下里对戈申所说的，他根本不敢肯定"我们会不会两头落空"。[16]

于是，在 1898 年 3 月末和 4 月，英国政府缺乏有权威的领袖，也没有连贯且一致同意的外交政策。受命掌管外交部和内阁的人，却明显地支持非主流的外交政策方案。这点意义很大，因为假如没有德文郡公爵和贝尔福至少是心照不宣的支持，张伯伦绝不可能发起另类的外交倡议。虽然"激进的乔"本来就是英国政坛的非正统人物，但他不可能在现有的政治和社会框架外运作。

通过与公爵的政治伙伴关系，张伯伦进入了公爵夫人专有的"查特斯沃斯庄园聚会"（Chatsworth set）。在那里他与德国驻伦敦大使馆的一等秘书赫尔曼男爵（Hermann Baron）冯·埃卡德施泰因 (von Eckardstein）熟络起来。亲英人士埃卡德施泰因 1898—1901 年在伦敦的外交角色的秘密，就在其社会联系中。他在伦敦社交界很受欢迎，娶了布伦德尔·梅普尔（Blundell Maple）爵士的女儿。梅普尔爵士起初是位成功的商人，后来当上了保守党国会议员。通过他，埃卡德施泰因被赛马公会接受，这是社交界赛马爱好者们聚集的地方。[17] 在这个圈子里，埃卡德施泰因认识了亨利·查普林。查普林是"反威海卫派"的成员，也主张与德国修好。[18]

埃卡德施泰因和查普林也都和阿尔弗雷德·德·罗思柴尔德关系密切。罗思柴尔德是个性情古怪的百万富翁、艺术品收藏家，也是个浮华张扬的花花公子。[19] 他也是罗思柴尔德企业与政坛的正式联系人。罗思柴尔德是位经验老道的政治观察家，与形形色色的顶级政客有着千丝万缕的联系，他小心翼翼地维持着和张伯伦的关系。张伯伦很看重罗思柴尔德追求"万无一失"的思想。[20] "在阿尔弗雷德先生的联排别墅举行的那些晚宴，或者是在他豪华的乡间宅第举行的奢侈的周末派对，众所周知是这个时代有权势的人物的荟萃之地，也为内阁大臣和外国外交官们提供了私下会谈的场所。罗思柴尔德本人也是个业余外交家。他因为与德国外交官们关系密切，经常充任德国大使馆和英国外交部之间机密事务的中间人。他渴望促成更紧密的英德关系，这使他在19世纪90年代中期"成为英国和德国达成谅解……的最主要和最强有力的支持者"。[21]

这就是张伯伦进入的圈子，而鉴于他的政治影响力和公众感染力，他的支持对这个圈子也很重要。圈子的成员们对张伯伦暗中推进的与德国结盟的计划，也在不同阶段发挥了重要作用。根据埃卡德施泰因的记述，一个重要事件是在伦敦上流社会聚居区梅费尔区（Mayfair）的阿尔弗雷德·罗思柴尔德宅第举行的一次政治晚宴，参加者有德文郡公爵、查普林、张伯伦和埃卡德施泰因。晚餐后，他们就远东局势及其对欧洲商业可能产生的影响，进行了漫长的讨论。他们认为，应当安排张伯伦和德国大使进行一次会晤，旨在"在友好的气氛中讨论英国与德国之间的关系，努力就在华合作达成协议，因为俄国在中国的气势……变得有些咄咄逼人了"。[22] 罗思柴尔德适时地邀请哈茨费尔特于3月26日造访其府。一些内阁大臣，或许包括贝尔福和张伯伦,届时也将莅临,他还暗示"一次秘密的修好尝试"正在酝酿中。按照贝尔福刻意含糊的回忆,这次会晤将只在他本人和哈茨费尔特之间进行:"这正是旅顺港事件最为火热的时候,我想这次会晤只会有利不会有害,就接受了。"[23]

这主意显然出自张伯伦和他的派系。[24]远东局势这一大背景,使得与德国接近的诱因和意义凸显出来。3 月 24 日,外交部得到消息,俄国政府将不打算从旅顺港和大连湾撤出其舰队。病恹恹的索尔兹伯里预定于 3 月 26 日动身前往法国。他的副手贝尔福这时对俄国人在中国北方的野心越来越担忧。俄国目前已在那里占据了绝对优势地位,很快就会使北京的朝廷感受到其影响。贝尔福认为索尔兹伯里对此的回应是不充分的。英国占领威海卫,只会开罪德国,却不能有效地制止俄国人在这一地区的扩张。[25]

从圣彼得堡传来的最新消息,改变了内阁中反孤立主义者的观点。而且,自 3 月 25 日后,西摩尔(Seymour)任司令的舰队来到了烟台海域,一俟窦纳乐获得中国的最终首肯,就将进驻威海卫。[26]紧急行动看来势在必行,以免贝尔福担心的两头落空成为现实。通过阿尔弗雷德·罗思柴尔德,贝尔福安排了与哈茨费尔特的紧急会晤。两人于 3 月 25 日见面,在内阁讨论威海卫问题的会议之前。这次会晤又是在罗思柴尔德的梅费尔区宅第那个豪华的隐秘场所举行:"我们无话不谈,从朦朦胧胧的友谊中,我当真觉得,德国人一点儿也不喜欢乔在非洲的那套办法,也对我们在山东铁路问题上的抗议感到委屈。"[27]

贝尔福的记述既引人发笑,又充满误导,无疑是有意减轻自己在这些会谈中所发挥的作用。根据哈茨费尔特对会谈的记述,贝尔福在谈话时反复强调他的友好情感,暗示有重新修好,使英国和德国达成更深刻的持久谅解的愿望。他刻意限制自己对英德关系和当前国际问题只做"泛泛之谈"。3 月 25 日的会谈是试探性的。两国政府之间没有紧急事务要求贝尔福在私人场合就国际政治的总体局势与德国大使长谈。然而，两个人都是小心翼翼的聪明人，只是谨慎地相互伸出触角。哈茨费尔特在回顾于 4 月初举行的随后几次会谈的过程时，断定在 3 月 25 日的会见中，贝尔福意在"侦察地形"，那只是与张伯伦进行的一系列深入探讨的开局招法。[28]

与贝尔福的会面，助长了哈茨费尔特对接下来与张伯伦的会谈的期望。会谈原本安排在 3 月 26 日，这时被推迟了，显然是在贝尔福的提议下，给大使向国内发电报请求新指示的机会。先前，哈茨费尔特对会见张伯伦多少还有些不愿意："因为索尔兹伯里和我达成一致——这是我们私密关系的前提——只有在他明确同意的情况下，我才能和其他大臣在特定事务上就商业问题建立联系。"因为索尔兹伯里并没有就此事表示同意，贝尔福的介入就很关键了。鉴于他和首相亲近的亲戚关系以及他的正式职位，他对与张伯伦会谈的支持，就形同于索尔兹伯里的同意。不过，哈茨费尔特也没有产生这样的错觉："张伯伦对我们一点儿用也没有，他只不过是想在英国的重要位置上，从我们这里捞点儿政治好处。"这最后一句评论很耐人寻味。与贝尔福的会晤似乎证实了此前的一些迹象，英国对与柏林重新修好有兴趣。例如，坎伯兰（Cumberland）公爵最近就曾对德国驻巴黎大使表示，英国真诚地希望两国能有更密切的关系。[29]

德国外长比洛这时指示哈茨费尔特，敦促英国的大臣们对意大利在东非获得一个港口的愿望要更通融一些，这就回到了俾斯麦屡试不爽的招数上，通过让英国与柏林的小伙伴合作，将英国绑在德国领导的三国联盟的战车上。比洛预料张伯伦会提出更深远的意见，便提议哈茨费尔特"应当指出英国一向有利用朋友而自肥的习惯"。[30]这相当于邀请英国提出不仅限于就殖民地问题达成谅解的建议。从德国人的观点看，贝尔福的介入是个重要信号，不仅因为他的政治地位，也因为他与索尔兹伯里的亲戚关系，这对有社会意识的欧洲大陆人来说意味深长。[31]

如果说张伯伦需要贝尔福，那么后者也并没有认为自己的角色只是个推动者，他也没有给予张伯伦"全权委托"。贝尔福和张伯伦是相互合作的。这部分上出于选择，因为两人对外交事务的现状都有所担忧；部分上是出于需要。张伯伦如欲成功地争取英德达成谅解，需要贝尔福的支持。而贝尔福这方面，可能也充分地认识到，最好给张伯伦些许放任，而不是阻止他。贝尔福没有阻止张伯伦，既显示出贝尔福对英国国际地位的不安之深，也反映了张伯伦在政府中反对力量之强。后者有裂解政府的潜力。2月初时，他曾威胁过贝尔福，如果当前对中国问题犹豫不决的状态继续下去，"我将使政府连一年都活不过去"。[32] 有鉴于规模庞大的统一主义者在议会中占大多数，且自由党不团结，张伯伦这话言过其实了，除非他坚持威胁，如果不采取任何坚定政策他就辞职。由于贝尔福负责在议会下院中处理政府事务，张伯伦自然应当向他而不是向索尔兹伯里汇报。迄今张伯伦还没能争取到他的同僚们的支持。3月22日和25日做出的支持租借威海卫的决定，是对既定政策的肯定，也是张伯伦遇到的挫折。鉴于殖民地事务大臣对索尔兹伯里越来越不抱幻想了，他更可能留在统一主义者群体中，如果允许他挑头的话。而且，由于张伯伦需要贝尔福的支持，贝尔福将能够对他进行一定程度的控制。如果与德国人的会谈产生了积极效果，张伯伦不可能独揽其功。而假如像可能性更大的那样，会谈失败了，贝尔福也能否认与他有关。如果他们输得很惨，张伯伦将在政治上严重受损。所以，无论结果如何，张伯伦都不可能在最终成为索尔兹伯里接班人的竞赛中超越贝尔福，这种可能性这时已公开在媒体上，私下在议会的圈子里，自由地进行探讨了。[33]

张伯伦和哈茨费尔特的会晤一直被推迟到 3 月 29 日。会谈在一所私人宅邸进行，大概是罗思柴尔德的府第。哈茨费尔特按照指示，开门见山地提出了殖民地问题，特别是西非的中立地带和山东的铁路特许权。张伯伦大声进行了安抚，但照他的回忆中的说法，"会谈的这一部分具有争吵的性质"。张伯伦解释道："在更大的问题上，德国的利益的确与我们自己的利益是一致的。"张伯伦对两国各自利益的阐述，与 3 月 25 日贝尔福对哈茨费尔特所述并无多大差别。大使同意张伯伦的分析，表示"他看不出现在有什么理由不能达成更好的谅解"。继而他对英国外交政策的总体面貌进行了评述。欧洲大陆的政治家们有个总体印象，英国的政策是"在其他列强之间挑起战争，而自己不涉入"。这就引发了"愤怒和不信任"，也许会将德国推向俄国一边。哈茨费尔特的话完全符合比洛的指示。在英国和俄国有可能在远东发生冲突的情况下，这是一个清晰的信号，德国将保持中立。殖民地事务大臣将谈话引向了更根本的问题。英国多年来推行的"是一种孤立的——或者说至少是不卷入任何联盟的——政策"。当张伯伦继而提出这个政策能否维系下去这个问题时，大使回答道："当然不能。用不了多久，就必须改变了。"于是会谈触及了一个给哈茨费尔特的指示没能涉及的话题。然而，大使说孤立作为一项政策难以持续太久，只是附和了在每天的报纸和杂志上都能读到的言论。张伯伦主动表示，这项政策"可能因为形势比人强而改变"。在接下去的讨论中，按照张伯伦的说法："达成了以下共识：也许可通过德国与英国签订为期若干年的条约或协定的形式，建立一个联盟。但是联盟是防御性质的，并且建立在双方就对中国和其他地方的政策达成相互谅解的基础上。"[34]

而在哈茨费尔特的报告中，却很明显是他的对话者率先坦白地承认了在当前的国际形势下，传统的"孤立政策"难以为继。英国和德国有一致的政治利益："如果双方能在更大的政治利益方面同时达成谅解的话，在殖民地事务上的一些小分歧是有可能得到弥补的。"张伯伦补充道，英国对德国攫取胶州湾的反应多少是冷静的，只是因为预料到俄国人和法国人会要求得到更大规模的补偿。哈茨费尔特表示，不在山东阻挠德国，是符合英国的利益的，否则会将德国驱向俄国的怀抱。殖民地事务大臣表示同意，但是说英国政府必须"在接下来的几天里做出严肃的决定"。他强调了局势的紧迫性，又重复了与德国达成谅解并结为同盟的愿望。张伯伦还提出，"现行的孤立政策"必须抛弃，他提议英国和德国之间建立一个防御性联盟："这将意味着英国加入'三国同盟'。"按照哈茨费尔特的说法："张伯伦的语气冷静而坚决，他非常坦率地表达了对英国与三国同盟达成一份有约束力的协议的热望。他多次重复道，在这个问题上，决不能再浪费时间了。"[35]

　　张伯伦对与哈茨费尔特的首次会晤的记述，至少是相互矛盾的。按照他的备忘录，结盟的建议"是在问与答的过程中"提出的。但是，如果像格伦维尔（Grenville）教授推测的那样，哈茨费尔特在耍两面三刀的手段，那么当他当天下午见到贝尔福时没有重复这一建议，就无法解释了——令后者非常高兴的是，张伯伦刚刚向他通报了早先会谈的情况。[36]贝尔福此前表达过与德国达成谅解的愿望，在那个时候，哈茨费尔特就已经形成了贝尔福将准备提出更明确的提议的印象。所以，哈茨费尔特越发有理由重复结盟的提议了，特别是他和荷尔斯泰因都已经认识到了和贝尔福发展关系的重要性。[37]

　　时间很紧迫，而且张伯伦坚信英国"正处于岔路口"。[38]张伯伦将他首次会谈的内容通知了贝尔福，就说明他仍然需要贝尔福的支持。贝尔福的作用绝非消极，而且并未止于他3月25日与哈茨费尔特的会晤。3月29日下午，在张伯伦与哈茨费尔特会谈几小时后，贝尔福与哈茨费尔特再度相见，是在外交部举行的正式会晤。其表面目的是讨论在中国的铁路纠纷。贝尔福"纯粹作为非正式的建议"，提出了就中国问题达成协议的构想，协议"应当约束两国政府，不在双方中的一方拥有特殊利益的地区催逼铁路特许权"。[39] 实质上，这相当于正式确认了双方相互承认在中国的（铁路）势力范围，从而为张伯伦提出的英德关于中国的协定如何运作提供了实例。[40] 贝尔福提出了建议，无论怎样非正式，这一事实本身，就为统一主义者前座议员的两位领袖之间至少是初步的合作，提供了进一步的证据。实际上，3月25—29日与哈茨费尔特的三次会晤，表明了两人之间的分工。贝尔福为提出建议做了铺垫，继而张伯伦勾勒出与德国达成某种防御性协议的大致轮廓，然后贝尔福又提出了更切合实际的渐进步骤，这比张伯伦的大视野，无疑更能打动小心谨慎的哈茨费尔特。

贝尔福和张伯伦的这些话，显示了中国怎样为英国结束其孤立政策提供了可能的动力。实际上，中国问题引发的总体不安定还没有趋于结束。在接近哈茨费尔特的初期，贝尔福和张伯伦上演了一出精心设计的双簧。虽然是殖民地事务大臣走出了开局步法，但却是贝尔福和某些内阁大臣试图改变英国的远东政策。反对索尔兹伯里的政策的暗流极其强劲，当他缺席时，反孤立主义的大臣们便试图推翻3月25日做出的租借威海卫的决定了。

窦纳乐发来的新情报，显示出对这个基地的战略价值的怀疑，激起了"反威海卫派"的行动。他们推翻正式政策的企图，是与张伯伦的秘密会谈密切相关的。3月31日晚上，贝尔福和亨利·查普林讨论了窦纳乐的电报。查普林认为鉴于这个问题的决定"尚未板上钉钉"，建议推迟舰队的行动。[41] 这可不是边缘性的政治人物孤立的一招。在此前一天，德文郡公爵就曾表达过对租借的保留意见。戈申也另有想法，并且提出窦纳乐最好是对离上海和香港都更近的舟山提出要求，但他也警告说："别让我们等得太迟了。舰队不能口袋空空地返航。"[42]

中国问题与关于联盟的谈判在这点上交汇了。反孤立主义的大臣们改变英国政策的企图，又受到了查普林收到的情报的鼓励。查普林与埃卡德施泰因经常联系，后者于 3 月 31 日晚上告诉他，大使馆刚刚收到了一份柏林来电："他们完全同意张伯伦提出和认可的条件。"查普林敦促贝尔福："协议也许可以着手了。"但这是误导，因为无论是张伯伦还是哈茨费尔特，都还没有就协议提出具体的条件，德国外交部也还没有表示同意任何协议。[43]

尽管发生了这段奇怪的插曲，并且贝尔福也对威海卫能否抗衡德国和俄国有所怀疑，但他小心翼翼地不公开反对索尔兹伯里。贝尔福告知德文郡公爵，鉴于伦敦和北京之间的时差，现在撤销发给窦纳乐和西摩尔的命令，已经太迟了。[44]贝尔福是个足够老道的人，明白英国索取威海卫的要求一旦公开了，政府如果不能另有所获，是不能收回成命的。英国如果放弃了在山东获得一个港口的要求，在贝尔福提议的与德国相互承认铁路势力范围的问题上，也无论如何将丧失对德国的外交影响力。与此同时，他对改变政策这一选项也持开放态度，提议德文郡公爵立刻召开一个紧急会议，这样就等于是邀请公爵来承担任何改变的责任。然而无论是德文郡公爵还是任何其他大臣，都没打算这样做，于是在最后一分钟改变租借决定的企图还是失败了。

张伯伦对德国愿意接受他的结盟建议的设想，也是不大靠得住的。比洛坚信，假如英国与法俄联盟开战，德国只需武装中立，就足以吓阻那两大列强进攻英国。如果这样的吓阻失败了，并且英国在这样的战争中被打败,法国和俄国就会很快转而进攻德国。而只要英国的实力没有衰减,欧洲的现状就将完好无损。所以,德国人自我保护的本能,就是英国人安全的最好保证。比洛坚信时间对英国不利。跨西伯利亚大铁路将在接下去的十年内完工,俄国沿麻烦不断的印度边界进行的军事准备也将因此完成。到了那时,就不可能让俄国保持中立了。所以,德国人可以等,等的时间越长,英国人就越容易按照德国的条件缔结同盟。[45]

哈茨费尔特与张伯伦的下一次会见,是4月1日在殖民地事务部。他提出,英国在远东"与俄国和法国有矛盾,而这个矛盾是有可能导致它与这两强中的任何一个兵戎相见的"。英国如果与法国单挑,那么无疑是能够靠自己的实力单独取胜的,但如果是与法俄联盟开战,那么英国的海上力量最终将被打残。如果英国和俄国在中国相互争锋的话,这样一场战争将是不可避免的。德国的利益决定了其"反对削弱英国海上力量……的任何政策"。那样的话,法国和俄国就会将矛头指向德国。因此,德国不可能参加一个反英联盟:"无论有没有条约,我们对它们的最大指望,就是它们能保持中立。"哈茨费尔特建议,英国应当就中国问题和俄国达成"妥协"。这将降低俄国对英法在非洲的冲突进行干涉的风险。[46]

德国希望把英国推入一场和法国的战争,这意图太明显了。张伯伦同意哈茨费尔特关于同法国的战争的判断,但不愿考虑和俄国达成谅解。俄国人和法国人在中国的扩张,只能这样予以阻止,"假如英国能够依赖一个与比如说德国这样的国家结成的强大的同盟的话"。[47]英国的议会缺席不是结盟的真正障碍,需要议会批准不代表任何问题。正如贝尔福后来向索尔兹伯里通报的:"交流的整体进程……很倾向于两国建立一个更加密切的联盟。"[48]哈茨费尔特话语的思路,与1898年1月索尔兹伯里本人着手寻求英俄协议时提出的理由，表面上非常近似。这证明了德国大使"阅读"英国外交大臣的能力。不过也有一个重大的差异。索尔兹伯里预料到会与法国在上尼罗河（Upper Nile）地区发生冲突，但是不希望将这一点暴露给俄国人。而德国人正相反，生怕被卷进英俄在亚洲的对抗，因此极力主张这两个亚洲强国达成妥协。然而，他们又热切希望挑动英法开战，因为英国将有效地肢解法俄同盟，从而使德国恢复在 1894 年之前享有的外交策略自由，而不必诉诸武力本身。中国是张伯伦的计划的核心。张伯伦料想俄国会进一步蚕食中国领土："我们最强烈地反对我们认为它会索取和将获得的。"他提议的英德谅解，首要目标是阻止俄国人进一步侵略中国，并确保在华的共同利益。联盟将保证中国对外国贸易开放。只有在一个这样的协议的基础上，两国才可能对法国和俄国采取强硬得多的态度。他还更具体地预期在中华帝国的大部分疆域建立一个英德联合的保护国。一旦这样的一个协议达成，那么再与俄国达成一个维持中国现状的协议，就会证明是有可能的了。假如圣彼得堡拒绝，就可以宣布，中国是"处于我们的联合保护之下的"。实际上，这意味着德国和英国对山东"和内地省份"，以及长江流域的中部省份，分别形成了特别保护区。两大国将"以中国的名义并代表中国，对那些地方的财政管理实施控制，或者保证有充足的资金，建立一支在德国［和英国］军官掌管下的军队"。这样一个协议，将有助于遏制俄国人在亚洲推行的扩张主义。俄国将面对的不仅是有可能"与两个欧洲大国交战，还有由欧洲军官组织和领导的中国防御力量"。[49]

实质上，这是对贝尔福关于相互承认在中国的势力范围这一含糊提议的细化。哈茨费尔特很快注意到张伯伦插入的话中发生了一种变化。3 月 29 日的会谈结束时，他留下的印象是，张伯伦所寻求的德国的支持是在亚洲采取一种前进的政策，以剥夺俄国在辽东获取的赃物。现在张伯伦的建议却是，联合保护中国，反对俄国的进一步蚕食，并维护中国的商业开放。作为回报，英国将给予德国"在中国的特殊好处。张伯伦先生实际上指出的是，我们在胶州的势力范围将向内地极大地延伸，这当然是我们求之不得的"。这位大使继而又饶有兴趣地注意到张伯伦的评论说，在中国问题上，"内阁本身还不知道走哪条路"。[50] 有鉴于张伯伦在同时进行着推翻租借威海卫的决定的努力，他的话暗示着一种比历史学家们已经普遍接受的更广泛、更连贯的重新定向英国政策的企图。

至此，哈茨费尔特和张伯伦对 4 月 1 日会见情况的叙述引人注目地相似。按照张伯伦的说法，谈话这时又转了个弯。他提议，万一俄国人攻击英国的话，英德两国应当制定共同的路线。他承认德国无掩蔽的地缘战略地位及其特殊的安全要求，因而他提议的协议是防御性质的，也不应当是"单边的协定"。假如俄国人攻击德国的话，德国可以依赖英国的支持。非常重要的是，哈茨费尔特没有提及这个关于制定相互协防协定的建议，而是仅仅解释说张伯伦确认任何条约都应得到议会的批准。可想而知的是，由于有比洛早先的指示，大使得出的结论是，柏林的政府绝对不会同意缔结这样一个联盟——因此他强调提议中的协定的有限性质。鉴于比洛反对，这是目前可能得到的最好结果。在会谈即将结束时，张伯伦解释说，他所提出的建议并不具备官方量级："在这样的问题上，如果没有索尔兹伯里勋爵的同意，是不可能启动官方步骤的。"然而，张伯伦仍然向贝尔福和内阁防卫委员会通报，德国总体上"赞成两国结成更紧密的联盟"。[51]

这是一厢情愿，因为张伯伦的倡议开始破裂。贝尔福首先打了退堂鼓，而德国人也始终没做出积极的反应。为英国担任"火中取栗"的角色不符合德国的利益。[52] 而且，4 月初时，贝尔福就已经对张伯伦的倡议变得厌烦起来。4 月 3 日，窦纳乐获得了中国总理衙门对租借威海卫的同意。[53] 这时再急剧地改变中国政策已不可能了，由于这个基地离胶州湾很近，德国肯定会拒绝张伯伦的提议。贝尔福这时自己拉开了与张伯伦的私人外交的距离，并将与哈茨费尔特会面之事通报了索尔兹伯里。但贝尔福这样做时瞒着张伯伦，显示了他与张伯伦之间的观念分歧在加大，并且他要打乱张伯伦的阵脚。贝尔福对索尔兹伯里说，张伯伦计划采取激烈行动，构想是拙劣的：

> 乔太冲动了，而且此前一天（3 月 25 日）内阁的讨论已经迫使他注意我们孤立且时而困难的境地了。他表达了与德国结盟的他的个人倾向，无疑是走得太远了……而我认为，哪怕是就两国之间达成协议的形式抛出一个含糊的提议，都是可以的。[54]

贝尔福对张伯伦外行且浅薄的外交行动的否定是虚伪的，他以嘲讽张伯伦的首创精神来遮掩自己的过失，但张伯伦的倡议的产生，他恰恰有不可推卸的责任。关键的是，正是他 4 月 5 日与哈茨费尔特的会见，结束了第一轮关于结盟的会谈。哈茨费尔特拒绝了张伯伦再度会面的请求。形势不允许突然重归于好。按照哈茨费尔特的报告，贝尔福承认议会批准的概率是不确定的："他还极其神秘地补充说，是张伯伦先生独特的个性，想太快地行动。"贝尔福的话给哈茨费尔特留下的印象是，张伯伦倡议的失败，并不令贝尔福感到遗憾。贝尔福还肯定地说，索尔兹伯里的健康状况将使他能够继续履行职责，他将很快回来主事。哈茨费尔特说，鉴于他和威廉街都认为他与索尔兹伯里和贝尔福的秘密关系非常重要，很显然再继续听张伯伦的提议将一无所获。哈茨费尔特在会谈的结尾，暗示了未来达成更密切的谅解的可能性。这应当通过"小问题上的相互谦让"来做准备。[55] 哈茨费尔特不失时机地维护了他与仍然缺席的索尔兹伯里的关系。在一封长长的私人信件中，他向索尔兹伯里重申了他的友好感情，以及他与索尔兹伯里联手为"逐步恢复以往的友好关系"而努力的愿望。[56]

贝尔福与哈茨费尔特会面，表明他在努力与张伯伦拉开距离，但也展现了他"较慢"的外交观念。他不确定有剧烈改变的需要。的确，他不同意索尔兹伯里对英国实力地位的设想。原则上，他支持与德国就殖民地安排达成协议。但他担心威廉街也许会漫天要价，试图狠敲英国一笔。他小心翼翼地向索尔兹伯里澄清他自己的立场："虽然我倾向于达成一项英德协议，但我认为，这个协议如果可能的话，最不济也必须在平等的条件下达成。在这对热恋的情人中，我希望担当把脸颊倾斜的一方，而不是把吻印上去的一方。但是……德国人不这么看。他们宁愿……按兵不动，直到他们确定能捞到大鱼。"4 月 5 日的会见，结束了"一段奇怪的插曲，而在外交部，却找不到这段插曲的任何记录"。[57]

贝尔福对英德修好总体而言更为谨慎的态度，为柏林所欣然接受。[58] 无论唐宁街还是威廉街，都还没有深思熟虑全面结盟的问题。然而，与德国修复关系，始终在伦敦的日程上。贝尔福尽管在更大的问题上开了倒车，但仍在继续着他逐渐加强与柏林的现有联系的努力。中国问题仍然是这些努力的核心。3 月底时他曾建议德国和英国相互承认在中国北方的势力范围。在他最后一次会见哈茨费尔特时，他也暗示了英国政府有意在较小的殖民地问题上对德国的利益予以通融。但是现在，宣布在胶州湾的附近租借一个港口，似乎与那些示好的话语很是抵触。于是，获取威海卫，不仅使张伯伦的结盟提议本就微弱的实现机会告吹，也使贝尔福更为温和的计划很可能被断送。

整个 2 月和 3 月，德国都在抱怨英国拒绝承认德国在山东省有商业优先权。当拉塞尔斯将租借威海卫之事通报德国政府后，比洛要求英国承认德国在山东的主宰地位，并保证不在新租借地和邻近的通商口岸烟台或山东内陆之间修铁路。其言外之意非常明显：承认德国在山东的商业优先地位，是与德国总体修好所必须付出的代价。贝尔福在这个问题上没有浪费时间，做出了不修铁路的保证，尽管这不包括已经规划好的将通过山东东半部的天津—汉口铁路。[59]而且，在他会见哈茨费尔特前不久，在议会辩论中国问题时，他还竭尽全力地强调了英国和德国在华利益的一致性。[60]

贝尔福没有将问题搁置下来。尽管哈茨费尔特对他关于势力范围的建议反应冷淡，贝尔福仍然坚持自己的主张。在这方面他得到了寇松的支持。寇松也认为"就在华财政、产业和商业政策，与德国达成某种明确的谅解"是可以期待的。[61]在与桑德森讨论问题时，贝尔福指出德国的真正目标是阻止在山东内陆修建由英国所有的铁路，尤其是往来烟台的铁路。他不认为这样的计划"在未来是可行的"，因此提议说，这个问题"应该在德国和英国关于势力范围的铁路交通达成的总体协议的框架下，更适当地予以解决"。[62]他准备在没有得到柏林的相互保证的情况下，继续进行努力。比洛的其他要求，如要英国保证不再割走山东沿海的任何其他部分，并不会危及英国的任何重大利益，但贝尔福推断这个问题有可能变得对英国有利，便再度提出了他 3 月 29 日的非正式提议："如果要我们对［山东］半岛的整个海岸线做出总体保证，这保证应当是相互的。"英国不大可能再索要山东沿海的任何部分，也不预期德国会要求割让长江流域的某座港口。因此贝尔福认为："让我们对这种不大可能的未来做出保证，实在荒唐，除非他们那边也做出相应的保证。"贝尔福的结论是，这整个问题最终是"无足轻重的"，是轻率鲁莽的，是有负于他为此付出的时间和努力的。[63]

　　桑德森 4 月 13 日与哈茨费尔特会面时又提起了这个问题，结果发现德国对相互承诺的反对是坚定不移的。他于是建议采取妥协的解决办法，保证德国在山东的商业优势地位，只要德国允许从天津修出的铁路经过该省。[64]尽管遭到了哈茨费尔特的拒绝，贝尔福仍继续推行其划定势力范围的主张，不过他也知道，达成任何这样的协议，"都需要小心谨慎地操作，因为划清了范围，我们可以彼此不干涉对方的租借地，这似乎非常诱人，但做起来却非常困难，因为谁也不愿意给别人的范围划得太大，给自己划得太小"。最终，他决定不再继续谈判，给了德国人他们希望的单边保证，虽然形式上是双方同意的关于天津铁路的修改版。尽管遭到了寇松的反对，但贝尔福的保证只是个代价并不昂贵的让步。[65]这实际上是一次"以物易物"。的确，到 1898 年中期时，德国人的行事原则已经是，既然英国承认了德国在山东的势力范围，他们也应在长江流域做出回报。[66]于是，贝尔福在 4 月份做出的单方面让步，不经意间产生了他本来希望通过与柏林达成更正式的协议所能达到的效果。

　　虽然贝尔福争取到了英德修好的实效，但是一段意外的插曲又重新唤起了关于结盟的"非正式会谈"。哈茨费尔特的助手主动接过了继续推动会谈的任务。埃卡德施泰因试图利用自己的社会交往，来促进英德结盟。在张伯伦 4 月 1 日最后一次与哈茨费尔特会谈和贝尔福 4 月 5 日会见这位大使之间的某段时间，有一群人聚集在埃卡德施泰因的别墅里。他们是阿尔弗雷德·罗思柴尔德、德文郡、张伯伦、查普林，还有新近当选保守党国会议员的海军上将查尔斯·贝雷斯福德（Charles Beresford）勋爵，他是索尔兹伯里的中国政策的严厉的批评者，也是与德国结盟的支持者。[67]这六个人聚会，为的是一个目的：他们全都赞成英国和德国重新修好，而张伯伦要向他们通报新近会谈的情况。在张伯伦做了悲观的报告后，罗思柴尔德建议，埃卡德施泰因应当回德国一趟，寻求私下里会见一下德皇威廉，争取重启已经停止的谈判。[68]

埃卡德施泰因于 4 月 6 日离开伦敦。他和他的同谋们约定，任何情况下都不能将这次私密之旅告诉哈茨费尔特。在威廉的皇宫，埃卡德施泰因与皇帝会谈了两次，他将大致情况用密码电报通知了阿尔弗雷德·罗思柴尔德，罗思柴尔德又将最新消息散布给群体成员，查普林则不断向贝尔福报告。在 4 月 11 日的第二封电报中，埃卡德施泰因说他已经"成功地说服了陛下，俄国人是背信弃义的，而英国内阁是诚实忠信的……我们（即为与英国达成协议而努力的人们）应当得出一个令人满意的结论。他向 A（即阿尔弗雷德·罗思柴尔德）强调在英国报刊上刊登对德友好文章的重要性，而 A 已经在为此努力了"。[69] 如果说电报还有些语焉不详，男爵返回伦敦后，便绘声绘色地描述了一番。他发现皇帝任由身边随扈中亲俄或亲英的小团体影响。他声称，实际上，当他到达皇宫时，俄国人多年来离间伦敦和柏林的阴谋，已经达到了"这样的地步，一个欧洲大陆的联盟似乎就要形成了"。全靠他的努力，这样的阴谋才被挫败了。威廉现在希望与英国达成"令人满意且有约束力的协议"。[70] 埃卡德施泰因的报告在张伯伦周围的小团体中引发了一阵激动。罗思柴尔德预言，男爵的这次私密行动，将"证明是赐予英国的……最大的政治恩惠"。他希望内阁能"充分看清形势"。[71]

实际上，埃卡德施泰因是否当真说服了威廉二世，是可疑的，尽管他看到了与英国发展更加友好的关系的某些好处。哈茨费尔特奉命重启尝试，以促成英国和奥地利、意大利的合作。[72] 埃卡德施泰因于 4 月 23 日到英国殖民地事务部面见张伯伦，向他介绍了在威廉皇宫谈话的情况。德国皇帝强烈赞同"英德之间结成强劲的联盟"，三国同盟的伙伴们也热衷于加入这个联合体。至于其性质，埃卡德施泰因提议或者是一个全面的防御联盟，无论是公开的还是秘密的，或者是一个专门在两国中任何一国遭到法国和俄国的攻击时提供互助的联盟。埃卡德施泰因反复保证德皇对这样的协议有热切的期望，对张伯伦产生了一定的影响，他同意再度会见哈茨费尔特。[73]

张伯伦与哈茨费尔特的第三次也是最后一次会晤于 4 月 25 日举行。按照哈茨费尔特的报告，张伯伦开门见山地提出要尽快地对一个防御性的联盟做出结论。张伯伦本人对这次会见的记录，尽管不完全准确，但根本没提到这一点。他的确有理由隐瞒，因为贝尔福告诉过他，索尔兹伯里已经知道他早先与哈茨费尔特会谈的情况了。在这最后一次会晤中，大使重申了过去三个星期中曾反复陈述过的反对立刻结盟的所有理由。张伯伦尽管对英德交易非常热切，却对英国通过奥地利和意大利与德国间接修好的建议反应冷淡。他始终把一门心思都放在中国局势上。英国不打算剥夺俄国新近在中国东北和旅顺港的所获，但假如俄国进一步蚕食中国，就要对英国的利益和德国在胶州湾的地位同样产生威胁了。他的目标是，与三国同盟联手，阻止俄国人进一步扩张。他暗示说伦敦将接受德国对殖民地的一些要求，以换取结盟。但张伯伦也发出了强烈的信号，假如"与德国自然结盟"证明是不可能的，那么英国将寻求与俄国和法国结盟。在会谈结束时，哈茨费尔特断言"德国和英国直接结成防御性同盟还不成熟"，张伯伦则"提醒了他一句法国谚语，'幸福易逝'"。[74] 4月 26 日，埃卡德施泰因来拜访张伯伦，张伯伦对垂头丧气的他又重复了这句话："我说我当然遗憾，我个人希望达成协议还能重现可能，但目前是无能为力了。"他小心翼翼地不把未来达成协议的门关死：假如哈茨费尔特误传了他的政府的观点，"那么下一步该皇帝陛下走棋了"。[75] 埃卡德施泰因的私人外交就此失败了。

1898 年春天的这些会谈，不能草率地贬斥为仅仅是"由二流演员扮演主要角色的错误的喜剧"。[76]双方无疑都犯了错误。张伯伦寄希望于利用德国来阻挠俄国在远东的扩张，是基于对德国利益的根本误读。埃卡德施泰因的介入，尽管是出于好意，几乎能构成莎士比亚戏剧的情节，却是被误导的。毫无疑问，他是个边缘人物，但张伯伦和贝尔福可都不是小演员。前者也可以依赖于一个强大的配角阵容。那么，这些会谈的真正意义，更大程度上就不在于揭示了两国利益不可调和的分歧了，[77]而在于它们反映了一个事实，英国内阁对索尔兹伯里外交政策的不满，已经显现为他们要采取另外的办法来解决英国的国际孤立问题了。还需要再经历一次远东危机，这个持不同意见的群体才能形成更牢固的阵容，积聚更多的力量和动力。

索尔兹伯里于 5 月 1 日回到伦敦。直到 4 月 22 日，他对张伯伦与哈茨费尔特会谈之事还一无所知。贝尔福在向首相通报这些谈话情况时，同时发出了一句警告，不要把这些事小看为"无实质意义的政治喜剧"。既然结盟这一主张已经提了出来，德国皇帝"古怪"的个性就成了一个复杂因素："我严重担心，这些不负责任的外交官们已经在皇帝的脑子里燃起了期望，对于他这么一个好冲动的人，如果这事没成，会把他猛烈地推向敌对阵营。"[78]贝尔福 4 月 22 日的信是狡狯的一招。一方面，他批评了张伯伦及其小圈子不负责任；而另一方面，他利用他舅舅众所周知的对德皇心理不稳定的担心，同时提出，现在再将此事搁置下来，同样是不负责任的。

索尔兹伯里于是陷入了两难境地。张伯伦关于中国问题的倡议有将英国外交导向危险方向的趋势。索尔兹伯里必须恢复对外交政策的掌控，同时他又得保证让殖民地事务大臣留在统一主义者的阵营中。这需要高难度的平衡动作。他必须保证政府团结，同时又要在不惹恼德皇的情况下避免与德国结盟。这本来就不是件容易的事，现在由于他对这两个人都越来越不信任，这事就更难了。他怀疑德皇想把英国拉进"一场与法国的战争中。我始终不敢断定这是否也是张伯伦的目标之一。迹象每个月都在变化……法国的举动无疑像是它故意要把我们赶进和德国人的同盟中，我对此有些沮丧，因为德国人会重重地敲我们一笔"。[79]

索尔兹伯里通过限制张伯伦的施展空间，着手恢复对外交事务的控制。两人都明白自己有能力给对方造成无可弥补的伤害。就在索尔兹伯里归来前不久，张伯伦向他寄送了"我与德国大使及埃卡德施泰因男爵一些新奇的会谈的说明"。他掩饰了自己在这段插曲中扮演的角色，强调倡议来自德国人。张伯伦虽然着重提到来自其他渠道的报告似乎印证了埃卡德施泰因对德皇观点的概括，但他仍然小心翼翼地向索尔兹伯里保证，最终的决定仍须由他做出。张伯伦认为新近的中国危机表明，英国"无力抵抗俄国最终控制中国"。只要政府依然维持"我们现有的孤立政策"，在所有与法国人的谈判中就都将处于不利地位。照他的分析"国民将会支持我们与德国缔结一份相互协防的条约。我想这样一份条约将有助于和平，也许现在就应展开谈判"。[80]

为将张伯伦隐含的威胁纳入自己的掌控之下，索尔兹伯里双管齐下，一方面直接与殖民地事务大臣交手，另一方面通过他早已预定的在樱草会的讲演和与外交官们谈话间接出招。私下里，他安抚殖民地事务大臣："我非常同意你的意见，在这种情况下，与德国发展更密切的关系是非常令人期望的，但是事情能成吗？"[81]张伯伦试图缓解索尔兹伯里对他鲁莽冒进的担心。这件事有无进展，全看德国人："我并不认为我们表现得太热心是明智的，虽然在当前的形势下我是结盟的强烈推崇者，但我仍然要这样说。"张伯伦提出了建议：

利用埃卡德施泰因做中间人，探明德皇的政府是否有意愿继续推进结盟事宜。[82] 两人于 5 月 3 日讨论了这一问题。张伯伦重申德国皇帝对一个防御性的联盟有明显的渴望："如果达成协议，这应当包括德国的阿尔萨斯（Alsace）和洛林（Lorraine），我设想也应当包括我们的埃及和阿富汗。"索尔兹伯里继续安抚他的大臣，但坚持下一步应当由德国人迈出。他授权张伯伦，"如果埃卡德施泰因再来，我也许要说政府赞成推进有关[结盟的]想法。"他和张伯伦看法一致的是，任何协议都"应当是公开的"。[83]

这样私下里的保证对双方都无约束力。索尔兹伯里于 5 月初友好地与张伯伦交换意见，旨在将后者留在政府团队中，但这不足以阻止他未来继续插手外交事务。张伯伦攫取主动权的能力，正受到公众对政府处理远东危机失当的不满的驱策。索尔兹伯里保证他原则上也支持与德国结盟，使得张伯伦假如想分裂政府，将难以找到借口。如果索尔兹伯里能够平息公众对英国的国际地位的担忧，他也就能限制张伯伦利用不满来实现自己野心的能力。索尔兹伯里在樱草会发表的讲演中，阐述了国际政治的当前状况。他批驳了"关于孤立主义的胡言乱语"。"垂死的国家们"所产生的问题，影响了所有列强。需要国际合作，而不是排外的联盟，来应对这些挑战。他承认新近的中国危机是英国当前困难的根源。"中国问题是一个外交上的大爆竹，产生了众多响亮的爆炸声，但是……现在硝烟已经散尽。"英国获得威海卫，以抗衡旅顺港的俄国人，就保证了这一点。他做出了安抚人心的结论："我们明白，我们要在我们拥有的所有地方抗击所有外来者，我们也明白……我们有足够的力量做到这一点。"[84]

这是一个鲜明的政治挑战，5 月 13 日，张伯伦在他的老巢伯明翰举行的自由党统一主义者大会上，做出了针锋相对的反击。这篇"长柄勺"讲演（'long spoon'，指有针对性地喂食），是妙语讽刺结合猛烈抨击的典型。他谦恭有礼地提到索尔兹伯里在皇家艾伯特会堂的讲演，承认英国困难的国际境地。"世界各国对这个国家的商业优势的组合进攻"，对其生存都构成了威胁。然而，说外交大臣"不可信或失败"，或者说政府"软弱和摇摆"，都并非"明智和爱国的"。不过如果说这样不明智，张伯伦也说不出相反的话来。实际上，他又回到了他所喜爱的公众论坛的角色中，号召"新外交"。"五十年前那种秘密和沉默的外交"已经过时了。他呼吁公开和领导。"绝对地孤立"已经不再适宜了。欧洲分裂成不同的联盟，"只要我们置身于这些联盟之外……我们就很容易随时陷入与一个强权组合的对抗中，这样的组合力量之强大，哪怕最极端、头脑最发热的政客，都不能不望而生畏"。

他继而又回到他的"宠物计划"上，呼吁加强与帝国不同部分的既有联系，同时也要"与大西洋彼岸我们的同族人"打造联盟。张伯伦倡导盎格鲁－撒克逊种族主义，带上了些许好战的味道："如果在一个伟大而高贵的事业中，星条旗和米字旗能够共同挥舞……建立一个盎格鲁－撒克逊联盟……即使战争本身也将很容易赢得。"这是一场激动人心的，即使是空洞的阳台讲演。远东的未来是他当下的关切的真正核心。中国"绝对要遭到俄国的玩弄"。他对俄国的谴责超出了外交礼仪，但是与索尔兹伯里1月与俄国达成谅解的企图相比较，他这样说就已经算很客气了。张伯伦说"我们失败了"，是在打脸。殖民地事务大臣小心翼翼地想让人们认为他在为获取威海卫进行辩护，尽管他在内阁会议上是反对的，不过他预言："我们未来必将在中国与俄国人对抗，正如我们不得不在阿富汗与俄国人对抗一样，但有一点不同——在中国，我们没有军队，也没有进攻前沿。"英国必须"像在克里米亚战争中一样，与某个军事大国"联手，以在东亚遏制俄国。张伯伦在做结论时，声调逐渐增高，对索尔兹伯里"关于孤立主义的胡言乱语"的指斥给予了直接答复。中国问题是一个关于中国生死存亡的问题。如果继续维持"孤立政策"，"那么中华帝国的命运的决定，或者将要被做出的决定……将不以我们的愿望为转移，并且将无视我们的利益"。除了寻找一位结盟伙伴，将别无合乎实际的选择："如果与利益和我们最为接近的那些大国结成一个联盟，我们绝不会后悔的。"[85]

除了对英美结盟有所想象外，张伯伦所提到的"与某个军事大国"结盟的需要，几乎不加掩饰地指向了德国。看起来，英国政府中"出现了两种声音"。[86]如果张伯伦曾经希望将公众舆论召唤到他新建立的事业上来，为自己替代性的外交政策积聚动力，那么他失算了。至少这一次，他那"犀利的口才"没能激发公众舆论。"长柄勺"讲演未能唤起万众一心的热情，在欧洲大陆报纸上引起的反响比在英国都大。[87]德国皇帝向拉塞尔斯强调，德国不会"在中国为英国而战"，甚至嘲笑张伯伦招徕盟友的做法。拉塞尔斯的报告被打印后发给了内阁成员，显然是索尔兹伯里想让张伯伦难堪。[88]

尽管观点的公开分歧在议会中给统一主义者们带来了一阵尴尬，但好处远远大于坏处，张伯伦自行处置的自由受到了限制，却又没有发生公开冲突。[89]情况同样明朗的是，现在如果张伯伦还想强行改变外交政策，公众舆论将不会站在他一边。这反过来又使他不大可能寻求破坏政府政策，或者说，如果他想要这样做的话，也不大可能成功。

索尔兹伯里限制张伯伦的努力，也延伸到他同外国外交官打交道方面。首相推行的是一套组合战略。无论索尔兹伯里本人对与德国结盟多么疑虑，贝尔福的警告——不要直截了当地拒绝结盟，以免将德皇推入俄国人的阵营——还是对他产生了深刻影响。尽管张伯伦是个目标单一、信念坚定的政治人物，索尔兹伯里却会同时在多条战线上开战，并稳扎稳打。5 月 2 日，索尔兹伯里从博利厄回来后，首次会见了哈茨费尔特，表面上是讨论德国对于在中国的铁路特许权问题的更多的抱怨。他主要是听哈茨费尔特说。大使小心翼翼地解释了就结盟谈判，条件还不成熟："他的任务显然是泼冷水。他暗示说如果我们希望结盟的话，我们必须准备在其他问题上做出让步。"[90]

哈茨费尔特于 5 月 11 日再次拜会索尔兹伯里，就殖民地问题发出抱怨，但是提出，假如这些问题得到解决，"他的政府将显示出修好或结盟的意愿"。索尔兹伯里反应冷淡。"与德国共同建设一个欧洲大联盟"，也许更为有益，"只要这个联盟为欧洲人的整体利益而努力"。当哈茨费尔特拒绝就此深谈时，就该轮到索尔兹伯里泼冷水了："我并不认为这样的政策是完美的，但我认为如此含糊的消极条件，是不能构成协议的基础的。"按照哈茨费尔特的报告，对于他关于特许权将为总体谅解铺平道路的暗示，索尔兹伯里是这样回答的："你对你们的友谊，要求得太多了。"然而，大使仍然坚信，主要的大臣们依然赞成与德国修好的主张。[91]

索尔兹伯里又亲自对奥地利大使说，建设一个欧洲大陆联盟目前也许是必要的，尽管他也强调德国人恐怕会"为（其）友谊提出过分的条件"。他这样做是故意的。他知道对戴姆（Deym）伯爵说的这番话，最终会传到柏林。[92]实际上，哈茨费尔特的推测是，不仅张伯伦在伯明翰的讲话是有意试探舆论，而且他和首相根本没有裂隙。哈茨费尔特也不是唯一这样想的外国外交官。施塔尔也相信"索尔兹伯里勋爵与张伯伦先生的见解是一致的"。[93]这样有意地含糊其词是索尔兹伯里战术的一部分，是他的一箭双雕之计。一方面，这使他将与张伯伦的分歧最小化，向外国列强展示了实际上根本不存在的他们目标的一致性。毕竟，软弱而分裂的政府的观点是无足轻重的。另一方面，通过将哈茨费尔特眼中他与张伯伦的分歧最小化，索尔兹伯里也在寻求降低令德皇不快的风险。

对于德国人，索尔兹伯里采取的是双轨措施。一方面他暗示原则上赞成结盟，但同时他又提出诸多严重的实际困难，如不解决则任何协议也达不成。能将结盟的主张安全埋葬的时机还没有来临。当张伯伦在伯明翰抛出他的试探气球，却没能创造出新动力时，时机来了。索尔兹伯里对哈茨费尔特说，既然双方都已表明了各自在联盟中的利益，现在最好是先将进一步的谈判推迟，直到签订正式协议的需求出现。索尔兹伯里的招法，与他 1889 年拒绝俾斯麦的结盟提议时如出一辙。关键的是，在 1898 年的形势背景下，哈茨费尔特感觉索尔兹伯里对他在政府中的地位信心十足。[94] 中国发生的事情给索尔兹伯里的政策带来了震颤，但还不至于使其垮台。

到了 1898 年夏天，远东局势变得安定多了。就英国与德国的在华关系而言，形势的发展的确如贝尔福 4 月时所预料的：“中国问题是得过且过……德国目前在租借地问题上有意与我们合作了。”这对俄国的影响是：“我想迫使他们对势力范围（就租借地而言）提出明确的意见，即中国东北对长江流域，他们暗示了这点，但还没有明确提出。”[95] 贝尔福的这番话表现出他的中国政策的连贯性，其目的在于通过削弱其他列强潜在的和实际的挑战，来巩固英国在中国的地位。

与俄国就势力范围划分达成谅解，因为英俄之间关于中国北方的一个铁路项目的争执，变得越发紧迫起来。这场争执起于 1898 年6 月。正如自 1895 年以来各种关于战争赔款的贷款的谈判所展示的，特许权的授予，无论是商业特许还是领土特许，都是与列强在中国的相对政治影响力画等号的。从英国外交部的观点看，必须支持英国在华企业，以作为阻止外国在华影响进一步扩张的最好手段，尤其是为了遏制俄国的"和平渗透"。所以，英国的对华政策，并不是为了商业利益在中国游说的功能，而是利用商业手段为政治目的服务。然而，给商业行为套上政治行动的挽具，是件复杂的事情，正如桑德森所抱怨的："我必须承认，目前在中国因铁路特许权引发的混战，极其令人困惑，而我相信，在未来很多年里，这些铁路顶多有十分之一能够建成。"[96]

在中国正式建设得到认可的势力范围，其主要目的是保护英国在长江流域的中部省份的地位。寇松明确地阐述了铁路作为英国向中华帝国内陆施加影响、投入力量的合适载体的重要性。英国海军不可避免地对那里鞭长莫及："我想我们在中国的下一步，应当是找到某个可靠的财团，来承建从长江流域向南北延伸的铁路主干线。"[97]索尔兹伯里也持同样的观点，但指出主要的困难在于"产生一个真正愿意也有能力在长江流域修铁路的财团"。在找到一个这样的财团之前，英国的外交政策必然是千方百计地阻止其他外国在别处获得铁路特许权。在外交大臣看来，铁路是讨价还价的筹码。[98]索尔兹伯里在长江地区的野心是有限的，但他的中国政策还是主要围绕着这一地区的。寇松的观点则是在索尔兹伯里较温和的主张和更广阔的地缘政治战略之间摇摆。春天的时候，他还经常公开嘲笑"我们能够吸纳、保护和管理整个长江流域"这种观念。到了 6 月中旬，他就改弦更张了，明确地表示他希望"我们的长江势力圈[应当]具体化，无论是将其建设为保护地，还是甚至建成实际上的领地"。[99]无论索尔兹伯里、贝尔福和寇松对长江地区的野心各自有多大，他们对于确保在中国有一个英国的势力范围都有广泛的共识。

6 月英俄关于铁路的一场争执，又为朝这个方向重新努力提供了刺激。年初时，汇丰银行和怡和洋行组成了一个专门针对铁路的新财团：中英公司（British and Chinese Corporation，BCC）。6 月 17 日，汇丰银行代表中英公司，与北洋铁轨官路总局（Imperial Railways of Northern China，IRNC）局长签署了一份初步协议，提供一笔 230 万英镑的贷款，以将北京—山海关铁路延长，越过长城修到辽东湾北端的牛庄（Newchwang）。中英公司想将其商业活动拓展到中国东北，招致了圣彼得堡的强烈不满。中英公司的商业计划，是得到窦纳乐的强力支持的。整个 1898 年上半年，这位驻北京公使一直在为英国的在华商业利益奔走疾呼。在他头脑中，山海关—牛庄铁路的延伸，有助于巩固英国在中国北方与俄国竞争的态势。当中国铁路当局首次就贷款问题接触汇丰银行时，窦纳乐就敦促该行，要抢在俄国或法国阻挠这笔交易之前，尽快达成协议。[100]

　　索尔兹伯里立刻意识到这一争执在政治上的功用。中英公司使他找到了他和寇松一直在寻找的能在中国扩展英国利益的由"爱国资本家"掌控的"可靠财团"。尽管中英公司对长江流域兴趣不大，索尔兹伯里仍然决定对计划中的铁路延伸予以坚决支持。这将使他抵消俄国人对中国东北的专有权利的声索。他的动机完全是政治上的，他从一开始就拒绝在这个问题上妥协。"中国协会"建议考虑其他方案。在汇丰银行签订关于牛庄延长线的初步协议后不久，一个由法国和俄国金融家支持的比利时财团，争取到了一项建设从北京到长江流域的汉口的铁路的贷款协议。[101]索尔兹伯里本人对事态的这一发展深感不安。以往在中非问题上与狡猾的比利时国王打交道的经验，使他很难在总体的商业问题上对比利时人寄予太多的信任。然而，鉴于比利时财团是由法国人和俄国人支持的，这个汉口铁路特许权就"不再是一个商业或工业项目了……［而是］一个针对英国在长江流域的利益的政治行动"。[102]实际困难和商业困难，使得阻挠这一计划变得不大可能。索尔兹伯里承认英国拿俄国没办法，有人提出的交换特许权的建议，是没有成功希望的。[103]

窦纳乐持不同观点。他从不相信铁路特许权有什么政治价值。他认为，英国企业应该在中国各地都有竞争力，铁路向北延伸所带来的更大的财政活力，才是坚持这一特许权的进一步原因。[104] 索尔兹伯里放弃了交换计划。窦纳乐提倡商业自由，认为传言俄国人为回应山海关铁路争端，将进入中国东北的盛京省，此事更为重要，索尔兹伯里均无动于衷。假如中国屈服于俄国人的压力，背弃了与中英公司的初步协议，这将是一个严重的外交挫折，将进一步损害英国在中国的地位。窦纳乐奉命向总理衙门保证，如果因铁路或公共工程特许权授予了英国公司，"有任何霸权对中国采取侵略行动"，英国都支持中国予以反抗。索尔兹伯里于8月初展现出强硬姿态，他对中国驻伦敦公使罗丰禄说："俄国没有任何权力反对汇丰银行对牛庄铁路进行抵押贷款。"[105]

这并不意味着索尔兹伯里为这条铁路的向北延伸线，甘愿冒和俄国人撕破脸的风险。私下里，他不相信俄国会为汇丰银行的贷款，做出"某种侵略行动"的反应。实际上，他预料中国会屈服于俄国的压力。[106] 于是，为与俄国人谈判，先占据一个有利地位就很重要了。而且，控制了北洋铁轨官路总局，使得英国的在华地位又获取了新的战略筹码。在北京—汉口铁路的特许权授予法国 - 比利时财团后，英国人对北洋铁轨官路总局的影响，就成了阻止俄国人在中国东北修建的铁路与伸向长江流域的铁路相连接的唯一手段了。控制了北洋铁轨官路总局，就能维护英国在该地区的地位。[107] 但这也并不是说就不可能修改与北洋铁轨官路总局的贷款协议，以作为与俄国达成协议的筹码。

8月中旬，当索尔兹伯里再度前往法国休假，贝尔福接管外交部日常事务后，就该由他提出下一步措施了。对于窦纳乐强力支持中英公司，贝尔福和桑德森都持批评态度，他们认为窦纳乐"对中英政治关系持太过纯粹的商业观点"，这造成了与俄国关系不必要的紧张。[108]英国公司在汉口和牛庄铁路上受挫，在英国国内造成了对政府的压力，成为保守党在绍斯波特（Southport）的补缺选举中大败的原因之一。[109]除了国内的形势必须考虑外，与俄国的铁路争端还有战略影响。与索尔兹伯里或寇松相比，贝尔福的个人情感倾向于更明确的"长江优先"。在他看来，牛庄延长线商业价值很小。但他也清楚地了解其在与俄国谈判相互承认在华势力范围时的政治价值。

第一个回合出现在 8 月 12 日，在贝尔福的请求下，俄国驻伦敦使馆临时代办帕维尔·米哈伊洛维奇·莱萨（Pavel Mikhailovich Lessar）前来讨论铁路遇到的困难。对于贝尔福声称已达到"严重程度"的牛庄争执，莱萨提出了签订双边协议予以解决的主张。在这样的提议下，伦敦将承认俄国在中国东北的铁路特许权和采矿特许权；作为回报，圣彼得堡将对"富裕得多，人口也更加稠密的长江地区以类似的方式"予以保证。[110]莱萨的提议是个含糊的计划，但他自己也承认，俄国寻求了太多铁路的专有权利，但它根本没有办法建设这么多铁路。

俄国人的进逼带来了新形势。如贝尔福在一份冗长的内阁备忘录中所阐明的，英国政府有四种选择。第一种，伦敦可以默许俄国阻止英国修建牛庄延长线，并向中国政府索取"足够的赔偿"。第二种选择是与俄国达成协议。第三种，也可以向圣彼得堡宣布，俄国在牛庄问题上侵犯了英国的权利，是不可接受的，如果俄国拒绝做出令人满意的回答，则断绝外交关系并宣战。第四种选择包括采取"某些虽然暴力但却不那么剧烈的方法和步骤"，比如强行占领中国领土，

"也许我们应当……在必要的情况下派出军舰到牛庄，让海军陆战队登陆以保卫行动"。在四种选择中，默许是不可采纳的。与暴力选项相反的就铁路达成协议，则很值得考虑。在这样的交易中，俄国必将失大于得，因为长江流域在商业上比东北有价值得多。让俄国人承认英国对长江流域的特殊影响，将使英国"获得比通过冷血行动所能指望的大得多的势力范围"。

此外，英国武力恫吓的选项是"最简单的"，或者会导致战争，或者会带来一场外交胜利。贝尔福表示，坚定的对外政策将在国内收获成果，两种结果任何之一都将"在当前的民意下……［被公众］认为同样满意"。尽管贝尔福认为由于俄国缺乏战争准备，实际冲突的概率极小，但事态升级的风险仍不能完全忽视。俄国的专制君主"如果认为事关他本人的话"，也许宁肯一战也不愿受辱。贝尔福说，一场"引人注目的外交胜利"，将在国内大振政府衰微的声望，因为这将被视为"真正为声誉而不是为功利而战"。然而，任何外交胜利都将转瞬即逝，对中国的未来发展产生不了太大影响。最后，第四种选择会招来强大的反对。强占中国领土，无论如何对英国没有实在价值，却会给其他列强的"强盗行为提供新的借口"，从而激发新一轮的"领土抢夺战"。而且，在英国海军陆战队"某种警察式的保护下"修建牛庄铁路，也许会引发与俄国的战争。"对我们保卫部队的袭击"，将给英国带来"极大的好处"，因为俄国将作为侵略者而招致憎恶。鉴于后两种选择"重大且难以预测的后果"，贝尔福隐含的主张是，采纳莱萨的建议，谈判达成一项英俄协议。不过，与俄国的军事冲突得到了积极考虑这一事实，就不仅标志着英俄关系之紧张，也凸显了中国问题爆炸的可能性。[111]

贝尔福小心谨慎地准备着他的下一步行动。新任驻圣彼得堡大使查尔斯·斯科特（Charles Scott）爵士奉命向穆拉维约夫强调，俄国对牛庄铁路延长线的抗议，与俄国对尊重中国给予英国的条约权利的保证，是不一致的。任何协议都必须是互利的。如果准许俄国在全中国修铁路，却不许英国在中国东北修铁路，是不可接受的："这样的要求如果继续推行，势必不可避免地引发最严重的国际争端。"[112]这是第二个选项的实质与第三个选项的语气的结合。

斯科特和俄国外交部长曾于19世纪80年代一起在柏林供职，后来又同为驻哥本哈根公使。正如索尔兹伯里所说的，"穆拉维约夫的个性不会像他们（指欧格讷等人）那样让你吓一跳"。[113]的确，他们对中国铁路问题的讨论取得了良好进展。穆拉维约夫热衷于平息事态，但强调说英国修建这条铁路将损害俄国在大连湾的贸易。而且，在1898年3月中俄就东北问题签订的条约的附属特别协定中，中国曾保证不让长城以北的铁路线落入外国人之手。[114]穆拉维约夫和善的语气使贝尔福受到鼓励，决心继续推进。他指示斯科特提出一个由两部分组成的协议。北方的铁路延长线将予修建，如果有必要贷款的话，将由汇丰银行提供，但铁路将交由中国人控制，并不得抵押于非中国公司。拟议的协议的核心是，英国与俄国相互承认各自在长江流域和东北的铁路势力范围。穆拉维约夫将这样的交流视为纯粹是私下性质的，但暗示他本人愿意接受这样的提议，不过如果没有沙皇同意，他什么也做不了。[115]

两个星期后，俄国人似乎接受了贝尔福的提议。斯科特对索尔兹伯里出面会谈做出了乐观的估计。穆拉维约夫曾强调，俄国在中国的利益"纯粹在政治方面，而且在北京以北"，而英国的利益似乎很大程度上在商业方面，并且"在北京以南"。穆拉维约夫打算同意在此基础上划分势力范围。斯科特"很高兴［穆拉维约夫］有明显的意愿与我发展最友好和最信任的关系，以促成我们政府间达成良好的谅解"。伦敦应该投桃报李："在有关中国铁路的纠纷得到令人满意的解决的过程中，无论发生什么困难……我想，主要都不是来自政府，而是来自巴尔干时代的老魔鬼，来自非官方的俄国人。"[116]

仿佛为了证明自己的诚意，穆拉维约夫不久之后即提议，汇丰银行和华俄道胜银行应该解决它们之间的分歧，以作为两国政府拟议中的协议的补充。9月10日，俄国在东亚实施扩张主义的载体华俄道胜银行撤回了其对北方铁路延长线的投标，英俄之间迅速达成协议的前景似乎一下子光明了起来。[117]英国的高级外交官们都折服于斯科特的乐观精神。窦纳乐则认为，这证明了他本人早先在对北洋铁轨官路总局的贷款问题上的强硬立场，实际上像他在大多数其他中国问题的处置一样，都是正确的。他指出，俄国显然愿意照顾英国的利益，这表明：

一、你对俄国人说话，只要语气坚决，他们就会屈服。

二、如果我们允许"法国人的多愁善感"干扰我们在广东的南方各省（原文如此）的利益的话，我们最好是卷铺盖彻底离开中国。[118]

当索尔兹伯里9月初从法国回来时，就连他也希望迅速与俄国人达成协议。在接手谈判事宜时，他提议将拟议中的协议内容扩充，纳入一个关于铁路运价优惠的自我否定的条款。此举试图给圣彼得堡谈判额外增加一个技术难题，使问题更加复杂化，结果造成了谈判的延误。[119]谈判能否取得更大的进展，关键在于维特伯爵，因为是这位财政部长在决定着俄国的亚洲政策。在牛庄这样一个商业潜力优于大连湾的港口出现英国的商业据点，很有可能对他在中国北方推行俄国的商业和政治扩张的计划产生破坏。维特不在俄国首都，使俄国人有了很好的理由来拖延谈判。[120]

一旦建议中的协议就具体细节展开讨论，运价问题就不是唯一的难题了。斯科特对俄国人最终也想把事情办成，仍然持乐观态度，他也在继续向伦敦强调"改变我们对银行合同的态度"的必要性。他没有预料到，假如要求的担保不包括控制牛庄延长线的话，俄国人就会反对北洋铁轨官路总局的贷款。斯科特的首要关切是划定势力范围："必须满足我们确保长江流域，以抗衡俄国人的竞争。"但划定东北和长江流域，以及拉姆斯多夫所谓的两者之间"明显的中立地区"的界限，可不是件容易的事件。[121] 实际上，在最初的兴奋后，斯科特对迅速达成协议的概率也越来越悲观了。沙皇、维特和穆拉维约夫都不在圣彼得堡，拉姆斯多夫和财政部副部长也都不是他们真正的代理人，没有谈判的全权。索尔兹伯里向斯科特指示了长江流域的地理定义。然而，却无法诱使拉姆斯多夫在地图上画出东北的范围来。斯科特担心穆拉维约夫的副手企图分别处理建议中的协议的两个要素：牛庄延长线的最终解决和势力范围的划分。后者将是整个协议的核心，正如斯科特反复警告拉姆斯多夫的："如果协议的基础有任何重大偏离……对我们达成令人满意的解决办法的努力能否成功，都将证明是致命的打击。"但斯科特断定，除非"大人物"们回到圣彼得堡，否则什么也办不成。[122]

斯科特一直等到 11 月 2 日，才首次见到维特。这位财政部长强调了他与英国达成"完全诚挚和令人满意的谅解，以及坦诚友好的关系"的愿望，作为他诚意的象征，他提出了对开放大连湾于国际贸易的展望。他暗示说，占领旅顺港和大连湾是令他不情愿的，是对德国占领胶州湾的"仓促的反制措施"。尽管这些行动已经不可逆转了，但他向斯科特保证，俄国在中国的利益"绝不是要向着进一步扩张的方向发展……而是以巩固和平的政策为中心"。在主要问题上，维特仍然引人注目地反应冷淡。他认为，建议中的协议条款不足以防止双方相互侵犯的可能性："我们各自的银行都有可能帮助外国企业，一边表面上守信，一边违反协议的精神。"取而代之的是，维特提出了达成一种总体共识的主张，将约束双方"在世界任何地方发生任何问题时……包括各自的利益有可能发生冲突时"，相互进行协商。他认为，在这样的协议的主持下，在中国因铁路及其他商业项目引发的敌对，都可以轻而易举地解决。这在部分上反映了索尔兹伯里在1898年初时的主张，然而，维特的提议遭到了伦敦的冷淡回应。11月4日，索尔兹伯里刚刚向群情振奋的公众宣布了与法国较力的法绍达事件*的胜利结果，维特的提议就传来了，首相心想："这真是个绝好的笑料。"8月初时首倡这一谈判的贝尔福，也认为维特的提议是在"开玩笑"。由于牛庄铁路特许权原则上已确定，他主张英国"应当坚持划定势力范围"。[123]

斯科特小心翼翼地继续推进。法绍达事件给人们带来的持久的不安和俄国人对法国在东非的野心的可能态度，都是必须牢记在心的，但也都不是决定性的。[124]更重要的是，与拉姆斯多夫的会谈证实了斯科特的感觉，俄国政府已经对拟议中的协议失去了兴趣。11月8日，拉姆斯多夫附和了维特的担心，协议会被独立的、私有的商业利益抵消。问题的关键是，圣彼得堡当局"未能预留足够的力量来控制［华俄道胜银行的］的保证，无法限制其行动范围"。俄国政府的想法似乎也很混乱。虽然维特暗示过开放大连湾于国际贸易，但拉姆斯多夫却小心谨慎地不对这点做正式确认，他提出了一个多少有些奇怪的理由："过去在这个问题上有误解。"[125]

索尔兹伯里对事情的逆转很不满意。在他本人经历了1898年初

---

* 1898年，英法两国为争夺非洲殖民地而在尼罗河上游的苏丹小镇法绍达（Fashoda）发生冲突。两军对峙，形势一度极其紧张。后以法国主动妥协撤军，双方就非洲势力范围划分达成了协议而告终。——译者注

那次"流产"的尝试后，维特关于为解决世界不同地方的突出难题达成总体共识的建议，对他没有什么吸引力。他认为范围更有限的铁路协议更为切实可行。维特的提议，"虽然包含有一系列可敬的情感"，却不是谈判的郑重基础："我们希望的是，俄国不要对长江地区的铁路特许权向总理衙门提出要求，也不要反对我们在那里提出要求；而我们保证，就满洲而言，我们遵守同样的行为准则。"[126]

穆拉维约夫于 11 月 23 日返回了首都，在他首次接见外国外交官时，斯科特大使就向他提出了这个问题。在穆拉维约夫的提议下，11 月 25 日安排了一次和维特共进的晚餐，三人讨论了这两个拟议中的协议。在一场漫长的拉锯战中，两个俄国人表达了他们对东北作为中国"比较穷、价值最小的部分"的担忧，他们提议达成替代性的协议，在两国政府换文的基础上，"通过坦诚而友好的磋商，就两国的所有利益，无论是财政利益、商业利益还是其他利益，寻求达成谅解"。在此基础上，牛庄铁路延长线的具体细节可以随后再解决。未来的任何难题都应当以"具体问题具体分析"的原则来解决。三人都提到，对各自在中国的势力范围的定界应当忽略，"同时默认它们的存在"。继而穆拉维约夫多少有些一反常态地说了一番滔滔不绝的夸大之词，提出替代性协议将"标志着［英俄关系中］一个相互信任的新时代的来临"。[127] 这比索尔兹伯里所期望的大打了折扣。如果没有确定的协议，他不打算对俄国人的政策给予任何信任。

施塔尔鼓励穆拉维约夫抓住这个时机，与英国重启关于中国问题的总体预备性谈判，但进展仍然令人痛苦地缓慢。[128] 如果说与此前有什么不同的话，那就是会谈是在破裂的边缘摇摇晃晃。1 月底，穆拉维约夫抓住英国商业设施在牛庄扩大的新闻，认为"这是走向了破坏俄国在满洲的铁路利益的方向"，威胁要中止谈判。维特也表示，反对加入"门户开放"条款。[129]

于是，与俄国的协议，不会像索尔兹伯里希望的那样影响深远，但也不是不可能达成。2月7日，穆拉维约夫终于拿出了他承诺已久的草案。其实，那只是1898年11月提出的关于总体共识的非正式建议的稍稍修改的版本。中国的铁路特许权问题非常复杂，相互冲突的要求最好单独解决，以免拟议中的协议"在条件不成熟的情况下触及具体问题或细节"。作为其基础，穆拉维约夫又提出了1898年初欧格讷提出的"避免一切对抗"的流产的提议。为了适应索尔兹伯里最初的提议，他承认，在总体谅解内，协议应当"建立于在［两大国］的经济倾向或地理倾向的范围内区分主要利益的基础上"。"主要利益的区分"，无疑正是索尔兹伯里于1898年初所提出的。作为对势力范围的这种定义的一部分，也作为总体谅解的初步措施，俄国人的草案设想双方保证互不妨碍在长江流域和，就俄国而言，"长城以北"的各自的铁路事业。[130]

俄国人的这个协议草案，比之莱萨最初的方案，更加含糊，效力也更弱。只在一方面有所突破：提出俄国的势力范围是长城以北，这是一个比贝尔福头脑中已有的"满洲"的地理范围更广大的定义。[131]而且，俄国人的草案也没有提到拟议中的禁止优惠运价问题。然而，俄国人也不大可能出价更多了，斯科特主张继续谈判。[132]索尔兹伯里也表示同意。他意识到这个草拟的协议将约束英国不得在中国东北竞争铁路特许权。然而，由于已经在规划中的英国在北方的铁路线是唯一可行的——如果与俄国人的铁路相连的话，"俄国人的好意"是必需的。索尔兹伯里断定："因此我们的牺牲不会太严重"。再考虑到穆拉维约夫承诺尊重英国在长江流域的优势地位——"这点有相当大的价值"——索尔兹伯里的判断就显得更加正确了。[133]

圣彼得堡谈判曲曲折折的过程，证实了人们对俄国人由来已久的怀疑，正如索尔兹伯里所讽刺的："和他们谈判简直像是抓捕抹了肥皂的鳗鱼。"不过，他在争取张伯伦支持时，仍然向他解释道，协议草案并非"毫无价值"。草案承认了英国在中部地区的支配地位："而我们为此什么也没有付出。"[134] 桑德森和伯蒂联合劝说施塔尔，授予中英公司特许权不会将山海关以北的铁路延长线交由公司控制。索尔兹伯里本人并不完全满意。旷日持久的谈判已使该计划沦为"无足轻重"。但他急于为此事画上一个句号，于是准备"在总体范围内"接受穆拉维约夫的草案。[135]

谈判于 3 月初重启。穆拉维约夫和拉姆斯多夫接受了北洋铁轨官路总局贷款的事实，但是坚决主张拟议中的英俄协定应当只是初步的，只能采取换文的形式，"关于具体问题的协议……可以在此基础上嫁接"。比之贝尔福最初的提议，这将"为永久的可行的协议"奠定更加坚实的基础。斯科特提醒穆拉维约夫，存在"协议被破坏的风险"。[136] 他强调俄国的草案"相当缺乏广泛性"：英国的提议"将防止英国和俄国分别在满洲和长江流域支持铁路建设"，而穆拉维约夫的草案则反之，只是要求它们不要反对各自在这两个地区的铁路计划。而且，谈判又一次陷入了外交部与财政部对抗的涡流中。尽管穆拉维约夫做出了保证，俄国驻北京的使节却就北洋铁轨官路总局的贷款提出了抗议。[137]

尽管这最后一个问题解决了，但谈判的缓慢步伐仍然给英国造成了一定的失望。桑德森和拉塞尔斯都急于尽快达成协议，以免德国外交人员企图破坏英俄修好。[138] 到了 3 月中旬，穆拉维约夫终于同意，协议中应包括双方相互保证，在对方的势力范围内既不为自己谋求铁路特许权，也不妨碍对方获取这样的特许权。这满足了英国的某些关切，但穆拉维约夫没有改变其对俄国势力范围的广泛定义，即长城以北地区。他也不急于结束谈判，相反却抓住更多的障碍做文章。他这时声称，北洋铁轨官路总局的贷款协议中的某些条款，也许包括"由'外国控制'这条铁路的内容",而这无疑意味着由英国控制。[139] 如桑德森愤怒地抱怨的,莱萨也说过同样的话,"而说这样无礼的废话以解释他们的反对,令我十分恶心"。这位常务次官将这最后一次花招斥为"卑劣的小伎俩"。自胶州湾危机以来,桑德森一直赞成于俄国人就中国问题达成协议,但现在反对起再做让步。他对斯科特说,如果谈判破裂,和俄国人关系趋紧,将是令人遗憾的,但"那不是我们的错"。[140]

穆拉维约夫在小问题上让步了,暗示说他现在只希望将讨论局限于铁路问题,以便尽快结束谈判。实际上,这意味着他提出了又一项反对意见,涉及中英公司向奉天附近的一个矿业小镇修建一条支线铁路的特许权问题。又一次,谈判濒于破裂,也是又一次,索尔兹伯里妥协了。[141] 4月20日,协议最终达成了内容一样的最后文本。尽管会期拖延了许久,最终的协议实质上却与穆拉维约夫2月初提出的建议相差不多。[142] 令斯科特长舒一口气的是,"这个讨厌的铁路问题"终于解决了。他认为,协议将"比我们迄今不得不应对的对意图的口头保证可靠得多"。[143]

《斯科特-穆拉维约夫协议》从很多方面来看,意义都很重大。就中国问题总体而言,该协议有助于平息由甲午战争引发,因胶州湾危机而加剧的争夺铁路特许权的狂潮。相对于比洛所说的"英俄利益的巨大冲突",[144] 1899年4月的这个协议,是一个有助于使两大列强的关系建筑在更正常基础上的"人为的"可行的解决办法。协议的具体细节,相对于其存在来说并不重要,正如索尔兹伯里在英国议会上院所解释的:"这个……协议的价值在于预防了两国政府可能发生的冲突。"[145] 另如法国新任驻伦敦大使保罗·康邦(Paul Cambon)所敏锐地指出的,英国与俄国的协议,也是对事实上存在的英国与德国就山东和长江流域诸省的铁路特许权协议的补充。康邦警告说，英国在和俄国与德国分别解决了北方问题后，现在该转过身来，同法国解决中国南方的未来问题了。他预测伦敦会重新祭出在非洲问题上曾对法国使用的"残酷的手段"。康邦指着英国大众媒体上发表的标示着外国势力范围的中国地图，表示《斯科特－穆拉维约夫协议》还只是一种"初步交流"，英国获得的只是"部分猎物"。[146] 外国外交官经常不可救药地断定英国外交是背信弃义的，但索尔兹伯里在中国的野心实在是比他们指斥的要小得多。

铁路协议的达成，凸显了为英俄谅解这一概念填入实际内容的困难，也展示了"抢夺特许权"给英国外交带来的机会，因为在中国问题的这一阶段，其他列强之间的分歧更为突出。索尔兹伯里政策的战术优势之一，便是他能够操纵和利用列强相互冲突的野心。关键的是，与俄国的正式协议和与德国关于铁路范围的非正式谅解——这点往往被历史学家们忽略——是密切配合的。两个协议都凸显了英国不断维护其在华利益的能力。就此而言，这两个"协议"也稳定了索尔兹伯里在政府中的地位。尽管索尔兹伯里和贝尔福早先有分歧，但贝尔福在铁路谈判中的努力，也说明了两人在根本问题上还是一致的，这也进一步巩固了索尔兹伯里的地位。然而，贝尔福卷入了张伯伦私下里进行的结盟尝试，还是凸显了既有的外交政策共识的脆弱性。张伯伦进行的会谈，今天重新诠释，不能贬低为业余的戏剧性行为，没有真正的意义。这些会谈虽然最终没有成功，但表明了对索尔兹伯里拖延的费边主义政策日益加深的不满，以及对英国政治精英解决对外问题的信心的不足。

索尔兹伯里没有这样的麻烦。但如果说他曾希望英俄关系更顺利地发展的话，那么他算是足够讲求实际的，他明白协议并没有移除两国在亚洲的对抗。[147] 事后看来，协议只不过是个权宜之计，不到一年就会过时。实际上，《斯科特－穆拉维约夫协议》所尊奉的"长江－满洲交易"，也隐含地承认了英国在中国的商业地位和政治地位都在下降。自 1895 年起，在法国－俄国的联合施压以及德国的间或帮衬之下，英国在中国的优势影响逐渐缩小到仅限于长江流域地区。协议暂时帮助稳定了中国局势，但不会持续太久。

第四章

"听天由命"：
中国问题，1899—1900

　　1898—1899 年的协议，试图管控中国问题中最不稳定的因素，从而使国际政治得以安定。这也是索尔兹伯里外交政策最后的辉煌。到了 1900 年，列强此前三年的瓜分豆剖，在中国引发了暴力反弹——义和团暴乱，加大了统一主义者大臣们对英国的政策方向，实际上也是对其所基于的原则的不安。是中国问题，而非南非问题，将使英国的外交政策陷入其迄今最严重的危机中。

　　《斯科特－穆拉维约夫协议》将英俄在中国的关系置于更合理的基础上，但并没有消除两国之间潜在的对抗，也没有阻止俄国将其影响进一步推向长城以南地区的企图。协议达成还不到一个月，英国外交部便鸣响了警报，俄国企图获取新的特许权，将中国首都与北方的铁路网在牛庄连接起来。伯蒂警告说，如果让这一企图成功，北京当局将越发受到俄国的摆布。索尔兹伯里对此表示同意。一旦跨西伯利亚大铁路完工，北京将"面临最严重的危险"。诸如英国或日本等海军强国，都将无力帮助中国政府，索尔兹伯里考虑让中国将首都迁往长江流域的南京，使得英国海军能够发挥决定性影响：

"我们的军舰能在很大程度上，切断正在前进的敌军与后方的通信联络。"[1]

这等于承认了英国在中国的实力和影响的有限性。然而，牛庄—北京铁路问题并没有破坏英国与俄国的关系。主导俄国政策的沙皇－穆拉维约夫－维特三驾马车似乎急于"使一切保持平静，避免产生任何能（在中国或其他地方）引发麻烦的借口"。[2] 作为这种愿望的显示，铁路协定使远东的总体政局保持平稳。俄国和 1895 年参与三国逼迫还辽的另外两强都需要安定，以消化 1898 年的所获。鉴于与俄国的结盟具有压倒一切的重要性，法国注定要唯俄国马首是瞻。而且，比洛一直寄予厚望的英俄敌对的明显减弱，也极大地削弱了德国搅事的能力。从英国的观点看，铁路协议的达成，与其说是在恢复"1815 年时存在的与俄友好的老托利党政策"——尽管索尔兹伯里似乎时不时地怀恋起那时的友好[3]——毋宁说是彰显了索尔兹伯里外交政策与金伯利时期的连贯性，即努力维护中国的稳定，从而控制这个可能极具爆炸性的国际问题。

尽管列强在努力避免围绕中国问题引发任何紧张局势，但中国形势的发展却形成了一种很快就将剧烈地重新构成问题的新动力。很少有观察家预料到了将于 1900 年席卷中国和外国列强的那场危机。只有那些没有被追逐特许权的兴奋冲昏头脑的人，明白预测中国已处于垂死状态，还言之尚早。萨道义在日记中写道："人们忘记了中国人的消极抵抗，就像是印度橡胶。你可以把手指使劲地压下去，然而一旦你移开手指，那效果就立刻消失了。"[4] 事态的发展，很快就不仅仅是消极抵抗了。1898 年 9 月北京发生的一场政变，结束了短暂的改革时期，一伙保守反动的满族官员重新掌握了权力。他们得到了中国真正的统治者慈禧太后的支持。大多数改革措施如今被逆转了，保守的官员和初生的义和团运动的联合，逐渐成形了。[5]

第一个受到中国人强硬对抗的外国列强是意大利。1896年阿杜瓦（Adowa）战役[*]的惨败，并没有削弱意大利人在国际政治中扮演主要角色的野心。罗马不甘落于其他列强之后，也加入了争夺租借地的混战。[6]但是如果没有英国的支持，意大利在亚洲寸步难行。索尔兹伯里并不愿意为意大利在中国火中取栗。意大利前来搅局，将使远东政治更加复杂化。作为列强中最弱的一国，意大利总是有被其他列强裹挟进反英同盟的倾向。而且，由于财政长期处于困难状态，意大利即使在海外获得海军基地，最终也很可能被迫让与其他列强。弗朗西斯·坎贝尔（Francis Campbell）警告说，要明白意大利人打浙江省的主意，会损害英国在长江地区的影响，特别是鉴于斯科特在圣彼得堡的谈判，已确定将浙江纳入了长江地区，这也许会导致其他列强"要求我们放弃别的省"。[7]意大利要求获得一个补煤站的全部内容中"相当严重的地理混淆"——其最新一版中似乎还纳入了长江流域的部分地区——成为索尔兹伯里拒绝其提供外交支持的要求的求之不得的借口。于是，意大利的外交又遭遇了远东的"阿杜瓦"，其在舟山群岛以南、宁波附近的三门湾建立海军基地的计划，静悄悄地流产了。[8]

这段奇特的插曲无疑证明了英国在紧邻长江流域的地区，还能照顾自己的利益。就此而言这也彰显了"长江第一"政策持续的重要性。自上次远东危机以来索尔兹伯里和贝尔福一直在推行这样的政策。不过，意大利人的插足，与俄-法-德的角逐，毕竟是不可同日而语的问题，三国同盟再现的可能性，始终是让索尔兹伯里和他的官员们最为不安的心腹大患。而且，意大利对中国"武力恫吓"

---

[*] 该战役发生于1896年3月1日，是意大利第一次侵略埃塞俄比亚战争的最终之战，埃塞俄比亚军民大败侵略军，随后意大利被迫签订和约，承认埃塞俄比亚完全独立。——译者注

政策的流产，对所有其他列强也不无影响。意大利人耻辱的退却，进一步鼓励了北京朝廷圈子内本已不断高涨的排外情绪，正如窦纳乐所记载的："他们（指意大利人）的军舰来了，看了，走了，他们的大使被召回了。辫子们正在全线告捷。"[9]

意大利人没能在中国获得一个立足点，在中国强烈反弹的更广阔的大背景映衬下，也就无足轻重了。这股新的反对和抵制外国人的风气，并不局限于朝廷官员和省级当局中。强烈的排外情绪已蔓延到中国的整个社会组织中，甚至可能渗透到维系组织的黏合剂中。经济不景气和自然灾害所助长的一种全面的迷信氛围，又使形势进一步恶化。不断高涨的中国民族主义浪潮，受到了半个多世纪来外国侵略所激发的民愤和对基督教传教士们强烈的憎恨的刺激。正是在这种怨愤十足的气氛下，一场反对外国人的浩大运动于 1900 年爆发了。这场运动是由西方人称之为"义和拳"（或"正义与和谐的拳头"）的组织推动的。义和团是秘密会社与地方民兵的结合，由若干种很大程度上互不协调的团体构成，对中国北方各省迷信而苦难的民众有着越来越强的吸引力。[10]

英国对义和团运动在 1900 年春天和初夏的蔓延，政策上的反应非常迟缓且没有清晰的方向感。混乱的应对，是两个相互刺激的因素的结果。首先是窦纳乐未能让伦敦对正在临近的危险产生警惕。这位军人出身的外交官沉着冷静的气质，对他在"拳乱"危机的高潮时期掌管中国首都被围困的使馆区的防务，产生了很好的作用，但却使他在认清这场排外运动的性质和潜能方面显得迟钝了。当第一波暴力行动在中国北方发生时，窦纳乐对形势的报告仍然很含糊。他甚至以一种轻浮的笔调写道："旷日持久的干旱，对于乡村地区的骚乱起了很大的助长作用，而一场一连多日的大雨，对于恢复平静，将比中国或外国政府所能采取的任何措施都更为有效。"[11]

其次是，在窦纳乐的报告的误导下，索尔兹伯里尤其倾向于完全从列强角逐的角度来审时度势。于是，当驻北京的外国外交官们最终醒悟过来，认清了形势的严峻性并采取措施加强使馆防卫时，索尔兹伯里却担心回到1898年列强争夺租借地的局面："我可不乐意看到在中国举行一场'欧洲音乐会'。"他反复地强调他对列强进一步行动的协调性的"不安"，指示窦纳乐"尽可能地躲在幕后"。[12]窦纳乐的迟钝和索尔兹伯里对混战局面重现的担心相结合，便导致了英国政策对中国问题可能对列强关系产生的剧烈破坏毫无准备。

北京使馆被围困和中国于6月21日所谓"宣战"的消息，在欧洲和北美激发起公众舆论。英国媒体甚至忽略了南非的战争，全神贯注于中国事态。[13]谣言和全无根据的消息甚嚣尘上。自6月14日起，与北京的直线联系便被切断了，中国北方唯一的消息来源便只有驻天津总领事贾礼士（William Richard Carles）了。这位总领事也传送了一条赫德爵士从北京多少是"偷运"出来的信息，请求立刻救援。在英国外交部，官员们对"使团的命运全靠谣言和猜测"，[14]而谣言和猜测无法为对外政策提供依据，英国外交界存在着犹豫不定的因素。5月底，使馆加强警卫后，伯蒂无奈地接受了中国问题已进入了最危险时期的判断。这反过来又有深远的国际影响："列强将不得不对太后采取强硬手段，将把中国彻底打垮并加速对其瓜分。德国似乎还不满足于山东，还想向南方伸手。"[15]

若干因素交叠，导致英国在6月和7月的外交行动瘫痪了。担心危机会加速中国的最终灭亡，是一个因素；对骚乱呈现的规模感到深深的震撼，是另一个因素。倾向于采取强制性和惩罚性措施的旧的习惯性思维并没有消亡。桑德森和萨道义一致主张"如果使馆被摧毁，我们就应该将皇城夷为平地"，而贾礼士和西摩尔则建议摧毁奉天以东大约60英里（约96公里）处的古老的满族皇陵。这些提议都得到了英国外交部的郑重考虑。[16] 这样的建议都是在绝望情绪下爆发的不假思索的馊主意。实际上，索尔兹伯里对贾礼士的主张根本不屑一顾，他担心这样会重蹈戈登在镇压苏丹马赫迪起义时的覆辙。任何这样的远征，都需要从救援北京的行动中抽调急需的人力资源，而且还不能保证对"反叛的士兵和狂纵的暴民们"产生期望的效果。[17]

索尔兹伯里的分析是足够令人信服的。然而，英国对外政策瘫痪的首要原因，却在于索尔兹伯里本人。事态发展的速度、地理距离，以及列强无力通过外交或军事压力影响事态进展，都的确强他所难了。随着形势于 5 月和 6 月不断恶化，他不得不将执行英国的对华政策的权力下放给窦纳乐和西摩尔，但他主要关切的还是当地的列强对手："有许多可能发生的危险，但最严重的还是，决不能让俄国占领北京的全部或局部……如果俄国表现出有此意图的任何迹象，我们都有必要同时占领北京一些重要的部分。"[18]

索尔兹伯里的担心，又因为驻北京使馆武官乔治·菲茨赫伯特·布朗（George Fitzherbert Browne）中校关于俄国和日本在该地区展开军备竞赛的一份详细报告而进一步加剧。他不相信俄国和日本会在不久的将来开战，但警告说"无法预料的情况随时可能使形势急转直下"。[19] 义和团危机有可能升级为一场地区性战争。索尔兹伯里的困境在于，他不得不将"临机"决定英国政策的权力交给窦纳乐，同时又必须努力遏制俄国："干预窦纳乐爵士的自由裁量权和行动，是轻率鲁莽的。假如他离开了北京，俄国在法国的支持下，仍将是占有优势的。我们正在聚集一切可用的力量。在我看来，俄国，而非中国，才是当下最大的危险。"[20]

哈茨费尔特报告说，白厅充斥着对俄国的怀疑。军情界也预测俄国试图"尽可能地使中国保持骚动不安的状态，直到整个这一地区像满洲一样落入其股掌，或者在该地区建立一个亲俄政权"。[21] 日本人也有同样的猜测。这时已担任日本外相的青木周藏，认为俄国政府的意图就是"使中国北方彻底毁坏，然后进入"。索尔兹伯里像伯蒂一样，预料其他列强都已采取了新的"攫取"政策，于是指示西摩尔先发制人地制止这样的企图，而如果失败了，他就要或者占领南京的要塞，或者占领舟山群岛，作为反制手段。[22]

6月14日，在最后一份电报中，窦纳乐报告说俄国和日本都向中国北方派出了军队。他敦促索尔兹伯里从香港地区、新加坡和印度调兵，增援西摩尔人数不多的海军陆战队。他警告说，只有向危机地区派出与俄国兵力相当的军队，英国在中国的政治地位才能得以维持。然而，香港所有可调的部队都已派往大沽了，因此，6月18日印度政府做出了安排，立刻派出一支远征军前往中国。[23] 这些措施都只能满足最低的需求，最大的可能性，英国都给了布尔战争那边。

索尔兹伯里都没准备主动采取任何进一步的措施。实际上，派兵增援的决定，很大程度上是由印度事务大臣乔治·汉密尔顿（George Hamilton）勋爵做出的。索尔兹伯里低估了中国北方形势的压力。至迟到6月12日，他还对萨道义说，义和团"闹不成什么大事情"。同样地，几天后他又向女王保证，"拳匪不过是一群乌合之众"，不可能对被围困的外国人造成太大威胁。[24] 索尔兹伯里的自满，又因为正在英国国内休假的窦纳乐的使馆秘书的进言，而进一步增长。按照艾伦赛的评价，义和团组织混乱、领导无力，且缺乏正规的现代化军事装备。他向索尔兹伯里保证，除非清帝国政府军与"拳匪"联合作战，"〔中国〕首都欧洲人的性命根本不必真正担心"。一年前就已经制订好一份应急防卫计划，单靠英国和俄国的分遣队，就足以抵御敌人的进攻。艾伦赛的过度乐观来自一个错误的估计："西摩尔海军中将不大可能带领这支部队返回天津。"[25]

索尔兹伯里对积极干预缺乏热情，也有更深的考虑。虽然"拳乱"引发了公众的想象，但索尔兹伯里判断英国的关键利益并没有受到这场骚乱的影响。长江各省依然平静，那里的贸易也毫发无损。最重要的是，如伯蒂向萨道义解释的，他担心列强施以重手会击倒清王朝，加速中国的分裂。索尔兹伯里对危险非常敏感：由于英国的军事资源被拴在南非，它将不可能对中国的分裂构成有效的阻拦。他尤其怀疑俄国，某种程度上也怀疑德国，猜测远东局势是它们下出的大棋。[26]

越来越多的政府大臣为首相看似的优柔寡断所激怒。汉密尔顿是一位训练有素的军人和经验丰富的行政官。在 1895 年执掌印度事务大印之前，他曾在印度事务部担任低级官员，并曾两度掌管海军部。他抱怨索尔兹伯里和外交部"无可救药地软弱无力"。劝诱首相当机立断看来是不可能的了："放任自流，现在看来是外交部，至少是其首长所接受的策略了，但不幸的是时间不在我们一边，我们拖得越久，就必发现我们的处境越糟。"[27] 索尔兹伯里的外交次官圣约翰·布罗德里克也同样不满。中国危机和索尔兹伯里的不作为同样令他感到焦虑。他不再认为首相高明了。首相不愿做出决断，导致英国外交政策的核心出现了真空。布罗德里克试图抓住主导权，逼迫索尔兹伯里采取行动。他警告说，西摩尔的救援行动如果得不到支持，将难以为继。他建议，应当由陆军部和印度事务部"催促从印度派出一到两个营的兵力"。[28]

布罗德里克没有中途罢手。他向寇松抱怨说："我有一个星期，可以与你在 1898 年关于威海卫事件的那个星期相比。"他在征得了贝尔福、张伯伦和戈申的支持后，提议在与俄国和日本达成谅解的基础上，在中国北方建立"某种指挥中枢"，在其指挥下，俄国和日本各出兵 4000，英国出兵 2000。[29] 他指出："此间的所有中国问题权威人士，都认为［西摩尔］海军中将会被击退。"他主张，除了与俄国和日本合作外，别无选择："如果我们想主持演出的话，我们肯定必须使日本人与俄国人相抗衡。"[30]他的言外之意很明显。如果英国政府不能"主持演出"的话，其他列强就会掌控军事行动，从而赢得对"拳乱"之后的中国的政治影响力。

索尔兹伯里无动于衷，在"巨大的一分钟"内拒绝了布罗德里克的主张。俄国及其对中国北方领土可疑的阴谋，仍然是索尔兹伯里政治考量中关键的变量。布罗德里克方案中的俄国因素，"包含的风险要大于好处"。索尔兹伯里的推理是坚定而冷酷的："如果［西摩尔］能搞定，那暂时就不需要他们（即俄国人）；而如果他搞不定，那要他们也没用。"布罗德里克的"三方军事联盟"计划最终将由俄国人主导："在几乎所有军事和外交问题上，我们的政策都会被他们玩弄于股掌之上。"像这样屈从于俄国人，会承受"程度可怕"的风险。鉴于俄国人在当地数量处于优势，联盟内部出现分歧，很可能会做出有利于俄国的决策。在这样的事件中撤出联合行动，不是合乎实际的选项，因为"我们会发现他们已经占据了所有有利位置"。无论是西摩尔还是窦纳乐，都没有请求采取进一步的军事措施。他斥责贾礼士的报告是"耸人听闻"，拒绝"干预他们（即西摩尔和窦纳乐）的自由裁量权，除非我确知他们无力处置"。[31]布罗德里克没有被索尔兹伯里的论断说服，甚至对他的危机处置不以为然："他看不到任何危险。说是舰队司令没有提出请求——他的通信线路被切断了，这没什么奇怪的。"[32]

索尔兹伯里之所以拒绝，其根本还在于他担心俄国会在北京把自己树立成"欧洲的代表"的形象。按照奥地利大使的说法，索尔兹伯里认为中国的分裂即将来临。的确，贾礼士从天津报告说，俄国和法国的海军陆战队已经控制了那里的铁路："一切似乎都在表明，法国和俄国单独达成了谅解。"[33] 索尔兹伯里不愿发动大规模军事行动，还因为要在意其他列强的态度。在柏林，比洛向拉塞尔斯保证，驻扎当地的军队已经足以平息骚乱，恢复秩序。[34]

布罗德里克没有被吓住，又一次提出了采取联合军事行动以救援北京的主张，但又一次遭到了索尔兹伯里的反对。布罗德里克告诉寇松："索尔兹伯里勋爵爆发出他最大的暴怒。"危机是地方性的，而向俄国和日本提出任何提议，都只会鼓励它们为军事援助漫天要价。而且，索尔兹伯里认为，俄国和德国的军队增多了，"会导致西摩尔海军中将和窦纳乐爵士做出妥协"。布罗德里克为他的向中国北方派出多国远征军的计划，征得了贝尔福、戈申和其他大臣的支持。6月21日晚上，他们"一致同意……由我再跑一趟，争取在（6月22日的）内阁会议前吓倒索尔兹伯里勋爵"。索尔兹伯里最终同意，由列强各出兵10 000，此外邀请美国参加军事行动。外交大臣坚持不签订任何正式协议。他宁愿采取"滑铁卢协议，由惠灵顿（Wellington）和布吕歇尔（Blücher）分别行动"。布罗德里克对危机的规模有更敏锐的感觉，提出要"四个惠灵顿和三个布吕歇尔"，但无法克服索尔兹伯里的反对。他总结道，其结果就是"我们得到了部队，但其组织就要听天由命了"。布罗德里克对他与索尔兹伯里的最后一次会谈结果并不满意。意味深长的是，会谈结束后，布罗德里克立刻向贝尔福和戈申报告了情况，两人也同样很失望："阿瑟和戈申绝望了……他们实际上是在说，或者去把索尔兹伯里勋爵气翻，这我们谁都不会去，或者就什么也不干。"[35]

内阁批准了汉密尔顿6月22日做出的从印度派出援兵的决定，但布罗德里克继续施压索尔兹伯里接受不止于"滑铁卢协议"的条件。在又一次"秘密会议"中，贝尔福、戈申和希克斯·比奇"都同意我应该再去找他（即索尔兹伯里）试一试"。6月25日，布罗德里克在议会上院找到了索尔兹伯里，并与他一起步行回外交部，他在路上详细介绍了自己的最新计划：应要求列强每国"出兵份额为 10 000 — 12 000 人"，由于这些部队的主体至少在一个月内不大可能到达，"应请求日本派出超出其份额的兵力"，为 25 000—30 000 人。这相当于国际授权日本承担救援使馆的任务。索尔兹伯里又提出了新的困难。俄国和德国的大使都生病了，穆拉维约夫四天前去世了，拉塞尔斯请假离开了柏林，因而不可能"迅速谈判"，而且"无论俄国人、德国人，还是日本人，都对他们的公使馆发生了什么情况不大在意，德国人最不愿意在中国花钱了"。所有这些都是为掩盖索尔兹伯里真实目的的制作并不精心的烟幕，因为这都适合于他使军事协定尽可能地含糊。如果没有包括俄国在内的有约束力的协定，他就能尝试利用日本作为为他火中取栗的猫爪。在与布罗德里克交谈后，索尔兹伯里会见了日本使馆临时代办："索尔兹伯里勋爵向日本人强调了机会现在在他们一边的事实。如果他们不能有效地干预，骚乱就会加剧，而如果局面完全失控，俄国人就会主宰北京，这应当是他们都不愿看到的景象。"[36]

这是直接在投合东京对俄国人的疑虑。在当前危机爆发之前，青木就曾暗示过，只有"再来一场塞瓦斯托波尔战役"，才能阻止俄国人在亚洲的进一步扩张。[37]然而无论这位日本外相怎样坚信与俄国的最终冲突不可避免，他也不愿为任何人火中取栗。1895 年的创伤使得日本人对所有外国列强都产生了深深的疑虑。青木同意索尔兹伯里的判断，"俄国人可能有意要从当前的骚乱中渔利"，但他坚持要与英国和德国达成正式的协议，以抗衡俄国人的图谋，作为日本接受委托的必要的前提条件。[38]这样的三方联合，是青木在出使柏林时期就想促成的心爱计划，尽管看上去除了性质和范围上都只是关于在中国采取军事行动的专门协定，他不可能考虑得更多了。无论如何，索尔兹伯里表现出自己不会接受青木的提议。于是，后者这时变得更加谨慎起来。然而，布罗德里克和贝尔福仍然热情高昂地向日本发出了"第三次呼吁"。[39]

布罗德里克的计划因为俄国和法国反对委托日本，又陷入了越发复杂的境地。两国都欢迎日本派出更多的部队，但却拒绝在中国授予日本"特权地位"。有可能与法俄同盟发生冲突这一前景，想必是影响了日本政府，使其做出了拒绝增加其远征军数量的决定。英国这时提出向日本提供 100 万英镑补助，促使其立刻动员并派出 20 000 人以上的救援军，但伊藤政府担心俄国大棒的分量会超过英国的金钱胡萝卜，拒绝了收买。[40]

索尔兹伯里本人对指挥问题漠不关心，他也只是很勉强地同意了从印度派出援军。汉密尔顿通知印度总督，指挥权问题要继续模糊："［英国军队］在中国参加的任何军事行动的全部管控权，当前归［印度］事务部和贵政府所有。"[41] 如果指挥权问题再度被提出，汉密尔顿注定将在决策方面起关键作用。与此同时，首相于 6 月底离开了伦敦，躲进了哈特菲尔德庄园，对于引发了危机的高压外交政策深感失望。他这时已不怀疑"使馆区遭到了屠杀……遭到了强大的反对，拯救外交人员，似乎也不可能"。伯蒂也同样悲观："中国人当真在使馆区进行了屠杀。中国想保持领土完整已不可能。如果俄国人占领了北京，我们就必须放弃中国北方，而着手在南方建立一个总督辖区。"[42]

直到 8 月初，当外界已确知北京的外国人社区仍在坚守时，索尔兹伯里才又重新活跃起来。此前他深信使馆人员已经遭到了屠杀，由于英国的在华利益不在危机发生地区，他不愿意加入德国和俄国的军事行动。因为任何这样的行动都可能"助长俄国和德国的利益，使它们的领土势力范围得以扩展。然而他很快就发现使馆人员还活着，他感到必须立刻授权我们行动了"。[43]

在一段非常关键的时间，英国的外交政策似乎是漂移不定的。正如布罗德里克所写的，索尔兹伯里必须"摆脱迟钝状态……阿瑟［·贝尔福］对他的冷漠非常失望"。[44]这是个紧要关头，因为英国的外交又受到了额外的压力，要同意立刻采取行动。中国北方军情的发展决定着国际政治的步伐和方向。西摩尔"突击北京"的行动被阻滞在天津至北京的中途。由于兵力不足且弹药、装备缺乏，他退回了天津。7月14日，曾经短暂被义和团控制的老城被攻陷，标志着救援行动的首次突破，极大地打击了纪律涣散的义和团的士气，使正准备向中国首都进军的联军指挥官们深受鼓舞。[45]

军事行动具有政治影响。在必须紧急行动的要求逼迫下，天津的联军指挥官们临时拼凑了一个联盟，除了救援北京外，再无其他目的。其人道主义的动机是足够真实的。然而，很少有人考虑到军事行动的后续影响。西摩尔没有收到关于行动的更广泛目标的指示，足以说明索尔兹伯里政策的反动性质。这次在中国的救援行动，其核心的政治真空吸引着新的目标掺入的企图。在中国北方集中各国军事力量以形成合力，便提出了统一指挥的问题。早在6月底时，西摩尔就已经在向海军部发出警告了："如果进军北京成为必要，联合的军队就必须有一位司令。"[46]对他在伦敦的政治主人们来说，这话很不中听，而此时此刻，对英国军事行动的掌控权无论如何是授予了印度事务部和印度政府。

指挥问题这时在俄国的一份通函中提出，提议"达成某种协议，以保证［国际部队的］行动和方向的统一"。[47]在随后与索尔兹伯里的会谈中，俄国使馆临时代办强调了在直隶这样一个人口密集的省份，"将指挥和指导所有外国分遣队的权力集中于一人之手"的重要性。关键的是，在穆拉维约夫死后成为唱诗班桥临时首脑的弗拉基米尔·尼古拉耶维奇·拉姆斯多夫伯爵，也强调俄国"将不得不在中国北方沿俄国边境地区及俄国铁路沿线，采取单独的军事行动。俄国设想其他大国也将在中国的南方和中部它们更直接关切的、它们自己的势力范围，采取同样的行动"。[48]

这明显是企图在向《斯科特－穆拉维约夫协议》掺入新含义，并将其原则运用于中国的总体政治问题。拉姆斯多夫的话语引发了英国对俄国的扩张主义阴谋的新的忧虑。7 月 19 日，英国内阁提出，反对"任何英国人以外的人担任……掌控联军行动的总司令"。任命一名俄国军官进行总体指挥，被认为尤其有损于英国在中国的威望。[49]这后一点是希克斯·比奇紧抓不放的。财政大臣在 1900 年关于中国问题的讨论中担当了重要角色，反映出布尔战争爆发后，英国外交政策所受到的财政拘束越来越强。现在中国远征军又要向比奇山穷水尽的家底伸手了。于是，财政大臣"智穷力竭"了，"无论什么时候，当有装备并非必不可少，或者并不必然得胜的军队远征的额外开支需要他同意时，他都非常难以打交道"。正如他所说的，在他如此左支右绌的时候，无论如何，他拒绝因任何事情突然向他伸手要钱。[50]

鉴于当前中国危机所牵涉的财政问题，比奇的干预不可忽视。从义和团危机初起之时，他就反对派出一支大规模的远征军。他也跟随索尔兹伯里，强调英国的利益系于中国的中部和南部地区，而不是出现麻烦的北部地区。[51]而这时，比奇又反对在中国北方的军事行动中建立国际指挥体系。其他大臣对危机有更敏锐的感觉。他们要求迅速行动，并警告说"拒绝在像任命一名外国军官担任此职务这样的问题上达成任何谅解，将是冒险和不明智的"。汉密尔顿警告索尔兹伯里，各国在天津的分遣队如果缺乏有效的配合，将加大军事失败的风险。[52]

索尔兹伯里在两派之间保持着平衡，但拒绝为问题做出决策。

他这时已年过七旬，无论年纪还是健康状况都使他力不从心。在1900年夏天的内阁会议上，他"就像一台垮掉的旧机器一样坐在那里"。[53] 最终达成了妥协。内阁承认统一指挥体系具有"巨大的重要性和价值"，但如果对于联军行动的政治－军事目标没有清楚而牢固的理解，就不能达成协议。大臣们对于"将大量英国士兵置于外国司令官的指挥之下这一全新的体验"也感到犹豫。[54] 英国也许需要外国人力在中国恢复秩序，但索尔兹伯里可没打算让英国的一番辛苦变成送给俄国的空白支票。拉姆斯多夫这时处于守势了。他在重申了集中指挥于一人之手的迫切需要之外，做出了一个含糊的保证，"未来的举措"将只限于人口密集的直隶省，但他强调俄国将在其北方的势力范围内采取单边军事行动。这是他挽拯救其计划的最后尝试了。还不到24小时，他就完全放弃了该计划。正如斯科特所评述的，俄国正处于"极其严重的困境"，无论在财政上还是在军事上，都没做好在亚洲打一场大仗的准备。[55]

拉姆斯多夫的外交手段的终止，并没有将统一指挥这一问题从国际议程中移除。国际外交的中心转移到柏林。尽管一开始不愿参加任何集体军事行动，但使馆被围让威廉街坐不住了。比洛的推论很简单。俄国的军事干预会加速俄法同盟和设想中的英日集团预期的冲突的大爆发。这反过来又会为德国所利用，使之担当"诚实的掮客"[*]的角色，从而再度成为欧洲外交的引力中心。[56]

正受到病痛折磨的哈茨费尔特立刻行动了起来，派出埃卡德施泰因前往英国外交部。在与索尔兹伯里的私人秘书埃里克·巴林顿（Eric Barrington）会谈时，埃卡德施泰因就俄国在亚洲反对英国的阴谋和三国联盟可能的重现发出了秘密警告；法国将提出由一位德

---

[*] honest broker，这是德国政治家、前首相俾斯麦的绰号。——译者注

国将军来担任总司令，但是"［如果］英国先于任何其他大国提出这一提议，将使德国皇帝无比高兴"。[57]英国首相无动于衷。埃卡德施泰因偏好发出"关于俄法阴谋的鲜血凝成的报告"已经广为人知，无法令人激动了。"我想，这话我早就听过了。"索尔兹伯里挖苦地说道。[58]

按照索尔兹伯里致英国女王的报告，7月19日的内阁会议只是讨论了拉姆斯多夫的通函，并没有讨论此前一天与埃卡德施泰因的密会。后者则相反，通知柏林称瓦德西方案已经提上了议程，"一些最高级的大臣表示了赞同，不过索尔兹伯里勋爵还想进一步考虑"。[59]很难说清，是索尔兹伯里像他习惯的那样有意向女王隐瞒了情况，还是埃卡德施泰因像他偶尔的那样故意误导了他的上司。无论7月19日内阁会议的真相如何，对于索尔兹伯里关于指挥问题的处置，大臣们越来越感到不安："我们都对中国至为不快。我们无法让首相阐明政策，或者采取任何明确的路线。他似乎要听天由命了，这可能意味着中国的所有基督徒都遭到屠杀。［……］天知道我们最终将漂向何方。"[60]

由中国问题引发的这种漂移不定的感觉，对较年轻的大臣们影响尤其强烈。首相这时已被视为一个碍事的人，"一个奇怪的、有权势的、不可理喻的、碍手碍脚的、金玉其外且高高在上的累赘"。他们认为，政府"亟须新鲜血液，首相疲倦了，而且绝对……脱离公众舆论"。[61]在他们看来，英国的外交政策已经在汪洋般的不同意见中迷失了方向，正在随波逐流。对索尔兹伯里的批评的力度和强度都在增长，并且成为一批不满于索尔兹伯里的外交政策管理的大臣们行动的强大驱动力。

哈茨费尔特和埃卡德施泰因对这些分歧心知肚明。大使又重新祭出了驻伦敦使馆偏爱的外交策略——拐弯抹角。他指示埃卡德施泰因与贝尔福、张伯伦及其他被认为友好的大臣培养感情。哈茨费尔特也曾试图拉拢正在伦敦休假的拉塞尔斯，希望利用后者被认为的亲德倾向。但这些活动都是徒劳的，到了7月底，形势变得明朗起来，英国不打算支持瓦德西的候选资格。[62]

索尔兹伯里对国际指挥的效率的确持怀疑态度，但是他拒绝满足德国的指挥欲望，也是因为他对德国皇帝深深的不信任，他怀疑德皇"对中国有大图谋"。[63]威廉从来没有停止为首相的怀疑添加柴火。7月27日，他发表了臭名昭著的"匈奴"演讲，其穷凶极恶的气势给索尔兹伯里拒绝德国的提议提供了正中下怀的借口。拉塞尔斯在威廉街反复解释道，其"好战精神"使得英国很难将部队置于德国的指挥之下。[64]但正如桑德森所解释的，这并非唯一理由。英德关系最近很紧张，意味着"公众将无法理解我们怎么会提出这样的建议。德国新闻界肯定会说这是离间德法关系的阴谋。法国新闻界则会被激怒。如果说有哪个大国最适宜提出这一建议，那就要数俄国了。"[65]

索尔兹伯里的拒绝恶化了与柏林的关系。德国皇帝向威尔士亲王抱怨说索尔兹伯里"像谜一样"，他的政策声明"仿佛是从皮提亚*的三脚祭坛里传出的"。不能指望他"在我国的利益受到严重威胁的关头，玩蒙着眼睛跟着领头人走的游戏"。[66]索尔兹伯里被迫做出辩解。他说他的政策根本不像特尔斐神谕那样，其目标在于"拯救窦纳乐爵士和我们的国人。在此之上，我们希望能保障我们的贸易利益和条约权利，并保持中国的领土完整"。至于德皇关于索尔兹伯里希望其他人唯他马首是瞻的指控，必须"记住攫取胶州湾……是所有这些麻烦的起源，而此举是在德国不允许将德皇的意图丝毫

＊Pythia，古希腊神话中太阳神阿波罗昭晓其神谕的特尔斐神庙的女祭司。——译者注

泄露给英国政府的情况下做出的"。[67]

德国人又转向了圣彼得堡，唱诗班桥证明比唐宁街要好说话得多。德皇给沙皇打了个私人电报，提出了让瓦德西为列强服务的建议，就搞定了此事。[68] 沙皇接受的背后，隐藏着这将有助于俄国在中国北方的和平渗透的算计，正如斯科特警告索尔兹伯里的："俄国乐得将德国推到反华前排，只要它有任何希望最终能与北京当局的任何残余达成一份协议。"[69] 德国外交官们这时就瓦德西的任命公开游说起来。他们告诉拉塞尔斯，沙皇已经接受了；日本人也发出了赞同的信号；现在德国政府急切地想知道英国是否打算跟着做。德国副外长爱德华·冯·德伦塔尔（Eduard von Derenthall）也暗示，沙皇此举，不会事先没有与法国商量过，巴黎和圣彼得堡可能正试图拉拢德国。[70] 这是唤醒远东三国同盟幽灵的又一次企图。但拉塞尔斯和斯科特立刻判断出，俄国并没有与法国协同行动，不久之后，他们也确定了沙皇并没有率先提出这一建议，而是对德国的提议做出了反应。不过，拉塞尔斯仍然建议接受对瓦德西的任命，"以免任何纠纷显露出来"。[71]

形势的最新变化迫使内阁重新考虑其 7 月 19 日的决定。索尔兹伯里极不愿接受既成事实。但是，德国反复暗示远东三国同盟将会重现，并非没有效果。伯蒂尤其认为情况的确如此。他提出，默许瓦德西的国际任命是明智的。当这位伯爵到达中国时，北京战事可能已经结束了。更重要的是，德国会将英国拒绝接受瓦德西作为"恢复针对中国的德俄法同盟的借口"。[72]

内阁于 8 月 9 日开会，讨论如何回复德国的照会问题。当时大多数大臣已经离开首都到乡下度假去了。在失去了比奇的支持后，索尔兹伯里成了少数。按照布罗德里克的说法，德文郡公爵、兰斯当、贝尔福、张伯伦、戈申和汉密尔顿"全都强烈地赞成〔瓦德西的任命〕"。[73] 然而索尔兹伯里在内阁中的地位仍然强大，会议的结果是又一次妥协。内阁同意如果其他大国都将其部队置于瓦德西陆军元帅的最高指挥之下，英国也将仿效。[74]

英国接受了瓦德西的指挥，令柏林感到极大的宽慰，但也对其有条件而感到恼怒。[75]这很难说是德国领导层所期望的协议。更糟糕的是，与此同一天，从天津出发的救援部队攻占了北京，比瓦德西到达大沽早了将近六个星期。德国将不能再像德皇及其左右所希望的那样担任这场在中国举行的欧洲音乐会的指挥角色了。[76]对英国来说，也有隐忧。桑德森以含糊的措辞专门发出了警告：

> 我承认我对德国人可能的意图很感不安。瓦德西是一个，或者无论如何曾经是一个最为野心勃勃的人——而他的帝国主子又总是迫切想在他的臣民和世人面前扮演杰出的角色。我不大清楚谁将给瓦德西做指示。在这个问题上，我没有看到任何协议。[77]

于是，当瓦德西到达中国时，还有很多悬而未决的枝节问题，甚至是隐患，等待他来收拾。

18 000 多人的联军救援部队于 8 月 14 日进入了中国首都。随着北京的陷落，中国问题开启了一个新阶段，但在变幻莫测方面丝毫不亚于先前。在占领军正在准备一场穿越紫禁城的联合胜利阅兵式时，拉姆斯多夫于 8 月 26 日发出了一份通函，宣布俄国公使馆和军队将从中国首都撤至天津。他提议其他列强也仿效俄国，将和谈推迟到朝廷回京。[78]

这一通告令其他列强都感到意外，但法国很快就表示将追随俄国。按照斯科特对形势的判断，撤军的决定是由沙皇做出的，他"不希望军方跟着前线军官跑，我猜想他也不相信那些哥萨克们在占领的城镇能够约束自己，不烧杀抢掠"。⁷⁹实际上，在北京保持一个中央政府并恢复战前的状态，是俄国远东政策的关键目标。因此拉姆斯多夫声称俄国对在中国获取领土不感兴趣，如有任何国家有这样的计划，俄国也拒绝承认。⁸⁰这是在故意放烟幕。如果中国的中央集权遭到破坏，那就意味着将转移到各省总督手中，而势力最大的总督们都在长江流域，是俄国鞭长莫及的。俄国外交官们希望通过撤出北京，引诱中国朝廷返回首都。但是恢复战前状态，也意味着将权力交还李鸿章，而李鸿章由于众所周知的亲俄倾向，以及据传接受了俄国人的贿赂，是其他列强尤其反对的。⁸¹

俄国人的撤退逼迫其他列强做出反应。窦纳乐反对追随俄国，因为这样将使本土基督徒冒继续遭受屠杀之险。此外，和谈也有受到撤离首都的某位将军的阻挠的危险，因为如果发生这种情况，朝廷也将无法返回。⁸²

德国较早就收到了关于拉姆斯多夫计划的警告。列强中再没有哪国比德国受影响更多了。俄国的转向捣毁了新近出现的俄德合作的希望，也使德皇本人面临起陷入国际笑话的危险。他的"世界大元帅"应该已经到了中国，却没有国际部队供他指挥。为了挽救局势，比洛和荷尔斯泰因强推起英德达成协议的主张，并专门提及了长江地区。按照他们的计划，德皇长时间地会晤了威尔士亲王和拉塞尔斯，非正式地提出了这样的谅解。⁸³

威廉清楚地认为，他已经"在威廉宫与威尔士亲王和拉塞尔斯……就在长江流域将奉行的政策达成了谅解"。但是无论拉塞尔斯还是威尔士亲王，都没有完全掌握他的提议的全部含义。⁸⁴因此，伦敦并没有理解为德皇是打算就长江流域的未来提出一项正式协议。英国外交部做出了保守的回应。多年来与这位头脑易发热的君主打交道的经验，使英国的决策者们已经习惯于他提出"疯狂的计划"。根据德国在瓦德西任命之前的阴谋活动、德皇在义和团危机期间发表的杀气腾腾的公开演讲，以及德国不断向危机地区派出军队等情况判断，英国对德国在中国的意图是有所怀疑的。[85]

还有其他因素影响英国立刻做出反应。威廉提议的措辞是令人不快的，其发布的时间也不合宜。索尔兹伯里在8月9日的内阁会议后，离开英国去了阿尔萨斯的温泉小镇施吕克特（Schlucht）。他的缺席也妨碍了英国外交部的作为："[索尔兹伯里]没有向任何下属或同僚透露他的想法，所以我们不得不经常给他打电报。这样不仅会有延误，而且目的和想法也时常不统一，非常令人沮丧，恼人至极。"[86] 不过，在首相离开英国前往欧洲大陆之前，在汉密尔顿提议下，经索尔兹伯里同意，成立了一个非正式的内阁委员会。该委员会被授予了"在内阁休会期间，在一定范围内采取行动的权力"，其主要目的是协调和监督在中国北方进行的军事行动。[87]该委员会的组成人员有汉密尔顿本人——他麾下的印度部队构成了英国特遣队的主体，还有两位军事大臣——兰斯当和戈申。张伯伦和比奇有时也参加他们的会议。

委员会的议题主要有两个：俄国人撤出北京和德皇会见拉塞尔斯。毫无疑问，在大臣们的头脑中，这两个问题是相互关联的。然而，委员会的工作仍然进展很慢。其责任规定得并不清楚，大臣们也不愿意在没有与索尔兹伯里商量或经他同意的情况下做出决策。[88]

汉密尔顿和戈申组合是这个委员会的核心。印度事务大臣提出了很多意见，反对撤到天津。这首先是一个"政策问题"。索尔兹伯里给窦纳乐的消极指示"简直是给一切行动泼冷水"。放弃中国首都，并不会像财政大臣所希望的那样省下钱来，倒是有可能损害目前人们普遍期待的秋季大选中政府的前景。而且，这将使德国人在北京操纵政策。在汉密尔顿看来，在救援行动成功之后撤出北京，无异于英国主动丢弃在中国的头号外国强权的地位。[89]

维护英国在中国的地位和阻止俄国驱赶英国的图谋，是汉密尔顿主张的政策的双重主旋律。然而，依照汉密尔顿的分析，当前对英国在华地位造成威胁的，正是英国国际地位在削弱这种症状。这种症状是由俄法的持续敌对引起的，因英国的孤立政策而恶化。他主张同德国合作。1900 年 4 月，他向寇松坦承，德国"是我愿意选择的盟国。如果有必要结盟的话，我认为他们才是盟友"。[90] 俄国人的撤退，是将德国与俄国拆散的机会："德国皇帝应当感谢我们，如果我们把他从使他的远征军成为文明国家的笑柄这一耻辱中挽救出来的话。"[91]

戈申也持同样的意见，并敦促索尔兹伯里对威廉的示好做出积极的回应，至少要弄清德皇的提议的准确性质。皇帝对拉塞尔斯说的话充斥着"含糊但相当危险的泛泛之谈"，但应当探究一番。英国和德国在中国有相似的利益。两国都主张"门户开放"政策，"我们当然有意保持中国的门户开放，我们也应当明确地这样说，我看不出这具体的一步怎么就会使我们与法国陷入纠纷，正如你所认为的，这也是德国皇帝的目标"。戈申始终保持着谨慎，他主张逐渐与德国重新修好，而不是像汉密尔顿那样主张立刻与德国结盟。[92]

戈申试图"劝说索尔兹伯里做些让步，逢迎德皇的主动姿态或者说建议"，但始终没有结果。[93] 首相坚决不让步。无论是威廉的话，还是戈申和汉密尔顿的劝说，都没有打动他。他毫不掩饰对德国皇帝的怀疑。索尔兹伯里声称，威廉的提议缺乏实质内容。英国的中国政策"显然不能建立在德国皇帝说出的……半拉子话这样薄弱的基础上"。德皇对"门户开放政策"是怎样理解的？"让德国站在我们一边"意味着什么？索尔兹伯里对德皇的某些行动维持着成见：

"这些含糊的话语也许暗示着未来承诺的基础，但毫无疑问他们没有提供承诺。"[94]

对于伦敦旷日持久的沉默，德国人也越来越不耐烦。索尔兹伯里拒绝因为德国人的游说而仓促行动。他要求德国政府对希望就中国问题提出的任何建议做出澄清，并承诺这些建议"都经过了最具敬意的考虑"。[95]索尔兹伯里将德皇的话严格地按字面意思解释，认为其不构成任何正式的提议，也并非全无道理，但在越来越多的大臣们看来，身段如此不灵活是不明智的："不在任何方向上采取行动……我们犹豫不定，不同任何人打交道，实际上就是独来独往，或者处处跟在其他列强的尾巴后……绝对的孤立真是害死人啊。"戈申警告贝尔福说，由于索尔兹伯里的执拗，英国的外交在萎缩。与此同时，德国人派出了军舰溯长江而上。[96]

具有讽刺意味的是，事态的这一变化也影响了索尔兹伯里对德国人的回应。尽管在1900年的整个夏天，中国南方和中部各省都保持着平静，但一向"弥漫着优越感和自视聪明的氛围，无视圈子外的一切人和一切事"的上海国际商界，却被义和团带来的恐慌所感染。在呼吁军事保护的喧嚣声中，索尔兹伯里不情愿地让步了，1900年8月16日，一支大约3000人的英国部队在上海登陆。[97]这些事情在这都有重要意义。向长江港口派兵的决定，显示出白厅缺乏适当的政策协调机制。桑德森认为这一决策是由当地情况决定的："我毫不怀疑德国人会认为这是一种马基雅弗利式的阴谋行动。但不可能有比这更大的错觉了。索尔兹伯里勋爵起初支持它，是因为收到了当地发来的警报……但他并不喜欢这决定。"[98]索尔兹伯里尽管希望"其他列强预先提出请求"，但是在"三人委员会"的压力下，还是采取行动了。据说"三人委员会"主张在上海登陆，于是索尔兹伯里默许了他们的决定。但实际上，"三人委员会"根本没做这个决定，两位军事大臣戈申和兰斯当，都对出兵上海持强烈的保留态度。[99]

　　鉴于围绕中国问题的外交动态的变化，索尔兹伯里很快就有理由后悔这一决定了。在英国的先例鼓舞下，其他列强也纷纷派出军舰和军队，到了8月底，法国、德国和日本的海军陆战队都在上海登陆了。索尔兹伯里和戈申抱怨说，驻上海领事"窃取外交便利的贪心，导致了多国占领长江流域"。[100] 这样的抱怨是不公正的，因为索尔兹伯里本可以阻止出兵。随之形成的多国占领的局面，是一个令他尴尬的挫折，显示了英国在长江流域地位衰败的程度。德国的军队和军舰出现在上海，尤其令人忧虑，因为德国从来没承认英国在长江流域有专有的权利。索尔兹伯里的疑虑，因为驻柏林使馆武官沃尔特·希利-哈钦森·沃特斯（Walter Hely-Hutchinson Waters）上校的一份报告，又进一步加剧。沃特斯称："［德国］稍晚些时候将企图采取行动，损害我们在长江流域的利益。"[101] 因此，上海及其周边的事态，成为索尔兹伯里对德国提出就中国问题达成协议反应冷淡的关键。

　　尽管索尔兹伯里态度保守，威廉街却并没有完全放弃其主动精神。哈茨费尔特将要游说英国的大臣们。[102] 形势似乎很有利。伯蒂言辞间很友好。布罗德里克也向埃卡德施泰因保证，关于中国问题，"如果我们发现自己能和德国共同行动，那就令我们非常愉快"。[103] 然而，哈茨费尔特发出的乐观报告，低估了索尔兹伯里的"惰性"，尽管大多数大臣都在批评索尔兹伯里自满自大的处事方式。戈申认为他对德国人的冷淡"比沉默还要糟糕"。[104] 中国委员会的成员们也重新发起了逼迫这位固执的首相改变政策的活动。戈申和汉密尔顿坚决主张英国外交必须抓住机会，"站在德国人一边，从而在德国和俄国之间插进一个楔子"。贝尔福也发出了他默许这条路线的信号。[105]

为了阻止索尔兹伯里的反对，大臣们更密切地协调起他们的活动来。在汉密尔顿的提议下，委员会于9月4日在海军部开了会，另外制定协调统一的政策，并重新向索尔兹伯里施加压力。财政大臣没有到会，但张伯伦首次参加了委员会的会议，布罗德里克也来了。大臣们因为对当前局势忧心忡忡而走到一起来，但是对下一步该怎么办，却见解不一。对于撤出北京的问题，兰斯当主张总体上"在世界各地都收敛锋芒"。[106] 对于德国的示好，他与同僚们的意见非常一致："索尔兹伯里太盛气凌人了：他对待一个外国强权的君主和大臣们的方式，就好像他们都在乞求着哈茨费尔特似的。"[107] 正如布罗德里克秘密通知拉塞尔斯的，这个"有影响力的委员会"敦促索尔兹伯里与德国皇帝谈判"以帮助他解决困难。与日本合作，继续留在北京，直到达成协定。我们将收回大沽—北京铁路，并就长江流域得到某些保证……正如你所知，〔索尔兹伯里〕不相信德国人。但如果我们现在敲打一下，应该能使德国皇帝在其他中国问题上变得友好一些"。[108]

将委员会的结论通知索尔兹伯里的任务落在了戈申身上。贝尔福也支持委员会的意见。应当利用形势，"使德国皇帝与俄国分离，并与我们的利益更紧密地联系起来"。作为交换，可以要求柏林"对我们在长江流域的首要利益做出某些保证"。英德之间交换观点，是"最值得期待的"。如果通过会谈能达成协议，那么日本和美国也有可能接受这样的协议。四位大臣联手，力量是强大的，但却没能打动首相："将这样的决议融入普遍接受的对德政策，风险更大，需要更慎重的考虑。"有两个基本问题必须弄清："德国人想要从我们这里得到什么？他们又能给我们什么作为回报？"[109] 索尔兹伯里提出的这两个问题是合乎情理的。这也预示了他将于1901年5月提出的关于英德结盟不可行的备忘录。

索尔兹伯里不愿与德国人展开会谈，其根源在于他对德国皇帝怀有"一定的怨恨"。毫不奇怪的是，伯蒂的即兴评论很快传到了柏林，使得德国人对索尔兹伯里由来已久的猜疑得到了证实。威廉街很快就利用起伯蒂的失言。他们向伦敦暗示，德国认为索尔兹伯里对皇帝提议的回答"是极其令人恼怒的"，他们将此归因于他"个人对皇帝的敌意"。伯蒂嘲讽说这样的想法是"无稽之谈"，是"荒谬"的。他试图挽回些影响，声称柏林在编故事，不过是一个花招："德国人总是漫天要价，当谈及回报时就只肯出一点点，甚至一毛不拔。"[110]伯蒂的评论有可能影响到未来与德国人的交易，而索尔兹伯里发现他本人也必须明确表态他对德国怀有友好情感。[111]

尽管这段插曲在外交上给索尔兹伯里造成了不便，但在面对内阁时，他仍然感到自己有足够强大的力量拒绝委员会与柏林开启谈判的要求。在这方面他得到了比奇的支持。更重要的是，内阁中的力量平衡一时在向有利于索尔兹伯里的方向转移。8月27日，在讨论外交之外的问题的会议中，兰斯当提出了辞职，理由是要让新的大臣来完成拖延已久的陆军部改革。[112]索尔兹伯里拒绝了他的辞职，但是兰斯当这时在首相眼里，分量轻了许多。戈申也成了强弩之末，他宣布了在即将到来的大选中退出政坛的决定。[113]

因为只要贝尔福不公然站到对立面上，索尔兹伯里就感到自己能够推翻任何关于外交政策"新路线"的建议。他承诺等他从阿尔萨斯回来，就进行一场辩论，但并没有安抚反孤立主义的批评者们。"我们做需要做的，但一无所得。"布罗德里克抱怨道。他坚信英国无法凭一己之力捍卫其在中国的地位，并断言："我们最终会不得不主动向德国示好。"尽管他承认即使与德国就长江问题达成协议，也将是很脆弱的，但他同意戈申－汉密尔顿委员会的看法。[114]

委员会于9月7日再次开会，但是对于英国的中国政策，仍然难以达成一致意见。在撤离北京问题上，意见分歧还进一步加剧了：汉密尔顿反对撤离，比奇则强烈支持。与此同时，兰斯当则转变了想法，站到了财政大臣一边，而戈申却有些勉强地支持起留守北京。不过，在支持索尔兹伯里方面，比奇犹豫不定。他仍然坚决反对让英国军队在中国首都过冬。他在一切能节省的地方都热切地节省，所以他"对于在繁重的非洲责任之上，任何必然导致在中国采取前进政策的提议，都怒目而视"。然而尽管对于德国刺激英国采取前进政策的危险有所警惕，比奇对于英德就长江问题达成协议，却非常热心："我们不可能把中国长江地区的所有部分都揽为我们一家的乐土。"他认为，与德国达成协议，将有助于英国阻止法国和俄国在长江流域获取立足点的外交努力。[115] 戈申也形成了类似的观点："在柏林会谈，总比在长江上面对德国兵要好。"他警告说，索尔兹伯里的冷淡，越来越刺激起柏林的敌意："我倒不是说德国人是真诚的，但如果我们总是拒皇帝于一臂之外，他无疑最终会站到我们的对立面上。如果我们与他坦白对话，那么总有机会使他与我们合作。鉴于俄国人的最新举动是德国人无法同意的，我希望索尔兹伯里勋爵能够走向皇帝。"[116]

索尔兹伯里的消极回应，正赶上9月8日窦纳乐发来的一份报告，俄国人占领了北方铁路的大量路段。俄国人控制了这条铁路，使英国政府陷入尴尬境地。如果没有国际支持，英国不可能重新控制这条铁路，"因此我真希望我们当初能快些支持德国"。[117] 窦纳乐的报告和委员会的议而不决这时刺激了张伯伦。此前他一直以相对平静的态度看待中国的事态。但像往常一样，他在密切注视着公众舆论。到了8月底，他注意到"这个重大的问题（即中国问题），还没有在公众心目中引发任何兴趣"。[118] 无论是害怕俄国人占领铁路的消息披露后的公众反响，像1898年那样，还是有更广泛的战略考虑，总之，张伯伦发作了。

在 9 月 10 日发出的一份漫长的备忘录中，他详细阐述了反孤立主义者的观点，敦促索尔兹伯里抓住机会与德国达成谅解。这是对索尔兹伯里"听天由命"的消极被动的处事方式几乎不加掩饰的攻击。部分上这也是对他 1898 年的"长柄勺"讲演的重复。英国在远东的首要利益是保持中国的完整和"门户开放"，可明确地表述为"在整个中华帝国疆域内实现绝对的贸易机会均等"。张伯伦认为，俄国人最终吞并中国北方各省的野心，是不言自明的。当前，俄国"在自己还没有准备好进餐的情况下，宁愿所有列强都不要开吃"。从北京撤军明显是一项外交策略，使它呈现为中国的保护者，同时巩固其在中国北方的战略地位。尽管这对英国具有明显的长期风险，但也是机会所在。现在可以离间德国和它的东方邻居。他指出，德国的外交政策"在很大程度上依赖于其皇帝怪异的个性"，由于俄国人的提议，德皇目前"正处于极为困难的境地"："我们有力量帮他一个大忙，而作为我们帮忙的回报，我们应该也能够获得令人满意的保证。"

张伯伦非常精明地意识到，谈及"令人满意的保证"，并没有真正回答索尔兹伯里关于就中国问题达成协议，究竟能从德国得到什么那个生硬的问题。他表示同意首相对中国的政治未来的悲观看法。如果俄国对"满洲"的吞并无可避免，那么英德合作也许可以保护英国在中国其余部分的关键利益。张伯伦概述了他在更广大的地缘政治竞技场上的战略规划。无论在中国还是在其他地方，"让德国拦住俄国的去路"，都是符合英国的利益的，"而如果德国和俄国结盟——这几乎可以说是与法国合作所必然出现的结果，则是我们必须担心的唯一的事情。德国和俄国的利益相冲突，无论在中国还是在小亚细亚，都将是我们安全的保障"。

这是张伯伦对索尔兹伯里的回答。英国和德国就相互承认在中国的势力范围的谈判应当立刻开启。这个提议也是张伯伦1898年与哈茨费尔特和埃卡德施泰因会谈的核心内容。但是9月的备忘录却是旧瓶装新酒，因为此次阐述的主张显示的是更具进攻性的战略目标：积极地遏制俄国。而且，德国承认英国在长江流域的优势地位，将是对俄国1899年承认该地区是英国特有的铁路势力范围的补充。正如张伯伦所总结的："我们不大可能在内陆地区占领任何领土，但我们应当努力争取达成一些协议，将所有其他列强拒于这片地区之外，使得至少在这里，这个中华帝国最重要的一部分，能够较容易地维护'门户开放'。"[119] 张伯伦的9月备忘录，使内阁中因中国问题引起的外交政策分歧更加鲜明地凸显出来。他的备忘录更加清楚而详细地阐明了"新路线"的概念。这是这位殖民地事务大臣自1899年秋天在温莎（Windsor）与比洛进行过无果的会谈之后，首次强势干预外交政策。他的备忘录有助于打破死气沉沉的局面，但是还有更广大的意义。其结尾总结性的一段，显示了"门户开放"原则在欧洲政客们头脑中遭到破坏的严重程度。张伯伦所倡议的，并不是对所有来者"贸易机会都绝对均等"，而是对英国之外的其他所有国家的商人关闭长江的大门。所以，这是企图将《斯科特－穆拉维约夫协议》正在演进的逻辑运用于义和团之乱后中国的新现实。某种程度上，这也预示了张伯伦后来帝国主义倾向的言论。7月时，兰斯当曾建议对那个协议进行更广义的政治诠释。现在张伯伦又追求起同样目标，并且增加了与德国达成协议的新的好处，实际上要在中国划分势力范围。这两人的企图也都说明了列强制定外交政策的精英们对中国最终瓦解的预期在提高。相互承认各自的势力范围，是在分裂道路上进行过渡，又不用承担引发中国崩溃的责任。然而，在德国看来，张伯伦的提议是根本不可接受的。实际上，那恰恰是比洛的"大国政策"的翻版，比洛的目标是让英俄争斗永久化，从而提高德国的国际地位。张伯伦则相反，希望德国为捍卫大英帝国的亚洲利益去火中取栗。但柏林是否乐意冒着烧伤自己手指的危险去为张伯伦取中国之栗，却是这位殖民地事务大臣在回避的问题。

张伯伦的干预打破了僵局，这份主张与德国谈判的备忘录这时已变得势不可当。索尔兹伯里于9月12日从欧洲大陆归来后，立刻在外交部召见了戈申－汉密尔顿委员会，贝尔福也参加了会议。但在比奇缺席的情况下，索尔兹伯里得不到任何支持。他无法再回绝他们的要求。反孤立主义的大臣们逼迫他与哈茨费尔特开启谈判。拉塞尔斯也支持就中国问题与德国达成协议。他向伯蒂通报说，比洛也急于达成协议，"这应当使我们在哈茨费尔特无论怎样开启的谈判中，都处于有利地位"。[120]

然而伯蒂却满腔热忱地打了一场根本无望取胜之仗。9月9日与哈茨费尔特的会晤重新激起了他对德国政策的怀疑。柏林企图"对承认英国在长江流域的势力范围……漫天要价"。[121] 在一份关于中国局势的详细的备忘录中，他逐条逐项地批驳了张伯伦宏大的地缘战略规划。他对殖民地事务大臣关于英国可以通过外交在德国和俄国之间插入楔子的设想提出了质疑。鉴于德国急于"渡过当前的危机"，与柏林达成某些权宜之计是有可能的，但张伯伦计划的核心却是不现实的。柏林不可能同意相互承认势力范围。这样设想不是没有道理的。毕竟，贝尔福在1898年4月就曾发出过信号，英国承认德国在山东的"特殊地位"。那么，如果一个协议只是对这点加以确认，柏林并无所获。而且，伯蒂怀疑德国人的野心远远不止山东，而是要延伸到黄河流域的。德国也许会承认英国在长江以南的特权，但要求的代价将是平分长江北岸到黄河之间地区的商业利益。德国对阻挠俄国在中国的进一步扩张并不感兴趣。实际上，如果德国想要控制北京到长江之间"足够大一片领地"，"且如果届时北京仍然是中国的真正首都，那么俄国和德国就会联合起来控制中国政府，对我们造成损害"。伯蒂预言，无论与德国达成什么样的协议，都会导致"我们就长江以北的利益与德国不断摩擦，而在长江以南，我们又要与法国角逐。法国从来没有承认过我们对长江的权利要求"。[122]

伯蒂想中止谈判的企图也失败了，索尔兹伯里返回伦敦两天后，谈判开始了。在第一次会谈中，索尔兹伯里和哈茨费尔特同意英国和德国军队将在北京过冬。经过 9 月 14 日 和 18 日的会谈，双方又形成了三项总体原则，将在此基础上谈判协议：(1) 维护"门户开放"；(2) 双方均放弃进一步在中国获取领土；(3) 双方联合反对其他列强在中国获取领土的企图。[123] 前两点是哈茨费尔特提议的，俄国都不会反对，尤其是当第一条的实际运用仅限于长江流域地区时。[124] 大使深知比洛的主要目标是恶化英俄关系而又不牵连德国。他也知道荷尔斯泰因为此目标，在打着利用俄国占领对南满重要的铁路枢纽牛庄的主意。荷尔斯泰因在憧憬着"第二个法绍达"。法国一时不大可能在亚洲支持俄国，而"俄英之间的仇怨将比以往任何时候都大"，其结果注定将产生一个孤立的俄国。[125]

在哈茨费尔特的要求下，威廉街准备了一份协议草案，体现了双方达成共识的三项原则，但是又增加了一条。假如有第三方列强在中国获取了新领土，伦敦和柏林将协调行动，以争取赔偿。比洛的副手奥斯瓦尔德·冯·里希特霍芬（Oswald von Richthofen）认为这条是一个"必不可少的安全阀"。[126] 尽管赔偿原则是大国政治的基石之一，但提议插进这新的一条，使得英国对德国保证中国领土完整的承诺产生了怀疑。

德国的草案证实了伯蒂对柏林的谈判策略的预感。对英国人来说，主要的障碍倒不是这增加的赔偿条款，更成问题的是德国人对开放贸易原则的解释。正如哈茨费尔特在9月初首次提出的，德国草案的第一条只保证双方在长江及其支流流域开放贸易和其他商业活动。这显然是德国人企图将其商业范围延伸到长江地区，却没有在山东做出互惠的安排。索尔兹伯里拒绝了这样的地理限制：将自由贸易原则局限于中国的某一特定部分，意味着在其他部分放弃这一原则。恰恰相反，"门户开放"原则应当应用于中国所有河港和海港。[127]

这是有意在耍花招。索尔兹伯里相信长江流域的英国企业是能够自谋生计的，但是如果被排除在中国的其他部分之外，那就不一定了。所以，维持英国对长江流域的非正式控制，最好的办法似乎就是将"门户开放"政策推及全中国。通过坚持这一原则，索尔兹伯里发了大财。但是在全中国推行不受妨碍的贸易，恐怕是不受柏林欢迎的，因为这样意味着破坏德国在山东的"特殊地位"。然而，索尔兹伯里从实力地位出发来进行谈判。他向哈茨费尔特保证，如果柏林同意他修改第一条的意见，他将不再要求对谈判进行任何进一步的修正了。谈判到了紧要关头。如果柏林想要达成协议，只有接受索尔兹伯里的条件。实际上，仿佛是为了强调自己的强势地位，首相这时离开了伦敦。现在该柏林走棋了。威廉街想要尽快谈判成功的明显意愿，给索尔兹伯里增添了筹码。桑德森又进一步施加了压力，暗示哈茨费尔特，扩大第一条的范围的提议是"必要条件"。[128]

索尔兹伯里抬高了赌注，使德国人陷入了困境。他们匆忙地进入了谈判，只想依自己的条件尽快达成协议，却没想到为英国提出相反条件做准备。[129]哈茨费尔特于是试图在10月2日第二次会谈时弱化索尔兹伯里提出的修改意见。德国希望继续与俄国保持友好关系，无法接受将第一条延伸至中国的所有河港和海港，因为那样就要将旅顺港和黑龙江上的港口纳入其中。尽管索尔兹伯里迄今一直在谈判中处于强势地位，但他也不愿意将谈判推到悬崖边。他顶多是不明白与德国达成任何协议都是有价值的，但假如跟法德同盟的关系继续恶化的话，德国的支持总还是有用的。贝尔福于1898年4月发出的警告，不要惹恼德国皇帝，以免把他推进俄国人的阵营，对索尔兹伯里还是有很大影响的。

贝尔福不愿对德国人施加他的影响力，这时却导致索尔兹伯里犯下了一个惊天大错。索尔兹伯里因其地理知识的欠缺，浪费了他的优势，接受了一个妥协的方案。方案中双方确认"在北纬38度线以南的全部中国领土上"遵守商业自由原则。[130] 比洛立刻同意了。索尔兹伯里"在满洲以南的中国地图上画了一条线"。这不会遭到俄国的反对，所以也是德国可以接受的。[131] 英国外交部的高级职员们都为索尔兹伯里在地图上犯下的大错感到震惊。桑德森没有参加与哈茨费尔特的会谈，他说索尔兹伯里实际上在北京以南大约120英里的地方画了一条线。这样整个中国北方几乎都被排除在协议之外了。拉塞尔斯也提醒他注意他在地图上所画的线的全部含义："我冒昧地希望你画的线将会把山东纳入其中，因为在我看来，假如德国人把我们排除在该省之外，而在中国的其他部分要求权利平等，那将是我们谈判的最坏结果。"[132]

首相忽略了他自己关于外交谈判中一定要使用大比例尺地图的著名忠告。10月2日的妥协和比洛随后坚持要求对第二条做进一步修改，使谈判中断了。索尔兹伯里很不情愿地同意了继续降低两国对中国领土完整的承诺。双方不再磋商采取共同措施反对外国蚕食中国，修改后的第二条现在只保证两国"引导其政策，维持中华帝国的领土条件不被降低"。[133] 索尔兹伯里向哈茨费尔特抱怨，这最新的修改使得协议失去了很大的效力，但他还是同意了。他提出的反建议，新插入一个第四条，以保护双方在中国已有的条约权利，已经不过是三心二意的马后炮了。的确，索尔兹伯里对协议草案的其他方面都怀疑了起来。10月5日左右，他考虑起删除赔偿条款来。这点得到了桑德森的鼓励。这一条款削弱了双方对维护中国领土完整的承诺的效力。索尔兹伯里评论说，这就是"法国人所说的'可怕的犬儒主义'。除此之外，这条也不易操作"。[134]这话当然是正确的，因为这条要实现，无疑须经过旷日持久的谈判。

索尔兹伯里对与德国达成协议的主张越来越厌烦。他说他不断地做出调整，以满足德国人的要求，但由于最新的修改"要使俄国同意，我非常不喜欢这个协议了。这很容易引发大量的误解"。索尔兹伯里也许认真考虑过完全放弃谈判。既然协议有可能导致误解，他怀疑达成它还有什么必要。但他仍然感到自己对9月12日的内阁委员会会议负有义务，顺从地认为自己已不再是自由身。就这个协议进行谈判，"似乎是与我们的许多朋友都息息相关的取悦德国的政策的一个连贯的部分"。[135]

公开显示悲观情绪也有策略目的，因为谈判于10月9日重启了。索尔兹伯里在此轮谈判中的主要目标，是将北纬38度线这一条从妥协方案中移除。他向哈茨费尔特解释说，将拟议中的协议限制于那条线以南的地区，将使他的政府遭到公众舆论猛烈的批判，因为那将被解释为放手让俄国在中国北方为所欲为。他还暗示，强烈的公众批评将降低该协议对德国的政治价值。哈茨费尔特最终同意做出新的妥协，双方现在都承诺在它们施加影响的地区支持"门户开放"原则。可能引发异议的38度线那条于是被删除了。索尔兹伯里只是部分上挽回了他的错误，因为经过修改的第一条非常含糊，足以容纳不同的解释，而且英国还为此做出了更多的让步：索尔兹伯里最终不得不放弃了他对第二条的反对，即降低对维护中国领土完整的承诺。他也不得不放弃了删除第三条中的赔偿条款的计划。比洛曾放权给哈茨费尔特可以删除这一条，以确保达成协议。[136] 然而哈茨费尔特却在协议中保住了这一条，足见其谈判技巧之高超。不过这也反映了索尔兹伯里先前在地图上出纰漏，失误有多么大。

进一步的讨论于 10 月 13 日举行，以敲定最终文本，三天后，协议以换文的形式完成。四个星期旷日持久的谈判，产生了一份语义含糊的安慰性契约。"大山终于搬开了……子孙后代似乎可以无忧了。"桑德森总结道。[137] 但是这话太过乐观了。1900 年 10 月 16 日的英德协议，不过是一个普遍原则的声明。实际上，协议几乎都无法约束两国遵守这些原则，因而是"一纸空文"，其政治价值完全依赖于双方政府的善意。然而索尔兹伯里对柏林的善意并无信心。与反孤立语义主义的叛逆们不同的是，他认为将与德国联合作为在中国遏制俄国的手段，是无用的："［德国］与俄国有着漫长的边界，因而处于致命的危险中。它因此永远不会站在我们一边对抗俄国，反而总是倾向于巴结俄国，背弃我们。我倒不希望和它争执，但我对它的信任是无穷之小。"[138]

如果说索尔兹伯里怀疑协议的实际用途，那么协议多少还是有些补救性质的。尽管严谨性和效力都严重不足，协议仍然使英国政府能够对德国在中国的行动予以一定的掌控。多国占领上海，是索尔兹伯里在与哈茨费尔特谈判时的一块心病。情报机构警告说，柏林希望派出军舰溯长江而上，更凸显了德国在那里占领立足点的危险。[139] 整个义和团危机期间，索尔兹伯里的政策所遵循的原则就是，避免中国分裂并将外国干预的规模降至最低。10 月 16 日的协议，还是为遏制英国所怀疑的德国的企图，提供了某些手段。但是，随着"门户开放"原则推及中国大部分地区，就该英国在山东要求互惠的权利了。

在英国的海外使节中，中国协议受到了谨慎的欢迎。驻罗马大使柯里勋爵预言："这将在海外产生极佳的影响，并免除我们对未来深重的忧虑。"驻布加勒斯特公使约翰·戈登·肯尼迪（John Gordon Kennedy）也做出了同样的结论："看来在中国，德国人将在商业上获利，而我们将在政治和军事上受益。"而且，他预期该协议将使英国和三国同盟达成某种总体谅解。[140] 就此而言，肯尼迪比大多数其他外交官思虑更远。然而，柯里也仍在关注着英国的国际孤立状态所隐含的危险：

> 在我看来，这个协议的巨大价值在于其在巴黎产生的影响。法国只有在它认为除了俄国的支持外，还能指望德国保持友好中立或纵容默许时，才真正危险……我想最近几年的历史已经表明，孤立并非没有危险。做出些牺牲，从而摆脱孤立状态，似乎是值得的。[141]

就连柯里都对英国的孤立状态表示了如此的担忧，足见英国外交政策旧的共识，已经分裂到什么程度，因为整个 19 世纪 80 年代和 90 年代初，柯里一直是索尔兹伯里最为信任的职业外交官之一。

在内阁的反孤立主义者中，只有张伯伦欢迎这个协议："我想事态的发展，正逐渐地将我们拉近，而将德国和俄国分裂开来。"其他人则不那么乐观。汉密尔顿评论说，协议只是包含了"一些陈旧的、自我否定的法令"，不过他希望"协议一定有助于把德国和我们团结起来"。[142] 这种态度在大多数大臣中变成了主流观点。在义和团运动和布尔战争双重危机冲击下，旧的外交政策共识终于瓦解了。天平倾向了主张改变的一方。索尔兹伯里再也不能完全掌控他的大臣们了。内阁的重组被认为势在必行，而索尔兹伯里被取代，也是政府中较年轻的大臣们自由讨论的话题了。10 月中旬，身为统一主义者大党鞭的贝尔福、阿雷塔斯·埃克斯－道格拉斯（Aretas Akers-Douglas），还有贝尔福颇具影响力的私人秘书杰克·桑达斯，一同逼迫索尔兹伯里交出外交部的大印来。最终，在与埃克斯－道格拉斯进行了一番"艰难且令人不快的讨论"后，索尔兹伯里同意走下外交大臣宝座，不过他还是保留了首相职位。[143] 兰斯当被任命为他的继任者，进一步巩固了反孤立主义者的优势。

随着索尔兹伯里多少有些不够体面地离开了外交部，英国政策的转变来到了一个关键节点。在 1900 年发生的事件冲击下，旧的外交政策共识最终破裂了。就中国政策而言，义和团危机对英国提出了双重挑战：必须压制进一步的骚乱，但也要遏抑其他列强的野心，尤其是俄国。1900 年的夏天也展现出，英国如欲掌控中国事态，无论是通过外交手段还是军事手段，装备都是多么不良。索尔兹伯里集中精力经营长江流域，无疑是合理的。但更重要的是，这还是使在 1899 年时就已经很引人注目的英国在华影响力的萎缩，得到了进一步的证实。从更广阔的战略角度来看，布尔战争和义和团运动的双重危机，凸显了英国实力的局限性。虽然人们从未真正怀疑过南非的局势最终会得到控制，但是广袤的中华帝国情况就不同了。英国无力在地缘战略的边缘地区同时应对两场危机，放大了国内对索尔兹伯里领导力的不满。

中国问题掀翻了索尔兹伯里，也在所有列强关系中引发了更广泛的不安定。这种不安定复活了俄国人在东亚的威胁。与此同时，新兴的不安定也带来了新的机会。与德国联合，被索尔兹伯里的反孤立主义的批评者们视为英国日益严重的国际困难可能的解决办法。索尔兹伯里本人对于将与柏林的任何协议当作解决孤立问题的办法的实际效用，都持怀疑态度。德国于 1900 年 10 月企图改变中国协议的条款，特别是关于共同行动对抗俄国的部分，同时又想使德国的影响挤入长江流域，证实了首相的疑虑。然而索尔兹伯里却总结道，谈判既要归因于他的政府内的反孤立主义海啸，也要归因于外交考量。英德关于中国的协议也许效用有限，但并没有牺牲英国的任何核心利益。这是很便宜的买卖，总比冷落德国人要好，否则德国有可能转向俄国，试图复活 1895 年的三国同盟。

拉姆斯多夫曾经试图给 1899 年的《斯科特－穆拉维约夫协议》赋予新的政治意味，但是俄国人撤出北京，使得英国与俄国达成协议变得不可能。另一方面，东京不愿接受国际授权和索尔兹伯里抛出的金融诱惑，也使日本选项失去了吸引力。尽管索尔兹伯里心存疑虑，但似乎也就剩下德国可以拉拢了。然而英德"十月协议"的实际价值，仍然有待证明。

第五章

"逆流": 义和团运动后中国的国际政治局势，1900—1901

中国中央集权的衰弱，导致俄国在中华帝国最北部的几个省份发起了新的扩张行动，由此引发的"满洲危机"标志着英俄关系跌至最低点。其重要意义在学术文献中很大程度上被忽略了，即使其影响并不仅限于东亚地区。远东的这种"大战在即"的危机，进一步展示了中国问题在列强关系中引发爆炸的可能性。其和平的结果并非预先决定的。冲突得以避免，很大程度上要归功于兰斯当的外交冒险政策。最重要的是，兰斯当的危机外交使得人们以更敏锐的目光关注起英国与德国和日本的关系的性质，由此使一直持续中，现在又因中国问题而越发加剧的孤立问题，更加突出地显露出来。

兰斯当勋爵于 1900 年 11 月被任命为外交大臣，显示出政府内部影响力的天平向索尔兹伯里的批评者们倾斜的程度。年轻一代的大臣们在内阁中的级别有所提高。他们主张抛弃索尔兹伯里的"旧式外交"，支持更为积极的帝国政策和外交政策，发誓要使"内阁焕然一新"。[1]新的安排使索尔兹伯里保住了首相职位，但他对日常外交行动的影响，尽管没有完全消失，也大大减弱了。这是羞辱性的退出。索尔兹伯里就像个乞丐一样，不得不要求在外交部大楼里给他安排房间，他从来没把唐宁街 10 号当成他的官邸，所以他"没有'办公室'，没有地方放他的红色文件匣"。他最终被"安置"在外交部大楼内，几乎可以说是新安排的象征。尽管国际外交的琐碎小事已不在他的管辖范围内，但他仍然影影绰绰地浮现在背景中。他对外交政策的重大决策，仍然能够要求施加影响，也被授予了权力。[2] 索尔兹伯里"高明的无为"以往曾阻碍过政府内部对外交政策的辩论，兰斯当搬进唐宁街，给辩论带来了新动力。

作为英德关于中国的协议的发起人之一，这位新任外交大臣希望巩固与德国的关系。在就职时，他坦承只怀有一个"预想的主张"："我们应当付出一切努力，以维护，并且如果有可能的话，加强女王陛下的政府和皇帝陛下的政府之间现存的友好关系。"形势似乎很有利。德国政府已反复表达过改善两国关系的愿望，10 月 16 日的中国协议似乎是迈向这个方向的第一步。[3] 德国皇帝也表示了他对协议的达成"非常满意"。皇帝认为，总体上这对远东局势将产生有益的影响，并将"使中国的困难迅速地趋于解决"。英国外交官们对于这样的夸大其词早就习以为常了，但这回仍有理由给这些话赋予更重要的意义。俄国"经常吞并小块的中国领土，现在有必要要它明白，它这样的行动必须停止了"。这似乎暗示着柏林打算和英国联手努力，遏制俄国人在中国的扩张。非常重要的是，威廉同意拉塞尔斯的说法，"十月协议"对于远东比对欧洲更为重要。[4] 这也符合兰斯当和比洛都经常表达的愿望，通过地区性合作，逐渐加强英德关系。两份声明相结合，表明德国政府迫切希望在"十月协议"的基础上继续前进。

拉塞尔斯鼓励他的新上司积极推动他"'预想的主张'……以维护并巩固英德之间业已存在的友好关系。我一向对这个问题持乐观态度，因为我坚信两国现实的利益要求双方政府之间达成良好的谅解，我相信两国政府会遵从利益而非情绪的主导"。出使柏林五年，已使他对德国外交不再抱有任何幻想。英国不应当在"未获得彻底充分的考虑"的情况下做出让步了,"德国人总是想在讨价还价中占我们的便宜,但是假如他们看到我们也打算坚持我们的主张,他们就也会妥协"。按照拉塞尔斯的估计,英国对柏林有一定的影响力。在义和团运动的余波中,德国的国际地位并不稳定,比洛和里希特霍芬都支持与英国达成"良好的谅解"。[5]

像俄国和英国一样,德国的领导层也发生了人事变动。霍恩洛厄于10月17日辞去了总理职务,由比洛接替。依拉塞尔斯所见,威廉街的人事改组,并不预兆着德国的政策会发生根本变化,而且大使一时很乐观:"对于中国铁路,他们目前的行为似乎很合宜。我想当瓦德西意识到俄国人不打算服从他的命令时,他一定会觉得自己处境非常困难。"[6]

这是英国在远东对俄国和德国关系中的紧迫问题之一。与拉塞尔斯和兰斯当相比,外交部的高级职业外交官们都相当不乐观。就在《索尔兹伯里–哈茨费尔特协议》达成前不久,桑德森概括了白厅的首要关切:

> 我们不知道:
>
> 中国朝廷的目标是什么?
>
> 瓦德西想要什么?
>
> 俄国人想干什么?
>
> 唯一没有疑问也无可否认的确知事实是,所有的人都在强占我们的铁路。[7]

铁路是新任外交大臣日程上最紧迫的问题。中国的国内形势仍未安定，而俄国人在北方的行动却给了人们警觉的新理由。这两个问题是相互纠缠的。英国解决这些问题的外交能力，因为一个新的问题而复杂化了。夏天的时候，反孤立主义的叛逆者们大声疾呼与德国达成某种形式的协议。他们认为英国的实力已不再足以单方面地保卫其海外利益了，英国因此接受了瓦德西的任命，并达成了"十月协议"。但兰斯当这时又发现，他捍卫英国利益的能力，又受到了瓦德西的总司令职务的限制。索尔兹伯里留给他的继任者的中国遗产，是一个十足的烂摊子。

中国北方的政治形势极不稳定。八国联军于 8 月 14 日攻入北京，清朝王室于次日凌晨逃离首都，中国政府军和义和团残余也烟消云散，留下了一派政治真空。在随之而起的骚乱中，中国首都及其周边没有任何职能当局能够维持秩序。直隶粮食的短缺又使形势进一步恶化，引发了新的动荡。盟国的远征军只是部分上填补了真空。控制这个人口稠密的省的任务，落到了联军指挥官们的头上。然而，他们努力的目标，不仅仅是控制中国民众，恐怕更重要的还有相互掣肘。在瓦德西到来之前，联军的行动极少统一。中国首都被划分成好几大块，表面上是为了治安目的，实际上是为了防止不同国家军队间的对抗。[8] 在天津，联军的将领们成立了一个国际"临时政府委员会"，作为该地区实际上的统治者，而在大沽，仍然保留着"舰队司令委员会"。[9]

鉴于中国当前的不稳定局面，伯蒂对该国的未来也很悲观。他向萨道义强调了制止任何"对中国内部事务的干涉"的必要性。如果中国陷入内战，英国应当"让他们自己去打，直到有一位强人脱颖而出"。他有一种不祥预感，内战将旷日持久："我认为中国的不同派别之间肯定会发生相当大量的战斗，而我们却看不出谁能最终称霸，在此之间列强最好是袖手旁观，只除了在紧邻海岸和河岸容易保卫的地方，保卫通商口岸和欧洲人的生命、财产。"[10]

　　对内战临近的担心，很快就被俄国军队在中国北方的行动的担心所取代。俄军的行动似乎是其吞并中国东北的预兆。早在 7 月初，俄军在天津外国人居住区解围后，就占领了英国修建并经营的中国北方铁路（Imperial Chinese Northern Railways, CNR）的塘沽—天津段。继而，因维特的妻子而得名的"玛蒂尔达的卫兵们"（Mathilda's guards）很快又依照"征服权"，占领了塘沽—山海关段，火车机车被运过长城，送到中国东北。由于这条铁路是抵押给英国债券持有人的，英国政府被迫就事态做出反应。俄国远征军在占领中国北方铁路中战略意义极其重要的这些路段时，进程之顺利，似乎在表明这是有所预谋且深思熟虑的行动，尤其是中国首都被攻占后，俄国人也立刻占领了这条铁路的北京终点站。[11]

　　由尼古拉·彼得洛维奇·利涅维奇（Nikolai Pyotrovich Linevich）将军率领的俄军部队，填补了其他列强兵力不足所造成的真空。当俄国人占领铁路最早的消息传到伦敦时，军情局局长建议索尔兹伯里予以默许。约翰·阿德（John Ardagh）将军、爵士担心新近事态的发展，使得昔日的三国同盟重新聚合。英国与其在北方与俄国对抗，不如腾出手来，集中力量夺取"我们的利益要远远大得多的上海和长江地区……形势的发展也许将迫使我们占领上海……如果我们不得不再次这样做的话，我们就应该留在那里，牢牢地立足于长江之上"。[12] 整个 1900 年的夏天，军情局局长都主张采取"托管政策"，即允许列强在明确划定范围的地区采取专门的单边行动。阿德的打算是，让俄国人和日本人分别托管中国东北和朝鲜，而英国集中力量于长江中游的几个核心省份。[13] 两个主张都没有获得索尔兹伯里的支持。义和团危机已经破坏了 1899 年企图划分势力范围时的逻辑。现在存在着重新引发争夺特许权和领土的混战的危险。

不过，阿德的建议仍然显示出白厅意见的分歧。

索尔兹伯里急于避免列强在中国发生冲突，指示斯科特以温和的语气对俄国人在天津的行为提出抗议。英国不反对在中国的战事结束后一切恢复原状的条件下，暂时转移铁路的经营权。拉姆斯多夫适当地接受了抗议，但多少有些狡诈地提出，俄国政府应当就铁路的维修获得补偿。[14] 与此同时，俄军将继续接管北方铁路的一些路段。

有悖于索尔兹伯里小心翼翼的指示的精神的是，窦纳乐鼓励英国华北远征军司令阿尔弗雷德·盖斯里（Alfred Gaselee）将军、爵士占领北京—天津铁路的部分路段，以抗衡俄军的行动。虽然索尔兹伯里几乎完全从欧洲外交的角度考虑问题，但"前线的英国兵"们却明白"不让俄国人掌管那里的铁路系统，对英国在华北的相对威望和影响的极端重要性"。[15] 窦纳乐和盖斯里共同策划了英军占领被俄国人接管的路段的北部的行动。英俄暗中较劲，陷入胶着状态。然而，当窦纳乐提议继续向俄国施压以打破僵局时，索尔兹伯里阻止了他。这位驻北京公使担心俄国人将很快采取行动，直接控制中国北方铁路的北段，于是敦促索尔兹伯里同意英军占领山海关。索尔兹伯里拒绝采取这样的行动："如果我们想打仗的话，也没必要抢在俄国人之前（占领山海关）；我们想什么时候占领，就可以在什么时候占领。但那就是战争状态了。如果俄国人占领了山海关，那将是违背条约和他们的保证的行动，那将构成战争状态。但我们预期他们采取这样的非法行动，也并没有什么实质性的好处。"[16]

索尔兹伯里这时正全神贯注于上海事态，认为山海关只是个枝节问题，由此忽略了铁路问题真正的重要意义。这意味着这个问题到了秋天和冬天仍将悬而不决，在瓦德西于9月下旬抵达中国前，不可能指望有任何举措。俄军占领并抢掠天津的铁路设施，与拉姆斯多夫反复保证过的俄国在华政策的"公正无私"性质形成了鲜明反差。[17]这也是对《斯科特－穆拉维约夫协议》的违背。此前拉姆斯多夫就曾试图在更广泛的政治－军事意义上重新解释这一协议，现在似乎俄国人打算彻底撕毁这个1899年的协议了。

俄国人在中国东北的行动也很引人注目。正如拉姆斯多夫于7月中旬宣布的，俄国人采取了他们认为必要的一切"安全措施"。中国东北受到义和团运动的影响，比华北地区要晚得多。统率中国政府军的将领们也对东北各省维持了一定程度的控制。但是他们的所有努力都被俄国人的蛮横破坏了。在维特坚持要求将俄军部队经中国东北转运至直隶后，冲突于7月14日爆发了。三天后，俄国的阿穆尔军区发布了战争警报，俄军部队渡江进入了中国东北地区。不到三个月，到10月1日时，整个中国东北都已处于俄国人的军事占领之下了。圣彼得堡将这一占领视为中俄之间独有的事情。因此，俄国外交的目标是，不能将中国东北事务提上由外国代表在北京召开的会议的议事日程。该会议将与义和团运动后的中国谈判和约。[18]

俄国在中国东北的军事行动，似乎表明俄国的政策进入了一个新时期。虽然自1895年以来，俄国就赤裸裸地要将摇摇欲坠的中华帝国玩弄于股掌之上，但现在似乎一切都在显示它要加速中国的崩溃，并且要吞并中国东北。正如英国驻圣彼得堡使馆临时代办查尔斯·哈丁（Charles Hardinge）所说的，这样的野心使俄国政府陷入两难境地。随着东北战事的结束，俄国不得不想方设法，既要维持对北方的控制，又要维护"撤出其他部队的谎言"。俄军于10月初占领牛庄，显示出其后续行动的迹象。只要俄军部队不撤走，铁路就处于人们熟悉的"征服权"状态下。[19]牛庄是中国北方铁路的延长线与中东铁路的南满支线交会的枢纽，具有重要的战略意义。鉴于其通商口岸的地位，俄军的占领也显示出中华帝国最终崩溃并随后分裂的清楚的可能性。

哈丁支持对俄采取强硬方针。10月22日，他就俄国逐渐占领山海关—牛庄铁路的行动提出了抗议。他对唱诗班桥亚洲司司长亚历山大·康斯坦丁诺维奇·瓦西里（Aleksandr Konstantinovich Basily），强调了俄国在华军事当局的行动和圣彼得堡发布的官方声明之间的矜持。最严重的是，这"足以动摇"英国对沙皇及其政府的保证的可靠性的"信心"。依照外交礼仪和分寸，这近乎公开指责俄国政府虚伪和狡诈了。哈丁认为这样做虽有风险，却是正当的，因为他判断俄国并非理直气壮。英德关于中国的协议公布后，圣彼得堡显示出的愤怒证实了哈丁的判断。[20]这个协议"有在政界加剧对德国的恼怒感的倾向。鉴于德国在中国的军事和外交行动中都担任了如此大出风头的角色，这样的恼怒感无疑在不断增长"。从唱诗班桥的角度看，"十月协议"的秘密达成，意味着德国背叛俄国，向英国倒戈。这令俄国大为震惊。哈丁警告说，这种"郁积的愤怒"有可能助圣彼得堡的军方得势。不过俄国对协议的官方回应还是克制的。拉姆斯多夫通知哈丁，两国的协议"不会改变……中国的局势"。[21]

哈丁没理会他的说法。有史以来第一次，英国和德国在中国"形成了统一战线"。通过"十月协议"，英德合作"为了中华帝国在保持其领土完整方面的和平进展，以一纸契约得到巩固，而其他列强则成为这个契约默许的伙伴"。英德核心及其卫星国便对"远东和平形成了极其有力的保障"。只要协议奉行的原则与俄国的目标相符，俄国也会接受，但会努力维持其在中国有一只"自由的手"，"不受与其他外国联手行动的约定的限制"。[22]笼罩着谈判的秘密甚至更令圣彼得堡警觉。正如哈丁从其奥地利同僚、亲英人士卡尔·金斯基（Karl Kinsky）伯爵那里得知的，俄国官员们都明确地认为，协议是由反俄人士策划的，"仿佛一群朋友中的两个人，闭门在一间密室里，就一个群里所有人都感兴趣的问题做出了安排，然后突然抛出一个协议……希望所有人都能同意"。[23]

哈丁将英德协议解读为对中国"领土完整"的保证，意义十分重大，因为自索尔兹伯里犯下地图错误后，协议并没有再做这样的事情。然而，如果俄国人同意哈丁的解读，那么这就使英国人对俄国人产生了一定的影响力。金斯基提供的消息似乎就在显示这一点，尽管只有在德国人不公布其立场的情况下才的确如此。这也有助于解释为什么哈丁不断倡导要以强硬路线来对付俄国。

哈丁于 11 月 3 日对俄军占领牛庄铁路线一事提出正式抗议，在俄国首都引起了某种"激动"。他乐观地认为，俄国人仍然处于英德协议突然公布给他们造成的眩晕中，"他们怕是昏了头"。[24] 然而，俄国外交官们并没有丧失他们对搪塞的偏爱。直到 11 月 14 日，哈丁的抗议都没有得到回答。俄国人的照会只是做出了一个苍白无力的保证，圣彼得堡将遵守 1899 年铁路协定中的财政条款，对于引发争议的牛庄问题却不置一词。如此语焉不详，是不祥之兆，因为提及《斯科特－穆拉维约夫协议》中的财政条款是令人困惑的，协议中根本没有这样的条款。兰斯当决心"不容这个问题放任自流"。他拒绝了俄国人将归还铁路及其所属权作为谈判议题的要求。在兰斯当看来，铁路的归还是不可谈判的。他"坚定而强硬的路线"某种程度上要归功于伯蒂的建议。哈丁从他在圣彼得堡的有利位置观看，也支持这样的政策路线："这是对付俄国人的合适办法。"[25]

阿德甚至主张采取更激烈的措施。他对英国及其主要欧洲对手财政状况的分析，使他断定英国国家财政的潜在实力并未衰减。虽然法国财政仍然相对稳健，德国的财政状况却在衰退。他断言，"皇帝陛下宏伟的目标"，德国财政是负担不起的："德国实际上根本无法参与耗资巨大的冒险行动。"俄国甚至处于更脆弱的境地。维特掌管俄国财政部，并没有改善俄国的财政状况，"到中国的这趟历险，肯定让它破财不少，少说也得损失 1500 万—2000 万"。将这些情况结合起来，这位情报头子认为，"这对我们真是一阵好运"。"中国纷乱"拖得越久，俄国人的开销就越大，如果英国外交官们能在北京和会上将因为义和团运动而强加给中国的赔款降低，那么俄国和德国就会感到"拮据"。但是阿德言过其实了。应该鼓励中国北方铁路的英国总工程师，对于战争和俄国随后对铁路的"建设性破坏"所造成的损失，做出"慷慨的估计"。圣彼得堡将声称这些损失加强了英国对俄国的影响力。阿德提出，此时宜于利用"野猫"在俄国制造出一种对波斯猫的恐慌，会导致俄国的反英人士信以为真，从而"大大地再破一笔财"。桑德森建议兰斯当不要听从阿德在俄国制造战争恐慌的"开玩笑"般的馊主意："每个国家都有自己的办法，而我并不认为我们在上层社会的喜剧中扮演的是光彩角色。英国公众对一切事情都很认真，我们应当认识到，因为在俄国人要求下放弃了一些我们从未认真考虑过的计划，我们受到了严厉指责，可能辱骂的程度比我们想象的还要厉害。"[26]

斯科特对哈丁的鹰派态度感到震惊。这位大使支持索尔兹伯里比较温和的路线，以免俄国强硬的反对派们帮助军方斗倒处境艰难但却主张和平的拉姆斯多夫。斯科特对拉姆斯多夫政策的认识，既是错误的，也不及哈丁高明，因为这位代理外交部长支持华北俄军指挥官所采取的行动。11 月 13 日，就在哈丁收到回复他关于牛庄争议的正式抗议的搪塞性照会的前一天，拉姆斯多夫同意将中东铁路交由维特的财政部管理。[27] 斯科特在重返俄国前，对哈丁抗议之事始终一无所知。为了安抚这位大使，桑德森将缺乏交流归咎于"伯蒂的性格不愿交流过多"。[28] 这只是一种偏颇的解释，因为伯蒂和哈丁一直试图让斯科特靠边站。哈丁很早就在批评他的上司："我并不认为他将成为一位理想的大使，他太胆小且神经质，不过假如我们要对俄国施行怀柔政策，不打算针锋相对……那么让他来干和别人干也差不多。"伯蒂则对斯科特面对俄国人的欺诈时明显的轻信深为不满："无论拉姆斯多夫说什么，可怜的斯科特都相信。"[29] 这并非仅仅是性格的冲突，而是"维多利亚式"外交和"爱德华式外交"的差异的体现。

无论兰斯当多么青睐伯蒂的鹰派观点，这位助理次官的影响都不应夸大。兰斯当决定不对俄国采取"坚定而强硬"的对抗路线。这一决策，是由他对英德密切合作的希望，以及瓦德西到达中国给英国外交带来的限制促成的。对兰斯当来说，俄国人的敌意是几乎所有政策考量的构成要素。但是现在，德国人的敏感却妨碍起他推行对俄"强硬路线"来，尤其是拉姆斯多夫正试图削弱"十月协议"的影响，他引诱英德双方向他提供对协议相互矛盾的解释，以在伦敦和柏林之间引发争议。[30]

瓦德西担任联军司令，对于兰斯当来说也是外交上的障碍。这位外交大臣热切希望与柏林更密切地合作，但他屡屡发现，为了解决英国在中国的问题，他不得不接受由瓦德西来担任中间人。当英国内阁接受瓦德西的任命时，正如兰斯当当时赞许地记录的，只是决定"总体上赞同"瓦德西方案。这位伯爵只承担"最高指导"这一事实，意味着英国远征军仍将由英国人来指挥。协议似乎也是弹性十足的，在情况需要的时候，也允许英国退出。英国陆军总司令、陆军元帅吴士礼（Wolseley）子爵说，瓦德西自己在中国的分遣队兵力相对较少，他必须依赖于其他外国军队，因此他将无法积极地推行他自己的政策。早在瓦德西获任之时，公使馆甫将协议内容发布出来，他就迫不及待地请人审阅了一番。要求将德国的"最高指导"局限于直隶地区。他不信任德国人，提出与日本和美国密切合作，是维护英国在华利益的最好办法。这最后一项原因，凸显了在尚未形成的总体指挥架构中，英国将军实质上保留一定程度的自主权的必要性。于是，盖斯里接到的命令是："我们提供的部队的指挥权，无论如何总是属于你以及你手下的高级军官们。"[31]

关于任命瓦德西的协议，正因为其语词含糊才得以迅速达成，但这也为日后的纠纷埋下了种子。正如驻北京武官布朗所指出的，新任总司令的国籍本身就有问题。鉴于德国在欧洲的战略地位，瓦德西很可能偏向俄国。与此同时，在中国积极地支持俄国，对推进德国自己的利益却并没有什么好处，因为德国的"贸易是追随着我们的大旗的"。[32]虽然在并非不可能发生的英俄利益冲突事件中，瓦德西会起到某种减震器的作用，但他能排除这种冲突的危险。最后，对于瓦德西的使命的规定也有缺陷，主要是因为没有这样的条款。柏林提出，将这位陆军元帅的任务交由列强任意安排，后者都同意了。然而无论他的权力范围、权力性质，还是任期，都没有具体规定。但普遍认为，他的权限仅限于首都所在省。但是这种认识的基础，是稍早些时候俄国人的提议的措辞，以及德国人没有提出异议这一事实。[33]将对瓦德西的授权的准确性质交由各盟国自由解释，是一个重大错误——一个很快就使他的总司令职位成为国际争端的源泉的错误。

瓦德西刚到中国，就被卷入了英俄铁路争端。一方面，他选择了一条阻力最少的道路，决定"坚持中间路线，强调军事观点"。[34]从他的角度看，这是完全合理的。他获得的授权不分明，自家只有一支中等规模的部队，他根本无法解决英国人和俄国人之间的纠纷。他没有力量将俄国人从铁路上赶走，又不愿默许其对天津铁路的占领，从而损害自己的权威，于是他采取了尽量拖延外交谈判的策略。对此他既不擅长，也无特别的眼光。9月底，他授权英军占领了山海关，疏远了俄军司令叶夫根尼·伊万诺维奇·阿列克谢耶夫（Evgeni Ivanovich Alekse'ev）海军上将和正率军前往山海关的帕维尔·尼古拉耶维奇·延加雷切夫（Pavel Nikolaevich Engalichev）上校、亲王。俄军由此丧失了控制整条北方铁路和从天津到牛庄的海岸线的机会。另一方面，瓦德西在天津铁路问题上的犹豫不定，以及他明显不想得罪俄国人的态度，又使本希望局势能得到迅速匡正的英国人大失所望。[35]

到瓦德西抵达中国时，英国修建的塘沽—天津铁路线已经完全被一个俄国铁路营占领。印度事务大臣将俄国对铁路线的攫取归咎于索尔兹伯里和外交部。他指责说，他们俩"极端小心和迟缓的政策"未能将德国和俄国分离开，也未能把德国更紧密地拉近英国，发往柏林或圣彼得堡的外交抗议照会仍然毫无效果。新近的经验证实了汉密尔顿的"见解，我们采取无所作为的政策……从来不能成功。除非我们准备自己冒险，或者和一个欧洲大国诚心合作，否则我们无法指望它们站在我们一边，或者帮助我们维护我们的特殊利益"。[36]

瓦德西在俄国人和英国人之间左右为难。俄国人公开不服从他的指挥部发布的命令，而英国人则要求他来保护他们自己保护不了的英国财产。正如瓦德西的参谋长尤利乌斯·冯·施瓦茨霍夫（Julius von Schwarzhoff）将军向盖斯里解释的，俄国军队已经占领了大部分铁路线，任何解决办法都必须建立在这个事实基础上了。[37]瓦德西因此与利涅维奇达成了一项铁路特别协议，将大部分铁路留在了俄国人手里，将剩余铁路交给了身为总司令的瓦德西。这项伪装成军令的协议，显然是战场情势所迫。但瓦德西决定默许俄国人的"既成事实"，令英国人大为不满。[38]

比洛的保证效果是短命的，因为他暗示德国在中国的支持是有条件的，要求给南非的德国投资者以"慷慨的待遇"。埃卡德施泰因随后的声明，柏林"热切地希望尽一切努力以满足女王陛下的政府"，并以令人满意的方式来解决关于中国北方铁路的争执，并没有得到多少信任。[39] 德国反复要求在长江上举行海军阅兵，以保护地方总督抗衡北京政府，又成为新的混乱因素。所以说，德国的外交只不过是在中国的池塘里搅浑水。索尔兹伯里在 11 月初交出外交部大印前不久，拒绝了比洛的计划。[40] 兰斯当仿效他的前任。他认为德国人计划派出军舰，而不是帮助维持长江流域各省的秩序，将招致总督们的怀疑，引发公众骚乱，并刺激俄国人在中华帝国的北部也采取类似的行动。[41]

不仅是比洛流产的长江计划招致了伦敦的恼怒，瓦德西在北京的作为更是播下了许多怀疑的种子。尤其是他与利涅维奇关于中国北方铁路的协议，引起了英国密切的关注。英国驻柏林使馆武官詹姆斯·蒙克里夫·格里尔森（James Moncrieff Grierson）上校，这时在瓦德西的司令部任英国代表，他预料到这位陆军元帅的行动。他将其归因于三大因素："首先，德国僵硬的军事理论，对于欧洲战事也许可谓优秀，但对于半开化国家的战争则很不完备；其次，德国忌惮俄国的实力；再次，德国忌妒英国。"根据他柏林四年的经验，他认为德国陆海军高级军官均"对大英帝国充满忌妒"。[42]

《瓦德西－利涅维奇协议》使伦敦政府受到中国北方铁路的英国债券持有者不断增长的压力。索尔兹伯里作为外交大臣的最后的动作之一，就是告诉哈茨费尔特他希望整条铁路线都能交给英国总工程师和他的技术人员。[43] 尽管德国人做出了保证，瓦德西却无法履行这些保证。他作为最高司令，夹在两个不友好的盟国之间，日子越来越不好过。11 月 13 日，他通知盖斯里，俄国正在从直隶省撤出所有军队，只留下一个铁路营，山海关—杨村段铁路线马上就将交给盖斯里，此后就由他来控制。然而，同一天利涅维奇就违约了，他告诉陆军元帅俄国人将继续控制铁路。瓦德西发出了措辞强硬的照会，要求俄国军事当局对其意图做出"明确和有约束力的声明"，但只不过是一个挽回些面子的举动。实际上他别无选择，只能对俄国人的两面三刀听之任之。在格里尔森看来，这是瓦德西和他的司令部给俄国人的敏感善变上的又一道"美味佳肴"："我们配着俄国人的笛声跳的神奇舞蹈，正变得比以往任何时候都更加狂野，除非伦敦能以强烈姿态加以制止，就很有希望在一曲'康康舞'中达到高潮。"[44]

使问题进一步复杂化的是，俄国军队凭借对中国北方铁路财产的征服权，在白河左岸的天津外国人居住区驻扎了下来。与俄国拒绝将铁路归还英国管理相结合，事态的这一最新发展只能得出一个结论：俄国打算完全攫取中国北方铁路。萨道义建议兰斯当对圣彼得堡采取更强硬的方针，"只要能令英国的对华舆论满意"。[45]天津事态的发展，时间正与俄国对哈丁11月3日的抗议的搪塞性回复相吻合，令兰斯当警觉到形势有"放任自流"的危险，他决心"重新发起进攻"。[46]

但"强硬"政策在外交部并没有得到普遍赞同。正如身在圣彼得堡的斯科特主张采取怀柔政策一样，远东司的坎贝尔也劝告要慎重行事："在我们真正收回铁路之前，让别人来向俄国人指出这点，岂不更好？"兰斯当很不情愿地接受了坎贝尔的建议，但掩饰不住怒火："这只是权宜之计，但我们决不能善罢甘休。"外交大臣急于"重新发起进攻"，得到了伯蒂的支持。但是，这位助理次官提醒他，不能指望德国政府会采取什么补救措施。柏林不会向圣彼得堡施压以损害与俄国的关系："这因此变成了俄国与英国之间的问题。"[47]

瓦德西、英国和俄国之间的三角缠斗，变得越来越荒唐。俄军不断将天津和山海关维修厂里的机车和其他铁路设施运往中国东北，而瓦德西仍在观望。与此同时，瓦德西也终于就中国北方铁路的纠纷达成了一个解决方案。1901 年 1 月 17 日，他与俄军指挥部的一位代表签订了一份协议，就从山海关到北京整条铁路线的移交做出了规定。[48]

瓦德西虽然最终成功地解决了铁路争端，但他坐在总司令的位置上仍然是诸多不满的源泉。这位陆军元帅对毫无意义的惩罚性征讨的偏爱，使他在中国种下了深深的仇恨，也在英国引起了相当大的愤慨，尤其是因为"在所谓的征讨中……'征用'很容易就堕落为'抢劫'"。[49]1900 年的中国远征，是人们鲜活的记忆中第一次看到德国军队的行动，在此过程中许多幻想被击碎了。在德国上过学，又在英国驻柏林使馆服务过四年的格里尔森，对于德国士兵在中国烧杀抢掠、胡作非为的行径深感震惊。[50]

到 1901 年春天时，兰斯当本人也开始反思起来，"瓦德西这个安排，效果不太令人满意"。他向萨道义坦承"我担心这没什么好处"。[51]他在陆军部时，曾经支持过这位陆军元帅的任命，现在做了外交大臣，却发现让瓦德西到华北，大大限制了英国外交施展的空间。这段经历使得德国人在英国人心目中的形象光彩尽失，也使得伦敦与德国发展更密切的关系的愿望，播下了第一批怀疑的种子。

与此同时，中国北方又爆发了一场新危机。1901 年 1 月 3 日，英国《泰晤士报》透露出一个秘密消息，中国和俄国就东北最南边的奉天省达成了一项协议，尽管还没有得到批准，但已震惊了欧洲外交界。该报的远东特约记者、知识渊博且富有影响力的莫理循（George Ernest Morrison）博士，因为揭露了俄国人在北京进行的阴谋活动而名声大噪。寇松对他有句著名的评论，说他的天才在于"甚至在事情还未发生之前，就能聪明地预料出结果"。在一份新的引人注目的独家报道中，他获得了一份所谓的《曾－阿列克谢耶夫协议》（Ts'êng-Alekse'ev Agreement）的副本。[52] 这条新闻引发了远东一场"迫在眉睫的战争"危机，紧张气氛时时加剧，一直持续到 1901 年 4 月。

这个协议是俄国远东政策的典型产物，即利用当地政治的不安定，在中国东北三省扩张俄国的影响。这个九点协议给中国留下了对奉天省拥有宗主权的遮羞布，但因为俄国强大的军事存在，实际上将该省变成了俄国的保护区。铁路将置于俄国的控制之下，奉天将建一个俄国人居住区，监管该省的警察事务。[53] 莫理循的揭露引发了一派骚动，尤其是在英国和日本。以浓缩形式传送的文本，尽管细节上稍有出入，实质上却是非常准确的。"中国的莫理循"的独家报道之所以令人赞叹，很大程度上倒不是因为他能够得到协议的副本，到 12 月底时驻北京的外交官都能得到，[54] 更主要是因为，通过将协议文本用电报发出，他抢在了还在慢腾腾地转悠的英国外交部机器的前面。

在萨道义重病的情况下，原本很能干的使馆秘书雷金纳德·托马斯·托尔（Reginald Thomas Tower）为了省钱，决定用"外交邮包"来传送协议文本。[55] 于是，英国外交部便是首先从新闻媒体，而不是从其海外外交官那里，得知了这个"满洲协议"。《泰晤士报》登出了消息这一事实，使得整个事态越发紧急。莫理循在其报道的结尾警告说，对于另外两个省很快会有类似的协议，"于是满洲将成为俄国人事实上的保护地，俄国……已经有权保留守护铁路所必要的所有部队了"。[56]

这条新闻令英国政府极其尴尬。在新一届国会启动时，政府就已经因其对远东事务的处置而遭到了新的攻击。[57] 莫理循以其强烈的仇俄情绪而著称，他的报道和他的信息可能会有所夸大，是人们有所估计的。他的信息如果准确的话，这个初步的协议有可能会导致中国事态升级。萨道义此前曾断言过："俄国的满洲政策的目的……就是引诱中国官员回来，替他们管理这个国家，因为他们发现［自己］做不了这事。这就是不吞并，而是一种非正式的保护地的意味。"托尔大致是在与莫理循同样的时间获得了这份协议的抄本，萨道义得以立刻确认了其真实性。[58] 而在唱诗班桥，拉姆斯多夫否认了传言中的"满洲协议"，说那只不过是一个品行不端的记者"纯粹的臆想"。[59]

尽管兰斯当此前倡导过"强硬路线"，但他对此小心地做出反应。斯科特得到明确的指示，不要在圣彼得堡正式地询问此事。大使通过非正式的关系，打探出报道中的协议，只不过是与中国地方当局达成的"临时性安排"，给俄国临时占领中国东北提供适当的基础。

斯科特一向轻信俄国人的保证的表面意义，他认为这个协议不过是为八国联军在直隶驻扎时所做出的安排的反映。但英国外交部的高级官员们不那么好糊弄。坎贝尔和兰斯当都猜测圣彼得堡将使这个协议变成永久性的，"如果他们发现这不会在他们与其他列强之间生出太多麻烦的话"。[60]

斯科特在与他的奥地利同僚阿洛伊斯·莱克萨·冯·埃伦塔尔（Aloys Lexa von Aehrenthal）交谈过一番后，不久就改变了想法。这位奥地利人对他说，英国对埃及的占领，也许会成为"俄国人效仿的先例，名义上是临时占领，实际上发展为永久占领"。斯科特警告说，埃伦塔尔或许在充当传话筒，传递的是俄国官方的观点，现在他对中国东北的局势"持非常悲观的看法"。[61] 就兰斯当而言，他不打算让俄国轻而易举地便实现其野心。1月8日，在斯科特的安慰性急件到达之前，外交大臣便建议负担中国北方铁路大笔资金的中英公司（British and Chinese Corporation，BCC），拒绝华俄道胜银行的全面收购。兰斯当指出，在英国的管理下，"这条铁路不可能不显示出对［英国］贸易的巨大好处"。中英公司赞同兰斯当的意见。[62]英国的在华政策仍然要依靠索尔兹伯里所说的"爱国资本家"们。

虽然兰斯当对中英公司的建议反映的是他本人不屈服于俄国的倾向，但他却不愿过早地让自己卷入具体行动中。1月12日，日本新任驻伦敦公使林董子爵提议英日联合就该协议条款向圣彼得堡提出质询，作为正式抗议的第一步，兰斯当拒绝了。[63]诸多因素相结合，迫使他采取务实的行动。瓦德西和利涅维奇关于将中国北方铁路归还英国的协议即将达成，在铁路交接完成之前，兰斯当不想就"满洲"问题发动新的外交攻势。这时，俄国人在天津占领有争议的地块的消息也泄露了出来。这个消息、俄国军队在山海关抢劫火车站的消息，以及俄国人将正在运行的火车车辆运往中国东北的消息，都迫使兰斯当谨慎地选择步骤。着眼于中国北方铁路重要的战略意义，兰斯当决不愿意给予俄国"永久霸占"之权力。但是确保俄国人迅速撤出这条内部铁路沿线的要点，也同样重要。英国"只接受将来作为赔偿给我们的东西，决不放弃任何东西，要把我们的全部索赔要求公之于众，并尽可能地说清楚，在我们看来，协议只是临时性的，是单纯为军事目的而制定的，不伤及政治义务或财政义务"。兰斯当在给汉密尔顿的信中写道，俄国人"太讨厌了，而德国人在铁路问题上也不会真正帮我们的忙"。英国必须坚决主张"协议完全是临时性的，英国保留一切政治权力和财务权力"。[64]

除了铁路纠纷之外，还有其他须考虑的问题。兰斯当对俄国人的目的不抱任何幻想。然而，提出任何企图剥夺俄国在中国东北攫取的赃物的外交倡议，都需要仔细地预备。伯蒂所写的一份备忘录，描绘了英国所受的限制。他本能上赞成更激进的政策，但他了解有可能导致官方质询圣彼得堡的复杂的国际纠纷。他承认英国的国际地位迫使政府必须谨慎。南非的战争使当前成为一个"棘手的时刻"，英国无法承受事态升级的危险。另一方面，消极将导致"我们在议会受到攻击，并且失去日本"。的确，与东京保持密切联系是伯蒂的主要关切之一。为此目的，他提议英日联合行动，如果可能的话再拉入德国，将这个同盟建立在针对俄国的英德协议的基础上。

伯蒂从不掩饰，他对德国人的可靠性和 1900 年 10 月的中国协议的实际价值信心有限。1900 年 12 月末与拉塞尔斯的一番谈话，又使他的怀疑进一步加剧。在谈话中，大使向他解释说："我们能够为我们在中国的利益而与德国人合作，只是我们不要指望它去干涉满洲事务。"但是，伯蒂仍然希望"满洲"危机能成为逼迫德国澄清其立场的机会。邀请德国和英国、日本一起向唱诗班桥发出质询，"有可能引出德国政府的一份声明，否认英德协议有针对俄国人的这种行动的意味；我们正好可以了解德国对俄国的态度，从而判定协议的价值"。[65]

兰斯当"不大喜欢这主意"。伯蒂提议的三边计划不大可能有什么结果。俄国政府会继续含糊其词。如果俄国军队撤出中国东北，所谓的"铁路卫兵"就会留下，而任何与德国进行的合谋都有可能泄露给圣彼得堡。所以，观望政策似乎更为可取："目前我们必须尽可能地不要对中国的小事情显示出'大惊小怪'的迹象；另一方面，由于议会和其他原因，我们也不能默许太多。"中华帝国的领土完整对于英国外交来说不是"小事情"，但索尔兹伯里对于兰斯当静观事态进一步发展的决定持鼓励态度。索尔兹伯里总结说，在对于新闻报道中的"满洲"协议缺乏可靠情报的情况下，伦敦"不宜对俄国目前用于遮掩其在中国北方所有行动的瞬变因素发难"。[66]

尽管兰斯当在某种程度上像索尔兹伯里一样，对缓慢外交有所偏爱，与伯蒂的新俾斯麦主义正相反，但他与助理次官的分歧并不在步骤和方法方面。他们分歧的核心是德国。像伯蒂一样，兰斯当对德国政策的摇摆不定不抱幻想，但他怀疑对德国逼之太急是否明智，他决定对林董联合行动的提议延迟答复。[67]兰斯当继续为达成某种形式的英德合作而努力，指示拉塞尔斯探明德国对"俄国人攫取土地"的立场。[68]与此同时他向萨道义坦承，中国问题的"逆流"使得英国外交政策复杂化。俄国仍然是大英帝国利益的首要威胁。它在铁路问题上的行为令人"愤怒至极"。对于"满洲"协议，他评论说："我们无疑应当接受普遍的解释和判断，但协议的说'本质'……是清楚无误的。"[69]拉姆斯多夫这时已被正式任命为外交部长，他对协议做出的正式保证，兰斯当无动于衷。在这方面，他反映出内阁大臣们更普遍怀有的情绪。依汉密尔顿的看法，俄国人的行为表明，在亚洲问题上与俄国达成某种临时协定，是毫无用处的："除非俄国有哪个官僚制定的政策或做出的承诺，无论如何能得到军部和将军们的尊重和遵守。"[70]

还不等兰斯当在此问题上采取任何进一步措施，维多利亚女王1901年1月22日逝世，便使英国政治生活猝然停顿。女王的葬礼于2月4日举行，她在欧洲各国王室的众多亲戚聚集到了温莎。其中格外引人注目的便是德国皇帝，当听说他外祖母病危后，立刻赶到了女王床前。这一感人之举，深深地打动了英国公众，在媒体和舆论上为他赢得了一片赞誉。[71]威廉此时来访，正好是英德关系处于最关键的时期，新近的中国协议，将两国指向重归于好的方向。

与此同时，一个正式联盟的幻影又重新出现了，使两国重新修好的可能性变得更大。1月13日至17日，埃卡德施泰因与德文郡公爵和张伯伦在公爵于德比郡的宅第查特斯沃斯庄园，举行了一系列会谈。两位大臣告诉埃卡德施泰因，他们和他们的一些内阁同僚一致认为，"孤立政策"已经不再可行；英国面临的选择就是，或者加入三国同盟，或者加入法俄联盟；他们将努力促成英德重新修好，并最终使英国加入三国同盟。与此同时，张伯伦提议，作为第一步，先就摩洛哥问题达成一个秘密协定；一俟索尔兹伯里前往法国南方，就应开始与兰斯当和他本人进行谈判。张伯伦警告埃卡德施泰因，如果这一尝试失败，英国将会寻求与法国和俄国达成协议。[72]

查特斯沃斯庄园会谈与其说是埃卡德施泰因对与英国结盟的首次尝试，毋宁说是张伯伦对与德国重新修好的最后一次努力。[73] 依张伯伦的观点，这样的努力更有意义。俄国在中国北方的行动已经在内阁讨论过了。它几乎不掩饰在中国东北建立某种形式的保护国的企图，足以激发英德"十月协议"了。然而，柏林在这个问题上的摇摆，加之瓦德西的犹疑，都可以解释为按兵不动坐等更好的条件。[74] 在张伯伦看来，远东形势的严峻性并没有缓和，因而"孤立主义者们"政策的危险性也没有减弱。上次他试图促成与德国达成协议，却失败了，这使他痛苦地认识到，直率地提出结盟注定要失败。这是此前与哈茨费尔特的交流给他的全部教训。逐渐地拉近，将英国最终将加入由德国领导的三国同盟作为诱饵抛出，似乎是更可行的战术。鉴于众所周知兰斯当也支持与德国达成谅解，重新接近德国的内部条件看上去比1898年时有利得多。两位内阁大臣与德国外交官的会面方式得到了安排，以周末舞会为掩护，德文郡公爵夫人充当了双方的传话筒，令人联想起1898年的非正式会晤。时任桑德森私人秘书的威廉·蒂勒尔（William Tyrrell），多年后在回顾查特斯沃斯庄园会谈时，毫不怀疑"虽然索尔兹伯里一直在暗中反对联盟政策，但是 A. J. 贝［尔福］和兰斯当却是私下里参与了这笔交易的"。[75]

比洛有个根深蒂固的信念，就是英俄矛盾是不可调和的，他的想法都是建立在这个信念基础上的，因此他不欢迎埃卡德施泰因的建议。德国等待的时间越长，与它结成联盟的代价就越高。此时此刻，比洛反倒担心起"由张伯伦和他的同志们刮起的友谊风暴"，只不过是将盟约强推给耳朵根子偏软的威廉的前奏。这样的担心是没有根据的。虽然威廉在奥斯本（Osborne）和温莎都见到了很多英国内阁大臣，但都没有谈及结盟这个话题。1月25日，皇帝接见了兰斯当，给这位不知所措的外交大臣讲了一堂世界历史和政治课。皇帝遵循了他的总理的方针，一再劝说兰斯当英国试图与俄国重新修好是徒劳的："别提欧洲大陆。俄国其实是个亚洲国家。……俄国皇帝只配住在乡下房子里种萝卜。和他打交道的唯一办法是最后一个离开房间。"兰斯当没有记录下他在这次会谈中都说了些什么，以及会谈给他留下了什么印象，尽管威廉认为自己"显然成功地给他留下了深刻印象"。虽然德国皇帝与索尔兹伯里相互讨厌，但威廉在此次访问快结束时，还是与索尔兹伯里有过一次友好的邂逅。他也表达了对张伯伦的好感，不过他们没有见面。[76]

德皇的葬礼外交，在政治上是没有意义的。不过，他那暖心的话语，其实际价值不久就将受到检验，因为中国东北的危机又出现了新的曲折。在危机的整个早期阶段，拉姆斯多夫对于"对俄国在中国北方的行动的怀疑和误解"，都不予理会，斥之为"谣言"。到2月初时，拉姆斯多夫声明的底气减弱了。他现在只是否认有在"满洲"南部扩张俄国的权利的协议存在。拉姆斯多夫话语中新的模糊性，以及"满洲"北部和南部可能的差别，都没有逃过伦敦决策者们的眼睛。已经出现了与拉姆斯多夫先前的保证相矛盾的证据。[77]

"老中国通协会"（The Old China Hands）这时游说兰斯当，要求对俄国人的挑衅做出强硬回应。保守党议员克锡是一位出色的在华商人，也是"中国协会"的重要人物，他警告说，如果"满洲"落入俄国的控制，牛庄的生意就会减弱，最终会被导向俄国人占领的大连湾港口。[78]与此同时，中国首都的日本外交官也搜集到萨道义收到的类似的情报。林董奉命重新劝说英国共同行动。在会见兰斯当时，他非常详尽并"相当诚恳地阐述了如果俄国人在满洲永久驻扎下来将会产生的风险"。[79] 继而在会见伯蒂时，他又提议英日向北京发出同样的照会，警告中国不要分别与外国列强订立条约。兰斯当原则上倾向于接受林董的提议，因为那不需要英国方面做出任何明确的承诺。尽管与东京的合作很重要，但兰斯当不愿意甩开德国行动。德国皇帝的新近来访，使得英国人普遍对他产生了好感，也消除了此前对三方倡议的部分疑虑。于是，1月7日，兰斯当将日本人的提议通报给埃卡德施泰因，并邀请柏林加入在北京的行动。[80]

威廉街对兰斯当的邀请反应谨慎。关键的是，兰斯当被认为与查特斯沃斯庄园会谈有牵连。荷尔斯泰因和哈茨费尔特都认为，兰斯当像张伯伦和德文郡公爵一样，意在逐渐加强英德联合。然而，与英国结成防御性联盟，只有在协议中包含英国毫不含糊的安全保证的情况下，才是可行的。此时此刻，德国外交官们还不肯将欧洲核心的安全协议与中国问题联系起来。德国只需发出中立的信号，就足以预防远东战争。这将阻止法国在中国东北的冲突中加入俄国一方，这反过来又将限制俄国的外交活动。[81]

无论柏林的计划是什么，埃卡德施泰因的角色都很关键。哈茨费尔特要他转达对兰斯当探询的回复，强调德国保持中立的意图。然而，男爵只告诉了兰斯当，柏林愿意与英国和日本人一起警告中国，"在能够评估其对所有列强作为一个整体的责任之前"，不要与俄国单独签订条约。兰斯当欢迎柏林的决定。如果不积极地回应日本的提议，就会刺激东京去寻求与俄国直接和解。他警告说，如果俄国和日本联合，"将至少使英国和德国在中国的继续存在极大地复杂化，甚至变得不可能"。目前，兰斯当也同意设想中的抗议不需要赋予"直接的反俄色彩"。尽管兰斯当略有些失望，但他欢迎埃卡德施泰因的交流，并预期交流将产生"有益的影响"。[82]

英国外交现在开始行动了。2 月 13 日，兰斯当警告中国驻伦敦公使罗丰禄爵士，《泰晤士报》所披露的协议"将是中国政府危险的源泉，任何影响中华帝国领土权的协议都不应达成"。[83] 兰斯当热切希望与德国保持密切的关系，但他还没有决定对俄国是安抚还是对抗。这种犹豫最早在北方铁路争端中就显露了出来，随着中俄协议引发的危机的发展而日益增长，这时已影响到兰斯当对中国东北问题的处置。直到有争议的铁路还给其英国业主们时，兰斯当仍希望在中国东北继续无所作为。[84] 这很困难，因为中英公司已经提高了人们对中国北方铁路未来的期望。伯蒂毫不怀疑俄国人有意霸占有争议的铁路。"从满洲到北京直接的铁路交通，绝对是俄国人计划中必不可少的部分"，这个计划就是对北京周边和中国北方的全部铁路交通实施战略控制。下一步，俄国将"通过其盟友法国、比利时财团及华俄道胜银行，争取获得对设想中从北京到汉口再到广东的纵贯中国主干线的支配权，并将其用于军事目的"。控制牛庄—山海关铁路线也将使俄国能够把中国东北的贸易导向大连湾。伯蒂表示，现在该是英国政府做决定的时候了，是逼迫俄国尊重债券持有人的权利，还是鼓励中英公司去与驻华俄军的代表谈判。[85]

兰斯当在 2 月 15 日的一份内阁备忘录中谈到了这个问题。他敦促说："我们必须下定决心，或者采取与俄国人针锋相对的政策，或者允许他们（即债券持有人）通过谈判争取最好的交易。"在中英公司内部一些意见的刺激下，他考虑过与俄国达成一项协议，使英国债券持有人将郊外铁路的权利实际上卖给俄国。作为回报，俄国将参与支付修建铁路的原始贷款的利息，对中东铁路上的英国货物免征关税，并且不阻挠英国控制郊外铁路。更重要的是，俄国必须放弃其根据《斯科特－穆拉维约夫协议》修建铁路到北京的权利。能否说服圣彼得堡做这样一笔交易，还不清楚。作为某种诱惑，兰斯顿思考过总体解决中国东北问题的想法："如果我们迫于形势，承认俄国有权继续占领满洲的话，如果我们打算抛弃两年前俄国有意促成的协议的话，那么有可能形成某种可以接受的解决办法。"他相信中国东北的现状无法维持，但仍然只有在达成适当协议，而非预料到无可挽回的情况下，才能将中国北部放弃，即给俄国。

关于中国东北的交易还有另一种选择。受比洛决定加入英日对北京的抗议的鼓舞，兰斯当又提出了一个新主张，邀请所有列强加入。将只形成一个"自我否定条例"，在关于义和团的条约达成之前，对于中国的领土、商业和法律现状，不得有任何干扰："这样一种协议，将使俄国人新近在天津获得的巨大特权……以及我们听说正在受到质疑的类似特权，都将变得无效。"[86]

虽然德国在给兰斯当的外交行动拖后腿，日本却催促他采取进一步的行动。东京不满足于对中国仅仅是警告，建议对北京提出更强烈的抗议。[87]这在兰斯当看来，是太过分了。然而，兰斯当与索尔兹伯里之间有一定程度的摩擦。兰斯当在与索尔兹伯里磋商日本人的提议时，由伯蒂提出了对索尔兹伯里的主张的修改意见。兰斯当承认，如果关于中国东北的"幕后交易"流产了，有必要协同列强的进一步行动。不过，东京提出的"更长远的步骤"目前还不成熟。取而代之的是，兰斯当提议暂且确认英国的政策是建立在英德关于中国的协议的原则基础上的。埃卡德施泰因暗示柏林已经加入了对中国的首次警告："并非……没有严重的担忧"。这个消息使得兰斯当越发不愿意接受日本人的新提议了。然而，进一步的行动也许会变得有必要，为了准备这样的行动，将在拟议中重申"十月协议"时增加一段附文："如果俄国，或任何其他大国，行动有违该协议原则的话"，英国保留与其他列强协同采取进一步措施的权利。他估计在第一次警告后，中国在未经初生的新三国同盟事先认可的情况下，就不会与外国列强单独签订协议了。保持英德完好合作，便是兰斯当不愿接受东京计划的基础。他希望："如果可能的话，与德国携起手来。"[88]

索尔兹伯里像兰斯当一样，也对日本人的提议有所顾虑，但他没有那么谨小慎微。他认为，东京寻求的保证，"多少是既超出了我们的能力，也超出了我们的利益"。承诺对于改变中国领土现状的企图予以阻止的行动给予实质性支持，就相当于承诺英国要保卫"中国与俄罗斯帝国之间漫长的内陆边界"。索尔兹伯里反对这样一种广泛的保证。这对英国的利益没有好处。此外，他又提出："保卫中国北方的沿海地区——比如说辽中湾（Gulfs of Liaochung，原文如此）、渤海或朝鲜——尽管是繁重的任务，但也许对我们是合适的。"和兰斯当不同的是，他对德国的支持不抱太大希望，却打算与日本订约，联手保卫"我们认为我们有重要利益，须防止俄国人攫取的海岸地区"。然而，这样一种协议需要仔细地确定须承担的责任及其地理界限，还要经过内阁批准。[89]

结尾部分的条款是含蓄的。索尔兹伯里显然考虑的不是仅仅和日本人签订一个临时协议，而是为两个海上强国展开地区性海军合作和外交合作达成明确定义的协议——因此需要内阁批准。然而，起草的协议大纲并没有设想实质性的英日同盟，同盟的含义要比索尔兹伯里的提议深远得多。[90]一个与之更相似的条约是1887年12月英国与奥匈帝国和意大利签订的第二次地中海协定，三国合作保卫地理划定的现状，却又没有要求英国在任何规定的情况下承担有约束力的义务。拟议中与日本的协议，其大纲草案只是将适用范围限定在中国北方和朝鲜的海上边缘，也没有给英国规定任何明确的行动步骤。与日本的协议将是对英德"十月协议"的补充，旨在维护至少是中华帝国中部诸省的现状。1900—1901年冬季俄国在中国北方的行动，等于是给《斯科特－穆拉维约夫协议》签下了死刑判决书。英德协议和与日本的协议，将为英国外交提供限制俄国的新武器。拟议中与日本人的协议，与其说是标志着远离经常与索尔兹伯里的名字连在一起的规避在和平时期承担义务的政策，毋宁说是强调了这种政策微妙而灵活的性质。

索尔兹伯里备忘录的措辞并不十分精确，但兰斯当抓住了其要义："我想他对内阁说的这番话，是在谈论他自己的一个建议，就是有可能保证保卫中国沿海的一部分。"但他仍不打算接受索尔兹伯里的主张，因为他依然抱定着与德国携手并进的念头。在英日德联合抗议北京后，他坚信"中国政府不会那么愚蠢，不会再私下里签那样的协定，而不事先告诉我们一声"。日本完全清楚英国要极力维护中国的领土完整，因此也没必要像东京提议的那样，做出这样一种"危险的含糊保证"。[91]

伯蒂出来干预了，他再次提出了英德日签订正式的三边协议的主张。应当警告中国，与俄国单独签订任何"领土、政治、财政或商业性质"的协议，都会迫使其他列强寻求补偿。如有任何这样的协议，北京都应通知三国政府，以便三国联合采取行动，"消除对中国及其他大国利益的恶劣影响"。无疑，伯蒂在追求自己的目标。从莫理循揭露了中俄协定那一刻起，伯蒂便将这场危机视为英德关于中国的协议的试验案例。[92]他提议三方重新向中国提出交涉，这将能够进一步探测德国对保持中国领土完整的承诺态度。此举或者将把德国坚定地拉到英国一边来反对俄国，或者将暴露"十月协议"是毫无意义的，从而为索尔兹伯里提议的与日本订约铺平道路。

兰斯当接受了伯蒂对北京发出更强硬的照会的建议，但是拒绝了三方协议的主张。他勾勒的照会内容主要有三点：

第一，中国绝不能单独签协议；

第二，如果中国被逼迫签订这样的协议，我们希望它向我们求助；

第三，如果中国不向我们求助，我们将不得不提出补偿问题。

实际上，这与他此前关于索尔兹伯里的"协议"主张所写的备忘录，是完全一致的。一旦新照会的条款得以议定，柏林和东京就能达成一致。无论如何，日本很可能会唯英国马首是瞻。兰斯当的三点，更多的是对英国在中国的困境的准确描述，而不是为一个明确的新的中国政策开出药方。伯蒂承认，俄国对中国进一步的蚕食无法阻止，除非向中国承诺提供实质性支持，"如果我们在所提出的一般条款上退让，将是危险和失策的"。[93]

与此同时，萨道义于 2 月 19 日就中俄单独签订协议，向中国总理衙门发出了第一次警告。他很快就查清了德国在抗议照会中"没有明确地提及满洲"。[94]这进一步显示出兰斯当将会发现，想把德国人"拉"到他一边，是非常困难的。斯科特也提醒在这方面务必要小心。这位驻圣彼得堡大使尽管承认拉姆斯多夫的保证和他的报告不大相符，但他仍然劝告兰斯当"不要展现出任何不相信［拉姆斯多夫的］诚信的迹象来"。根据 1898 年的协议，俄国已经获得了"满洲的门闩、锁和钥匙"，而且只需通过对现有协议的"宽泛解释"，就能扩张其控制范围。[95]

兰斯当在逐渐走向更强硬的路线。为准备发起外交攻势，他授意远东司的一名职员威廉·厄斯金（William Erskine）起草一份备忘录，详细列举自 1898 年 3 月俄国获得旅顺港以来圣彼得堡就中国事务做出的各种保证。厄斯金拉出的清单中共有 13 项涉及"门户开放"原则和中国领土完整的保证，与俄国人在实地的行动形成了鲜明的反差。[96]

就在兰斯当和伯蒂考虑英国的下一步措施之时，他们一直在防备的事情还是发生了。整个 2 月，外交界都充斥着关于《曾 - 阿列克谢耶夫协议》性质的谣言。桑德森由于多年主管远东事务，他那令人厌烦的冷嘲热讽作风越发强烈了，他挖苦说："无论中国人还是俄国人，在对我们讲述事实时，都不特别小心。很显然，中国人的把戏就是夸大俄国人的索求，而俄国人的把戏则是把自己的要求说到最低限度。"他认为俄国人的索求"与其说是过分的，毋宁说更可能是阴险的"。[97] 然而，这位常务次官毫不怀疑俄国政府会竭尽全力，以确保尽快落实阿列克谢耶夫的协议。从埃卡德施泰因那里，他探听到维特奋力从柏林的财团那里筹到了价值 1000 万英镑的贷款。[98] 与此同时，先前在北京盛传的流言变成了可以证实的政治现实。旨在对中国东北实行专有的经济、政治和领土控制的俄国的《十二条要求》，被长江流域的两位中国总督泄露给了外国外交官。两位总督反对与俄国人达成的协议，而李鸿章认为这是使东北诸省留在中国的唯一办法，朝廷夹在两者中间，决定走一条中间道路，其代表奉命寻求其他列强的调解。[99]

罗丰禄于 3 月 1 日提出求助，使危机猝然爆发。兰斯当立刻采取了强硬方针。英国十分严肃地看待俄中协议，因为"这不仅仅是一个只影响满洲的一部分地区的临时协议，而是实际上要将整个满洲以及蒙古和新疆变成俄国的保护地"。[100] 形势看来极其严峻，特别是萨道义这时又报告说，李鸿章就要在这个《满洲协议》上签字了。这最新的消息令外交大臣大为震惊。他向内阁解释道，与拉姆斯多夫的保证截然相反的是，沙皇的政府在逼迫北京签订一个永久性条约，使整个中国北方部分成为俄国的保护地。这样的协议是英国不能接受的："如果我们不能武力反抗，我们至少也应该提出抗议，并明确表示我们要维护自己在相关地区的条约权利。"他提议，作为第一步，先要阻挠圣彼得堡将协议形成实际文本，但他警告说："时间很紧迫……如果有人告诉［李鸿章］，说我们将不承认预期的交易的有效性，他恐怕会变得更加强硬。"[101]

兰斯当是当真打算动武，还是仅仅威胁动武，不得而知。白厅有一个广为流传的观念，认为俄国紧张的财政状况将有力地限制它。斯科特认为，维特的财政政策就是"巧妙地拆东墙补西墙"。这与阿德和桑德森早先的分析是一致的。[102] 如果对俄国的财政困难的猜测是正确的，那么判断圣彼得堡在其"满洲"野心遭到强烈反对后会后退，也是合理的。反对的效果很大程度上要看兰斯当能成功地建立起怎样的国际联盟来对抗俄国。这样一个联盟对稳定摇摆不定的中国，也是必要的，因为罗丰禄在呼吁外国斡旋的当天，就又回到英国外交部，乞求兰斯当暂不要反对中俄协议，担心那样会破坏中俄关系。[103]

兰斯当在几条战线上同时推进。萨道义奉命"力劝李鸿章不要签字，直到列强……对他的请求做出答复"。[104] 在萨道义通过当地的一些领事不断地给这位总督打气的同时，兰斯当将切开"满洲"这个疖子的主要希望寄托到柏林和东京身上。两者中柏林更为关键，因为其态度更捉摸不定。在中国求助的当天，兰斯当便邀请德国和日本与英国一起向圣彼得堡询问协议草案的具体内容。兰斯当认为这是斡旋的第一步。[105] 然而德国的外交官们没有预料到形势的这一突然转折，尽管埃卡德施泰因曾警告说日本将采取更强劲的手段。威廉街决定采取哈茨费尔特先前的建议，采取"观望"政策，直到英国在联盟问题上采取主动。[106]

在德国人的所有算计中，也许最重要的因素是他们对索尔兹伯里的深深误解，以及他们猜想他有亲法国倾向。尽管人们普遍预期索尔兹伯里即将从政坛退休，但柏林也广泛认为他仍主导着英国的外交政策。德国人对英国政府中权力平衡的解读，对于中国东北危机的进一步发展至关重要。荷尔斯泰因预测兰斯当将继续奉行索尔兹伯里"犹豫和退缩的政策",会屈服于俄国的顽抗。于是中国东北危机到 3 月初时,来到了一个关键节点。柏林感觉到英国在"过来",然而当兰斯当邀请德国和英国一起质询圣彼得堡,以回应中国的求助时,威廉街怀疑他在寻求联盟的好处却不愿意为之付出。如果说荷尔斯泰因认为中国东北不值得德国水兵为之捐躯的话,比洛则担心德国会在外交上沦为"乔治王的黑森兵"*,英国将试图"由第三方(最好是我们)来捍卫其利益"。伦敦宁肯赔钱也不愿打仗。[107]

兰斯当心里根本没转这些念头。他认为统一步调是未来进一步合作的起始。他有足够的理由乐观。德皇不久前的来访给他留下了积极的印象。最近,拉塞尔斯又报告说:"这里的外交部……支持彻底的、良好的谅解。"就在中国向列强发出求助两天前,德皇还在狂热地鼓吹"条顿民族的团结",同时声称法国对其盟友在中国的钻营尤其不满。[108] 这样的信息在 3 月初鼓舞着兰斯当摆出更大胆的姿态。

3 月 4 日,埃卡德施泰因发出了柏林不大可能赞同兰斯当的计划的第一个信号。他对伯蒂说,俄国和中国的协议,只是一个权宜之计。埃卡德施泰因还解释道,自从义和团之乱爆发起,德国既定的政策便是:"所有与中国相关、应由列强协商解决的事务,都不能直接由内阁对内阁来解决,而须由在北京的代表会议来解决"。按照这个办法,悬而未决的棘手问题都在趋于令人满意的结果,因此对于当前事件,柏林也不打算改弦易辙。中国政府应当向北京的外国代表会议请求调解。[109] 这或者是漫不经心地忽略了中俄协定是在列强协商之外达成的这一事实,或者暗示着柏林并不认为"满洲"的未来是中国问题的一部分。

---

* King George's Hessians,美国独立战争时期,德国的黑森－卡塞尔公爵因财政紧张,曾招募了一批士兵,租给英国替乔治三世作战,他借此大赚租金。这些黑森雇佣兵共约 3 万人,占北美英军部队的四分之一。——译者注

尽管埃卡德施泰因这番话不冷不热，兰斯当仍决定继续前进。3月4日下午，在没有得到柏林和东京明确答复的情况下，兰斯当指示斯科特通知拉姆斯多夫，英国对俄国政府在"满洲"筹划了不仅仅是临时性质的协议表示担心，要求圣彼得堡传达实际文本。[110] 就兰斯当而言，这是一个清晰的信号，表示英国对"满洲"问题不再消极了。外交大臣走出这一步，冒着使危机陡然升级，使英俄公开决裂的危险。尽管日本的支持可以指望，但英国已被置于暴露的位置上了，特别是由于德国的立场还远不确定。兰斯当是否最终接受了伯蒂反复提出的建议，逼迫柏林宣示其在中国事务上的立场，从而展现"十月协议"的价值，是个只能猜测的问题。很显然，危机的升级将不允许德国领导层回避这个问题太久。无论对兰斯当的政策做何解释，这些步骤都意义重大。兰斯当甘冒危机升级的风险，说明他认为"满洲"问题极其重要。但也说明他不愿让柏林来左右他的政策。

圣彼得堡对英国外交干涉的反应是明显的不快。拉姆斯多夫两次会见斯科特时，"态度都非常愤怒"。俄国对中国东北的军事占领，将在"中国事务恢复正常状态后"终止。因此，"并无迫切需要逼迫中国……签订一份永久性协议，以确保未来更好地遵守"因1898年协议"而产生的对俄国政府和俄中铁路所须负的责任"。[111]

这很难说是令人满意的说法，尽管并非完全没预料到。重要的是，拉姆斯多夫表示了将来还有制定更为深远的协定的可能性。这位俄国外交部长显然被兰斯当的介入搅和得心神不定。当斯科特3月7日再次来到唱诗班桥，宣读兰斯当的照会时，拉姆斯多夫对于传达协议的实际文本的要求，表现得"相当热情"。他说将与另一国政府机密谈判的细节披露给第三方，是不符合一个独立国家的特性的，这话也不是没有道理。他这时提高了筹码。如果英国老是怀疑俄国的话，沙皇"也许最终会失去耐心"。这似乎预兆着尼古拉二世会屈服于政府中仇英的军方人士的压力，尽管拉姆斯多夫小心翼翼地向斯科特保证他本人将努力"起到缓和作用"。[112] 汉密尔顿对事态最新发展的估计，反映了众多内阁大臣的观点："我们的俄国朋友又在满洲玩他们的旧把戏，圣彼得堡在一个方向上信誓旦旦，军官们却在满洲往相反的方向和意义上谈判。不幸的是，当我们逼迫他们将口头的承诺写成书面的备忘录时，懦弱而老实的皇帝又会勃然大怒。"[113]

虽然英俄关系达到了危机点，斯科特却得以传达了关于德国态度的似乎更为积极的消息。德国新任驻圣彼得堡大使同他的谈话使他感到，柏林认为中国"非常像是一个破产的人，没法偿清债主的债，却又舍不得割舍正处于清算状态下的财产中的任何一部分"。[114] 如果柏林依此观点行事的话，那么兰斯当的计划成功的前景将大大改观。

与此同时，萨道义又用电报发来了《十二条要求》完整中文文本的译文，是他从中国首都的一个线人那里获得的。萨道义警告说，协议给了俄国否决中国高级官员任命的权力；中国当局将不能再雇用陆军或海军顾问；与俄国毗连的地区的任何商业特许，都要经过俄国的同意，从而"为将来使这些地区变得和满洲一样打下基础"。萨道义的电报证实了兰斯当的怀疑。这个条约草案违反了中国与其他列强签订的一系列条约中规定的义务。[115]

英国外交大臣继续推动他的计划。埃卡德施泰因反复陈说，日本打算同俄国开战，如果英国和德国袖手旁观，并阻止法国干预，同时保证"不再夺走日本的战利品"的话，这给兰斯当留下了深刻印象。兰斯当不反对这样的安排。3月7日，他和桑德森非正式地向哈茨费尔特提出了在英德"十月协议"的基础上再签订一个"无私的协议"的主张。兰斯当暗示说，发布这样一个声明将坚定日本反对俄国扩张主义的决心，因为这个声明排除了重复 1895 年事件的可能性。他问道，如果俄日开战，德国是否会和英国一起通知法国，它们意图保持中立，以维持冲突局部化；而如果法国参战，英德两国将不得不重新考虑自己的立场。此举影响深远。这不符合比洛的"自由自主"的政策，也只有助于证实德国对英国外交积习难改的怀疑："英国应当彻底说明他们打算做什么，而不是反复问别人想干什么。"英国向日本保证让法国保持中立，"只需英国驻巴黎大使发一个简单的外交照会"就足以办到。[116] 兰斯当的道路与威廉街几乎已成为教条的信念——英俄在亚洲必有一战——也是反向而行的。这重新唤起了荷尔斯泰因的怀疑："索尔兹伯里勋爵的路线方针还阴魂不散呢。"哈茨费尔特奉命向兰斯当保证德国将保持中立，但只要英国政府不明确宣布其立场，某些可能性便会被视为纯粹是理论上的。[117]

虽然兰斯当为将正在逼近的日俄战争限制于局部，试图获取德国的支持，但还没等到这一消息传到柏林，这时已成为德国外交部长的里希特霍芬便对拉塞尔斯说，德国不像英国和日本那样"对满洲有如此直接的兴趣"，将继续隐于幕后。他向英国大使保证："毫无疑问，德国非常愿意在中国事务上给予英日两大国以一定程度的支持，但或许会将［这个］计划，以及实际上任何行动的更大部分，留给英日去实施。"[118]

在兰斯当逐渐加大对俄国的外交压力的同时，中国北方的局势变得越发不稳定。有被封锁的消息泄露出，在 2 月底时，英国警卫牛庄领事馆的高级警官，在俄国士兵追逐中国街头小贩时被射杀。与此同时，天津的俄国占领军仍然赖着不走。萨道义的日本同行内田听说俄国公使威胁李鸿章，说要断绝外交关系，除非他立刻签署"满洲"协议。[119] 英国加强对俄国的外交施压，德国对是否支持斡旋不肯确定，俄国严厉威逼李鸿章，以及牛庄和天津事态的最新发展，这些因素叠加起来，很可能是爆炸性的。然而，拉塞尔斯的第 14 号电报仍然对德国的立场提供了最为清楚的说明。

兰斯当明白必须"极其小心地行事"。他并没有放弃自己和德国结成紧密联盟的野心，但是柏林明显的不情愿迫使他不得不改弦易辙。他又回到了自己先前的想法，由列强发布一份新的自我克制的声明。如果不能从俄国政府那里诱出令人满意的声明，他主张邀请德国和其他列强一起做出一份对中国的领土、商业、财政和政治不可转让的保证。如果俄国不肯接受这个声明，英国保留条约规定的所有权利，"以及我们根据形势判断向中国提出任何认为正确的进一步要求的自由"。[120]

这比 3 月 7 日的非正式的局部化提议更为有限。不过，兰斯当仍然保持着对俄国的压力。斯科特奉命故意将萨道义获取的条约文本通报给拉姆斯多夫，以显示英国不接受任何会影响其条约权利的协议的持久决心。然而，假如像拉姆斯多夫早先提出的那样，是李鸿章在散布"断章取义的"协议内容，那么"我们理所当然应该请求他（即拉姆斯多夫）帮助我们揭穿［李鸿章的］伎俩，将鞍子放到正确的马上"。[121] 兰斯当"理所当然"的要求是精明的一招。现在拉姆斯多夫要么不得不宣布其立场，从而有可能进一步提升紧张局势，要么就得罢手。与此同时，试探性的英德对话也陷入了僵局。如果兰斯当还想"拉上"德国的话，他就得承担比他此前希望的更多的义务。

不待列强进一步的措施出手，日本对危机做出了强有力的干预。兰斯当一直认为日本是他的新三国同盟中有保证的一方，因此多少对其也有些忽视。这时，东京对俄国采取了坚定，几乎是好战的路线。伊藤政府看到日本的关键利益陷入了危险，准备在中国东北问题上主动挑头。自 2 月末起，日本就开始展示力量。日本人向北京保证无论任何情况下都会提供支持。日本的舰队集结于该国西海岸的港口，窦纳乐报告称："实际上不需要进一步动员，日本舰队就能够立刻投入战斗了。"[122]

日本打算先于其他列强采取行动。不过，在这方面它提到了德国的某种鼓励。直到 3 月初，德国对中国东北事态的官方政策都一直是清楚而连贯的。各国首都都明白，在中国东北问题上，德国不会以其与俄国的关系来冒险。然而，3 月 9 日，林董向兰斯当通报了德国外交部代理次官里夏德·冯·米尔贝格（Richard von Mühlberg）致日本驻柏林公使栗野慎一郎的一份声明。按照这份声明，假如俄日开战，德国将恪守"善意的中立"。据说米尔贝格还补充道："这一态度将使法国海军受阻，而英国可能是支持日本的。"这个声明似乎体现了此前英德政策协调的精神，林董因此问道，"假如日本认为必须逼近（approach）俄国"，东京可否指望英国的支持？[123]

林董的通报引发了许多问题。伯蒂和索尔兹伯里都警告说，如果"逼近"意味着抵抗俄国，那就蕴含着明显的战争的可能性。[124]与此同时，还不清楚柏林的态度是否当真像米尔贝格的声明所暗示的那样发生了变化。毕竟，英国政府还没有得到任何改变的直接通报。最后，鉴于法俄同盟协定的条款也不得而知，假如开战的话，法国可能采取的立场也尚不能确定。[125]兰斯当提醒林董，柏林迄今还在坚称德国在"满洲"的利益不值得冒与俄国开战的危险。而且，真要让法国海军受阻的话，"就不能说成是中立了"。[126]他又一次向德国人要求澄清。他的困境是显而易见的。对俄国采取强硬路线，如果能得到德国的支持，就会更加有效；而发生冲突的危险，也只有通过德国对俄国产生威慑作用，才能得到控制。反之，如果默许俄国在"满洲"的阴谋诡计，又要冒疏离日本的危险。那样的话，东京将寻求与俄国直接解决那些悬而未决的问题，于是英国无论在东亚还是在欧洲,都会陷入孤立。

林董的询问引发了白厅一连串的动作。桑德森作为"外交部旧脑筋"的化身,力主要谨慎。他说,自中日甲午战争以来,德国人经常在中国采取有悖于英国利益的行动:"他们现在怂恿日本向俄国开战,却保证我们会帮忙,而他们自己的态度却明显是坐山观虎斗,然后从中渔利。"虽然德国外交无疑有着机会主义的本质,却没有可靠的情报能说明日本向俄国提出的要求的准确性质,或者假如这些要求被拒绝,它将采取什么措施。法国的态度可以据此判断:"我们不了解法俄同盟协定的条款,也不了解该协定是否只限于与欧洲列强的纠纷。但无论如何都有可能取决于是否有一方受到一个或多个大国的攻击这个问题。"英国不得不避免被日本拖入战争。即使英国的中立能够确保法国同样采取中立立场,也仍然存在"一些令人为难的问题"。假如发生战争,俄国也许会试图强占伊斯坦布尔的海峡,以将其"装在箱子里的"黑海舰队移往主战场。这就显示出将远东冲突限制在局部的困难程度。桑德森对"小"日本同俄国交战的前景表示悲观。这场争斗注定将是旷日持久的,即使日本一时得手,俄国也会在其足够强大时立刻撕毁战后协议。桑德森在比较了两个潜在对手的实力后,断言"战争将更长久地削弱日本,甚于俄国"。所以,英国和日本必须求助外交手段,寻求"不流血的成功"。[127] 桑德森的分析反映了中国问题在这最新阶段给英国出的难题。不可能通过代理人与俄国交战,不可能利用日本来为英国火中取栗。

伯蒂不像桑德森那样谨慎。他认为,如果英国和德国能确保法国持守中立,并将冲突限制于局部的话,日本将投入战争。然而,假如两大国不能迫使法国严守中立,而法俄联手击败了日本的话,柏林将寻求倒向胜利者。1895 年的三国同盟将重现天下,并且"在中国成为无可匹敌的力量,而我们则一败涂地"。一个战败的日本,即使因英国最后一分钟干预而免于被彻底消灭，对于反对俄国人的扩张也将毫无用处。而这样的干预还会导致英国与法俄的关系进一步恶化。然而，如果让法国保持中立的话，日本战胜俄国的机会就会很大。伯蒂推断，如果俄国人战败，将对英国有利，因为正如桑德森所预测的，俄国不大可能永远接受失败。因此，战后日俄关系不可能缓和。俄国的能量将被导向远东，而这又将抗衡日本的扩张："黄祸将被俄国遏制，而俄国则被日本遏制。"伯蒂的谋算是"爱德华国王"时代新俾斯麦倾向的典型。然而，他还是得出了不无道理的结论：如果英国不能给予日本一定的支持，"我们也许会迫使它采取孤注一掷的政策"，东京有可能会与俄国谋和。[128] 那样的话，英国将在远东陷入孤立，英国的利益也将相应地受损。

在柏林，德国的高级外交官们却在往回缩。虽然威廉街一定欢迎日俄交战，但很明显，米尔贝格的那番话可以被解读为鼓励日本开战。里希特霍芬收回了他的副手的言论，坚称德国尽管乐见俄国对中国的蚕食被阻止，但不打算在"满洲"危机中主动采取任何措施。里希特霍芬的后退并不令拉塞尔斯吃惊。他警告伯蒂说，柏林不会澄清其立场，"除非我们告诉他们我们到底打算做什么"。大使不相信德国会"主动采取与俄国敌对的路线，但假如俄国人遭到教训，他们也不会遗憾的"。[129] 拉塞尔斯对德国态度的判断，又得到了3月10日与里希特霍芬一次私下谈话的证实。在两个人谈话过程中，德国外交部长抱怨英国反复要求柏林宣示其立场，而伦敦却始终不愿表明其方针路线。大使的结论是，德国政府"迫切希望尽可能快地结束中国事务，他们只想拿到他们想要的钱（赔款）后，高高兴兴地离开中国"。[130]

拉塞尔斯的这次会谈，对兰斯当的思考起了关键作用。外交大臣决定在与德国建立更密切的关系方面再做一次进一步的尝试。3月

12 日，他在内阁中散发了一份英德联合声明草案，供讨论。草案承认当前的亚洲争端对英国和德国利益的影响，不足以促使它们对中国政府反抗俄国逼迫其签署"满洲"协议的努力提供"实质性的帮助"。但是草拟的声明针对的是未来的不测事件，而不是当前的危机。两大国将宣布，它们承认俄国对"满洲"的野心"使日本的核心利益……受到了严重危害"。所以，万一俄日之间发生战争，英国和德国将协调其政策：

> 以尽可能地限制战争规模。为此目的，两国将保持中立，然而，如果事态的发展需要的话，为两国自己的利益，两国保留代表日本进行干预的绝对行动自由。不过，万一有任何大国加入俄国一方同日本作战的话，英国和德国政府将向日本提供海军援助，以抵御这样的攻击。

兰斯当得出的结论是，通过邀请德国和英国一起向日本做出秘密"声明"，将有可能"从德国人那里套出关于其意图的明确说法"。[131]实际上，这个文件设想了一个两点方案：第一点，是一个将俄日之间的任何冲突却限制在局部的承诺，这形成了 3 月 8 日他的询问的基础；第二点，对万一日本受到两个大国的攻击所做出的防御性承诺是更为广泛的。

既有的学术观点中，比较一致的看法是，兰斯当提出的英德联合声明，标志着与假定的索尔兹伯里的孤立政策的第一次脱离。但是对声明内容及其更广阔的背景更仔细的审视发现，兰斯当的办法可能更微妙、更细腻。的确，声明草案中提出了"在特定形势下联合采取类似战争的行动"。[132]但这并非在和德国形成草创的同盟。那样就把兰斯当的计划和几天后埃卡德施泰因善意的欺骗性提议混淆了。兰斯当的声明中草拟的条款，设想的是在帮助日本方面的一个地理上界定清晰的英德防卫协定。在日本受到两大国攻击的情况下规定的"海军援助"，语句非常模糊，以致并未给英国限定明确的行动步骤。而且，鉴于即使在1898年制定《海军法》后，德国海军的规模仍处于萌芽状态，并且阿德有言，财政困难正在妨碍德国海军的扩大，因此德国对这种"海军援助"的贡献，将是非常有限的。[133]

所以，与德国发表联合声明，很大程度上看重的是政治价值。就伦敦、柏林和东京此前的外交交流来看，兰斯当的计划充其量就是个地区性的双重协议，表面上是要保卫日本免于被法俄的屠杀压垮，暗地里也意在维持中国北方的现状。其中不仅纳入了兰斯当自己的将冲突局部化的方案，也对索尔兹伯里签订英日协议以保卫中国北方和朝鲜沿海的企图进行了衍化。伯蒂关于强烈支持日本，以创造并维护新的亚洲力量平衡的主张，建立在俄日对抗的基础上，也留下了烙印。所有这三个要素都是兼容的。这样解释兰斯当1901年3月的外交活动，并非仅仅是个细枝末节的问题，而是深入到"孤立"问题的核心。兰斯当草拟的声明，与其说是与索尔兹伯里的主张划清了界线，毋宁说是强调了两人政策强劲的连续性。兰斯当与索尔兹伯里当然也有不同的地方，那就是对与德国合作的价值的估量。

兰斯当自称的对英德友好的偏爱，本身并不能解释他提出重新接近柏林的原因。表面上，这似乎与他通常在外交上谨慎和迟缓的个性多少有些不符。[134] 但此处重要的是兰斯当手头的情报的性质，以及他收到这些情报的时间顺序。这要求更贴近和详细的分析。3月8日，埃卡德施泰因表示，假如英国和德国能促使法国保持中立，并防止1895年干涉还辽那样的事情再度发生，日本很可能因朝鲜和中国东北问题与俄国交战。两天后，拉塞尔斯报告了里希特霍芬对德国立场的澄清，但也传达了栗野关于远东不可能立刻开战的言论。私下里，拉塞尔斯还同时向伯蒂透露说，德国将依然不会主动，"除非我们明确地告诉他们我们打算做什么"。[135]

埃卡德施泰因于3月11日回到唐宁街。他声称从比洛那里得到了私密信息，表示德国尽管"自身在满洲没有特殊利益……但［比洛］从未说过任何话会误导人以为满洲问题只是俄国和中国之间的问题"。[136] 这与里希特霍芬此前在两个不同场合同拉塞尔斯的谈话并无实质差别。里希特霍芬和埃卡德施泰因都清楚地表明，俄国人在中国东北的行动对于德国的利益并无重大影响，但他们也都暗示了柏林希望俄国的侵略行动被制止。[137] 于是，兰斯当在考虑问题时，就不能排除这样的可能性：里希特霍芬和埃卡德施泰因的话都是在间接地打探英国的态度。很关键的是，前者尤其曾反复抱怨过："国王陛下的政府要求德国政府宣示其态度，却丝毫不肯透露自己打算采取的路线，这实在是说不过去。"兰斯当3月12日的声明草案，恰好就是要满足这一要求的。他希望通过这样的透露，"引出……对［他们的］意图的明确说明"。[138] 而且，如果栗野关于并无迫切战争危险的预测是正确的，那么柏林就更加可能和英国一起实施这一纯粹属于外交的策略。兰斯当的3月12日声明草案并非一个流产的联盟计划，而是一次打造新的远东三国同盟，以维持现状，却又不牵扯任何义务的尝试。

与柏林接近，时机的把握非常关键，兰斯当决心迅速行动。他起草的声明于3月13日呈现在内阁面前。出于对威廉街外交的极度不信任，索尔兹伯里"非常反对同德国人绑在一起"。[139] 他的反对建立在更深入的考虑的基础上，在他的儿子、兰斯当的政务次官克兰伯恩（Cranborne）子爵的详细备忘录中有所表述。他承认中国东北危机在政治上的重要性，但他怀疑日本的军事能力：

> 假如日本在战斗中惨败，就会对我们的处境构成物质上和道义上的损害。尽管我们仍然没有做好准备，却恐怕要被迫进行干预，以免在中国陷入无法容忍的政治劣势。因此我的结论是，作为最后的解决办法，我们必须劝说日本，暂时不要开战。

最终，一场日俄战争是不可避免的。英国应当"管控局面⋯⋯以阻止战争，直到我们腾出手来"——此处提到的是英国在南非陷入的困局。反过来，索尔兹伯里敦促兰斯当要求东京保证，在选择战争时要"考虑到我们的便利"。[140] 克兰伯恩的备忘录，更可谓对英国的远东问题的精辟概述，而非对这些问题的解决的建设性尝试。某种程度上，备忘录预见到了后来辩论的与日本结盟的利弊问题的实质，并且强调了，只要南非战争还在继续，英国就不能冒险在一个地理上更遥远的战场展开第二场战争。

内阁的意见分歧很大。在无法达成一致的明确政策的情况下，大臣们决定搁置对这个问题的进一步讨论。拉塞尔斯奉命向柏林询问德国的"善意的中立"的确切含义。[141] 回答并不令人鼓舞：德国政府将对所有各方恪守"最严格和最恰当的中立"。[142] 这样留下的怀疑空间就很小了。万一发生远东战争，德国的合作是不能指望的。

对于德国的态度，如果还需要进一步的证据的话，比洛 3 月 15日在德国国会的讲话正好提供了。他宣称，英德"十月协议"仅仅是就商业利益达成的，"根本与满洲无关"。实际上，"该省的命运对德国来说，绝对是无所谓的"。比洛否认德国与俄国在中国存在"严重或不可调和的冲突"，但也强调"与其他大国（即俄国之外的列强）是利益共同体，要与那些有愿望的大国合作"。[143] 这是典型的比洛式的含糊其词，意图通过大剂量的语言安眠药，同时安抚英国和俄国。

比洛的这一拒绝承担责任的公开声明，彻底扑灭了英国与德国在亚洲合作遏制俄国的残存希望。私下里，兰斯当承认他一向怀疑柏林会与英国一道支持日本反对俄国，但他认为：

> 我们的行动是合乎情理的。首先，我们诚挚地希望尽可能地与德国保持步调一致；其次，我们在南非的僵局使得我们不可能承诺任何会使我们卷入战争的义务，除非我们能够确信任何可能由我们承担的义务都能得到另一个大国的分担；再次，我们应当弄清日本公使对德国人向他表示的"善意的中立"的理解是否正确，这在我们看来是绝对必要的。[144]

兰斯当的第二点是对能力有限的承认，孤立使得英国无法施展其力量，但这并不意味着他打算与索尔兹伯里的外交策略决裂。

兰斯当的政策这时因埃卡德施泰因的结盟提议而更加复杂化了。在两人 3 月 18 日的会晤中，英国外交大臣对比洛的讲话表示了遗憾，认为这个讲话终结了英德"为控制俄国和日本争斗的局面"而联合的想法。埃卡德施泰因确认了柏林不大可能"单纯为中国当前的局面"达成协议，然而暗示"达成更持久、更广泛的谅解的主张"，将更有可能被接受。埃卡德施泰因继而又进了一步，讨论起"两大国完全针对法国和俄国，建立纯粹防御性联盟"的想法。兰斯当的反应很谨慎。德国与俄国漫长的边界，使之非常容易接受其东方邻居的压力。埃卡德施泰因的提议既"新奇"又"走得实在太远"，因此需要内阁仔细地考虑。实际上，埃卡德施泰因主张的联盟超出了兰斯当的预想。埃卡德施泰因所不知道的他那流产的英德联合声明，是严格限定了地理范围的。而埃卡德施泰因现在提出的协议，"意味着两大国在所有对外关系方面采取同样的政策"，其中任何一方的外交问题，都"可能将另一方拖入争端"。[145]

对于一个热切地想突破"孤立"的人来说，很难怀有这样的情绪。私下里，兰斯当想不清"这是否意味深长"。他很怀疑埃卡德施泰因的动机。先前，这位德国外交官曾反复提出英国和德国"会……怂恿日本打仗"，同时让法国保持中立。现在他已经放弃了那种想法，却又提出了"防御性联盟，将期限设为，比如说，五年"这样的主张。兰斯当评论说，政策的必要协调，将"迫使我们采取……一种不再是英国的，而是英德联合的政策"。[146]

尽管埃卡德施泰因曾保证他的提议完全是私人的，兰斯当仍怀疑他是比洛派来投石问路的。[147] 拉塞尔斯又巩固了他的这一猜测。他向兰斯当提及了他于 1898 年 12 月与德皇的一次谈话，威廉在这次谈话中也形成了与英国达成"协议"的想法。[148] 在这方面，大使和外交大臣都错了。埃卡德施泰因曾被明令不得涉入结盟问题的探讨，但英国大臣们频繁表示对孤立政策的怀疑，深深地打动了他。他决定通过私下里的活动，促成英德结盟。他希望让伦敦和柏林都相信，另一方迫切希望达成一个同盟条约。他渴望通过这个策略使生米煮成熟饭。兰斯当小心翼翼地不使埃卡德施泰因泄气，很大程度上是因为"[这个提议]可能发源的地方"。[149]

兰斯当在中国北方遏制俄国的努力没有赢得德国的合作，他不得不另想办法。汉密尔顿指出，日本和俄国紧张关系的升级，使得国际形势的前景变得"令人烦躁且不安"，而兰斯当对中国东北危机的干预，又使紧张局势继续加剧："我们与俄国政府的关系已经很紧张了，而斯科特需要经常逼迫他们做出解释，经常向他们发出强烈抗议，他与拉姆斯多夫的关系无疑也很紧张了。"[150] 得知比洛的国会讲演后，拉姆斯多夫试图阻挠英国的一切干预，生怕英国哪怕是暗示一点点支持都会鼓励中国人反抗。拉姆斯多夫告诉斯科特，德国大使已经表示，"柏林不关心这个问题"。他坚决要求与中国迅速签署已经起草的协议，解释说"目前"北京当局不宜再在东北授予外国人任何新的特许权。对于"防止骚乱，保护边境"来说，这是必要的。这是拉姆斯多夫按照俄国的条件终结此事的最后一次尝试。他急于使危机降级，向斯科特做了充分的保证，《十二条要求》绝不会侵犯英国现有的条约权利。这个保证，以及不得授予外国人特许权的规定，如果同时适用于俄国人和其他国家的人，意义便十分重大。[151]这样就展现出直接与圣彼得堡达成协议，以解决中国东北危机的前景。

俄国人在北京逼迫中国当局批准《曾–阿列克谢耶夫协议》的努力也碰了壁。萨道义不断鼓励中国反抗，他暗示说一些海上强国，如英国、日本和美国，或许还有德国，都会给予支持。[152]萨道义的规劝帮助中国人加强了反抗力度。实际上，中国东北危机这时已逐渐地趋于解决。萨道义和兰斯当的劝告，"中国政府的力量就在于不动如山"，使中国总理衙门深受鼓舞，拒绝签署修改过的协议。在国际和中国的反对变得不可逾越之前，圣彼得堡为落实其一时之利发起了最后一次努力，又进一步修改了要求。[153]

拉姆斯多夫3月18日在会见斯科特时的和缓语气，以及俄国修改对中国东北的要求，都使兰斯当受到鼓舞，决心通过更直接的手段来限制俄国。为这样的行动做准备，伯蒂散发了最新版的中俄协议草案，供新的分析。外交部图书馆馆长兼英国国家档案主编奥古斯塔斯·奥克斯（Augustus Oakes）指出，情况很显然，虽然俄国人在"满洲"的影响将变成支配性的，但协议并没有损害英国现存的条约权利，尤其是鉴于英国还在《斯科特–穆拉维约夫协议》中自己放弃了在"满洲"的部分这样的权利。[154]

阿德将"满洲协议"放在俄国在亚洲推行扩张主义的更广阔的背景下看。俄国的扩张主义当前的重点是沿渤海湾获取一个永久性的出海口。像奥克斯一样，这位军情局局长也断言，作为1899年英俄协议的结果，"尽管不是名义上，但是潜在地，满洲变成了俄国的保护省，俄国在那里获得了保留军事力量的权力"。军事占领将使"满洲"成为俄国的一个省，阿德倾向于认为这是不可避免的，但是协议是不能承认的，因为中国"正处于破产清算阶段，任何财产移交给某个特定债权人……在破产阶段都是欺骗行为，是无效的"。英国应当坚持对现有草案进行小的修改，但也应要求整体删除允许俄国在喜马拉雅山脉的中国一侧索取专有权利的条款。阿德警告说，"任由印度和中国的边界处于未确定和易变状态"，是危险的。[155] 军情局局长的分析报告，以这最后一条，强调了中国问题给英国带来的多重挑战。

　　兰斯当听到这样的建议，又注意到俄国新近立场的缓和，在继续施压方面也有所克制了。他认为，"在满洲问题上不要任性"是明智的。英国在1899年就认识到"满洲"对俄国的"吸引力"，而在危机期间他最初采取的措施，目的都在于"劝阻中国不要与'欺诈的债主'秘密地讨价还价"。总的来说，与圣彼得堡直接达成协议是有可能的。兰斯当断言："只要有一些小小的善意和互信，整个事情都应该能够解决。"[156] 有迹象表明俄国人不会走极端，即使北京拒绝在协议上签字。作为建立信心的步骤，兰斯当3月28日在议会上院就政府的中国政策发表了讲演，盛赞拉姆斯多夫的语言是"最正确……并且令人满意的"。他暗示传说中的协议或者是"有野心的［俄国］地方官员发布的话'试探性气球'"，或者是中国人的杜撰，他敦促他的俄国同行通报"满洲协议"的文本。为此他保证英国不反对中俄达成一个临时性协议，只要该协议不损害英国的条约权利。

兰斯当还利用这次讲演，试图缩小伦敦和柏林在正确解释英德关于中国的协议方面的明显分歧。[157] 这也为拉姆斯多夫后退提供了一座金桥。

3 月 29 日，埃卡德施泰因回到了唐宁街。比洛被埃卡德施泰因关于 3 月 18 日会见的报告所误导，对兰斯当显然是"纯粹学究气地"提出结盟问题很是恼怒，指示大使馆建议英国，依附三国同盟才是最切合实际的步骤。由于哈茨费尔特仍在患病，又轮到埃卡德施泰因来执行这个命令。他的图谋正在瓦解。他曾经试图让兰斯当和比洛都相信对方急于达成防御性同盟。然而并不反常的是，唐宁街和威廉街这时都等待起对方拿出些比 3 月 18 日的泛泛之谈更切合实际的主张来。但谁都迟迟不开口，埃卡德施泰因面临着图谋败露的危险。从他的角度看，3 月 29 日与兰斯当的邂逅很难有胜算。英国外交大臣解释说，索尔兹伯里对他的建议"反应非常谨慎"。兰斯当承认一些大臣支持与德国合作，然而他们担心埃卡德施泰因提出的协议"多少不大明确但却影响深远"。像他们此前的会晤一样，兰斯当进一步询问协议的形式，却得不到更准确的回答。[158] 兰斯当不仅反对任何"影响深远的协议"，而且也认为埃卡德施泰因的提议不切实际："这个提议很难有任何结果。"桑德森对埃卡德施泰因的"非正式谈判"也表示怀疑："它们带有些……皇帝特有的冲动的味道，而不是［比洛］……的风格。"[159] 猜测这提议来自德皇方面，是兰斯当向埃卡德施泰因保证他的建议"没有被漠视"的唯一原因。[160]

有两个因素相结合，强化了兰斯当对埃卡德施泰因的提议做出谨慎回答的决心。首先，中国东北发生战争的可能性似乎不大了。4 月 3 日，沙皇向斯科特强调了他"避免任何严重分歧"的愿望，而俄国驻伦敦使馆参赞格奥尔格·亚历山德罗维奇·格雷费尼茨（Georg Aleksandrovich Graevenitz）男爵也通知兰斯当，俄国不再坚持签署"满洲协议",实际上是宣布放弃"就此议题进行任何进一步的非正式会谈"。第二天,俄国政府公报《官方信使》(*Messager Officiel*)也发布了类似的放弃声明。[161]

俄国的外交攻势暂停了。兰斯当对于"恼人的满洲协议"终于瓦解了感到满意,不过他对俄国人改邪归正丝毫不抱幻想:"他们无疑会想方设法地使他们变得尽可能难打交道,我绝不认为事态的这一发展是问题令人满意的解决。但是阻止了他们与中国达成有害于我们的'幕后'协议,总还是件可喜之事。"他将英国外交的这一相对成功归因于日本的合作、英国对北京的支持、长江流域中国官员的作用以及德国的态度。兰斯当在提及长江各省的中国总督时这样写道:

> 在中国,在我们难以处置的骚乱时期,我们⋯⋯不得不在很大的程度上仰仗他们。他们掌握了中国最重要的地区的民事和军事管理权。假如[中华]帝国分裂了,我们应当指望他们⋯⋯而假如帝国得以维系,只有他们是能够推动必要改革的人。[162]

俄国外交似乎在全面退缩,正如桑德森所评述的:"从目前看,俄国人对他们没能迅速达成'满洲协议'会表现得一团和气,尽管我毫不怀疑他们会这样做,但最终他们会报复中国的。"[163]到4月中之前,拉姆斯多夫屡屡做出友善的表示,并解释说英俄两国"不应当有明显的敌对"。所有利益冲突都可以"轻易地化解",最近的危机全是误解造成的。而且,这位俄国外交部长还表示,与英国就中国问题达成"彻底的谅解",是符合双方政府的利益的。[164]无论拉姆斯多夫所表现出的情感有多大价值,毕竟他在4月初做出了罢手的决定,迫在眉睫的危险过去了。

影响兰斯当做出谨慎回应的第二个因素，是俄国撤回协议草案对英德关系产生的牵连作用。兰斯当曾寻求柏林的支持，使两国在远东联合行动。俄国的退让，降低了对这种合作的需求。这一考虑在兰斯当心中的分量很重。此外，比洛在解释"十月协议"时表现出的背信弃义，也令兰斯当耿耿于怀。这位德国总理在国会讲演时，强调说"十月协议"不适用于中国东北。他公然称之为"长江协议"。兰斯当不能同意。德国和英国对协议的解释公然不同，很可能降低其政治价值。兰斯当认为这种情况非常"不幸"，断言"必须竭尽一切努力避免这样的事情发生"。[165]

这是一厢情愿的想法。实际上，兰斯当面临的困境，是索尔兹伯里在结束其与哈茨费尔特的谈判之前不久就曾预见到的。中俄协议草案保留了中国对"满洲"名义上的主权，这并不能促使英德在解释"十月协议"条款时形成一致。这使得比洛能够声称"十月协议"纯粹是商业性质的，而且由于无论英国还是德国均未表示或不愿意在中国东北发挥影响，德国能够多少有些理直气壮地声称"满洲"不在协议范围内。索尔兹伯里－哈茨费尔特谈判的大部分内容都可以证明情况必将如此，但兰斯当或许不了解这个情况。

兰斯当这时不得不下令调查"十月协议"的历史，这就是未改革前的外交部一团糟乱的症状。弗朗西斯·坎贝尔奉命仔细爬梳外交部档案，寻找柏林关于维护中国领土完整是德国国策原则之一的任何声明。他的调查结果却是否定的："我们找不到它直接说过这话的证据。"[166] 兰斯当不得不承认，在关于中国协议的谈判过程中，德国政府"的确要我们理解，在他们看来，满洲不在他们认为自己有影响的地区范围内"。私下里，他也承认："德国从不认为英德协议的第一条适用于满洲，证据十分确凿。"[167]

兰斯当3月28日在议会上院做的安抚性讲演，对于渡过难关并无多大帮助。在德国外交部，比洛痛斥了拉塞尔斯，说在谈判中德国向索尔兹伯里说明了协议不适用于"满洲"。[168] 德国总理的否认，证实了英国外交部对德国政策的猜测。桑德森毫不怀疑其奸诈性质。德皇"显然对我们没有在［满洲］事务上和俄国争执很是恼怒……那样本来对德国非常合适的"。[169] 拉塞尔斯也得出了同样的结论："假如俄国为一方，英国和日本为另一方，两边爆发了冲突，德国绝不会不高兴。假如这样的冲突当真爆发了，我认为德国政府会同情英日一方的，但我也坚信德国人会始终做一名中立的旁观者。"弗朗西斯·伯蒂酸酸地挖苦道："诚实的掮客骑在了墙上。"[170]

内阁大臣中也普遍产生了对德国的不满。在"满洲危机"的余波中，此前强劲的亲德情绪开始消退。就连张伯伦都对德国不信任了。他告诉埃卡德施泰因，他不会"为同一件事（即联盟）第二次烧伤自己的手指了"。他相信"柏林听到的每件事情都会立刻传到圣彼得堡，没人会怀疑未来我们是否要对德国做最大的保留了"。汉密尔顿同样感到幻想破灭。他认为，中国协议"起草得既仓促又拙劣"，他还抱怨在最近的危机中，英国和德国的政策存在着"鲜明的差异"。[171]

在"满洲危机"中，中国问题进入了最尖锐的阶段。这场危机以及义和团运动刚刚结束时即发生的英国与俄国的更早的纠纷，凸显了英国在这一时期面临的双重危机的延续效应。然而，兰斯当在1901年3月进行的外交活动，并不表示与索尔兹伯里政策的分离。无论兰斯当有着怎样的倾向于与德国合作的"先入之见"，瓦德西拙劣的表现都显示了这样的合作对英国政策的影响极其有限，并且导致兰斯当对埃卡德施泰因的结盟提议做出了谨慎的反应。当兰斯当本人主张的与德国达成地区性协议的计划失败后，英德联合以控制中国问题造成的不安定这一选项，也就一败涂地了。然而，尽管俄国在"满洲"问题上后退了，远东形势的发展仍然酝酿着进一步的不安定。反过来，这样的前景又迫使英国的外交精英们进一步重塑英国的外交政策。

第六章

联盟的幻象：
英国的孤立和远东，1901—1905

"满洲危机"以一种突降的方式戛然而止。尽管大国政治角逐进入了相对平静的水域，但前几个月潜在的紧张因素并没有解决。中国东北的事态只是一场"被遏制了的危机"。其在未来再度引发争端的潜能并未减弱。俄国官方的保证——圣彼得堡目前"静观事态发展"——是做给外国政府看的。危机使所有各方都不再怀疑，未来任何在中国北方扩张俄国影响的企图，都将遭到英国的反对，而日本在危机高潮时期向中国提供的"实质性帮助"，则给日俄单独达成外交交易关闭了大门。俄国的远东外交陷入了困境。[1]

这对英国的政策产生了诸多影响。俄国的示弱暂时呈现出英俄达成协议的前景。与此同时，尽管比洛在3月表现得不仁不义，但是中国问题的冲击波这时已传到了欧洲，成为又一轮英德结盟谈判的催化剂。形势的这些发展，凸显出中国已在很大程度上变成英国政策所围绕的枢轴。与德国人的谈判尤其使问题复杂化，因为拟议中的联盟意味着正式承认远东地区与欧洲大国政治的核心地带的联系，而这种联系正是兰斯当竭力躲避的。反过来，这又使得与日本人达成协议成为非常诱人的选项。然而，与这个亚洲海军强国结盟，并非没有危险。英国企图降低中国问题的全球性影响，并通过严格的地区性协议对其加以限制，加上 1901 年英国国内对英国须向日本承担的义务的性质的讨论，以及 1903—1904 年的再次讨论，都触及英国所维系的国际"孤立"政策的实质。

"满洲危机"后英国比之俄国占有的优势，英国外交官们都清楚地看到了。然而，白厅也有一个广泛的共识，《十二条要求》的落空并没有提供多少喘息空间。桑德森强调务必小心。俄国人"可不一般"。他们目前显示的友好态度，也许反映了沙皇"与我们达成良好谅解"的个人倾向，"如果这事能成，当然最好不过，但我担心俄国军方会找机会给我们难看的"。桑德森毫不怀疑"他们（即俄国人）最终会竭尽全力地报复中国的"。2

兰斯当同意这些看法。俄国人在远东的行动始终是他的心腹大患："我们必须提防的是，这里或那里的人们突然失去耐心，发生暴乱。"3 俄国在中国东北不会骑墙太久，这一点到 4 月末时就变得昭然若揭了。维特出访柏林，提议为一笔新的价值 1700 万英镑的中国贷款做担保，以使北京能够支付即将发生的"拳乱赔款"。在桑德森看来，这是为前三国同盟伙伴牟取金融利益的一个拙劣尝试。然而，他又指出，从更长远的观点来看，"与俄国人合作是唯一正确的［政策］——但是必须非常缓慢且非常谨慎地与俄国人打交道，要时时牢记：我们的朋友是最狡猾的客户"。4 这是索尔兹伯里通过他的前常务次官发出的声音。

维特的计划是受政治，而非财政考量驱动的。鉴于俄国不稳定的财政状况，这是个不现实的计划，因此很容易受阻。然而，有一个复杂的因素。尽管兰斯当于 3 月 29 日发出了清晰的信号，谈判不应再继续推进，埃卡德施泰因仍未放弃其结盟计划。这开始对英国的政策产生干扰。复活节假期后，脑满肠肥的埃卡德施泰因回到了唐宁街，并于4月9日分别会见了兰斯当和桑德森。他给英国外交大臣的提议——"又到了适合讨论防御性联盟问题的时候了"，得到了兰斯当有所保留的回应。索尔兹伯里正在法国的滨海阿尔卑斯省（Alpes-Maritime）疗养，埃卡德施泰因被告知，在这个问题上不可能有任何动作。[5]这不仅是冠冕堂皇的话，鉴于索尔兹伯里对于密切英德关系显而易见的怀疑态度，这也是在向埃卡德施泰因发出中止这个话题的信号。然而，埃卡德施泰因没有向柏林传达兰斯当的暗示；如果他还想继续建构他那善意的谎言的话，他也不能传达。

兰斯当4月9日的回应也许并不像他本人的记录中所显示的那样冷淡。按照埃卡德施泰因的记录，英国外交大臣非常详细地谈到了以前的英德谈判，比如1887年俾斯麦和索尔兹伯里的会谈，兰斯当似乎新近研究过其档案。然而鉴于这些文件大部分存于索尔兹伯里的哈特菲尔德庄园，而不是外交部，这可能是埃卡德施泰因的编造。但关键的是，兰斯当也提到了1898年12月德国皇帝与拉塞尔斯的谈话，这是埃卡德施泰因此前不可能知道的，而是拉塞尔斯3月22日提醒外交大臣的。埃卡德施泰因在其报告的结尾，预言在他们下次会面时，兰斯当就会回到结盟话题上。[6]

这次会谈刚一结束，埃卡德施泰因就立刻令人奇怪地拜访了桑德森。他没有提出进一步的建议，而是向常务次官保证"两国政府之间一切顺利"。德皇将同拉塞尔斯会谈。与此同时，俄国人在柏林耍的花招失败了，很大程度上要归功于他本人的努力。这次相当怪异的会谈的结果之一，是使桑德森形成了一种印象，无论哈茨费尔特的这位副手在柏林说了些什么，"都引发了爆炸，而埃卡德施泰因对其影响非常紧张"。[7]这正是问题的关键，不过就连精明老道的桑德森也没有完全弄清埃卡德施泰因的招数。埃卡德施泰因的紧张焦虑如此显而易见，是因为他的计策并没有产生期待的结果。一方面兰斯当耐心地等待着埃卡德施泰因提出柏林据说是急于达成的联盟协议的具体条款，另一方面，比洛对于兰斯当"纯粹学究气地"对待严肃问题的明显倾向，却越来越不耐烦起来。[8] 从这位德国外交部长的观点看，兰斯当的话是他此前行为的翻版，引诱柏林阐述其对"满洲"的政策，却不肯说出英国自己的政策。埃卡德施泰因陷入了被揭穿的危险。

在比洛的建议下，德皇没有向拉塞尔斯提起结盟问题。他虽然表达了改善关系的希望，但是严厉地抨击英国政府"十足像一团面条"（unmifigated noodles），因为其在"满洲"僵持期间的软弱政策。[9] 威廉的这番口无遮拦，抹杀了他1月访英时创造的好印象。埃卡德施泰因也在锲而不舍。他与兰斯当的下一次会面一直被拖延到4月13日，因为英国外交大臣在苏格兰多逗留了几日。兰斯当这时对埃卡德施泰因是否在"自说自话"产生了几分怀疑。他猜测埃卡德施泰因是被派来消除德皇"十足像一团面条"那番信口开河的影响的。他也怀疑埃卡德施泰因"现在非常倾向于以一己之力重新启动巨轮了"。

埃卡德施泰因又一次提出了建立防御性联盟的主张，但将条约条款所涉情况"限定为使任何一方受到其他列强联盟的威胁的意外事件"。他承认在索尔兹伯里养病期间事情不可能有任何进展，他和兰斯当的所有交流都是"完全非正式的"。埃卡德施泰因不得不踏上了一条极细的钢丝，但他不加提防地放大了会谈的"非正式"性质，他还暗示兰斯当"不要以为皇帝了解我现在进行的交流的所有情况"。当兰斯当反复询问起柏林都谁知道这些会谈，在没有皇帝鼓励的情况下是否有进展时，埃卡德施泰因搭建的纸牌屋到了崩溃的边缘。但他仍然坚持他的"骷髅之舞"："埃卡德施泰因'哼哼哈哈'了良久，最后回答说，他所做的一切，都有与皇帝非常亲近的人了解，他们有办法判断皇帝陛下的意图。他提到荷尔斯泰因……是那些人中的一员。"兰斯当向拉塞尔斯透露，计划不大可能产生任何切实的结果。他认为："原则上，这主意足够好。"但是一到会谈进行到条款从哪里阐述起的阶段，"我们就总会谈崩。而我知道，索尔兹伯里勋爵对这个计划的态度，至少可以说是怀疑的"。[10]

埃卡德施泰因这时仍能罢手，中止他的计划而不致冒被柏林发现的危险。然而他没有，反而怂恿柏林相信兰斯当和其他英国高级大臣们仍在迫切要求结盟。按照他用电报发给荷尔斯泰因的报告，兰斯当曾说明过，他与德文郡公爵、张伯伦讨论过结盟问题。这话貌似可信，因为兰斯当关于4月9日会见的备忘录，的确给上述两位，以及贝尔福和比奇传阅过。然而，这只说明埃卡德施泰因诚实的程度。他又声称，鉴于索尔兹伯里众所周知的保守态度，当他提议搁置关于防御性联盟的主张时，兰斯当做出了比较热情的回应："德文郡公爵、张伯伦和我都赞成。至于说索尔兹伯里，我毫不怀疑他最后也会决定支持的。时代不同了嘛。"不过，英国外交大臣劝告他，暂时只将这个问题视为"纯粹是理论上的"。威廉街相信围绕着德文郡公爵、兰斯当、张伯伦三雄，有一个反对索尔兹伯里的小集团在推行结盟后，指示埃卡德施泰因将讨论导向英国依附于德奥意三国同盟这个主张上来，"某种程度上使维也纳成为联盟谈判的中心"。[11]

埃卡德施泰因这时慌了，害怕陷入自己编织的谎言之网中。他的处境变得越发危险，因为哈茨费尔特在恢复健康后，即将于4月18日重新掌管使馆事务。大概是为了掩盖自己的痕迹，埃卡德施泰因想出了一个主意，诱使他的私人密友林董一起向兰斯当提出一个新的三国联盟建议。他的提议正合林董的个人见解。整个3月，两位外交官都在交换意见，在若干个场合，这个德国人都提出了在"门户开放"和维护中国领土完整的基础上，建立某种形式的英德日三国同盟的主张。[12]

　　林董在寻求在伦敦开启谈判的准许后，最终于 4 月 16 日得到指示，试探兰斯当的意向。同一天，埃卡德施泰因向桑德森通报，在他与林董此前的讨论中，林董形成了一个"纯粹个人的"新三国同盟主张。这个三方协议将建立在《索尔兹伯里－哈茨费尔特协议》的基础上，"但将更进一步，保证三国政府支持中国的领土完整，并在现有通商口岸维护'门户开放'原则"。[13]

　　兰斯当在收到桑德森关于与埃卡德施泰因最新会谈的备忘录的同时，也收到了拉塞尔斯报告与德皇会谈情况的公文。拉塞尔斯向兰斯当详细描述了德皇如何向他"滔滔不绝地大发雷霆之怒"。但作为补充，他又在私人信件中提出，不必把皇帝的勃然大怒太当回事。他承认，威廉做出的新承诺，万一远东局势复杂化，德国将信守"善意但严格的中立"，可以解读为煽动战争。然而，拉塞尔斯又指出，在他的一再追问下，德皇又"不肯做出……直截了当的回答"，而是劝告他最好是忽略这段插曲，把它当成一个"话虽强硬却并没有多少意义的故事"。[14] 这一评估证实了兰斯当的怀疑，埃卡德施泰因是在自作主张地行事。而且，皇帝关于"善意但严格的中立"的承诺，说明德国正在回到其 3 月中旬的立场，它将不会在远东与英国和日本联合行动。无疑，当林董于 4 月 17 日提出"为保护各自在世界的那一部分的利益，达成某种永久性的谅解"的话题时，兰斯当并没有将德国包括在联合计划中。但是，兰斯当认为林董的提议与埃卡德施泰因此前的交流是有关的。而且，按照林董的回忆，兰斯当提议，协议"并不必然限于两个国家，而是任何其他国家都可以纳入"。[15] 这说明兰斯当尽管对与德国结成防御性同盟有所顾虑，却并没有预先封杀与柏林达成更有限的协议这一选项。

　　为了增加压力，以打破谈判的僵局，哈茨费尔特和荷尔斯泰因暗示维特的贷款计划将标志着1895年三国同盟的"再生"。这的确刺激了英国外交大臣。兰斯当警告说,俄、法、德单独签订金融贷款协议,将对所有列强的在华地位产生"最为严重的影响"。[16] 兰斯当似乎"因这一事件而非常激动和害怕",而哈茨费尔特认为这恰好证实了他早先的分析。比洛和荷尔斯泰因指示他要让兰斯当采取主动,但也鼓励他力劝兰斯当,鉴于日本人的支持可以指望,英国依附德奥意三国同盟,将使其成为五强联合的一部分。有了"五强机制",英国就能"兵不血刃地赶走[法俄]两国同盟了"。假如英国继续消极被动,像索尔兹伯里规定的那样,俄国就将吞并中国东北,而法国吞并中国南方各省和长江上游地区。[17]

内阁中也有人支持与德国发展更密切的关系。例如,汉密尔顿就克服了他先前的疑虑:

> 对于我们必须改变外交政策这种意见,我逐渐改变了看法,认为我们必须和其他列强……合伙干。总体而言,我认为我们能形成的最好联盟,就是加入德奥意三国同盟。这样一个联合将保证欧洲和平……并且使我们能够减少开支,无论是陆军的还是海军的。[18]

除非索尔兹伯里回来,否则什么也干不成。埃卡德施泰因无视柏林的明确指示,在5月15日会见兰斯当时,又一次提出了结盟问题,与此同时他又告诉威廉街,英国外交大臣作为心腹话,"秘密地从理论上"又向他提出了这个问题,看来索尔兹伯里也倾向于赞同达成协议。[19] 而且,埃卡德施泰因似乎答应过兰斯当,提交一份备忘录,详细开列德国对防御性同盟的条件,同时他又向柏林报告说兰斯当提出了双方都以书面形式写下各自条件的主张。假如埃卡德施泰因认为他无论如何能够推动谈判有所进展的话，他就误判了。兰斯当离开了伦敦，去他的鲍伍德（Bowood）庄园过了圣灵降临节，他回来后立刻会见的是哈茨费尔特而不是埃卡德施泰因。与此同时，大使也接到指示，坚持拟议中的英德协议必须写明，万一德国的三国同盟伙伴，尤其是奥匈帝国，受到两大列强的攻击时，应当怎么办。哈茨费尔特不会去催逼兰斯当，必须由英国一方主动提出建议。[20]

兰斯当与哈茨费尔特的会见于 5 月 23 日举行。这次会见前，外交大臣同索尔兹伯里讨论了埃卡德施泰因的结盟提议，索尔兹伯里表示了专门召集一个内阁委员会来讨论这个问题的意向。除了他本人和兰斯当外，这个委员会还应纳入贝尔福、比奇、张伯伦和德文郡公爵，兰斯当此前与这些人都磋商过。[21] 这令人联想起 1900 年 8 月的内阁讨论，显示出在索尔兹伯里离开外交部后，组成一个外交政策决策会的紧迫性。兰斯当希望德国能像埃卡德施泰因承诺的那样，提出详细的结盟条件；在他的印象中，哈茨费尔特也"表达了和我讨论这个问题的愿望"。不过，兰斯当同意会见在德国大使馆而不是在唐宁街举行，说明他希望充分探讨结盟问题，而不顾及自己的疑虑。[22]

在普鲁士宫（Prussia House）举行的会谈中，埃卡德施泰因捏造的谎言之网被撕得粉碎。哈茨费尔特严格遵守他获得的指示。他拒绝就任何要点进行详细讨论，并重申柏林倾向于英国加入德奥意三国同盟。兰斯当询问了"条约的条款中必须写明的情况"的准确形式，并指出拟议中的同盟势将减少英国"行动的自由"，要求英国服从三个核心大国的愿望。哈茨费尔特爽快地承认了这一点，但是提醒了兰斯当英国"目前所处的'孤立'状态"的危险。加入德奥意三国同盟所须承受的"不便"，与继续孤立的"不利"相比，还是要小得多。他批驳了最早由张伯伦提出来的可以与俄国达成协议的观点。俄国人无疑可以接近,但要达成协议"则必须付出高昂的代价"。兰斯当在会谈时的思路,密切地反映了他在3月18日首次会见埃卡德施泰因时所采取的立场,而哈茨费尔特提到张伯伦的观点,则表明他认为这次讨论是与1月份的查特斯沃斯庄园会谈相关联的。[23]

会谈中双方的语调都是温和的,两人分手时的气氛也是友好的。然而,这次"纯粹是理论上的和私人性质的交流",没有结出任何真正的果实——只有一个例外。或者是在会谈过程中,或者是因为兰斯当随后写给埃卡德施泰因的信,哈茨费尔特窥破了埃卡德施泰因两面三刀的部分把戏。大使为男爵这种显然僭越了外交使节身份,"[向兰斯当]做出承诺"的行为大为惊骇。德国外交机构素以充斥着小人之争而声名狼藉,哈茨费尔特怀疑埃卡德施泰因在阴谋反对自己,旨在替代自己:"他的想法实在是太荒唐了,干这样的事需要更多的知识和经验,不是说做了梅普尔爵士的女婿,并热衷于交往新闻记者或其他人就能成的。"[24]埃卡德施泰因的行为不仅使人们对哈茨费尔特管理使馆事务的业绩产生了怀疑,而且使德国外交在面对英国时处于不利地位,因为德国仿佛成了求婚者。哈茨费尔特承认不知道他的副手的承诺,但这只是刺激了兰斯当反复地要求他提交关于德国条件的某种形式的书面声明,以及关于德奥意三国同盟条约的某些"先前的文件",以供"绝对正确地理解我们也许要推行的总体原则"。兰斯当的反复要求像炸弹一样在威廉街爆炸了。关于德国条件的书面声明"恰恰是我们想要避免的"。于是,哈茨费尔特和荷尔斯泰因起草了一封措辞仔细的信,含糊地承诺等到详细讨论细节要点时,就会提供英国想要的文件。[25]

埃卡德施泰因的纸牌屋轰然倒塌了,但他仍未畏缩。5月27日,他拜访了桑德森,解释说大使"正处于一种神经兴奋的狂暴状态……一点点小矛盾都会令他大发雷霆。他感到不知所措"。至于兰斯当要求提供备忘录，男爵向桑德森保证他"一直……是按照明确的指示行动的"。24 小时后埃卡德施泰因又回到了英国外交部。常务次官以挖苦的语调评论说，他变成了"一个非常讨厌、非常自负的怪人"。男爵详细述说了他的困境："他说哈茨费尔特伯爵持续处于激愤状态，正在严重地歪曲和误会他与……柏林讨论的情况，他担心事情将会变得一团糟。"桑德森劝他"保持镇静"。英国人不像哈茨费尔特，还没有摸清埃卡德施泰因造假的程度。兰斯当以为哈茨费尔特的烦乱是他有可能被召回的传言引起的，他怀疑埃卡德施泰因从中插了手："作为哈茨费尔特的替角，他是个非常重要的人物，在任何其他大使手下，他都不可能这么重要了。"[26] 桑德森也持同样的看法。他通知拉塞尔斯，"哈茨费尔特和埃卡德施泰因之间发生了一场大爆炸"，因为前者"固执地认为"他的副手和荷尔斯泰因要把他撵走。[27]

尽管兰斯当对拟议中的四国同盟的条款屡屡表示怀疑，但他还是希望进一步探讨这个问题。桑德森在与他讨论了可能的结盟条款后，起草了一份备忘录，勾勒出在任何进一步会谈中英国的立场。他"概述了自己想象的协议的大纲"，但是警告说，在德国透露德奥意三国同盟的条款之前，不要当真推动会谈。桑德森勾绘出一个"为维持现状和维护欧洲总体和平"而建立的防御性联盟的轮廓。这不是一个"谦逊的建议"，不过显然也没有满足哈茨费尔特提出的所有条件。[28]

同盟条约的有效期为五年；当两个缔约方之一受到两个大国未经挑衅的攻击时启动运行；条约保证双方在战争中联合作战，并且不单独缔结和约。桑德森对条约时间跨度的主张，与埃卡德施泰因早先提出的建议是一致的。然而，他起草的条约草案对问题的主干，即英国加入德奥意三国同盟，却语焉不详，与纯粹的伦敦 – 柏林双边条约截然不同。这其中暗含的意思是，桑德森起草的同盟条约，很大程度上是以3月18日埃卡德施泰因对这个问题的夸大之词为基础的，似乎表明这是"两大国之间纯粹的防御性联盟"。[29]桑德森的最后一条，将"美洲大陆发生的任何问题"排除在同盟条约范围之外，这与英国最近与美国重新修好的努力是完全一致的。这个努力促成了1900年2月和1901年11月分别签订的两个《海－庞斯富特条约》（Hay-Pauncefote Treaty），英国将西半球的事务让予美国管理。[30]

桑德森警告说，与德国人签订任何协议，都要求措辞非常谨慎，以免英国被拖进本不会影响其利益的冲突。与德国结盟，很可能会被柏林当成对阿尔萨斯和洛林的保护，然而却不清楚德国会提供什么保证作为回报。常务次官还建议两大国之间签订一份补充性的海军和陆军军备控制协议，以预防德国要求英国增加军备。就后来的英德海军军备竞赛来看，这种担心似乎很奇怪，但就1901年的形势而言，桑德森的推论是合理的。他的意见也反映了兰斯当本人对这个问题的看法。在5月23日德国大使馆的会谈之后，兰斯当研究了外交部专门为他准备的关于三国同盟的文件。在他看来，三国同盟条约的条款和拟议中的新同盟的形式，都仍然是"基点还需要澄清，然后我们才能郑重考虑接受这个事关重大的提议"。[31]兰斯当不愿加入由德国领导的同盟。鉴于有传言称意大利正对阿尔卑斯山另一边它的两个盟友趋于冷淡，英国的依附就有被充作橡皮膏，来黏合脆弱的德奥意三国同盟的危险。[32]

兰斯当－桑德森草案在外交政策决策会成员中进行了传阅。作为回应，索尔兹伯里写下了后来经常被引用的5月29日反备忘录，被认为是对索尔兹伯里式的实力政策的明快生动、愤世嫉俗又深思熟虑的阐释。尽管草案措辞含糊，索尔兹伯里仍将其解读为像哈茨费尔特的提议一样，建议英国依附于德奥意三国同盟。他指出，必须在东欧抗击俄国以防卫奥匈帝国和德国的边境这一潜在的义务，远比反抗法国侵略以保卫英国要艰巨得多。他对哈茨费尔特（也隐含着对高级内阁大臣们）的看法，即英国的国际"孤立"地位存在着某种形式的危险，极尽讽刺挖苦之能事。索尔兹伯里反驳道，直到最近，"我们还从来没陷入过危险状态"。他劝告说，不要招揽"新奇而至为艰巨的义务，以防御我们没有历史原因要相信其存在的危险"。首相还重申了精心排演过的宪法论调，任何英国议会或政府，都不能通过条约来绑架其继任者。最后，他指出在当前的形势下，英德结盟很可能会遭到公众的反对。[33]

索尔兹伯里的论调没有什么新奇之处。他只是将他自义和团运动起便持有的观点阐述得更清楚，并强调了兰斯当在埃卡德施泰因最早提出结盟主张时就在思考的同样的问题。因此，传统的学者观点，即索尔兹伯里以各种方式扼杀了他的继任者的结盟计划，是难以立足的。[34]首相的发言也是一种花招。至少，他用他那可怕的大炮轰击的是根本不存在的靶子，因为无论是兰斯当还是桑德森，都没有建议加入德奥意三国同盟。意义重大的是，索尔兹伯里也不得不承认，欧洲之外的帝国利益受到了潜在的威胁，即使英伦三岛的安全无虞——这样的言论，无论兰斯当还是张伯伦，都未曾在他面前提出过。

并没有做出任何中止商谈的决定。但在没有收到任何看似有保证的德国文件后，兰斯当还是罢手了，"讨论很可能暂时中止了"。埃卡德施泰因仍被视为一位可信的对话者。桑德森和拉塞尔斯接受了他的解释，年迈的大使引发了"大量的误解，他一定是把［兰斯当］与他的会谈描述得太过火，仿佛我们一方太过热情，完全不合实际"。兰斯当断言，直到哈茨费尔特被召回的传言被官方证实时，他都"为暂时的停滞而非常满意"。[35]埃卡德施泰因则将困局归咎于哈茨费尔特的"病态、神经质"。他宣称大使试图逼迫兰斯当立刻开启谈判，他还报告荷尔斯泰因，说索尔兹伯里"拒绝在枪口下谈判"，不过兰斯当"在整个过程中都表现得非常体贴和关照"。[36]

埃卡德施泰因的结盟创议的流产，以及围绕着哈茨费尔特的态度的困惑，给英德会谈制造了裂隙。埃卡德施泰因于7月底报告说，在两次开启结盟谈判的尝试失败后，兰斯当"不知怎么丧失了勇气"，不过法国人在摩洛哥恢复了行动，也许使谈判有希望重启。[37]无论兰斯当还是比洛都不想再提这个话题。只是一场不幸的误会使之仍然保留在议事日程上。那是1901年8月23日爱德华七世和他的皇侄在克龙贝格（Cronberg）的一次聚会。当旅途劳累的英国国王将一份关于英国对德政策的总体方针的备忘录交给德国皇帝时，误会发生了。这份备忘录是兰斯当起草的，是只供他的君王"御览"的。威廉随即带着一份反备忘录，对着他的叔叔将英国的政策详细地品头论足一番，再次将英国内阁贬斥为"十足像一团面条"。他说，"只有达成一份明确且有约束力的条约"，与伦敦的关系"才可能建立在令人满意的基础上"。这样一个条约之所以必要，是因为英国人不可信，"'不讲信义的阿尔比恩'（perfidious Albion）这个英国人古老的绰号，今天仍然是有效的"。德皇这样乱发脾气，更加剧了兰斯当对与德国达成协议的可行性的怀疑："至于说德国人和我们之间全面的谅解，再没有人比我……努力得更多了。我注意到皇帝甚至使用了'同盟'一词……你大概比我更明白，这需要跨越多么大一道栅栏啊。除非我不知道栅栏那边是什么，我才会不介意尝试一把。"他的结论是，现在只好坐在栅栏上等到秋天，等到内阁重新审察这个问题时。[38]

与德国结盟，条约的具体细节也是非常难以确定的。实际上，双方都不清楚对方的目的所在，是1901年的结盟谈判的一大特点。

就此而言，英德谈判是大国外交史上绝无仅有的。在兰斯当看来，事态如狂想家推动的进程，令人怀疑究竟是谁在掌控德国的政策。虽然德皇在克龙伯格的大怒使得结盟问题被束之高阁了，但仍有大量的其他因素挤进英国的远东外交议程，这反过来又会影响国内关于对外结盟问题的讨论。

在兰斯当为遏制俄国在中国东北的扩张而与柏林和东京谈判的同时，萨道义也在北京的外交使节会议上代表英国而战。这次会议是为讨论中国与外国列强的关系正常化问题、对攻击使馆并造成人身和财产伤害进行赔偿的问题，以及对防止这种攻击再度发生而设置物质保障的问题。[39] 外国使节们的行动中，有一种不现实的感觉。没有适当的谈判对手，因为中国皇室仍在逃亡中。而在外国外交官们仍在会议桌旁维护着虚幻的联盟团结的同时，英国和俄国已在中国北方的铁轨两旁剑拔弩张起来。实际上，"满洲危机"似乎预兆着列强之间的公开冲突。[40]

在谈判涉及的所有问题中，赔偿问题是最为重要的。兰斯当和他的幕僚们从一开始就忧心忡忡地力图阻止向中国榨取太多的赔偿。作为回报，他们希望改善贸易条件。中国缺少财源来支付预期的赔款总额，甚至都无力支付为此而借的贷款的利息，这是显而易见的。除此之外，还有更深层的考虑，正如阿德在1900年底所说的，义和团运动赔款金额如果高了，将助长俄国和德国的扩军计划，相反，赔款金额如果低了，又会加剧这两个列强已存的财政困难。[41]

兰斯当力图将赔款总额最小化并阻止列强单独提出索求的最初努力，很快就碰了壁，除意大利和德国表示了有保留的支持外，遭到多国反对。于是，中国借新的贷款的问题变得引人注目起来。3月时，德国竭力逼迫将中国的进口关税提高到10%，以获取足够的岁入来偿还债务。[42] 这一措施所产生的沉重负担，将会由中国的最大贸易国英国来承担。为确保英国同意这一计划，比洛派出德国外交部殖民地司司长施蒂贝尔（Stuebel）博士前往伦敦。此行铩羽而归。他与毫不妥协的伯蒂进行了持久的会谈，但未争取到任何让步。伯蒂担心德国提议的目的是替换现有的中国海关当局，而现有的海关管理层是由英国人担任总税务司，并由一个国际财政委员会掌控的。兰斯当猜测，伯蒂的"逻辑完全不合博士的口味"，无论是否当真如此，施蒂贝尔此行彰显了英国与德国在远东的利益分歧。[43]

4月下旬，时任俄国驻北京公使的米哈伊尔·尼古拉耶维奇·德·格尔斯（Mikhail Nikolaivich de Giers），提议发起一笔由所有列强联合担保的贷款。其用意与德国的建议类似。联合担保贷款意味着所有参与担保的列强在中国的抵押贷款中都拥有相同的份额，最终会导致成立一个国际共管委员会。在赔款问题上，实际上，一个法俄德联盟似乎正在形成："它们都想将中国海关置于国际管控之下，也都想对中国保持一份财政约束力。"[44] 萨道义奉命阻挠国际联合担保，并在移除中国内部贸易限制的情况下同意提高关税。英国政策的总体目标是"避免中国破产"。[45]

到7月中旬时，萨道义已经拟定了协议的最终草案。兰斯当的最后一分钟外交冒险政策和萨道义的谈判技巧相结合，保证了事态处于英国的掌控之下。然而，回顾北京谈判和与德国就中国东北问题谈判的进程时，伯蒂仍然得出如下结论："就反对俄国在远东的阴谋，与德国达成可靠的协议，是不可能的。"[46] 还有一个未解决的问题证实了伯蒂的判断：联军前线部队的未来和从上海撤走国际部队的问题。这个问题迫使伦敦的决策者们思考更深层的非外交因素。其中，财政方面的考量尤其为1901年末1902年初联盟问题的国际辩论设定了参数。八国联军中不同国家部队之间无可否认的冲突，也使得全面撤军成为各国都希望的选项。这个因素，以及预算困难，都使得英国远征军的撤离成为政府议事日程上的"首要问题"之一。[47] 但另一方面，外国军队的存在，又使列强在北京和谈中对中国具备了更大的影响力。所以，任何撤军行动都必须安排得当。"无论哪里出现突然丧失耐心的现象"，都务须避免，因为那就可能引发"急促撤军"的要求。兰斯当希望在 1900 年 12 月 24 日的联合照会的基础上行动："我们不应该开始撤军，直到我们能够相当地满意于中国人服了，或者说是能够和愿意服从我们的要求。"[48]

兰斯当计划有秩序地撤军，遭到了威廉街的反对。4 月 10 日，拉塞尔斯报告称，里希特霍芬对外国军队持续驻扎于中国有可能在未来引发骚乱发出了警告，并建议将撤军与赔款的抵押担保联系起来。坎贝尔怀疑此举是试图重提施特贝尔关于提高中国关税的建议。[49] 无论如何，这是柏林意图在最早时机撤回其军队的强烈信号。里希特霍芬的提议是兰斯当最不想看到的。八国联军所有部队从中国北方全面撤军，将给在中国东北遏制俄国的行动带来更多的麻烦，从而迫使英国进一步修改其远东政策。而且，里希特霍芬在拉塞尔斯正式谒见德国皇帝后，立刻就提出了撤军建议。就是在这次谒见中，德皇因英国政府面对俄国人在亚洲的侵略行径表现软弱，而斥责他们"十足像一团面条"。假如按拉塞尔斯所认为的那样，德皇"滔滔不绝地大发雷霆之怒"可被视为煽动战争，那么里希特霍芬的建议就提出了一个问题，德国人是否想把他们的军队从潜在的危险区撤出来？

兰斯当对于德国政策的这种破坏作用感到越来越厌烦："我看到德国皇帝以他特有的急性子向全世界保证和平已经达成了，但我却对无论如何有些急促的撤军会给中国人头脑造成的影响，感到有些担心。"[50] 德国皇帝的话，太经常地与他的高级官员们的行动截然相反了。目前还没有为全面撤军做任何准备。实际上，德国远征军似乎是撤军道路上的主要障碍："他们派出了远远超过需要的部队，而他们'花了钱，总想找些乐子'。"[51]

英国远征军有可能继续留在中国，导致财政大臣干涉起外交事务来，而他的干涉，对于外交政策的制定有着重要的影响。英国高级大臣中普遍有个共识，贸易和财政的前景问题，是决不能妥协的。到希克斯·比奇准备1901年的预算时，南非战争的耗费已经达到了1.53亿英镑，是整个克里米亚战争的消耗的一倍。政府的总体开支激增到了史无前例的2.05亿英镑，而比奇在担任财政大臣的头四年已经逐渐降低了的国债，又重新飙升到6.88亿英镑。比奇宣布将所得税再提高2便士，而此前一年，他已经将其涨到了1先令。间接税也提升了。比奇甚至重新对精制糖课了税，而这项税在19世纪40年代时已被皮尔（Peel）废除了。[52]税收已经达到了大臣们认为政治谨慎的临界高度，比奇劝说索尔兹伯里将中国远征纳入他最新的节约运动。他抱怨说，兰斯当和汉密尔顿缺乏减少英国远征军人数的热情："在我看来，内阁总体上不大关心，甚至根本不在乎这项开支。我的意见非常不同。我们不能这样。我们驻中国的部队必须立刻……大大缩减。这个问题，我再怎么逼迫你都不算过分。"[53]

就政策而言，比奇造成了很大的损害。里希特霍芬通过外交办不到的事情，比奇惯常的"滔滔不绝的下流话"给办到了：从中国撤军这时提上了政治议程。桑德森通知萨道义，"因为天气原因并根据开支情况"，更多的部队必须撤回。"在这方面，除了最重要的外交考虑"，财政大臣将"推翻一切"。[54]于是，预算方面的考量制约了外交行动。兰斯当尽管也急于安抚比奇，但仍然指出了潜在的隐患："不过我们的确务必小心，别从所有这些地方'逃跑'得太快。有些地方已经出现了骚乱再起的苗头。"[55]

这话只是部分上正确，视界从未超出财政部的分类账簿的财政大臣，对此当然无动于衷。比奇做出了尖酸的回答，他"看不出拳匪可能再起，有什么充分的理由将 15 000 名士兵继续留在中国——我可没打算替中国维持国内秩序"。[56] 英国远征军撤回得越早越好。在兰斯当看来，这样做虽然财政上节俭了，但问题并不是预算公式所能解决的。在危机地区如果没有令人信服的军事存在，英国通过外交手段保卫地区性利益的能力就会大打折扣。任何撤军行动都必须以其他列强采取了同样行动为条件，因此必须与他们同步："我们必须态度强硬，而其他人必须和我们步调一致。"[57] 这就是兰斯当在中国的难题：要想推行"态度强硬"的政策，他必须在中国北方有军队，可比奇却不愿为此出钱。实际上，到 1901 年秋天时，这种困境又在海军方面重现了。1901 年 9 月签订的关于义和团事件的条约，最终为撤军问题提供了解决办法，但其执行仍然要依靠其他列强的行动，而它们却并不那么着急离开中国。[58]

比奇的干预使得财政因素成为制定政策的关键。在大臣们努力协调财政需要与战略需求的同时，伯蒂从战略角度和外交角度，重新审视了英国在远东的处境。他这样做，是受到了双重因素的刺激，一是在"满洲危机"达到高潮时，德国人从其按照 1900 年 10 月的协议本应承担的义务上退缩了，二是德国在赔款及其他问题上的琐细。一个包括德国在内的地区性三国联盟，诸如他在 1901 年初提出的那种，现在看来显然是不可能的。如果说春天的危机使这点变得一清二楚，那么还有一个英国与日本的未来关系的问题尚待解决。3 月时，伯蒂曾反复警告说，如果英国不予支持，日本就会去谋求与俄国合作。[59]

在 1901 年的下半年，伯蒂成了一个专门的英日同盟的主要推手。6 月时，他提出通过达成一项协议，保证伦敦和东京协调各自的中国政策。他还提出签订一份附加的秘密协定，向日本提供英国的海军援助，以保卫日本人在朝鲜半岛的利益。作为回报，日本要承诺协助英国维持中国长江流域和南方各省的现状。实质上，伯蒂关于签订协商和海上防卫协议的主张，与索尔兹伯里2月中旬提出的与日本订约的试行方案并无太大区别，尽管其地理界线扩大了。这表明英国的外交战略在逐渐变化，但也表明英国外交部内部思想统一的程度，远比历史学家们通常想象的要高得多。[60]

日本政府愿意支持兰斯当关于中国以发行债券形式支付义和团运动赔款的计划，看来是个吉兆。但东京拒绝了英国的财政援助，而萨道义表示，日本倾向于走独立自主的路线，甚至在中国问题上，都不肯通融。伯蒂担心日本人企图从法俄集团获取财政援助，对兰斯当力陈向日本发出愿意达成谅解的信号的必要性，"以免他们受到我们对手的诱惑"。[61]

伯蒂于7月20日与林董私下里进行了会谈，两天后他重新发起了冲锋，提出了两份详细的政策建议书。日本的财政困难，也许会迫使其与法俄达成协议，法俄贷款给东京，同时使朝鲜中立化。伯蒂警告说，英国只是"泛泛地表达善意"，将不足以阻止一个法俄日三国同盟的出现，而这"将危害我们的利益"。英国财政部拒绝以票面价值购买日本份额的赔款债券，排除了对东京进行任何可与传言中的法国贷款相匹敌的实质性财政援助的可能性。因此，伯蒂提议超越财政援助的问题，重申他6月20日的主张，与日本签订一份划定地理范围的互助协议：英国"承诺给予日本海军援助，以抵御任何外国占领朝鲜的企图，而日本则答应给我们……陆军和海军的援助，以抵抗外国对长江流域和中国南方的侵略"。[62]

在第二份备忘录中，伯蒂对远东形势做了更进一步的分析。与德国合作来制衡俄国，是指望不上的。而与后者达成一份"权宜协定"，就算现实中能做到，其实际意义也很有限，因为俄国"恐怕根本不会信守任何协议的精神"。而英国和日本在中国的利益，很大程度上是一致的，因为这两个大国都不能容忍朝鲜落入俄国之手。作为对财政部压力的尊重，伯蒂提出，与日本达成互助协议，也有助于减轻法俄海军扩张给英国的海军资源造成的压力。最后，他推测虽然英国很担心俄国在中国的野心，但圣彼得堡对英国也同样非常忌惮，因此英日海军合作将极其有效地吓阻俄国。伯蒂于7月22日提交的这两份备忘录，更加鲜明地重新聚焦了英国在远东的战略思考。他的提议，是克服财政和海军方面的困难给英国在该地区实力造成的局限，同时遏制俄国和法国野心的建设性尝试。耐人寻味的是，他的思想并没有超越他在6月中旬就提出过的地区性互助防御协议的主张。不应当缔结任何完全的同盟："与任何人结盟都是危险的"。[63]

兰斯当在7月23日和31日与林董的两次会谈中，采纳了伯蒂的方案。兰斯当指出，英日两国政府在中国推行的是相似的政策。"假设远东海域的力量平衡遭到严重动荡的威胁"，他暗示他已经准备好展开谈判，为维护地区现状而达成一项互助协议。他的话虽然含糊，但提到了"远东海域"的力量平衡，意义便很重大了。这意味着地区现状的维护不能超出两大国海军所及范围。就此而言，从索尔兹伯里于2月首次提出与日本达成协议以保卫中国沿海地区，到伯蒂7月的备忘录，再到兰斯当与林董的会谈，思维上有着明显的连续性。无论兰斯当还是伯蒂，都没想背离先前的政策。7月31日的会见，不过是一次非正式的"试探"，并不标志着正式谈判的开启。兰斯当说自己"没有得到授权"，无论他还是林董，都认为这次会谈是一次私下的交流。[64]

这些早期的交流令人联想起兰斯当与埃卡德施泰因和哈茨费尔特的会谈。重要的是，无论是这位英国外交大臣还是林董，都没有抱两国结盟的想法。兰斯当仍然不主动，而是敦促林董请求东京"说说他们的要求"。[65] 显然在这个问题上，必须由日本人采取主动。林董对此也充分理解。8 月底时，他见到了正在伦敦休假的窦纳乐，便要求重启会谈。然而，兰斯当尽管"诚挚地希望这种想法能够结出硕果"，但仍然固执地主张日本人必须首先亮出他们的意图。[66] 8 月中旬时，他从内阁争取到进一步商谈的许可。他向萨道义通报："就我们两国达成某种更密切的谅解的可能性，与林董进行了一些令人感兴趣的会谈，我认为，我们成功地达到这一目标并不是不可能的。"[67]

兰斯当接近日本，但也并不排斥其他国家，如果认为这时英日结盟已是不可避免，那就大错特错了。兰斯当还没有放弃与德国达成协议的想法，也不排除与俄国做交易。与俄国达成总体的谅解，或者说"为瓜分东方而与之达成友好条约"，对于英国某些政治精英人士还是有一定的诱惑的。无论这些诱惑在原则上是什么，实际的问题却是可怕的，正如寇松所说："（1）俄国人手上攥着所有的牌（地理的、战略的和政治的），而我们什么也没有；（2）俄国的政客们都是不可救药的骗子。"[68]

到 1901 年中时，英俄关系再度紧张起来，主要是因为阿富汗和波斯形势的发展。虽然俄国人似乎不会很快挺进中亚，但俄国和波斯提供新贷款的可能性，却表明沙阿（Shah，旧时伊朗国王的称号）存在着越来越深地滑入对其北方邻居的财政依赖的危险。反过来，俄国人监管波斯，则可能会导致俄国在波斯湾占据一个战略要点。[69] 兰斯当急于将任何这样的计划掐灭于萌芽状态，可他又无法从英国和印度的岁入中给波斯筹出贷款来，于是他只好又打起了英俄联合贷款的主意。这将使英国对俄国在波斯的活动进行一定程度的控制："我们所期望的，并不是阻挠俄国商业在波斯湾找到一个出海口，而是阻止俄国在那里建立陆军或海军基地，或者在那些海域获取……

一种［商业上的］特权地位。"[70] 据自己新近的经验，索尔兹伯里并不赞成同俄国谈判。他无精打采地预测谈判仍将毫无结果："俄国人将假装考虑我们的提议，然后虚伪地在谈判中浪费时间，当他们把一切都按照自己的意愿安排妥当后，就会拒绝与我们合作。"首相的悲观是有根有据的，在圣彼得堡举行的谈判比索尔兹伯里所预料的终结得还要早。拉姆斯多夫尽管起初表示自己有兴趣，但还是拒绝了英国提出的联合贷款计划。意味深长的是，他曾试图引诱哈丁赞同他的说法：兰斯当的提议意味着英国对中国东北事务不感兴趣。[71] 11 月 3 日举行的哈丁-拉姆斯多夫会谈清楚地表明俄国外交政策的首要重点还是在中国。因此，与俄国就亚洲事务达成协议，显然是不可能的。现在只好追逐其他选项了。

如果说兰斯当还没有排除与德国达成协议这个选项，他却已经批评起德国的政策来，这又是中东形势发展的结果。德国人的巴格达铁路计划，使人们想到他们有可能要在阿拉伯河（Shatt-el-Arab）的某处建立商业口岸，而这个口岸很可能建在实际上是英国的保护领地的科威特。科威特谈判提醒了英国，德国有能力给英国外交制造新的麻烦，却没有意愿帮助英国解决已有的问题。兰斯当无奈地评论道："德国人一向做事卑鄙。"柏林在科威特问题上采取的强硬路线反映了比洛的信念：英国是个正在衰落的强权，英国如果想与德国达成任何协议，都必须按德国的条件办。[72]

张伯伦于 10 月进行了一次不明智的讲演，引发了一场媒体大战，进一步恶化了英德关系。[73] 甚至一些早先支持与德国重新修好的人，也显而易见地越来越冷淡了。汉密尔顿的变心就很典型。他抱怨说，英国近年来支持了德国的多项创议，而作为回报，"他们好像比法国人和俄国人更仇视我们"。然而，英国在国际上实力已大大削弱了，只能"刻板而安静地坐着"。[74] 到了 1901 年秋天，有三点已经很明确了：就亚洲问题与俄国达成协议，是不可能的，从拉姆斯多夫对波斯和"满洲"的态度就可看清；德国试图在义和团赔款和上海撤军问题上阻挠英国的政策实施，其在科威特问题上的纠缠不休，也显示了将英德谅解的观念转化为实际行动会是多么困难。当前跨英吉利海峡两岸的嘴仗，甚至使人们对这样的观念从原则上就产生了怀疑。现在只剩下日本这个选项了。

8月，内阁授权兰斯当进行谈判，但是在议会体会期间，会谈一直未开始，因为兰斯当急于推行俄国和德国选项。由于俄国在春天撤回了《曾－阿列克谢耶夫协议》，白厅并没有真正的紧迫感。然而，英国的国际问题仍然是国内辩论的焦点。不顾索尔兹伯里5月29日的备忘录，内阁中对英国在列强中地位的大大降低有着广泛的共识——这实际上也证明了那份备忘录的重要性在学术文献中被显著地高估了。布尔战争与义和团运动的双重危机使英国外交政策陷入了瘫痪，并展现了散布在全球的大英帝国的利益和资源所承受的潜在危险。人们对英国应对重大突发事件的能力产生了怀疑。假如海军也遭受一次科伦索惨败*，英国该怎么办？贝尔福和汉密尔顿一致认为帝国当前处于羸弱状态："我们实际上只能追求一个三流强国的目标……［但］我们的利益却与欧洲的大国冲突和背离。"两人均承认，帝国"无论实际上还是潜在地，都拥有巨大的力量"。然而，这力量只有在"我们能将其集中起来时"，才能产生影响。[75] 1901年下半年兰斯当眼中的三个选项（俄国、德国和日本），全都是为了追求同样的目标：试图挫败英国的全球利益和帝国利益所面临的当前的或未来潜在的挑战。

---

* 1899年12月15日，布尔战争中，英国南非远征军主力在东线向科伦索车站的布尔军队发动进攻，因指挥失误而遭惨败，英军阵亡上千人而布尔军队仅阵亡八人。同一时期，中线和西线英军也遭到失败，在英国陆军史上称为"黑暗的一星期"。——译者注

这三个选项中，日本选项在秋季似乎成了唯一可行的。虽然与俄国和德国接近被视为改善孤立处境的特有外交手段，财政和海军因素却使与日本达成谅解成为更加倾向的想法。比奇出于财政原因，要求减少驻华英军兵力，而伯蒂则强调与日本达成协议所获得的海军优势，将为英国的战略和外交政策思想创造新动力。财政考虑也影响着英国的海军政策。两者相结合，便使日本选项变成更为引人注目的焦点。伯蒂已经承认这两个因素有内在联系。英国海军情报机构密切关注着日本的努力："保持一支足以同俄国和法国联军作战的强大舰队。"[76]

1901 年 9 月，时任海军大臣的塞尔伯恩（Selborne）伯爵接手了日本选项事务。自 19 世纪 90 年代中期以来，海军防务开支有了巨大增长。这是由军舰设计的技术革新和外国海军竞争造成的。总体而言，从 1889 年《海防法》(Naval Defence Act)规定的"两强标准"实施起到 1904 年，平均每艘军舰的制造成本翻了一倍，而巡洋舰的制造成本翻了五倍。英国战争规划关注的仍然主要是与法俄联盟最终一战的可能性。[77]法国和俄国海军军备的扩张和竞赛的加速，迫使海军部为扩大英国业已微弱的优势，于 1901—1902 年又开建了六艘装甲巡洋舰。然而，为节约开支而限制了船体规模，也降低了其性能。更糟糕的是，想要挑战英国海军地位的外国列强的数量也在增加，越发加大了资源方面的压力。

英国的海军实力"如果针对一场与法国和俄国联盟的潜在战争来说，是不足的"。对英国来说，对敌国联盟保持优势"是继续作为帝国存在的前提条件"。甚至对法俄海军联军的一场胜利，都可能需要付出相当大的物质代价，并要给敌人造成同等的损失。塞尔伯恩指出，由于英国皇家海军的力量散布于全球，尤其是对中国负有义务，其在地中海海域和本土海域的实力只能勉强和敌人打个平手。他警告说，"在帝国的核心地带只能勉强打平，是相当严重的危险"。因此，与法国和俄国开战，实在是"太过冒险"。塞尔伯恩对海军防卫形势的分析，是对索尔兹伯里5月底的言论——孤立并无真正危险——的直接驳斥。这位索尔兹伯里的女婿争辩道，英国相对于法国和俄国的战略地位，可以通过与日本结盟而得到改善。这样的联合将使英国能够减少在中国的舰船数量，将力量集中于欧洲海域，这才是与法俄联盟对抗的决定性战役将会发生的地方。海军的开支将不需要进一步增加。塞尔伯恩主张与日本签订一个海军防卫协定，在两国中任何一国遭到法俄联盟攻击时生效。他认为，英日联手将使"英国的海军实力获得实质性加强……并有效地降低与法国和俄国单独或联合发生海战的可能性"。[78] 塞尔伯恩的备忘录中，在使用"联盟"（alliance）一词时含义是有些模糊的，不可太过计较。然而，其主旨已经超越了索尔兹伯里和伯蒂先前的提议，即与日本就维护朝鲜和中国长江流域的现状达成谅解。

兰斯当同意塞尔伯恩的看法，并表示日本人"非常愿意继续沟通，并正在准备提出明确建议"。[79] 第一海务大臣、海军上将沃尔特·克尔（Walter Kerr）勋爵也支持与日本结盟。他承认这标志着"政策上新的背离"。然而他坚信，鉴于外国海军都在快速发展，"我们迄今仍然遵循'光荣的孤立'政策，恐怕难以为继了……考虑到其他国家的狂热发展，我们全部的、广泛的全球利益……给我们的海军资源所带来的压力，就是不断承受它们所能承受的更重的压力……能够合理地获得的任何减负，都将是最受欢迎的"。[80] 对业已捉襟见肘的海军资源的关切，因为比奇坚持要求各部门进一步紧缩预算，又进一步加剧。塞尔伯恩顶住了比奇干预海军政策的企图。当前的海军开支"根本不足以保证我们的作战舰队成功地对付法俄联盟，通过一场海战来保卫我们的商业"。[81]

塞尔伯恩和克尔都竭尽全力地抗争。第一海务大臣坚持英国"应当自给自足"地保持海军优势。他认为无论与日本达成什么协议，都只是暂时性的。尽管这能使英国海军的力量得以集中，但指望"一个东方国家持久的善意"，却并不是一个牢靠的基础。[82] 塞尔伯恩支持他的判断，但他强调了拟议中的与日本联手在财政和战略上的好处。法俄海军的逐渐崛起，始终是大英帝国利益所面临的唯一的最重要的挑战。他将海军开支的增长完全归因于"法国和俄国为建设超越我国的海军优势而采取的行动"。削减预算就意味着"甘拜下风"，从而增长战争的风险。唯有"两强标准"所蕴含的安全裕度能给英国带来"在同法国和俄国交战时获胜的合理的确定性"。至此，塞尔伯恩的备忘录只是就帝国防务概括了已有的共识。然而，他又进一步阐述了为预防其他不测事件，安全裕度也是必要的："如果没有安全裕度，那么在战时或者与法国和俄国关系紧张时，来自任何新兴海军强国的哪怕是一点点敌意的暗示或压力，都会使我们胆战心惊。"鉴于德国自身持久的海军发展战略，及其以往利用英国海军的困难趁火打劫的企图，一旦英国与法俄发生纠纷，德国尤其可能"坐收渔利"。在德国海军在"西地中海的棋盘上"向英国拉开了架势的同时，俄国也在远东海域部署了一支强大的舰队。此举助长了其在陆地上对英国在华利益的威胁。虽然俄国的威胁在一定程度上受到了日本海军的抵消，但由于日本财力有限，俄国将很容易取得相对于英国或日本的地区性海军优势。然而英日联手则能与之抗衡。[83]

塞尔伯恩请求进行这样的联合，并不标志着英国的战略思维发生了新的背离，毋宁说是更鲜明地衬托出英国决策层持续未断的关切要点来，即外国对英国全球利益的挑战，以及如何减少英国受到的政治勒索，正是这些因素，驱使了兰斯当寻求与俄国、德国或日本达成协议。就此而言，1901 年秋天的这个塞尔伯恩备忘录，也突出了索尔兹伯里式的"孤立主义"与所谓的"反孤立主义"主张之间丝丝缕缕的连续性。

贝尔福看过塞尔伯恩备忘录早期的草稿，完全赞同他的看法。预算的限制和要求产生了一种强有力的新逻辑，但他警告说，海军战略"在我们的帝国政策中，无论是军事政策、财政政策还是外交政策，都只是一部分，但却可能是最重要的一部分，这……给我带来了……最大的忧虑"。[84] 兰斯当也有这样的忧虑。他指示伯蒂修改 7 月初时的备忘录。那个备忘录强调了与日本结盟对海军的益处。这时，他将外交考虑与塞尔伯恩的海军理论融入一番赞同结盟的新言论中。他指出，德国的政策与英国广泛的利益格格不入。而英日结盟则相反，将极大地助益英国外交，其作用丝毫不亚于与这个强大的亚洲岛国联手将改善英国海军的态势。外交部的思想这时开始明显地成形。兰斯当将他在伯蒂备忘录页边空白上的批注直言不讳地称为"日本协议"，其内容是在日本抵抗俄国对朝鲜的占领时，英国向日本提供海军和财政方面的援助。这将要求双方更加密切地协调地区政策，并且不得单独与其他列强达成协议。兰斯当还专门强调了与日本合作所涉及的实际的海军行动。[85] 兰斯当喜欢用法语的 entente（谅解、协议）这个术语，也进一步显示了从年初索尔兹伯里首次漫不经心地提出 entente 这个想法，英国官方思维的逐渐演变过程。

兰斯当和林董秋天的第一次会晤于 10 月 16 日举行。日本公使尽管被授予了谈判的全权，但仍然仅限于泛泛而谈。这也许充分反映了当时的现实，日本政治精英中一部分富有影响的人，以伊藤本人为首，更倾向于与俄国达成协议。实际上，伊藤当时正在前往圣彼得堡做试探性会谈的路上。林董在会谈开始时，首先试探兰斯当对在东京和伦敦的任何协议中拉进德国的看法。纳入德国是林董（和埃卡德施泰因）在夏天时曾经探讨过的主张。兰斯当对这种想法泼了冷水，提议首先将双方各自在远东地区的诉求达成谅解。在会谈过程中，未来协议的纲要形成了。林董和兰斯当大体上都同意，同盟应当是防御性的，只有在任何一方受到两大列强攻击时方能生效；日本在朝鲜半岛的特殊利益应予保护；伦敦和东京均不得与其他列强单独缔结地区性协议。兰斯当还强调了就相互使用码头、港口设施和补煤站等达成某种形式的技术性谅解的必要性——外交大臣显然是想为塞尔伯恩和伯蒂所设想的与日本结盟将助益海军的言论，赋予实际意义。[86]

在与林董会晤后，兰斯当概括了协议的基础，呈索尔兹伯里批准。他这个"初步草图"的主要条款是，英国和日本任何一方在卷入与另一个列强的战争时，另一方将恪守"善意的中立"。实质上，这又回到了兰斯当在春天与埃卡德施泰因会谈时最早形成的想法，当俄日爆发冲突时，"袖手旁观并阻止其他国干涉"。耐人寻味的是，索尔兹伯里表示他对这个条约草案大体同意。[87]那么，应当推断，在索尔兹伯里看来，兰斯当的建议与他本人的提议——英日签订一项协议，维护东亚沿海的现状——并无实质性不同。

内阁于11月5日批准了兰斯当的草案，不过虽然没有组织，还是有一些人表示了异议。按照贝尔福后来的回忆，大臣们认为该草案"主要还是一个仅限于远东事务的提议"。[88]将正在审议的协议解释为有限的、完全地区性的举措，也许正好反映了兰斯当的提议在会上给大臣们的印象。他无疑在后来内阁级的讨论中强调了其有限的性质。内阁的批准是在哈丁于11月3日会见拉姆斯多夫之后。这使得兰斯当与日本公使的会谈变得更加紧迫。伊藤的圣彼得堡之行引发了伦敦的怀疑，正如时任日本外相的小村寿太郎强调林董提出的建议是"私人"性质的一样。兰斯当于11月6日将英国的草案交给林董。他解释说，草案仅限于针对中国或朝鲜发生战争的可能性。

日本"在朝鲜很多部分的……压倒性影响"，其准确性质成为会谈的潜在症结之一。[89]毕竟，伯蒂起草的"日本协议"设想了英国支持日本，抵御俄国在朝鲜的扩张，但这并不意味着要帮助日本扩大其在半岛的影响。伴随着兰斯当的协议草案发给日本的，还有一份单独的外交照会，内容包括在和平时期密切协调英日海军政策的进一步约定，以及使用海军设施的互惠协议。兰斯当反复强调这样的具体措施，意在将英国的海军利益明确化。就政府内部的外交政策辩论而言，这样的语句也显示出，白厅内一个支持英日同盟的外交部—海军部轴心正在形成。[90]

林董最终于 12 月 12 日递交了东京的答复。这时，兰斯当关于德国选项的考虑已经形成了决策。伯蒂的一份极长的备忘录对他很有帮助。这位助理次官指出，柏林经常使用"威胁加哄骗"的办法，诱惑伦敦加入一个防御性联盟。英国的国际"孤立"处境并非全无好处。虽然在法俄联合袭击帝国时，拥有"一位强大且可靠的盟友"是一种宽慰，但德国必须排除在考虑对象之外。历史上有普鲁士对待同盟的教训，也有俾斯麦式欺诈性外交手段的传统，两者相结合，说明德国已经形成了招摇撞骗和言行不一的文化。他强调了德国在欧洲四面暴露、易受攻击的战略位置。因此，与英国结盟以抗衡法俄联盟，对德国来说本是非常必要的。然而相反的是，它却感到"义不容辞地"要在伦敦、巴黎和圣彼得堡之间制造摩擦。尽管德国反复暗示过结盟的愿望，但新近德国对中国东北的政策却是"令人费解"和毫无助益的。万一亚洲发生了冲突，是指望不上德国的有效援助的。与德国结为正式同盟，将迫使伦敦按照德国的利益来实施政策。德国担心与法国和俄国在两条战线上作战，这也许将制约英国应对两强对帝国的挑战的能力，而且什么样的事件能够激活条约，也难以定义。可以肯定英国与法国和俄国"永远无法友好相处了"。英国当前的国际处境使之能够"在德奥意三国同盟和法俄联盟之间具有举足轻重的作用"。而且，万一英国与法俄联盟发生了战争，德国是无法容忍英国被击败的。德国将被迫救援英国，"以避免自己遭受同样命运"。伯蒂毫不怀疑德国"将为这样的援助索要高价，然而那代价还会比我们牺牲自己的自由去推行一个'世界政策'的所失更高吗？这个'世界政策'的结果就是与德意志帝国结成一个正式的防卫联盟"。[91] 备忘录说明伯蒂对德国的外交惯例深深地不信任。更重要的是，这是对孤立主义的辩护，明确要求避免对欧洲大陆的两大同盟的任何一方承担重要责任。这是索尔兹伯里的声音通过伯蒂之口发出。伯蒂坚持主张英国在两大联盟之间扮演平衡者的角色，也展现了他本人的英国新俾斯麦主义的标牌。和爱德华世代的其他成员一样，他"偏爱能'坐收渔利'的中间位置"。[92]

外交大臣则采取了更微妙的立场。在 11 月 22 日的一份备忘录中，他回顾了自己此前与埃卡德施泰因和哈茨费尔特进行的结盟会谈的过程，但也质疑了索尔兹伯里在其 5 月的备忘录中阐述的观点，尤其是他的断言——与德国缔结防卫联盟将使英国比其新伙伴承担"更重的重担"。他还诘问，索尔兹伯里在"德国社会每个阶层"都发现了的仇英人士，难道不是"我们'高傲冷漠'的政策的结果"吗？这些似乎捎带着发出的评论，还只是兰斯当的引语，接下来他才发动了主攻。他说，索尔兹伯里关于孤立并无真正危险的观点，在逻辑上是站不住脚的："因为我们过去尽管孤立却存活了下来，就认为我们无须为将来孤立的结果而担忧，这种看法就太过头了。"英国政府接近东京，"实际上就是承认我们不希望继续茕茕孑立了"。兰斯当承认，与德国结盟这种提议已经显然不能再考虑了。在这方面，他采纳了伯蒂部分反驳的观点。尤其是，他集中论述了确定令双方都能满意的激活条约的条件是很困难的，与德国结盟对英国与法国和俄国的关系也是有损害的。尽管他现在排除了与德国全面结盟的可能性，但他仍然认为"与德国达成更有限的谅解"是可行的。就地中海或波斯湾地区达成地区性协议，可以成为对1900年10月的中国协议的补充。他赞同伯蒂的建议，这样的协议应当仿效1887年与维也纳和罗马的协议，"当特定情况发生时，可以决定"联合采取措施。尽管交换此类声明似乎还远远不及埃卡德施泰因和哈茨费尔特所建议的，但兰斯当仍然总结道："作为试探性的初级步骤，这也许并非全无价值。"[93]为什么说这一步是初级的，兰斯当并未说明。但在后人看来，这仍然支持了埃卡德施泰因于1901年初提出的说法，兰斯当和张伯伦都主张，先达成地区性协议作为初级步骤，最终促成两国结盟。

在索尔兹伯里的提议下，外交大臣于12月初起草了一份更精确的英德协议纲要，重新采用了1887年德奥意三国同盟条约的原则，将其推广至波斯湾。纲要"只不过相当于一个共同政策的声明，表达了保持密切关系的愿望"，但试图阻止俄国和德国的势力出现在波斯湾。不过，他推断这样有限的协议将无法满足德国人的期望。柏林很可能会拒绝这种路数的提议，"我们要让他们没有可能指责我们'踹'了他们"。所以，某种程度上，任何这样的提议都不过是一种战术手段。在索尔兹伯里看来，拟议中的协议似乎"充满了风险，却没有可作为补偿的好处"。但他仍然同意在下一次内阁会议上讨论这个问题。[94]

正当兰斯当越来越接近于放弃德国选项时，林董于12月12日回到了英国外交部，递交了东京对协议草案的修改意见。日本方面的拖延反映了日本政策制定过程缓慢的共识导向性质。日本人决策需要与政界元老们商量。而且，在伊藤出访圣彼得堡探寻与俄国交易的可能性时，与伦敦的谈判也不可能真正取得进展。[95] 在会谈过程中，林董强调，将协议的地理范围扩大，纳入印度、新加坡海峡或暹罗，是不可接受的。取而代之的是，日本希望双方做出有约束力的承诺，在中国海域维持一支相对于远东任何其他海军强国"效力占优"的海军力量。这相当于提出一个地区性联合的一强标准。一直坚持将海军的实际合作作为协议一部分的兰斯当，对此建议却拒绝了。这样的承诺会降低英国海军在"世界任何部分"配置其力量的能力，而英国海军的力量"必须根据帝国的考虑，而不是纯粹的地区性条件来配置"。兰斯当也不愿承认日本有权采取"适当的措施"保护其在朝鲜的利益。鉴于英国不了解法俄同盟条约的条款，这样的承认会使英国承担"为纯属〔日本〕地方利益的事务"卷入与法俄进行的全球战争的风险。[96] 非常显然，拟议中的协议将无法为英国的力量分散问题提供便宜的解决办法。

日本选项固有的风险，形成了内阁会议前兰斯当和贝尔福之间关于英国战略问题的更广泛的辩论的话题。贝尔福对与日本结盟所呈现出的战略和外交方面的不祥之兆感到担忧。他抨击 11 月 5 日的内阁会议批准兰斯当与林董会谈"恐怕是个太过仓促的决定"。"我们不仅没有去降低发生冲突的危险，反而会发现自己……因为俄国和日本之间关于朝鲜问题的某些说不清道不明的争执……而陷入在全球各处为了我们自己的生存而与俄国和法国殊死搏斗的局面。"这与当天早些时候兰斯当在会见林董时所持的观点并无实质性不同。然而，贝尔福在更广阔的战线上摊开了问题。英国提出加入一个联盟，就等于承认了它已无法避免在和平时期与其他列强签订具有约束力的协议了。这样就回避了与日本结盟和与德国结盟哪个好处更多的问题。贝尔福并没有忽视英国的全球利益这块更广阔的画布。无论与这两国中的哪一个结盟，都将使英国与法俄同盟发生冲突。冲突也许会由远东的一件小事煽起，但不大可能局限于那一地区，或许会波及"英吉利海峡、地中海、印度边境，以及我们宏大的商业交通线"。尽管自19世纪80年代中期以来，贝尔福就一向承认中国问题在症状上具有重大意义，但他却不承认英国的地区利益是"至关重要"的，他也不认为应当通过与一个地区性强国结盟来保护这些利益。

大英帝国的拱顶石是印度，所有结盟的考虑都必须以帝国的防卫要求为中心。印度的西北边境是"帝国最弱的一点"，如果与俄国发生了战争，将把英国的"军事资源……消耗得山穷水尽"。时间和军事技术的进步，都对俄国有利，"为其在世界的这个部分发动侵略的目标……不断增强着实力"。与俄国的任何争执都意味着印度会遭到侵略。如果英国没有盟友，法国就会受到诱惑"加入战局，那我们的处境就危险了"。贝尔福注意到条约草案的条款和林董将印度排除在协议之外的要求，断言一旦发生了这样的不测事件，与日本联合将毫无价值。"如果我们和德奥意三国同盟联手"，情况就不是这样了，"单是它们注定会参战这个事实，恐怕就会阻止法国全力以赴地援助俄国"。贝尔福在仔细地审察英国的战略处境时，将英国的帝国利益与欧洲列强的配置联系起来。他心目中的帝国地图，有着鲜明的欧洲轮廓。他认为与德奥意三国同盟达成谅解，对于维护英国的利益，比和日本结成一个更为狭隘的联盟要好。贝尔福设想在一个欧洲联盟的基础上，为帝国达成一个总体的安全协定：

> 我想，这对我们大概可以说是最重要的时刻，意大利不应被粉碎，奥地利不应被肢解，德国也不应在俄国的铁锤和法国的铁砧之间被砸扁。因此，如果我们必须为中欧列强而战的话，我们就应该为自己的利益而战，为文明而战，在此程度上，与日本结

盟就不可同日而语了。[97]

在贝尔福看来，与日本结盟也许能维护一些不关键的地区性利益，但任何好处都赶不上其所固有的风险和缺陷。贝尔福在关键的内阁会议召开的前夜出手干预，是企图阻止与日本结盟，并为挽救已经气息奄奄的与三国同盟重新修好的主张做出最后努力。这也是对索尔兹伯里 5 月 29 日阐述与德国结盟问题的备忘录的反击，尽管是以贝尔福在官场上惯用的巧妙的、间接的方式。

对于贝尔福的干预，兰斯当以所能做到的最快速度进行了回复。这反映了他对英国当前战略问题的观念相对狭隘。他承认贝尔福的言论很有力量，但他也指出，预期的与东京的同盟限制很多，好处也很多。激活条约的条件，发生的可能性远比与德国结盟要小。兰斯当争辩说，与日本结盟，"纠缠区域"实际上有限得多。由于维护日本做一个地区性强国是符合英国利益的——这点贝尔福也承认——正式结盟只不过是使这一事实公开化，而伦敦可以"从这笔交易中获得最大的好处"。[98]兰斯当像他在 12 月 4 日关于与德国结盟问题的备忘录中一样，显示出他本人更关注的是外交战术问题，而非战略考虑。关键的是，他也与索尔兹伯里在关于大英帝国安全需求的狭隘观念上更加趋于一致。

贝尔福的干预看来足够有力，以至在 12 月 13 日的内阁会议上汇集了一部分不同的声音。会上决定推迟一切与日本的进一步谈判，直到 12 月 19 日以后。兰斯当还承诺向日本大使概括地解释"我们对日本问题的观点，以使德国人没有理由抱怨我们对它默不作声"。对兰斯当来说，这也没有令他做出太大让步，仍然符合他在 12 月备忘录中所主张的战术观念。12 月 16 日，林董又传达了小村寿太郎起草的最新条约草案。[99]然而，谈判仍然没有实际进展。

三天后，兰斯当终于会见了哈茨费尔特的继任者梅特涅（Metternich）伯爵。他简要介绍了他与埃卡德施泰因和哈茨费尔特的非正式会谈的过程，以及哈茨费尔特向他提出的"英国加入三国同盟"的建议。英国政府仔细考虑了他的建议，最终认为"毫无疑问……这个篱笆太僵硬，没法骑在上面"。英国公众对于纠缠进外国事务并对外国承担义务持怀疑态度；德国则周期性地会发作"仇英症"；而且英国和其他列强的关系"并非不友好，我们突然依附于德国集团，反而有可能在其他方面产生不幸的后果"。兰斯当虽然对德国的提议并不冷淡，但认定实际的困难意味着"我们无法承受"，他提议英德达成有限的地区性合作，梅特涅拒绝了。于是，12月19日的会晤最终结束了经常显得很荒唐的关于英德联盟的谈判。[100]

这也意味着英国不会和德国达成"会阻止或妨碍与俄国，甚至法国发展良好关系"的协议。[101] 在整个会晤过程中，兰斯当都坚持12月初制定的路线。意味深长的是，"在日本问题上，他并没有［向梅特涅］透露我们的大体观点"，这是林董要求的，12月13日的内阁会议也同意了。[102] 外交大臣遵从了这一要求，强烈地表明他这时已下定决心要促成日本选项。不通知梅特涅，无疑也降低了事情在未成熟前泄露给英国媒体或圣彼得堡的风险。

尽管此前贝尔福曾努力积聚力量，反对与日本达成协议，但12月19日的内阁会议却并没有提出实质性的反对。大臣们拒绝了日本人将海军力量固定在远东水域的提议，"希望把日本的义务扩展至印度和暹罗"。兰斯当向林董通报了12月19日晚上的商议结果。然而，两人的会谈没有取得真正进展，因为日本公使不肯松动其先前的立场。[103]

东京发生的一场严重的日本国内危机，最终打破了僵局。桂太郎（Katsura）政府急于达成联盟。与此同时，伊藤博文在逗留圣彼得堡期间，也逐渐改变了他的侧重点：在与俄国的任何谈判开始之前，就应完成与英国的谈判。这位日本政界元老于12月24日到达伦敦，受到了英国国王、首相和伦敦金融城政府（City of London Corporation）的盛情款待。新年前夕，林董又来到英国外交部，向兰斯当递交了新的备忘录，力劝"达成协议不应再浪费时间"。经索尔兹伯里同意后，兰斯当于1月1日将日本最新的备忘录交内阁传阅。[104] 第二天，他与伊藤在鲍伍德庄园进行了详尽的会谈。日本元老向他保证，日本不会寻求对朝鲜进行"两手安排"。在1月6日两人的最后一次会谈中，伊藤还暗示说，俄日结盟已经不再是实际的选项。与日本长者的两次会谈，使兰斯当彻底放下心来。有一种说法，说是兰斯当劝说伊藤接受了结盟提议，是站不住脚的，实际恰恰相反，伊藤此前已经决心放弃俄国选项了。[105]

兰斯当的12月备忘录招致了出乎意料的反应。财政大臣重申他对条约草案中所做的让步持保留态度，认为失恐怕大于得。比奇的保守是可想而知的："如果海军部认为这是需要一支更庞大的海军的理由的话，那我要表示反对。如果说这个条约对我们有什么好处的话，那就是在某些情况下，日本海军对我们海军参战的要求会少一些。"[106]

更可怕也更令人意外的反对声音，却来自另一个地方。索尔兹伯里在一份冗长的备忘录中质疑了条约草案中的条款。他说，英国将会发现自己无法约束日本的某些行动，即"我们认为这些行动是挑衅性的，他们却会辩解说，是俄国人的行为迫使他们不得不这样做"。这是问题的关键，正如12月19日的内阁会议已经讨论过的。现有的条约草案要求英国保证支持"日本在朝鲜和中国全境针对法国和俄国的一切行动，无论开战原因是什么"。这已经远远超出了索尔兹伯里于将近12个月前提交讨论的草案了，当时那个草案是个只在亚洲大陆沿海地区维护现状的有限协议。他的结语非常严厉："没有界限，无法规避。我们承诺战争，而我们的盟友却可以不顾我们最强烈的抗议，采取我们会公开且明确地谴责的行为。"这样的承诺无法服务于英国的帝国利益。条约草案要求日本"正式'宣布不侵略'"，也并不能令人放心：那只是什么"一种情绪，而非约束"。

索尔兹伯里嘲笑了东京方面所谓当地区性危机爆发时，可能没时间和英国商量的说法。这意味着将英国"决定是否应该将帝国的资源押在一个有巨大冲突的问题上的权利"，无条件地交到日本手里。这份备忘录反映了索尔兹伯里在国际事务方面冷酷的愤世嫉俗的心态。他认为，依赖于"日本现政府的善意，或者审慎，或者高明的政策"，是不明智的。政策是可能变化的。除非日本推行英国认可的政策，结盟就将赋予东京"把我们拖进战争的权利"。索尔兹伯里并没有完全拒绝与日本达成协议的主张："有谈判的空间。"他对在开战理由问题上日本会允许英国拥有一定的自由裁量权，也很乐观。这与他干脆利落地拒绝了与德国结盟的主张形成了鲜明的反差。他的备忘录是对日本条约现行条款的细节及其潜在的风险进行的理由充分的建设性的批评，并非对协议实质的彻底反对。[107]

正如12月19日的内阁会议后索尔兹伯里向国王通报的，对于对日条约并无实质性的反对。索尔兹伯里的备忘录也只是加强了兰斯当本人对条约中某些要点的担忧。兰斯当也同意日本人的某些条件必须予以降低。伦敦的大臣们都完全明白缔约所须承担的风险，他们也毫不怀疑日本在朝鲜的终极野心。双方均急于尽快结束谈判，达成协议；双方也都准备在仍未解决的问题上做出让步。兰斯当同意协议只适用于远东地区，不再要求与日本结成泛亚洲联盟。林董则不再坚持固定两国海军军力的规模。双方在朝鲜问题上也达成了妥协：日本确认无侵略朝鲜的意图；英国则承认日本在朝鲜有特殊的商业利益，承认东京在受到第三方侵略威胁时，有权利采取措施保卫这些利益。[108]

联盟条约公布后，令兰斯当感到欣慰的是，并没有出现"对我们抛弃孤立的旧政策普遍不满的情绪"。[109]这至少在部分上是误导，因为英国并没有抛弃"孤立"政策，兰斯当也没打算抛弃。的确，1902年的联盟是英国在和平时期加入的第一个这样的联合体。但是这个联合体的约束力并不像"联盟"这个词所显示的那样强，正如日俄战争即将爆发时英国内阁会议讨论时所表明的，英国的大臣们并不认为条约有严格的约束力。

兰斯当期望联盟能保护英国的在华利益，又不用在欧洲承担义务。这样就可以避免财政部要求紧缩的额外开支了。而且，联盟看上去像是打破了英国外交的基本原则，告别了孤立主义，这是张伯伦等人早就在倡导的。因此，与东京缔约还有在统一主义者联盟内遏制张伯伦的潜在威胁这一额外好处。所以，英日同盟强调的是英国继续超脱于欧洲，而并不标志着"光荣的孤立"的终结。[110]英国和日本海军力量联合，在中国北方和朝鲜便又形成了俄日之间的力量平衡。尽管是很微妙的平衡，却为英国的在华利益提供了某种战略保护伞。

紧接着，就产生了将条约通报给其他列强的问题。这可不仅仅是个外交礼仪的问题。通知的先后顺序，以及通知哪些国家，反映着两个盟友的态度。日本首先通知了1895年逼迫过它的三个列强，然后才通知美国。这凸显了中日战争之后的三国干涉对日本产生的创伤之深，强烈地表明日本将第一次英日同盟视为反对远东三国同盟重启的再保险合同。这也解释了东京拒绝将协议延伸到印度的原因。[111]

兰斯当则相反，选择通知柏林，先于任何其他兴趣方。他仍然热切地希望与德国发展更密切的关系。在这方面，他得到了拉塞尔斯和英国国王的支持。国王指示大使向德国皇帝转达他的友好感情和"就所有对两国均重要的问题达成'友好协议'的愿望"。[112] 当拉塞尔斯将结盟的消息通报皇帝后,威廉衷心地表示了认可:"'面条们'有时候脑袋也挺清楚。"[113] 兰斯当并不打算关闭英德进一步合作的大门。他在向梅特涅通报与日本达成联盟协议的情况时,明确表示他希望柏林和伦敦继续保持就重大问题事先交换意见的传统。[114] 柏林先于其他列强得到通知——甚至早于在北京的萨道义——可见兰斯当仍然很看重与德国达成一致。在英德谈判破局后如此快地与日本人结成了同盟,也展示了与英国达成协议并非不可能,但是英国有比德国人所承认的大得多的行动自由。

与柏林改善关系仍然很困难。甚至在与日本的联盟协议达成之前,比洛就对张伯伦的爱丁堡讲演做出了他期待已久的回答。尽管他私下里曾反复表达过友好的感情,但他对英国殖民地事务大臣进行了猛烈的攻击。在德国国内,比洛于1月8日发表的这个"啃花岗岩"的讲演是他最具影响、最受欢迎的讲话之一,但是对英德关系的冲击却是毁灭性的。虽然兰斯当劝说不要"对此类坏脾气的小小发作太过在意",[115] 但这只是在掩饰比洛的炮轰所造成的尴尬。汉密尔顿说话就不客气了:"我在转变观念,支持那种说他们(即德国人)是个可恶民族的说法了,我们越是踹他们,他们才越能做好朋友。"[116]

对于比洛私下里反复保证友好情感,兰斯当的评论是:"如果他们想做朋友,就最好别在中国给我们捣乱。"[117] 然而实际上,情况却恰恰相反。一方面德国在长江流域的商业活动越来越多;另一方面比洛在外国派遣军最终撤出上海问题上也表现得两面三刀。1902年7月,北京当局要求外国军队立刻从上海撤出。兰斯当抓住这个机会,提议列强之间就所有外国部队全面撤出达成一个协议。比洛的反应是开始对英国耍花招。他信誓旦旦地向长江流域的中国总督们宣称他获得了法国的支持，要求他们保证不在该地区给予英国特殊好处。比洛的最终目的是破坏英国在长江流域的地位，打开这一地区，或者在山东攫取更多的专有权力。[118]

德国具有明显的反英姿态的举措，其全貌是直到1902年10月才显现出来。于是，一场外交大战爆发了，伦敦、北京和长江流域各省的省会同时展开了激战。萨道义在驻华各位领事的强力协助下，发动了反击。他向中国官员们承诺，如果德国将其寻求的保证扩及整个中国，英国和日本将支持中国。当中国由总理衙门改造的外务部表示赞同萨道义的提议后，德国人的阴谋失败了。德国对青岛海军基地一带的专有权力的要求也碰了壁。比洛愚蠢的诡计受挫后，急于修补篱笆。然而，德国总理玩弄的伎俩深深地伤害了兰斯当，使他对德国本就在逐渐增长的幻灭骤然提升。他同意萨道义的判断，德国政策的目标一直是惹是生非：“［他们］想告诉全世界，他们颠覆了我们要在长江流域占有优势的理由。”[119]

从威廉街传来的那些甜美如蜜的废话对兰斯当没有产生什么影响。这位与柏林重新修好的先前的支持者，怀疑起德国人和德国外交来。伯蒂和兰斯当都将比洛对善意的保证斥为“尽显鲁莽无礼”。[120]上海事件是英国和德国在华利益的首次严重冲突。该事件还有一个更加深远的影响，就是英国的外交官对德国人的两面三刀形成了旷日持久的坏印象。比洛和德国外交部的积习难改现在被视为改善英德关系的主要障碍。甚至在上海撤军四年后，英国外交家克劳（Eyre Crowe）仍在其发表于1907年1月1日的关于英国与德国和法国关系的著名备忘录中，将这一事件引为德国外交“卑鄙下流和背信弃义”的一个例证。[121]

兰斯当推进与德国关系的希望寄托错了对象，英日同盟对于英国战略处境的改善也没有达到外交大臣和塞尔伯恩所期望的程度。

这两件事情的发展是相互关联的。到 1902 年 4 月时，海军部很不情愿地做出了结论："德国在和我们对着干"，"德国因素"必须比以往更加严肃地予以考虑。兰斯当非常乐观地认为，德国当前歇斯底里的反英浪潮终将过去，德国的海军计划也并非公然在追求任何战争目标。拉塞尔斯认为柏林无疑会挑动英国与法俄联盟之间的冲突，希望削弱这三个对手。然而，德国恐怕并不想看到英国作为一个世界大国被消灭掉。德国会在适当的时机介入，"扮演一个诚实的掮客的角色，使自己从中渔利"。因为只要英国维持住"两强标准"，它就是安全的。[122]

这就是问题所在。必须考虑"德国因素"意味着预期的削减海军开支并不能实现。俄国海军建设计划的提速也在激化塞尔伯恩的"难题"。海军大臣和外交部都曾倡议和日本结盟，设想此举能给海军和财政都带来好处。然而，没有欧洲强国参加的严格的地区性协定，看来对于限制欧洲对手的海军发展毫无用处。所以说，与日本人的条约并没有产生"同盟红利"。塞尔伯恩估计 1903—1904 年度的海军建设计划，不仅不能允许海军开支有所削减，甚至还要大幅增长。比奇在财政部的继任者查尔斯·里奇（Charles T. Ritchie）对财政前景表达了他"巨大的担忧"，不过他也承认，在法国、德国和俄国都在加速海军建设的情况下，英国海军开支无法安全地予以削减："我们的举措实际上都是让其他人的行动给逼的。"[123]

联盟的影响也不全是消极的。英国外交的处境得到了改善。如拉塞尔斯所预测的，这至少在部分上是布尔战争结束的结果。[124] 英国出人意料地与日本结成同盟，对俄国的对华政策也形成了限制。虽然俄国外交一直是"我行我素地玩坏游戏"，但英日结盟的消息还是给拉姆斯多夫造成了警觉。受限制的前景要求他拿出反制措施，他向法国大使蒙泰贝洛提出了"如法炮制"的主张，也保证维护中国和朝鲜的领土完整。然而，他的真正目的是抵消伦敦和东京结盟的影响。[125] 拉姆斯多夫设想着复兴穆拉维约夫的大陆集团。作为这样的联合的第一步，他邀请德国加入法俄同盟。虽然他提出的协议表面上意在维持中国的现状，但实际上是为预防英国和日本破坏中国领土完整时进行三国合作干预而做准备。这是拉姆斯多夫预料有这样的可能性，从而为俄国本身谋求领土利益的明显信号。比洛拒绝加入由俄国领导的为保护东亚利益而形成的国家集团。他早先为在大国外交中维护自己的"自由之手"，拒绝了与英国结盟的选项，现在他当然也不能做另外的选择了。[126]

1902 年 3 月 20 日签订的法俄协议在伦敦造成了一定的忧惧。这似乎表明，如果俄国和日本开战，而法国支援它的盟友，那么激活英日同盟条约的事件就算是终于发生了。[127] 然而，在这两个联盟中，英日同盟仍然对俄国有更强的限制性影响，而不是相反。就英俄关系而言，英日同盟对平息远东局势还是有所助益的。

英日同盟条约在某些方面非常含糊，这便利了谈判于 1902 年 1 月迅速结束。正如索尔兹伯里所预言的，也如 1902 年 3 月的法俄协议所预示的，对英日同盟真正的考验来自俄日在朝鲜的冲突。兰斯当与林董的谈判，既没有详细地通报给萨道义，也没有征询他的意见，因而萨道义将英日同盟解释为"一种互助同盟，就像三国同盟一样"。[128] 但这是误导。英日同盟条约是一个严格的地区性协定，其目的是遏制俄国并且——从英国的角度看——让日本在面对俄国欺凌时鼓舞起信心来。如果说萨道义没有准确地理解兰斯当的政策原理的话，那么在预测同盟的结果方面，事实证明他更有眼光。多年来萨道义一直希望两个岛国更加密切地合作。然而，他毫不怀疑日本对其与俄国的利益冲突，最终会寻求军事解决。在 1897—1898

年远东危机结束时，他就曾预言 1902 年后俄日必有一战。1903 年夏天时，他警告说这两个强国之间的战争正在日益迫近。萨道义预言俄国可能获胜，将"成为世界这一部分的主宰力量，将吞并整个中国北方"。他警告说，任由日本被打垮不符合英国的利益："如果俄国战胜了日本，那么尽管我们未损失一兵一船，我们也将在远东变得无能为力。"[129]

　　1903 年的整个夏天和早秋，圣彼得堡和东京都在就朝鲜–中国东北的交易进行着拉锯般的谈判。俄国人的拖延战术和坚持要求日本人承认中国东北在其亚洲大陆上的势力范围之外，与东京不断增长的自信形成了冲突。从时任驻日本公使的窦纳乐的有利位置观看，很显然"俄国人在拖延，并且能拖多久就拖多久，哪怕是先签下某种临时协议都可以，只要能让日本人平静，直到他们（指俄国人）足够强大起来"。[130]

　　这年年底，战争清晰可见的可能性在白厅引发了一场对外交政策的详细辩论。这时已成为首相的贝尔福，从一开始就对与日本结盟的战略价值持怀疑态度。他认为有两种风险。如果与日本的协议达到了其所阐明的目标，在远东遏制住了俄国，那么印度就变得更加容易遭受俄国的陆上侵略了。第二种风险已经变得十分真切：同盟并没能遏制住俄国。12 月 11 日，内阁授权兰斯当警告圣彼得堡，俄国"在满洲不切实际的态度"也许会将英国拖入战争；一旦发生这样的不测事件，"法国面对其条约义务，也许难以置身事外"。贝尔福向国王报告，一场由俄国在中国北方的阴谋引发的全面战争是"可怕且荒唐的"，然而战争的危险似乎已近在眼前。[131]

　　两个对手都已经拉开了架势。整个圣诞节期间，内阁高级大臣们像往常一样，讨论了远东战争可能产生的战略影响。1903 年 10 月险些导致了政府解体的关税改革后接替里奇担任财政大臣的奥斯汀·张伯伦（Austen Chamberlain），充当了讨论的传话筒。12月初时，他对英国的财政状况做出了悲观的评价，认为东亚的一场大战会令英国脆弱的财政雪上加霜。贝尔福曾说，"外交事务更大的问题"，在于它们"不是一个部门的问题"。这一点，加上奥斯汀的父亲与统一主义者主流几乎没有联系，使得新任财政大臣成为"［贝尔福］最重要的同事"。[132]

塞尔伯恩率先发起了政策辩论。他对"远东局势非常担忧"。日本迫不及待地要开战，想抢在俄国的东方军力增强之前。战争迫在眉睫，要求英国内阁必须决定政策，以应对不测。塞尔伯恩早先倡导与日本结盟，隐含着一种想法："我们不能容许日本被俄国打垮。"随着同盟达成，这件必要之事很大程度上搞定了。然而，这位海军大臣警告说："我们的干涉也会招致法国的干涉，我们和法国都会被拖进战争，那可是场可怕的灾难！！"塞尔伯恩提出了一个含糊的建议，由英法共同提出某种外交倡议，旨在"施加压力，以避免战争"。对于已经战云密布的冲突进行外交解决，必须保证日本"在朝鲜的特殊的、专有的权力……及其在满洲的条约权力"。塞尔伯恩认为，英法合作推行"一个如此合理的建议"，加之伦敦宣布日本的毁灭不能容忍，将能够阻止俄国的侵略。[133]首相承认政府有必要在远东爆发任何冲突之前形成政策路线。然而，所有政策考虑都要依日本选择的行动步骤，及其在与俄国对抗中的成功概率而定——正如他在1901年12月，兰斯当和林董谈判的最后阶段所预测的。[134]

奥斯汀·张伯伦比塞尔伯恩和贝尔福都要乐观，他倡导残酷无情的俾斯麦精神。一场俄日大战，将是"我们搞定，并且迅速搞定我们与俄国竞争的所有地方的我们想要的一切东西的适当时机"。俄国在全力应付日本对其东亚野心的威胁时，将无法承受英国的压力。相反，如果俄国打垮了日本，它在亚洲面临的压力就将消散，那时再想"解决［和英国的］突出问题，机会就蒸发了"，英国将会"发现，尽管［俄国大使］本肯多夫（Benckendorff）说话彬彬有礼，俄国却相当难缠且有些咄咄逼人"。[135] 兰斯当反对财政大臣"学习德国外交的榜样"的提议。他认为日本海军相对于俄国的优势只是暂时的，与海军上将沃尔特·克尔勋爵和巴登堡亲王路易斯（Prince Louis of Battenberg）的一番谈话，更坚定了他的这一看法："几个月后，海军力量的天平就会倾向另一边。"日本"目前非常安全"。但是，假如英国加入日本一方作战，"那就意味着在全世界与俄国开战，我们就必然不仅仅是考虑远东的当地条件了"。兰斯当向张伯伦保证，一旦俄国与日本开战，"我们就必须充分利用我们的机会"。不过，他还是给财政大臣的新俾斯麦主义泼了冷水。他警告说，本肯多夫当前"和缓的态度"，很大程度上只是圣彼得堡"希望我们保持平静"的愿望的反映。兰斯当含蓄地表示，英俄达成协议是个不切实际的建议，然而他仍然试图"推动"这一主张。[136] 曾经在1901年支持过英日结盟的白厅内的外交部和海军部轴心，在这一阶段仍然在发挥着作用。

兰斯当的观点与塞尔伯恩更为一致，而不是财政大臣。他设想和法国，如有可能的话也拉上美国，一起逼迫俄国拿出一份能够为日本接受的"满洲协议"的纲要来。然后英国将"明确地告诉日本人，他们必须接受就朝鲜而言他们所能得到的这份交易结果"。[137] 然而他们关于斡旋的好处未能说服贝尔福，后者这时倾向于支持张伯伦的主张。一旦俄国扩大了其在太平洋的海军军力，它将享有对日本的数量优势。日本的海上交通线受到威胁后，就无法在朝鲜再推进地面战斗了。俄国尽管军力占有优势，却既不能入侵日本，也不能通过海上封锁迫使日本屈服。前者是"不可能成功的军事行动"，后者由于日本高度自给自足，加之远东海域还有英国海军，也不可能成功。

贝尔福预测，日俄战争很可能会形成旷日持久的僵局，必须让日本"自力更生，努力自救"。[138]

这并不是企图为模棱两可的政策进行辩护。毋宁说是对贝尔福的治国原则的论证周密——虽然有些冷嘲热讽——的阐述。首相并不认为1902年的同盟条约使英国政府无条件地为日本人承担起义务。在致塞尔伯恩的一封私人信件中，他详细地阐述了这一点。俄国有可能侵略朝鲜半岛，但将会发现把那里作为永久性的堡垒来维持，会持续消耗其财政，妨碍其在其他地方采取强力行动。占领朝鲜，"也将使俄国与日本的关系变得非常紧张……一旦俄国因任何问题，在世界的任何部分，与任何其他列强发生争执，那个强敌就会发现日本是个天然盟友，尤其是假如这个强国还拥有一支强大的海军力量，能够确保日本远征军安全地在朝鲜登陆的话"。于是，东亚力量平衡的紧张局势就会减轻俄国对英国在中亚和印度的帝国核心利益的威胁。此外，兰斯当的斡旋建议，将打破东亚这种紧张的平衡，从而减弱遏制俄国的效果。斡旋就相当于暗中"对俄国削弱日本在朝鲜地位的企图进行外交帮助"。结果，任何与日本的未来合作都将变得不可能。在这样的情况下，贝尔福坚持主张英国不应干涉俄日的僵局，除非日本请求英国干预。贝尔福坚称，同盟条约条款"只要求我们'保持中立并阻止别国干涉'"。当前英国应当继续保持超然姿态，"特别是因为我相信，假如有任何战争可以认为对我们有利的话，那就是这场战争了。无论在战争'爆发前、进行中，还是结束后'，都可能在使俄国人变得通情达理方面创造奇迹"。[139]

首相的观点得到了新近转任外交部助理次官的查尔斯·哈丁的支持。他预言，战争对俄国来说，意味着灾难。[140]但贝尔福的大臣同僚们却并不认同这种观点。海军部 – 外交部轴心仍在发挥作用。两个部的首脑都认为贝尔福的逻辑有缺陷。塞尔伯恩认为，日本不可能容忍俄国"不经海军的冒险行动"即占领朝鲜港口马山浦并构筑堡垒。俄国的太平洋舰队一旦得到目前驻地中海或波罗的海的舰队的增援，就将在远东海域取得霸权，从而制约日本海军。海军大臣警告说："日本作战舰队的消失将对我们造成非常不利的后果。将迫使我们增长海军开支。"[141] 兰斯当提出的观点是塞尔伯恩观点的一种变奏曲。他不赞同贝尔福和张伯伦的俾斯麦式倾向。他不怀疑俄国陷入纠缠会产生"附带的好处"。然而他仍然担心日本不可避免地会战败，坏处会超过好处。他预测到 1904 年秋天时，俄国"就会掌控形势，提出一些会将日本从军事强国中抹去的条件，并消灭日本海军"。因此他重申斡旋的迫切需要，旨在由所有在中国有利益的列强做担保，促成俄日达成协议。兰斯当认为避免战争是首要之务：

> 战争会使我们卷入三重风险：
>
> 第一，我们的盟友有被打垮的可能性；
>
> 第二，我们自己有可能牵连其中，倒不是因为我们对日本负有条约义务，而是因为在日本被重创之时，英国公众将不会保持平静；
>
> 第三，我们当前已非常严重的财政困难会恶化。[142]

这些都是极具说服力的理由。甚至国王都介入了辩论，敦促贝尔福努力斡旋以阻止战争。这样的战争会拖累英国。在布尔战争刚刚结束十八个月后，"这将是最严重的灾难，我无法向你们隐瞒，单是想一想这情况我都会不寒而栗，这将不可避免地最为严重地消耗我们的资源"。[143] 国王是否是被兰斯当"动员"来施以援手的，很是引人遐想。但毫无疑问，首相对国王的干预的漫长答复，回答的其实是兰斯当，而不是国王提出的问题。贝尔福重申，只要法国不会同俄国参战，英国实际上没有任何条约义务来援助日本。无论是公众舆论还是"对我们自身利益的冷静思考"，都不会迫使英国参战，"除非有非常合理的可能性认为俄国即将打垮日本"。出于贝尔福在其12月22日的内阁备忘录中已经阐述的理由，日本被打垮的可能性不大可能实现。而且，他还提出，假如俄国想在远东打一场大战，俄帝国内部还有分崩离析的可能性。应当给予日本"外交上的支持和帮助"，但是强加给东京要求其克制这种"令人不快的建议"，是不明智的："我们想救日本，却会因此失去日本。"即使俄国打赢了，也将被战争严重削弱，当它面对着"一个不共戴天且时刻警觉的敌人时……无论在亚洲还是在欧洲，它都将比现在容易对付得多"。[144]

贝尔福坚定不移，而且得到了张伯伦的支持。张伯伦认为，只要日本作为一个海军强国继续存在，这一地位未受威胁，英国就应始终保持中立。[145]贝尔福和兰斯当又进一步进行了信件交流，但并没有改变形势。首相拒绝在战场上发生逆转之前就让英国对日本承担义务。日本不大可能被决定性地击败，而战争强加给俄国的财政压力将使它"在其他任何地方都疲软无力"。他对塞尔伯恩坚称，1902年的同盟条约并没有让英国对日本自动地承担义务——那是"荒唐的单边义务"。他说，日本"不会帮助我们阻止安特卫普落入法国之手，或者荷兰落入德国之手。它也不会卷入我们在印度西北边境有可能遇到的任何争执。"这样，贝尔福便触及了内阁在1901年底就曾表示过的不满，也正中英国更广泛的帝国和欧洲安全问题的核心。关键的是，无论贝尔福还是政府任何其他成员，都不认为同盟条约在所有情况下都有严格的约束力。[146]

12月29日，贝尔福终结了讨论，并制定了远东战争情况下的英国政策原则。尽管他承认1902年同盟条约的正式义务，但确定英国的政策导向"完全依据英国的利益，无论是眼前利益还是未来利益"。

这些利益决定了决不能容许日本被"打垮",但这种情况不大可能发生。俄国人占领朝鲜,并且随后在朝鲜港口构筑任何防御工事,都将对日本形成战略威胁,但并不意味着日本海军会像塞尔伯恩担心的那样,被困死在自己的领海里。贝尔福考虑了战争对"作为一个世界大国"的俄国的可能影响,及其随后对英国利益的冲击。他认为吞并朝鲜将使俄国被削弱。在半岛永久性驻军,将使俄国本已捉襟见肘的财政再增极大的负担,也将导致俄国永久性地与日本结怨。出于这些考虑,贝尔福断言日本战败这种可能性"非常令人怀疑",因此英国不应干涉这场战争。干涉除了有可能将英国拖入一场与法俄联盟的"世界范围的战争"外,贝尔福还指出,一场在朝鲜的战争不会影响英国的根本利益。

贝尔福的分析触及了英国的"俄国问题"的核心。俄罗斯帝国成为英国的战略考虑因素,"主要是因为:(1)它是法国盟友;(2)它是印度的侵略者;(3)它在波斯有决定性的影响;(4)它有可能是欧洲和平的干扰者"。就所有这四点而言,即使俄国战胜了日本,其对英国主要战略利益的威胁也将减弱。最后,贝尔福做出了有些夸张的总结,重申了他先前对塞尔伯恩做出过的论断:俄国的"外交,从黑海到奥克苏斯河(Oxus),都会削弱,它将变得令人难以置信地通情达理"。[147]贝尔福这些观点的主要成分,是索尔兹伯里思想的反映。贝尔福像他舅舅一样,开始重视起列强对手潜在的弱点来。实际上,他12月29日的备忘录,就是对索尔兹伯里的原则的重申。就与日本的同盟条约而言,他主张在某些特定的不测情况发生前,要尽可能地避免受到条约义务的纠缠。

英国对远东冲突的不干涉态度也延伸到国际财政领域。贝尔福拒绝了日本的一项关于财政援助的请求,因为这相当于针对俄国的"战争行动"。与此同时,兰斯当受命起草一份可能与俄国达成的协议的纲要。[148]首相处处发号施令，迅速地贯彻着自己的主张。在他的要求下，帝国防务委员会于 1904 年 1 月 4 日召开了一次会议，讨论一旦俄日开战英国将奉行的政策。假如英国对战争进行干涉，军事谋略家们断言战场将会扩大。印度将是英国的主要忧虑所在。整个 1 月和 2 月初，帝国防务委员会及其军事部都在考虑如果远东爆发战事，有可能产生的各种后勤问题和战略问题。[149]虽然英国的高级外交官们预料"美国扑克目前的危险游戏——其赌注是远东和平，间接的也是世界和平"——最终将导致战争，但日本于 2 月 8 日对旅顺港的俄国舰队发动的闪电进攻仍然令人震惊。然而一旦战事开始，贝尔福决定，最好还是静观事态的进一步发展。[150]

虽然驻伦敦的外交官们注意到英国外交部的高级官员们都"强烈地同情日本"，英国外交却保持了严格的中立。[151]兰斯当先前斡旋的建议被贝尔福否决了，交战的双方又是两个亚洲敌手，他于是全神贯注于确保冲突局部化。他同时在欧洲和中国开展活动以追求这一目标。从法国外长德尔卡塞那里获得保证很容易，他像兰斯当本人一样，巴不得超脱于战争之外。[152]实际上，在过去一年里，英国和法国的关系得到了显著改善。1903 年夏天，兰斯当和法国驻英大使保罗·康邦（Paul Cambon）恢复了为解决突出的殖民地争端而进行的会谈。谈判进展顺利。到 1903 年底时，两国各自的盟友之间的战争已迫在眉睫，使得谈判达成结果变得异常紧迫起来。战争爆发后，兰斯当和康邦都决心迅速地解决为数不多的剩余问题，尽管英国外交大臣此前尤其主张要处处据理力争。[153]其结果便是达成了 1904 年 4 月 8 日的英法协议，实际上是一系列关于殖民地问题的协议，其核心是摩洛哥–埃及交易。具有讽刺意味的是，英国与法国达成谅解，总是被视为其实际用途是"为与俄国缔约提供垫脚石"，因为只有英俄谅解才能"使我们巨大的陆军和海军开支有所减少"。[154] 现在,俄国在亚洲陷入了战争,加速了英法协议的达成。于是,1902 年与日本结成的同盟,远没有使英国超脱于欧洲之外,反而是启动了英国逐渐卷入欧洲事务的历程。

法国还只是欧洲方程式中的一个因素。对兰斯当来说幸运的是,德国政府也决定避免被拖入战争。威廉街告诉拉塞尔斯,德国将保持中立。[155] 英国外交官们指出,被战争削弱的俄国对于德国在欧洲是有利的。萨道义注意到他在北京的德国同行"极其仇日"。他评论说:"德国人真正的传统是坐山观虎斗,直到看出哪一方将获胜时,再加入进去一起痛打落水狗。"从维也纳传来的消息是,德国皇帝支持他的俄国表弟对抗其他列强。[156] 尽管这个传言并无根据,却展现了英国的亚洲盟友和一个欧洲大陆强国之间突发的战争使英国受牵连的程度。

在北京,萨道义竭尽全力地劝说中国保持中立。鉴于近年来中俄谈判情况的变幻莫测,这样做完全是明智的。中国如果参战,就会破坏使冲突局部化的一切努力。假如中国加入俄国一方对日作战,就会成为触发英日同盟协议的事件;而如果中国跳向另一个方向,俄国很可能就会招呼其盟友法国,在这种情况下,英国也会被拖入战争。最最不济的是,中日合作将给俄国在中国东北增兵提供必要的借口,俄国甚至有可能占领北京和天津。因此,中国保持中立,与法国或德国不干涉,对于战争保持局部化同等关键。这对于保护英国的地区利益也是至关重要的。也正是因为这些想法,萨道义才反复努力,以缓和中国对日本在亚洲大陆的野心的担忧。[157]

在圣彼得堡,这时已担任驻俄大使的查尔斯·哈丁,忙着与新闻界接洽,以阻止俄国和英国的报纸刊登煽风点火的文章。哈丁尤其担心远东战争的爆发将增强俄国朝廷中亲德派别的势力,并进一步加剧英俄对抗。[158] 虽然哈丁在这方面的努力有些成果,但引人注目地没有搞定《泰晤士报》，而将两国引至深渊边缘的事件还是反复发生。俄国军舰"彼得堡号"（Petersburg）在红海无缘无故地抓捕了一艘英国轮船，导致英国内阁决定采取海军行动以阻止和应对俄国对英国船只的再次攻击。自1904年夏天起，英国军舰开始追踪俄国巡洋舰的活动。[159]

然而，当1904年10月21日，俄国波罗的海舰队在前往东亚战场途中，在北海的多格滩（Dogger Bank）外击沉了英国拖网渔船"赫尔号"（Hull）后，两国似乎注定要滑向战争了。英国的公众舆论被激发。兰斯当要求俄国正式道歉，向渔民家属做出赔偿，并"保证这种不可容忍的行为不会再度发生"。贝尔福打算动用英国皇家海军来拦截罗日杰斯特文斯基（Rozhestvensky）海军中将率领的波罗的海舰队，要求其"做出确切的解释和赔偿"。[160]在拉姆斯多夫就这一事件做出了语词含糊的私人道歉后，兰斯当加大了对俄国的施压力度。他宣称这次事件是"一个应受惩罚的大错误"。[161]这位英国外交大臣在向俄方转述贝尔福的计划时，使用了"除了威胁不可能再作其他理解的语言"。如果必要的话，英国将使用武力在西班牙的维戈（Vigo）截住罗日杰斯特文斯基的舰队，要求留下对此事件负有责任的军官。他关于英国军舰正在向直布罗陀海峡集结的警告对俄国起到了一定的震慑作用。然而，形势仍然很危险，正如兰斯当后来承认的："在我看来，和平和战争的可能性大约是一半对一半。"[162]

英国外交大臣和俄国驻英大使亚历山大·康斯坦丁诺维奇·冯·本肯多夫（Aleksandr Konstantinovich von Benckendorff）伯爵最终达成了一项解决方案：俄国同意进行调查，保证惩罚有罪者，并承诺类似事件不会再发生。贝尔福随后于10月28日在南安普敦（Southampton）进行的一次公开演讲中，宣读了一份同意这一解决方案的声明。然而，本肯多夫超越了他所获的授权，所做出的承诺超出了拉姆斯多夫打算做出的让步。从大使犯下的这种荒唐错误，就可看出英国和俄国外交所承受的压力有多么大。当10月31日，四名俄国军官在维戈被扣留后，本肯多夫要求准许波罗的海舰队继续前进，兰斯当感觉圣彼得堡在确定最终的协议时想要反悔。[163] 有48个小时战争似乎一触即发。尽管英国公众高呼采取坚决行动，但内阁大臣们都不想打仗。由于德国和美国的不断争执，形势又进一步复杂化。英俄关系的恶化达到了冲突绝非不可能的地步。只是俄国做出了屈辱的让步，战争才最终得以避免，然而起草最终的协议还是又花了三个星期，这一事件才最终结束。[164]

这时德国外交部又出来捣乱了。威廉街在1904年夏天无情地利用了俄国的弱点。7月时先是发出了友好的信号，要为波罗的海舰队供煤，继而又逼迫俄国签订新的、更严苛的商约。这是典型的俾斯麦式做法，即在向圣彼得堡展示与德国改善关系将获得的好处的同时，也展现如不改善关系则德国制造麻烦的能力。11月时，德国皇帝向沙皇提议建立一个针对英国和日本的大陆同盟，但因为俄国不愿抛下法国而单独行动，遂搁浅了。[165] 俄国和德国改善关系的传言也传到了伦敦，英国普遍认为"德国巴不得看到我们和俄国争斗"。[166] 1905年7月，形势又发生了新转折，威廉二世逼迫他的皇表弟签订了后来最终流产的比约克（Bjørkø）同盟条约。在日俄即将于美国新罕布什尔州（New Hampshire）的朴次茅斯（Portsmouth）展开和谈的一个多星期前，传出了比约克条约的消息，引发了伦敦关于德国对俄国的支持会延长战争的猜测。[167] 德皇在波罗的海上的这个出人意料之举，将英国的大部分注意力牢牢地吸引到德国身上。兰斯当充满了不安："一个有这种思维框架的人，什么事情干不出来呢？"[168]

尽管战争造成了复杂的形势，但英国的全球战略地位在1904—

1905 年得到了极大改善。这要归因于精明的外交、稀有的政治资源和好运。兰斯当使战争局部化的努力和与法国达成协议，不仅弥补了英国与法国的外交篱笆，而且使得德国随战争持续而充当更强力角色的企图变得越发困难。此外，直到对马海战之前，都一直存在着"中国的重要部分遭到一个更好战、更具侵略性的强权统治"的危险。[169] 日本在海上和中国东北战胜俄国，对英国和其他列强都有深远的影响。萨道义多少有些不安地评论道，在国际政治的远东子系统内，"日本的崛起如此彻底地颠覆了既有的平衡，就仿佛一个火星大小的新行星闯进了太阳系一般"；时任法国外交部政务司副司长的莫里斯·帕莱奥洛格（Maurice Paléologue），则称对马海战堪比战胜腓力二世（Philip Ⅱ）的"西班牙无敌舰队"（Invincible Armada），其意义是"标志着俄国统治亚洲的野心的终结"。[170]

　　1905 年 5 月 27—28 日俄国舰队在对马海峡的覆灭，使俄国的战争行动受到致命一击。这一"朝鲜海峡的灾难"也使俄国在可预期的未来，作为一个海军要素被抹除。[171] 而对这个要素的考虑，曾在英国的政策规划中发挥过至关重要的作用。在对马海战之前，1902 年同盟条约的续期问题，就已经提上了伦敦和东京政府的日程。日本于 1904 年 12 月首先提出了建议，尽管离条约到期还有两年。[172] 伦敦的政策制定者们明白，条约的续期必须抢在俄国和日本人达成任何和约之前完成。俄国的军事实力遭到严重削弱，又受到国内骚乱的袭扰，无法采取任何强力的反制措施。防止俄日和谈干扰到英日谈判也很必要，正如兰斯当的政务次官珀西（Percy）伯爵于 1905 年初所指出的："日本谋和条件的性质，必然依赖于它能否指望得上英日同盟的延续"。[173]

　　如果不延续 1902 年条约，英国就有将在远东的影响丧失给更加自信的日本的风险。虽然这是与日本展开谈判的一个动机，却不能排解英国一个长期挥之不去的踌躇，就是想使英日同盟发挥更广泛的战略作用。仅仅是将现有的条约续期，对白厅的政策规划者们来说，吸引力并不强。帝国防务委员会主任乔治·西德纳姆·克拉克（George Sydenham Clarke）爵士认为，俄国在惨败之后，不再具备发动重大军事行动的能力。然而，俄国受到的海陆双重打击，并没有完全排除其对英国帝国利益的威胁，只是使它倒退了大约十年："至少十年，俄国将无法再承受类似满洲这种规模的战役了。俄国的复兴需要相当长的时间……克里米亚战争就使俄国在二十多年中没法再打任何大仗。"[174] 俄国当前的衰弱打开了一扇战略机遇之窗，克拉克和帝国防务委员会都坚决主张将英日同盟的地理范围扩大，将印度纳入其中。他们也坚持认为同盟条约需要进一步的实质性修订。一旦双方中的任何一方受到第三方强国的攻击，同盟就应起而行动。[175] 克拉克本人提出一个主张：让日本军队对印度的防务承担义务，应作为续约的一个先决条件。他还提议在条约前言中插入一段声明，订约双方都承诺维护东方的现状。这"有助于安抚一向对其印度支那边境感到不安的法国"。[176]

克拉克的言论显示了英日同盟开始对英国与其他列强关系产生影响的程度。就英日同盟的最初起源来说，不可避免地要考虑海军因素。就在对马海战前三个星期，英国海军情报局局长查尔斯·奥特利（Charles Ottley）海军少将便主张巩固与日本的同盟，认为这将使英国海军极大受益。俄国无法承受一个能与英日海军组合抗衡的庞大的海军建设计划："对同盟条约进行这样的修改，相信必将使俄国无限期地放弃其成为海上强国的野心。"奥特利断言，英国将因此"摆脱俄国海军长期构成的威胁"。[177] 英日同盟条约地理范围和内容实质的扩大，使得日本对印度边境的防务承担起义务，并保留了英日结成海军集团的愿景。于是，俄国在中亚推进和在太平洋上实行海军扩张的政策，都受到了阻拦。日本接受了这些条件，作为回报，英国承认了日本在朝鲜的新地位。修订并扩展的英日同盟条约于 1905 年 8 月 12 日签署，就在美国撮合的日俄朴次茅斯和谈刚刚开始后。兰斯当强调了新条约的防御性质。通过扩大联盟条约的范围，英国只是"加高了后院的围墙，以防止某个太爱冒险的邻居，或者这位领导的野性难驯或太过热心的代理人试图翻墙"。[178]

自从俄国于 1901 年 4 月非常勉强地撤回其十二条要求后，英国的政策就逐渐聚焦于日本选项，视之为英国远东战略问题的唯一可供考虑的外交解决办法。然而，与日本结成排他的同盟，并非不可避免的结果。意义重大的是，在英国"孤立"的背景下，伦敦的政策制定者们并不认为与日本结盟是对先前政策的背离。在兰斯当看来，纯粹的地区性适用范围就是其最大的吸引力；而在贝尔福看来，其局限性太大就是其主要缺点。然而，两人都不认为同盟具有严格的约束力，并使英国对日本负有明确的义务。

1901 年讨论的各种各样的协议方案，其框架很大程度上是参考的 1887 年的地中海协议，这进一步支持了如下观点：就概念而言，英国的政策仍然在沿着索尔兹伯里的轨道运行，与传统的解释相反的是，英国并没有背离孤立政策。有鉴于 1905 年地缘政治环境的变化，甚至修订后的英日同盟条约原则上都是一个地区性的协定，虽然限制性不像最初的条约那样强了。

结　论

有时候我会想，当一个外国人读我们的报纸时，一定会觉得大英帝国像是一个庞然大物，手脚伸开能覆盖地球各处，像痛风一样肿胀起来的手指和脚趾向所有方向伸展，当你走近他时，不可能不发出一声尖叫。

——桑德森勋爵[1]

当 1901 年 11 月，弗朗西斯·伯蒂断言与德国结盟意味着"牺牲我们的自由以推行英国的世界政策"时，他绝不仅仅是在讽刺柏林自吹自擂的"世界政策"（Weltpolitik）。[2] 这也是对英国对外政策本质一针见血的洞悉。与其他列强不同的是，英国的政策是在全球范围，而不仅仅是在欧洲范围运作的：英国的政策是世界政策。

像在绪论中所概述的，英国政策在漫长的 19 世纪的全球性质和帝国性质，在关于这一时期的许多史学著作中都没有得到充分反映。[3] 过于关注 1914 年和英德关系，也决定了对英国的"孤立"的历史解读，认为"孤立"政策尤其与索尔兹伯里勋爵个人紧密相关；认为"孤立"是一个过渡阶段；认为"孤立"政策偏离了对欧洲大陆必要的义务。所有这些观点都基于一个前提，即无论何时某个外国暴君威胁着统治欧洲，英国寻找盟友来打倒这个暴君，都是合理且必要的。无疑，1914 年所做的决策在战略上是正确的，1939 年的决策更是如此。[4] 但是历史学家们如果将对欧洲大陆的义务设想为英国政策经常性的主题，那么他们对漫长的 19 世纪的全景的看法，就会扭曲变形。

本书所做的研究，通过将英国的战略政策问题置于中国问题的更广阔的背景下，为学术辩论做出新贡献。中国问题是 19 世纪末 20 世纪初最紧迫的国际问题。本书采取的全球视野的研究方法，与伊恩·尼什（Ian Nish）和基思·尼尔森（Keith Neilson）的研究最为一致。[5] 然而，与尼什教授对英日关系的权威性研究不同的是，本书没有专门从欧洲外的视角审视这个问题，而是将重点放在了欧洲和海外事态发展的联系方面。虽然基思·尼尔森在英俄关系的背景下研究了这一联系，但他没有将英国与这一时期其他重要国家的关系纳入研究，尤其是英国与德国和日本的关系。

本书还试图通过更广泛地利用政府部门文件和私人文件，无论是英国的还是外国的，而产生新的突破，以重现英国外交战略的演变历程，并对政策制定者们的思考中充满的"未说出的假设"提出新的问题。此处的结论认为，有必要重新系统地论述关于英国所谓的"孤立"的性质所进行的历史辩论。在更广阔的背景下对从 1894—1905 年这段时期英国东亚政策的演变过程的仔细审视，认为传统的假设是对英国外交战略的误读。其最大的问题是仅凭经验人为地将欧洲事务和欧洲外事务分开研究。这种地理分割使得外交政策历史的研究变得容易多了，但这样做的代价是过分简单化。

所谓中国问题展现了欧洲事态的发展和欧洲之外地缘政治范围的相互作用。当代学者们对中国问题的重视，使得对英国与其他欧洲列强以及欧洲外的对手之间的关系的关注，焦点也变得更加清晰了。中国问题将两者联系起来。1895年后的国际政治在围绕着两个极点运转：一是欧洲，一是东亚。这两个极点不是分离的，而是融入了一个系统。围绕着一个极点发生的事件对围绕着另一个极点的事件也有影响。于是，有关英国的"孤立"和国际不稳定局势的所有问题，都必须放到全球视野下，而不仅仅是在欧洲视野下予以考虑。

以中日甲午战争开始、以日俄战争结束的这十年，远东的事务造成了大国体系的不稳定。中国问题的重要性，既来自欧洲力量平衡的变化，也来自国际政治的日益全球化。19世纪末，德国的统一，[6]法俄联盟的形成，日本崛起获得列强地位，以及1894—1895年欧洲外战争的结果，都改变了欧洲和东亚的力量平衡。这些因素相结合所创造的条件，使得"中国问题"对列强之间关系的影响，有可能达到"争夺非洲"或英俄角逐所达不到的程度。这意味着自克里米亚战争后决定着欧洲国际政治性质的力量平衡，受到欧洲外事务的威胁，与受到欧洲内事务的威胁，是等量齐观的。

当罗斯伯里说出"无限大的东方问题"这句话时，他说出的正是欧洲列强为瓜分争夺中华帝国而发生冲突的危险的真正意义。三年后希克斯·比奇的斯旺西演讲也许是对持批评态度的新闻界和公众的"比肯斯菲尔德式"的抚慰，但也说明了中国问题两个原则性的方面：对商业利益的威胁和复杂国际形势的风险。与爱德华兹（E. W. Edwards）极力主张的观点相反的是，英国政策的功能并非商业利益，其首要关切也不是保卫贸易权利和开放商业机会。[7]政策制定者们在考虑贷款协议和商业特许权时，根据的是它们作为利用和遏制其他列强的野心的工具的用途。

英国政策对中国问题的突现的应对，可以明显地分为两个阶段：1894—1900年和1900—1905年。1894—1895年的中日甲午战争使人们更加深刻地认识到中国庞大外表之下的羸弱实质，这一认识使得中国的经济和政治前景成了全球问题。随后对租界和特许权的争夺，加剧了已有的国际对抗。义和团运动标志着第一阶段达到高潮和第二阶段的开始，因为1900年夏天的事件越发凸显了假如中国崩溃后外国列强所必须面对的问题。但是义和团运动的兴起，也消除了一些已有的国际争端——然而有一个重要的例外：由于俄国企图利用义和团运动后的混乱局面牟利，英国与其主要战略对手俄国之间的关系进一步恶化了。1901年初的"满洲危机"是远东的一场"战争迫在眉睫"的危机，强调了英国面对着潜在的战争危险。当俄国和日本于1904年开战后，战争升级的危险仍然是白厅和威斯敏斯特政治考量的中心。

于是，直到1905年之前，中国问题都使英国与俄国、日本和德国的关系，以及较小程度上与法国的关系，变得焦点清晰起来。就英俄关系而言，中国的羸弱加剧了这两个帝国的战略竞争关系。根据占有的领土、利益所在和军事实力，英国和俄国是这一时期仅有的两个全球性强国。在欧洲，两国均在大陆的侧翼。它们加入欧洲争端，经常有决定性的作用。[8] 两国又都可以很容易地退出争端，俄国能够藏到其广袤的西部边疆地区之后，英国则能退至海峡之后。

在欧洲之外，两国都深深地陷入了在土耳其的欧洲部分、波斯、印度周边的中亚安全缓冲地带，以及中国的紧张激烈的争执中。然而，到19世纪90年代中期时，奥斯曼帝国已不再是英国战略思考的中心。虽然中亚的大国角逐对当时的作家和后世的作家的想象力同样具有吸引力，但那里只能发挥战术作用却无法产生战略利益。波斯的情况也差不多。[9] 中国则不同。这里是1894—1905年英俄摩擦的首要焦点。

在中日甲午战争时期，罗斯伯里和金伯利与俄国协同行动的决策，是根据务实的原因做出的。但事实也证明，他们的政策并不实际。在 1894—1895 年与俄国合作，也许消除了 1895 年春天的一些问题。但与俄国协同行动，并不保证此后在亚洲就不会发生进一步的英俄对抗。与此同时，与俄国合作又要冒站到日本对立面的风险，因为俄国的目标就是遏制日本的崛起，以免其在太平洋沿岸构成对自己野心的潜在威胁。这样的选择恰恰是罗斯伯里和金伯利想要避免的，尽管他们在 1894 年晚期说过一些赞扬俄国的漂亮话。他们没有打算利用其他列强之间的分歧来解决自己的问题。这是他们的外交实践中一个明显的战术弱点，但这个弱点是根植于他们解决英国的外部问题的总体办法中的，这样便也放大了这些问题。所以，罗斯伯里的外交政策的真正局限，既在概念上，也同样在对"国际政治的真实世界中英国地位"的改变上。戈登·马特尔（Gordon Martel）曾正确地强调过这一点。[10]

虽然紧紧围绕着中日甲午战争发生的事件表明，俄国能在欧洲外英国的对手中找到伙伴，但 1895—1898 年争夺特许权的混战也显示，这样的反英合作很可能只是暂时的。俄国和德国的利益是相互对立的，因此降低了俄德合作反英的危险。而且，索尔兹伯里在 1895—1896 年同法国打交道时，也削弱了法俄在亚洲合作的内聚力。在这方面，索尔兹伯里展现了其操纵其他列强之间关系的高超的外交手段。

在 1898 年变化了的形势下，寻求与俄国达成协议是合理的。意义重大的是，根据呈现在这里的新证据，关于索尔兹伯里奉行"孤立主义"政策的假定是不能再维持的。索尔兹伯里完全赞同拟议中的与俄国就亚洲问题达成的协议"将改变欧洲列强的组合"。[11]索尔兹伯里这种全球视野的办法也支持了一种观点，后来的历史编纂学将欧洲事务和欧洲以外的事务区别对待，是一种错误的二分法。

索尔兹伯里在 1898 年初有更深远的目标，也说明更为精练的观点——存在着一种明确的保守党或"乡村党"外交政策传统——是有道理的。约翰·查姆利（John Charmley）最近撰文论述过这个问题。[12] 如果索尔兹伯里的外交政策路线是由那个传统决定的，那么在实践中就不会转化为严格超脱于大国关系之外。这样评价，就会认为约瑟夫·张伯伦当年对索尔兹伯里政策的批评实在是并无洞见。

1898 年流产的谈判显示，只要俄国强大，与之达成协议是不可能的。这个原因也解释了为什么内阁在讨论英俄在中国的矛盾的解决办法时，武力解决是可能的选项，实际上在一些人看来是更可取的选项。现在回顾起来，事实证明 1899 年的《斯科特－穆拉维约夫协议》只不过是个维护现状、防止恶化的协议。然而与俄国达成谅解这个选项，始终是英国政策制定者们念念不忘的，例如在 1901 年"满洲危机感"达到高潮时，兰斯当仍在考虑与俄国人谈判。最终，是俄国 1905 年后的衰弱，以及圣彼得堡明显希望重修旧好，才促成了 1907 年协议谈判的开启。[13]

日本的崛起给英国制造了问题，但也提供了机遇。这使与俄国合作变得困难起来，与此同时，在遏制俄国在亚洲的扩张方面，又使英国确定了一个可能的未来伙伴。马关谈判后，1895 年 3 月到 4 月，罗斯伯里和金伯利决定不参加三国干涉还辽，预示着选择与日本合作将会成为一个战略选项。但是这一决定的重要性不应夸大。英国政府当时既没有采取进一步措施，也没有对日本表现得特别热情。

索尔兹伯里没有及时意识到日本不断增长的重要性。某种程度上，这来源于影响他的政治见解的"未说出的假设"。他蔑视亚洲的"蘑菇文明"，他设想日本或者在等俄国收买或者在等英国收买，这些都意味着他严重误解了这样的新强权，无疑直到 1900—1901 年。那时，由于与俄国的关系恶化，他开始赞同与日本结盟，虽然是在清楚限定的地理范围内。历史文献完全忽略了的是，这与 1887 年的地中海协定的相似之处是非常显著的。1901—1902 年，索尔兹伯里并没有拒绝英日同盟条约，只是急于限定英国对东京负担的义务的范围。所有这些都凸显了索尔兹伯里政策的精明和灵活，在密切合作与有限义务之间仔细权衡，以尽可能多地保留使用策略的自由。

关键的是，索尔兹伯里和他的继任者走的是同样的路线。兰斯当的对日政策是从索尔兹伯里首先提出的与东京达成谅解的试探性主张有机地发展而来的。兰斯当时期的步调或方向都没有根本的变化。这并不是说保守党在对外政策的具体措施上也存在着这种延续性，托利主义的索尔兹伯里与辉格主义的兰斯当当然有所不同。他们政策的延续性的根源在于海军方面的考虑。仔细审查日本选项逐渐具体化的过程，从索尔兹伯里最早于 1901 年 1 月提出一个海军防御协定的设想和伯蒂提出的"协议"方案，兼顾外交、财政和海军因素，到后来讨论同盟的续期问题，都为海军因素是英日同盟的核心提供了进一步证据。

英日同盟看似为遏制俄国提供了一个既省钱又有效的办法，但其价值很值得怀疑。与日本结盟与其说是遏制了俄国扩张，毋宁说是鼓励了日本寻求与俄国对抗。某种程度上这显示出英国在该地区实力的局限性。这点在 1903—1904 年的内阁讨论中就很明显，讨论结果凸显了对 1901 年索尔兹伯里和兰斯当的思想的延续。大臣们认为与日本的同盟是非约束性的，更多的是一个有限的地区性协议，而不是全面的联盟。同盟条约续期前的内部辩论，以及兰斯当对其防御性质的强调，也为此提供了进一步的证据。

在对 19 世纪末英国政策的标准解读中，1905 年英日同盟条约的续期被视为"英国对［比约克条约］所提出的欧洲大陆联盟的回答"。[14] 正如兰斯当的"花园墙"见解和帝国防务委员会在同盟谈判期间的建议所显示的，在英国政策制定者们的头脑中，此时并没有这种东亚和欧洲的联系。在他们看来，修订的对日条约就是遏制威胁已大大减弱的俄国的一个严格的地区性协议，并没有背离先前的政策，而是其延续。正如基思·威尔逊（Keith Wilson）曾指出的，1905 年的英日同盟条约并不是"一个戏法"。[15] 那是将贝尔福和兰斯当的想法误解为一种最为广泛的技术意义上的严格联盟。这又一次凸显出 1914 年目的论这个陷阱的诱惑。

很多关于 19 世纪晚期国际关系的史学论著，都将英德对抗摆在中心位置，对 19 世纪 90 年代的英国政策做出歪曲的分析，经常将对抗的前例追溯到比证据所能支持的更早的时候。在中国，像在其他地方一样，德国只是英国利益在外交上的捣乱者，而不是严重威胁。法俄联盟开始在欧洲大陆上遏制德国。日益增长的不安现在被视为德国政策的特点，无疑对英国有影响。德国加入 1895 年三国干涉还辽，更凸显了英国在俄国和日本之间地位的尴尬。但这种影响不应夸大。在给中国赔款的贷款问题上的政治站队，加之德国外交的重手，很快便显示出 1895 年的三国同盟是虚伪的。

在这种背景下，索尔兹伯里支持英德财务合作，是他希望加剧其他列强之间的分歧，以使它们分裂的进一步的例证。与德国就商业势力范围事实上达成的谅解，是对索尔兹伯里和贝尔福 1898—1899 年与俄国达成类似的谅解的努力的补充。这再一次凸显，选择性订约政策是索尔兹伯里外交的一个显著特点。实际上，1898 年 5 月索尔兹伯里反驳张伯伦说："与德国关系更密切，是非常令人期待的，但我们能得到吗？"[16] 并不仅仅是试图遏制张伯伦分裂统一主义者联合政府的含蓄的威胁。这也揭示了索尔兹伯里对正式合作这一概念的相对狭义的理解，与张伯伦所接受的更全面的、欧洲大陆性质的联盟定义截然不同。

最为重要的是，1900 年前后所进行的英德联盟谈判，只有放在中国问题提供的更广阔的全球背景下考虑，才能够理解。是远东潜在的危机使得谈判有了意义。谈判的过程尽管有些滑稽，但不能简单地贬斥为业余演出，或者是对两国目标、国家利益的误读。[17]

在中国争夺特许权的斗争中与俄国关系趋于紧张，加之此前有英德财务合作的先例，这便解释了为什么与德国正式结盟对于英国内阁中富有影响的一个群体来说，是个很有吸引力的主张。1898 年和 1901 年的谈判显示了欧洲事务与欧洲外事务之间的联系，还有一个额外的复杂情况：虽然张伯伦及其支持者们寻求与德国合作以遏制俄国在东亚的挑战，但很容易感觉到，德国人基本上是在对欧洲大陆事务的影响方面考虑与英国结盟的。比洛对 1900 年 10 月的协议的狭义解释，像瓦德西在中国北方摇摆不定的表现一样，都凸显了这一点。瓦德西陆军元帅的任职，起初得到了索尔兹伯里的批评者们的支持，认为是趋向于与德国重新修好的步骤，却在中国问题最尖锐的阶段使英国外交瘫痪了。瓦德西这段插曲，不仅仅是细枝末节，它使兰斯当在 1901 年的联盟谈判中变得更加谨小慎微，生怕英国被迫推行一种更多地为联盟考虑而不是为更狭义的英国利益考虑的政策。到了这个阶段，伦敦的大臣们都已认为，依附于德国领导的德奥意三国同盟，"将阻止或妨碍英国与俄国，如果可能的话还有法国，发展友好关系"。[18]

实际上，兰斯当本人对与德国合作的主张越来越心生疑虑。关于英德关系的未来道路，无论如何该做出一个决策了，但没有人知道怎样决断才恰当。当反思后来几年与德国重新修好的计划的失败时，兰斯当评论道："这与满洲问题有关。我发现我没法相信他们。"[19]

1900—1901 年英德关系错误的开端也扭曲了对这段时期的史学探讨。对英国政策更有意义的参考，是索尔兹伯里和兰斯当与俄国和日本打交道的情况。1900 年前后秘密的英德联盟谈判真正的意义，在于展现了一批英国政治精英们对于他们处理堆满了英国政治日程的外交问题和帝国问题的能力丧失了信心的程度。他们打算挑战索尔兹伯里的孤立观念。这种信心危机在 1898 年时尚不及 1900 年时严重，1900 年时英国政权面对的是布尔战争和义和团运动的双重危机。信心危机也展现了不同世代对这些挑战的反应。引人注目的是，维多利亚时代中期较老世代的政治人物们，经验主要形成于克里米亚战争时期，对于这些事件的忧虑，要轻于新兴的年轻世代的政治人物们。

1901—1902 年外交政策制定方面，外交部 – 财政部 – 海军部轴心的演变，以及由各种各样的内阁大臣组成的外交政策指导团的成立，都是以往的外交解决办法已不足以解决英国问题的强烈信号。由于英国政权所受到的限制需要多个政府部门的集体努力来取而代之，所以，这种情况的出现既反映了集体的信心危机，也反映了需要更现代的政府形式来解决复杂的问题。

对索尔兹伯里激烈的内部批评和赶他下台的秘密行动，都不能解读为政策的彻底改变。兰斯当和他的前任在政策上的差别，是细小问题和重点的不同，而不是方向的改变。索尔兹伯里让位给兰斯当，并不标志着"外交政策实验阶段"的开始。[20] 对兰斯当 1901 年初政策的最新研究，基于对外事交流的仔细审查，表明他在与柏林流产的谈判中并没有冒不假思索的风险，他也没有设想和德国结成全面的同盟。

索尔兹伯里的 1887 年协定，作为一种特定类型的灵活柔韧、无约束性、地理范围严格限定的谅解协议，这一美好理想的持续的重要性，在很多方面都意义重大。它凸显了索尔兹伯里政策的连续性，但也说明英国在解决国际问题时有其特有的方法，超越联结几位外交大臣个人及其所代表的不同政治传统。认识到这一点，伊恩·尼什的结论——1902 年和 1905 年的同盟都是"一个长期的联盟体系的一部分"——就需要加以论证了。[21] 两个同盟都符合较松散的地区性协议的条件，对它们的内部讨论表明决策者并不认为它们是什么全新的事物。实际上，无论兰斯当还是哈丁在 1905 年的评论，都反映了对英国实力的信心的恢复。看来，加高花园的墙，保护的就是桑德森所说的畸形巨人那痛风般肿胀的手指和脚趾。

英国重获信心，掩盖了日俄战争对英国外交政策战略和列强总体的排列组合所带来的问题更大、更为广泛的冲击。萨道义从他在北京的有利位置观察并评论道："几十年后，世界的这一部分将成为重大事件的发生地，政治利益的中心将移到这里……日本的崛起如此彻底地颠覆了既有的平衡，就仿佛一个火星大小的新行星闯进了太阳系一般。"[22] 这个评价只是部分正确。一方面，日俄战争的结果使得中国问题不再是欧洲高官官邸中令人心事重重的事情。远东外交进入了相对平静的一段时期，因此 1905 年成为本书研究自然的终点。[23]

但另一方面，萨道义关于力量平衡被打破的预言仍然是正确的，只不过破坏发生在欧洲而不是中国。国际政治的远东领域与欧洲领域通过中国问题的融合，意味着 1905 年俄国的战败也削弱了俄国在欧洲的军事力量。大国系统的构造板块也因为俄国的战败而开始漂移。俄国军队在远东的失败，加上 1905 年之后俄国国内的动乱和财政的困难，意味着欧洲大陆两大同盟集团之一瘫痪了。自 1894 年起，经常会变化但处于相对稳定状态的欧洲力量平衡，便依赖于法俄集团和德国领导的德奥意三国集团之间的平衡。所以，俄国的战败不仅结束了中国问题的最后阶段，也打破了支撑着 19 世纪晚期国际政治状态的力量平衡。

直到 1905 年，法俄联盟都在发挥着限制已经躁动不安的德国的作用。日俄战争造成的欧洲力量平衡的转移，消除了这一限制。因此，比约克条约虽然流产了，但俄国与德国重新修好的企图却并非巧合，这是亚洲战争的直接结果。德国的后方没有了强大的俄国军事力量，法国就暴露在德国的压力之下，1905 年柏林挑战法国在摩洛哥的权利的决策，也与俄国的衰弱有关联，正如英国帝国防务委员会主任所评论的：德国的政策"基于一种信念，〔法国〕既不能指望我们的援助，也不能指望俄国"。摩洛哥危机后，英国外交官们已普遍认识到，"德国是主要的危险"。这种认识助长了英国外交在爱德华·格雷爵士执掌下支持法国的行动。[24]

就英国的政策而言，事态的发展具有深深的讽刺意味。1902 年的英日同盟条约和 1905 年修订后的盟约，旨在通过与一个欧洲外的强国达成地区性协议，且英国看似只承担有限的义务，维系英国得过且过的政策。盟约的目的是遏制俄国，然而实际上盟约却鼓励了日本寻求与俄国进行军事对抗，尽管那无疑不是英国的本意。反过来，战争的前景又促成英法达成了协议。

按照兰斯当的算计，与法国的协议是又一项英国不用承担太广泛义务的地区性协议。但是国际协议的意义是由形势决定的。1905年已经不再是催生英法殖民地谅解的国际形势了。德国因为俄国衰弱而向法国施加的压力，意味着如果不能成功地支持法国，与巴黎的协议就有被拆散的危险。英国因此开始了越来越深地卷入欧洲事务的历程。[25]

于是，本书的研究要以一个看似矛盾的结论而结束了。正如对1895—1905 年这段时期的国内政策讨论的重新审视所显示的，按照英国大臣们对英国对外政策的概念化，"孤立并没有结束"，而是被定义为在国际政治中有选择地签订一些协约，其条件是提供地理范围明确的合作，同时能最大限度地保持策略自由的有限的协议。与此同时，兰斯当在努力推行英国既有政策时，不知不觉地推动了国际形势的变化，而在 1905 年后新的国际形势下，英国既有的政策却不能再推行了。孤立在 1905 年得到了重中。但孤立政策表面上的成功，却使之越来越不能再被认为合理了。

注释中的缩略语

　　附有编者名字的文献资料，可在本书"重要文献"部分"已出版资料"中查到；其他文献资料，则列在"手稿资料"部分的"私人文件"栏下。

AHR　*American Historical Review* 《美国历史评论》

AJPH　*Australian Journal of Politics and History* 《澳大利亚的政治和历史杂志》

AUS　Assistant Under-Secretary　英国外交部助理次官

BBBP　*Bescheiden Betreffende de Buitenlandse Politiek van Nederland* 《荷兰政治外交人物信息》

BCC　British and Chinese Corporation　中英公司

BD　*British Documents on the Origins of the War, 1898–1914,* ed. Gooch and Temperley 《英国关于战争起源的文件，1898—1914》，古奇和坦珀利主编

BIHR　*Bulletin of the Institute of Historical Research* 《历史研究学会学报》

BwM　*Blackwood's Magazine* 《布莱克伍德杂志》

BM　*Berliner* 《柏林人》

CBH　*Contemporary British History* 《当代英国史》

CEH　*Central European History* 《中欧史》

CER　Chinese Eastern Railway　中东铁路

CHJ	*Cambridge Historical Journal* 《剑桥历史杂志》
CID	*Committee of Imperial Defence* 帝国防务委员会
CJH	*Canadian Journal of History* 《加拿大历史杂志》
CM	*Camden Miscellanies* 《卡姆登杂记》
CNR	Chinese Northern Railway 中国北方铁路
CR	*Contemporary Review* 《当代评论》
DAB	Deutsch-Asiatische Bank 德华银行
DDF	*Documents Diplomatiques Français* 《法国外交文件》
DDI	*I Documenti Diplomatici Italiani* 《意大利外交文件》
DG	*Die Gesellschaft* 《社会》
DJ	*Diplomacy of Japan* 《日本外交》
DMI	Director of Military Intelligence 军事情报局局长
DNI	Director of Naval Intelligence 海军情报局局长
D&S	*Diplomacy and Statecraft* 《外交与经纶》
EcHR	*Economic History Review* 《经济史评论》
EdR	*Edinburgh Review* 《爱丁堡评论》
EG	*Europäische Gespräche: Hamburger Monatshefte für auswärtige Politik* 《欧洲谈：汉堡外交政策每月评论》
EHD	*Edward Hamilton Diary, 1894–1895,* ed. Brooks 《爱德华·汉密尔顿日记，1894—1895》，布鲁克斯编
EHR	*English Historical Review* 《英国历史评论》
EJL	Esher Journals and Letters 伊舍杂志和信件
EulP	Eulenburg Politische Korrespondenz 欧伦堡政治信件
FR	*Fortnightly Review* 《双周评论》
FRUS	*Foreign Relations of the United States* 《美国对外关系》
GD	*Gladstone Diaries,* ed. Matthew 《格莱斯顿日记》，马修编
GEM	*G. E. Morrison Correspondence,* ed. Lo Hui-min 《莫理循书信集》，骆惠敏编
GJ	*Geographical Journal* 《地理杂志》
GP	*Grosse Politik der europäischen Kabinette* 《欧洲重大政治文件集》

HP	*Holstein Papers,* ed. Rich and Fisher	《荷尔斯泰因文件》，里奇和菲舍尔编
HatzP	*Hatzfeldt: Nachgelassene Papiere,* ed. Ebel	《哈茨费尔特：遗留文件》，埃贝尔编
HD	*The Diary of Sir Edward Hamilton,* ed. Bahlman	《爱德华·汉密尔顿爵士日记》，巴尔曼编
HJ	*Historical Journal*	《历史杂志》（英语）
HSBC	Hong Kong and Shanghai Banking Corporation	汇丰银行
HZ	*Historische Zeitschrift*	《历史杂志》（德语）
IA	*International Affairs*	《国际事务》
ICMCS	Imperial Chinese Maritime Customs Service	中国海关总税务司署
IG	*Letters of Sir Robert Hart,* ed. Fairbank	《赫德爵士书信集》，费正清编
IHR	*International History Review*	《国际历史评论》
IRNC	Imperial Railways of Northern China	北洋铁轨官路总局
JBS	*Journal of British Studies*	《英国研究杂志》
JbVFM	*Jahresberichte über die Veränderungen und Fortschritte im Militärwesen*	《军队的变化与进展年度报告》
JCH	*Journal of Contemporary History*	《当代历史杂志》
JICH	*Journal of Imperial and Commonwealth History*	《大英帝国和英联邦历史杂志》
JMH	*Journal of Modern History*	《现代历史杂志》
JSS	*Journal of Strategic Studies*	《战略研究杂志》
KA	*Krasni Arkhiv*	《克拉斯尼档案》
KJ	*Kimberley Journal*	《金伯利杂志》
KP	*Kimberley Papers*	《金伯利文件》
LQV	*Letters of Queen Victoria,* ed. Buckle	《维多利亚女王书信集》，巴克尔编
MA	*Military Affairs*	《军务》
MAS	*Modern Asian Studies*	《现代亚洲研究》
MM	*Mariner's Mirror*	《水手镜》
NID	Naval Intelligence Department	海军情报部

NLWJ   *National Library of Wales Journal* 《国立威尔士图书馆杂志》

NPL   *Neue Politische Literatur* 《新政治文学》

NR   *National Review* 《国民评论》

PBA   *Proceedings of the British Academy* 《英国社会科学院会议记录》

PCC   *Paul Cambon Correspondence,* ed. Cambon 《保罗·康邦通信集》，康邦编

PD   *Parliamentary Debates* 《议会辩论》

PHR   *Pacific Historical Review* 《太平洋历史评论》

PrJb   *Preussische Jahrbücher* 《普鲁士年鉴》

PSQ   *Political Science Quarterly* 《政治科学季刊》

PUS   Permament Under-Secretary 英国外交部常务次官

QR   *Quarterly Review* 《每季评论》

RCB   Russo-Chinese Bank 华俄道胜银行

RHD   *Revue d'Histoire Diplomatique* 《外交历史回顾》

RUSIJ   *Royal United Services Institute Journal* 《皇家三军研究所杂志》

S-BC   *Salisbury-Balfour Correspondence,* ed. Harcourt Williams 《索尔兹伯里、贝尔福通信集》，哈考特·威廉姆斯编

SC   *Staal Correspondance,* ed. Meyendorff 《施塔尔通信集》，迈恩多夫编

SEER   *Slavonic and East European Review* 《斯拉夫和东欧评论》

SelP   *Selborne Papers* 《塞尔伯恩文件》

SpP   *Spencer Papers,* ed. Gordon 《斯潘塞文件》，戈登编

STICERD   Suntory and Toyota International Centre for Economics and Related Disciplines 三得利和丰田经济学及相关学科国际中心

TH   *The Historian* 《历史学家》

TJHS   *Transactions of the Jewish History Society* 《犹太历史学会学报》

TRHS   *Transactions of the Royal Historical Society* 《皇家历史学会学报》

W&S   *War and Society* 《战争和社会》

WWA   *Weltwirtschaftsarchiv* 《世界经济档案》

ZfP   *Zeitschrift für Politi* 《波利蒂杂志》

注 释

导 言

1 Rosebery to Cromer (secret), 22 Apr. 1895, Cromer MSS, FO 633/7.

2 J. Osterhammel, 'Britain and China, 1842–1914', *The Oxford History of the British Empire*, iii, *The Nineteenth Century*, ed. A. Porter and A. Low (Oxford, 1999), 147. See also *The Chinese World Order: Traditional China's Foreign Relations*, ed. J. K. Fairbank (Cambridge, Mass., 1968); G. W. Gong, 'China's Entry into International Society', *The Expansion of International Society*, ed. H. Bull and A. Watson (Oxford, 1984), 171–83; W. C. Costin, *Great Britain and China, 1833–1860* (Oxford, 1937); I. C. Y. Hsü, *The Rise of Modern China* (New York, 2nd edn. 1975), 267–76.

3 Quotes from Holstein memoirs *HP* i, 179; and A. J. P. Taylor, *The Struggle for Mastery in Europe, 1848–1918* (Oxford, 1954), 391. The French acting consul at Shanghai even concluded that '*La Chine... c'est un cadavre prêt à être dépecé et qui s'offre de lui même au couteau*', Claudel to Hanotaux (no. 41), 19 Nov. 1897, *DDF* (1) xiii, no. 362.

4 *The Times* (18 May 1898); cf. also T. Richards, *The Imperial Archive: Knowledge and Fantasy of Empire* (London, 1993), 3–7; A. L. March, *The Idea of China: Myth and Theory in Geographic Thought* (Newton Abbott, 1974).

5 P. Joseph, *Foreign Diplomacy in China, 1894–1900* (London, 1928), 416–17.

6 Satow diary, 8 Oct. 1901, Satow MSS, PRO 30/33/16/3.

7 P. Renouvin and J.-B. Duroselle, *Introduction à l'histoire des relations internationales* (Paris, 1964), 113. For the 'bridgehead' concept, cf. J. Darwin, 'Imperialism and the Victorians: The Dynamics of Territorial Expansion', *EHR* cxii, 3 (1997), 629–30; also A. L. Rosenbaum, 'The Manchuria Bridgehead: Anglo-Russian Rivalry and the Imperial Railways of China, 1897–1902', *MAS* x, 1 (1976), 41–64; cf. H. Feis, *Europe: The World's Banker, 1870–1914* (New York, repr. 1965), 435–41; E. W. Edwards, *British Diplomacy and Finance in China, 1895–1914* (Oxford, 1987), ch. 1; F. E. Hyde, *Far Eastern Trade, 1860–1914* (London, 1973), 197–215; N. P. Petersson, 'Gentlemanly and Not-so-Gentlemanly Imperialism in China before the First World War', *Gentlemanly Capitalism, Imperialism and Global History*, ed. S. Akita (Basingstoke, 2003), 106–11.

8 *PD* (4) lvi (1898), col. 237.

9 Anon.[St J. Brodrick], 'The Problem of China', *EdR* cxc, 389 (July 1899), 254–5. Useful also D. McLean, 'Commerce, Finance, and British Diplomatic Support in China, 1885–86', *EcHR* xxvi, 3 (1978), 464–76, and P. A. Varg, 'The Myth of the China Market, 1890–1914', *AHR* lxxiii, 4 (1967), 742–58.

10 D. Gillard, *The Struggle for Asia, 1828–1914* (London, 1977), 153–66; idem, 'Salisbury and the Indian Defence Problem, 1885–1902', *Studies in International History: Essays Presented to W. Norton Medlicott*, ed. K. Bourne and D. C. Watt (London, 1967), 236–48; R. L. Greaves, *Persia and the Defence of India, 1884–1892* (London, 1959), 90–9.

11 Quotes from Currie to O'Conor (private), 15 Apr. [1896], O'Conor MSS, OCON 6/1/17; and V. Chirol, *Fifty Years in a Changing World* (London, 1927), 181.

12 P. Winzen, 'Prince Bülow's "Weltmachtpolitik" ', *AJPH* xxii, 2 (1976), 227–42.

13 Edward Ingram's observations are pertinent also for the period covered here, cf. *In Defence of British India: Great Britain in the Middle East, 1775–1842* (London, 1984).

[14] e.g. A. F. Pribram, *England and the International Policy of the European Great Powers, 1871–1914* (Oxford, 1931), 58; J. M. Goudswaard, *Some Aspects of the End of Britain's 'Splendid Isolation', 1898–1904* (Rotterdam, 1952).

[15] C. H. D. Howard, ' "Splendid Isolation" ', *History* xlvii (1962), 32–41 and *Splendid Isolation: A Study of Ideas* (London, 1967); G. W. Monger, *The End of Isolation: British Foreign Policy, 1900–1907* (London, 1963).

[16] Z. S. Steiner and K. Neilson, *Britain and the Origins of the First World War* (Basingstoke and New York, 2nd edn. 2003), 25–30.

[17] J. Charmley, *Splendid Isolation?: Britain and the Balance of Power, 1874–1914* (London, 1999), 22–4 and 398–9. For 'political generations', cf. K. Mannheim, *Wissenssoziologie*, ed. K. H. Wolff (Frankfurt, 1964), 509–65.

[18] Costin, *Great Britain and China*; V. G. Kiernan, *British Diplomacy in China, 1880–1885* (New York, repr. 1970); L. K. Young, *British Policy in China, 1895–1902* (Oxford, 1970); E.W. Edwards, *British Diplomacy and Finance in China, 1895–1914* (Oxford, 1987); J. Osterhammel, *China und die Weltgesellschaft: Vom 18. Jahrhundert bis in unsere Zeit* (Munich, 1989).

[19] Exemplary P. M. Kennedy, *The Realities behind Diplomacy: Background Influences on Britain's External Policy, 1865–1945* (London, 1981); C. Thorne, *Border Crossings: Studies in International History* (Oxford, 1988).

[20] For some philosophical woolgathering on the subject see my 'Diplomacy and Decision-Making', *Palgrave Advances in International History*, ed. P. Finney (London, 2005), 36–57.

[21] B. Russell, *Freedom and Organization, 1814–1914* (London, 1934), 7–8. On the relevance of 'incidents', see K. Neilson, ' "Incidents" and Foreign Policy: A Case Study', *D&S* ix, 1 (1998), esp. 81–2.

[22] D. C. Watt, *What About the People?: Abstractions and Reality in History and the Social Sciences* (London, 1983), and *Personalities and Politics: Studies in the Formulation of British Foreign Policy in the Twentieth Century* (London, 1965), 1–15.

[23] M. Bentley and J. Stevenson, 'Introduction', *High and Low Politics in Modern Britain: Ten Studies*, ed. idem (Oxford, 1983), 1.

[24] T. G. Otte, ' "Old Diplomacy": Reflections on the Foreign Office before 1914', *The Foreign Office and British Diplomacy in the Twentieth Century*, ed. G. Johnson (London, 2004), 32–3; also K. Neilson, ' "Greatly Exaggerated": The Myth of the Decline of Britain before 1914', *IHR* xiii, 4 (1991), 695–725; see V. Cromwell and Z. S. Steiner, 'The Foreign Office before 1914: A Study in Resistance', *Studies in the Growth of Nineteenth Century Government*, ed. G. Sutherland (London, 1972), 166–7.

[25] Still indispensable M. Weber, *Economy and Society: An Outline of Interpretive Sociology*, ed. G. Roth and C. Wittich (2 vols., Berkeley and Los Angeles, 1968) ii, 956–1005.

[26] K. T. Hoppen's definition, *The Mid-Victorian Generation, 1846–1886* (Oxford, 1998), 91–2; T. G. Otte, 'Eyre Crowe and British Foreign Policy: A Cognitive Map', *Personalities, War and Diplomacy: Essays in International History*, ed. idem and C. A. Pagedas (London, 1997), 14–16; Z. S. Steiner, 'On Writing International History: Chaps, Maps and Much More', *IA* lxxiii, 3 (1997), 531.

[27] R. A. Yerburgh, 'Our Duty towards China', *NR* xxxiii, 198 (1899), 902–16, gives a flavour of their campaign; see N. A. Pelcovits, *Old China Hands and the Foreign Office* (New York, 1948); R. Shannon, *The Age of Salisbury, 1881–1902: Unionism and Empire* (London, 1996), 486–7.

[28] Ardagh to Sanderson, 8 Nov. 1900, and min. Sanderson, 9 Nov. 1900, HD3/119.

[29] Kimberley to Ripon (private), 6 Nov. 1893, Ripon MSS, Add.MSS. 43526; cf. N. S. Johnson, 'The Role of the Cabinet in the Making of Foreign Policy, 1885–1895, with special reference to Lord Salisbury's second administration' (D.Phil. thesis, Oxford, 1970).

[30] G. Martel, *Imperial Diplomacy: Rosebery and the Failure of Foreign Policy* (Kingston, Ont. 1987), 243. A. Cecil compresses Kimberley literally into a footnote, *British Foreign Secretaries, 1807–1916: Studies in Personality and Policy* (London, 1927), 306, n. 2. P. J. V. Rolo's joint assessment of Rosebery and Kimberley is altogether unsatisfactory, see 'Rosebery and Kimberley', *British Foreign Secretaries and Foreign Policy: from Crimean War to First World War*, ed. K. M. Wilson (London, 1987), 138–58.

[31] E. Drus, 'A Journal of Events during the Gladstone Ministry 1868–1874 by John, First Earl of Kimberley', *CM* (3) xxi (1958), 1–49. For excellent surveys of Kimberley's career and the fate of his archive see Angus Hawkins's and John Powell's 'Introduction', *KJ*, 1–43, and J. Powell, 'Introduction', *KP*, 1–53.   [32] H. C. G. Matthew, 'Introduction', *GD* x, lviii.

[33] Hamilton diary, 5 Apr. 1885, *HD* ii, 830.

[34] A. B. Cooke and J. R. Vincent, *Governing Passion: Cabinet Government and Party Politics in Britain, 1885–86* (Brighton, 1974), 119.

[35] Gladstone to Hartington, 5 Mar. 1885, *GD* xi, 304; Powell, 'Introduction', 52.

[36] Granville to Canning, 3 May 1856, in Lord E. Fitzmaurice, *The Life of Granville George Leveson-Gower, Second Earl Granville, KG, 1815–1891* (2 vols., London, 1905) ii, 180; see Paget to Hammond (private), 28 June 1870, Hammond MSS, FO 391/23.

[37] Kimberley to Pauncefote (private), 31 Mar. 1894, Kimberley MSS, MS.Eng.c.4408.

[38] See Rolo, 'Rosebery and Kimberley', 149.

[39] Quotes from Kimberley to Durand (private), 29 Jan. 1895, Kimberley MSS, MS.Eng.c.4388; and Satow diary, 31 May 1895, Satow MSS, PRO 30/33/16/1.

[40] Kimberley to De Bunsen (private), 17 Sept. 1894, De Bunsen MSS, box 14; see E. T. S. Dugdale, *Maurice de Bunsen: Diplomat and Friend* (London, 1934), 118–19.

[41] Kimberley to Lascelles (private), 16 Oct. 1894, Kimberley MSS, MS.Eng.c.4405; K. Neilson, *Britain and the Last Tsar: British Policy towards Russia, 1894–1917* (Oxford, 1995), 149–50.

[42] Quotes from Kimberley to Malet (private), 5 Dec. 1894, Kimberley MSS, MS. Eng.c.4389; and to Currie (private), 18 June 1895, ibid., MS.Eng.c.4399.

[43] Quotes from *DNB*, 2nd suppl. iii, 698; and Chichkin to Staal, 8 Feb. 1895, *SC* ii, 262.

[44] Kimberley to Rosebery (confidential), 6 Apr. 1895, Rosebery MSS 10070.

[45] E. T. Raymond [pseud. Edward Raymond Thompson], *The Man of Promise—Lord Rosebery: A Critical Study* (London, 1923), 243.

[46] Quotes from A. G. Gardiner, *Prophets, Priests, and Kings* (London, repr. 1914), 179–80; and Raymond, *Man of Promise*, 252. 约翰·巴肯（John Buchan）评论说："虽然在世人眼里，他像是个 18 世纪高贵典雅的贵族人物，但在内心里，他却像是 17 世纪苏格兰的加尔文教徒。"同上，'Lord Rosebery, 1847–1930 [sic]'，*PBA* xvi (1930), 10。对罗斯伯里的缺陷个性最敏锐、最辛辣的分析，还请见：Martel, *Imperial Diplomacy*, 3–8; 和 K. Feiling, *In Christ Church Hall* (London, 1960), 186–200。

[47] H. von Poschinger, *Also sprach Bismarck* (3 vols., Vienna, 1910–11) iii, 247. Bismarck's successor complained of '*l'infatuation et la légèreté*' of Rosebery's diplomacy, Herbette to Hanotaux (no. 278), 29 Nov. 1894, *DDF* (1) xii, no. 297.

[48] J. R. Rodd, *Social and Diplomatic Memories* (3 vols., London, 1922–5) i, 268–9. For examples of the 'gossip letters', see Corbett MSS, PRO 30/26/124. On his 'passion for precision' see Raymond, *Man of Promise*, 126–7, and Lord Hardinge of Penshurst, *Old Diplomacy* (London, 1947), 51.

[49] Rosebery speech at the Royal Colonial Institute, 1 Mar. 1893, anon., *The Foreign Policy of Lord Rosebery: Two Chapters in recent Politics . . .* (London, 1901), 88; see C. A. Bodelsen, *Studies in Mid-Victorian Imperialism* (New York, repr. 1968), 206–10. An important work remains H. C. G. Matthew, *The Liberal Imperialists: The Ideas and Politics of a Post-Gladstonian Élite* (Oxford, 1973), 150–1, 195–204; useful also H. Reifeld, *Zwischen Empire und Parlament: Zur Gedankenbildung und Politik Lord Roseberys (1880–1905)* (Göttingen, 1987), esp. 91–135, though this accords greater systemic coherence to Rosebery's ideas and lacks political contextualization.

[50] Min. Rosebery, n.d. [c. 10 or 11 Aug. 1893], on memo. Chapman, 8 Aug. 1893, Rosebery MSS 10133; and memo. Spencer, 'British, French and Russian Battle-ships and Modern Cruisers', 1 Dec. 1894, CAB 37/37/42; also G. Martel, 'Documenting the Great Game: "World Policy" and the "Turbulent Frontier" in the 1890s', *IHR* ii, 2 (1980), 68–72.

[51] D. A. Hamer, *Liberal Politics in the Age of Gladstone and Rosebery: A Study in Leadership and Policy* (Oxford, 1972), 255–7.

[52] Rosebery to Wemyss Reid (confidential), 30 Dec. 1897, Earl of Crewe, *Lord Rosebery* (2 vols., London, 1931) ii, 554.

53 Memo. Rosebery, 30 July 1894, Rosebery MSS, MS 10134.

54 Quotes from Rosebery to Sanderson (secret), 16 Apr. 1895, Sanderson MSS, FO 800/1; Rosebery to Cromer (secret), 22 Apr. 1895, Cromer MSS, FO 633/7.

55 Blanc to Pansa (*personale*), 22 Dec. 1894, *DDI* (2) xxvi, no. 760.

56 Lady G. Cecil, *Life of Robert, Marquis of Salisbury* (4 vols., London, 1921–32) ii, 13; A. Ramm, 'Lord Salisbury at the Foreign Office', *The Foreign Office, 1782–1982*, ed. R. Bullen (Frederick, Md., 1984), 46–65; A. Roberts, *Salisbury: Victorian Titan* (London, 1999), 514–15. Given the importance of this field in Salisbury's career, Michael Bentley's neglect of it in his otherwise superb study is regrettable, see *Lord Salisbury's World: Conservative Environments in Late-Victorian Britain* (Cambridge, 2001), 264–5; also D. Steele, *Lord Salisbury: A Political Biography* (London, 1999), 178–9.

57 Quotes from *PD* (4) lxiv (1898), cols. 1171–2; and Salisbury to Curzon, 23 Dec. 1897, Curzon MSS, MSS.Eur.F.112/1B.

58 Quotes from I. Malcolm, *Vacant Thrones* (London, 1931), 2; and Pauncefote to Ponsonby (private), 30 Sept. 1885, Ponsonby MSS, FO 800/3; Z. S. Steiner, 'The Last Years of the Old Foreign Office, 1898–1905', *HJ* vi, 1 (1963), 59–90.

59 Cecil, *Salisbury* ii, 16–17; J. A. S. Grenville, *Lord Salisbury and Foreign Policy: The Close of the Nineteenth Century* (London, repr. 1970 (pb)), 11–12; H. W. V. Temperley, 'British Secret Diplomacy from Canning to Grey', *CHJ* vi, 1 (1938), 1–32.

60 Earl of Midleton, *Records and Reactions, 1856–1939* (London, 1939), 106.

61 As quoted in Shannon, *Age of Salisbury*, 353.

62 Quotes from anon. [R. Cecil], 'Lord Castlereagh', *QR* cxi, 221 (1862), 206; and Salisbury to Lyons (private), 22 May 1878, Lord Newton, *Lord Lyons: A Record of British Diplomacy* (2 vols., London, 1913) ii, 141; also M. Pinto-Duschinsky, *The Political Thought of Lord Salisbury, 1854–68* (London, 1967), 127–9.

63 Salisbury to Selborne (private), 13 Apr. 1895, Selborne MSS, MS Selborne 5; anon. [R. Cecil], 'Poland', *Essays of the Late Marquess of Salisbury, KG, 1861–4: Foreign Policy* (London, 1905), 49–50.

64 See Peter Marsh's excellent essay, 'The Conservative Conscience', *The Conscience of the Victorian State*, ed. idem (Syracuse, NY, 1979), 239–40. For Salisbury's friendly relations with the two leading Atrocitarian clergymen, Canons Liddon and MacColl, see G. W. E. Russell, *Malcolm MacColl: Memoirs and Correspondence* (London, 1914), *passim*.

65 A. Marsden, *British Diplomacy and Tunis, 1875–1902: A Case Study in Mediterranean Policy* (Edinburgh, 1971), 252; also Otte, ' "Floating Downstream"?', 100–1.

66 Cecil, 'Poland', 39.

67 Quotes from *The Times* 5 May 1898; and Cecil, 'Poland', 41–2; also R. Taylor, *Lord Salisbury* (London, 1975), 134. For Darwin's influence, see Roberts, *Salisbury*, 593–6; Bentley, *Salisbury's World*, 133.

68 Salisbury to Hicks Beach (private), 14 Sept. 1901, Hicks Beach MSS, PCC/69; also C. C. Eldridge, *England's Mission: The Imperial Idea in the Age of Gladstone and Disraeli, 1868–1880* (London, 1973).

69 Tel. Salisbury to Queen Victoria, 8 Jan. 1898, Salisbury MSS, 3M/A/84/70; memo. Salisbury, 'Proposal for a Committee of Defence', Oct. 1895, CAB 37/40/64; Grenville, *Lord Salisbury*, 18.

70 Salisbury to Acland (private), 17 Aug. 1892, Acland MSS, MS Acland d.74; tel. Balfour to Queen Victoria, 18 Mar. 1898, CAB 41/24/32; also Roberts, *Salisbury*, 584 *et passim*

71 Eser diary, 4 Dec. 1900, *EJL* i, 270. 索尔兹伯里的一个外甥女曾形容他在艾伯特会堂发表演讲时，"就像一只正在寻找洞穴的獾"，Alice Blanche Balfour diary, 4 may 1898, Whittinghame Muniment MSS, GD 433/2/224。

72 Quoted from Hamilton to Curzon (private), 6 June 1900, Hamilton MSS, MSS.Eur.C.126/2; cf. T. G. Otte, 'A Question of Leadership: Lord Salisbury, the Unionist Cabinet and Foreign Policy-Making, 1895–1900', *CBH* xiv, 4 (2000), 17–20.

73 Min. Salisbury, n.d., on note Bertie to Salisbury, 6 Nov. 1897, Bertie MSS, FO 800/176. The later Salisbury's views on the Russian problem are examined in depth in Neilson, *Last Tsar*, 6–9 *et passim*.　　　　　74 Min. Salisbury, n.d. [14 Sept. 1889], Sanderson MSS, FO 800/1.

75 Salisbury to Satow (private), 3 Oct. 1895, Satow MSS, PRO 30/33/5/2. Useful here I. H. Nish, 'British Foreign Secretaries and Japan', *Shadow and Substance in British Foreign Policy, 1895–1939: Memorial Essays Honouring C. J. Lowe*, ed. B. J. C. McKercher and D. J. Moss (Edmonton, Alb., 1984), 59–61.

76 Memo. Salisbury, 2 Aug. 1900, Salisbury MSS, 3M/A/86/27; T.G. Otte, ' "The Winston of Germany": The British Foreign Policy Élite and the Last German Emperor', *CJH* xxxvi, 3 (2001), 488–9.

77 Memo. Curzon, 'Siam, France, and China', 13 Aug. 1895, Curzon MSS, MSS.Eur.F.112/3; tel. Salisbury to O'Conor (no. 7, secret), 17 Jan. 1898, *BD* i, no. 5; J. D. Hargreaves, 'Entente Manquée: Anglo-French Relations, 1895–6', *CHJ* xi, 1 (1953), 65–92.

78 The most telling neglect is by Cecil, *British Foreign Secretaries*, 311–13. Rather brief and superficial is P. J. V. Rolo, 'Lansdowne', *Foreign Secretaries*, ed. Wilson, 159–71. Lord Newton's *Lord Lansdowne* (London, 1929) is still the only extant biography; useful also H. Cecil, *Lord Lansdowne, from the Entente Cordiale to the 'Peace Letter' of 1917: A European Statesman Assessed* (London, 2004).

79 Quotes from anon., 'Reshuffle', *NR* (Dec. 1900), 462–5; and *The Novels and Plays of Saki (H.H. Munro)* (London, repr. 1939), 306–9; see Shannon, *Age of Salisbury*, 526–8.

80 Malcolm, *Vacant Thrones*, 82.

81 Newton, *Lansdowne*, 129.

82 Knollys to Bertie (private), 19 Nov. 1902, Bertie MSS, FO 800/163.

83 Nish, 'Foreign Secretaries', 61–2.

84 Lansdowne to Hamilton, 9 Apr. 1901, Lansdowne MSS, Lans (5) 28; and memo. Lansdowne, 'Northern Railways', 15 Feb. 1901, CAB 37/56/23.

85 Quotes from Sir A. Hardinge, *A Diplomatist in Europe* (London, 1927), 86–7; and Sir J. Tilley, *London to Tokyo* (London, 1942), 69. Rosebery had significantly extended the functions of the PUS, see min. Rosebery, 31 Dec. 1893, FO 366/760.

86 Chirol to Hardinge (private), 18 Oct. 1904, Hardinge MSS, Hardinge 7.

87 Satow diary, 25 June 1900, Satow MSS, PRO 30/33/16/3; also Sanderson to Scott (private), 4 July 1900, Scott MSS, Add.MSS. 52298.

88 Neilson, *Last Tsar*, 22; cf. Sanderson to Scott (private), 7 May 1902, Scott MSS, Add.MSS. 52299.

89 Sanderson to O'Conor (private), 27 Sept. 1901, O'Conor MSS, OCON 6/1/28.

90 Bertie to Hardinge, 4 and 9 June 1902, Hardinge MSS, Hardinge 3; see also Steiner, *Foreign Office*, 34 n. and 70–1.

91 Bertie to Spring-Rice, 26 Dec. 1902, Spring-Rice MSS, CASR I/1/2; K. A. Hamilton, *Bertie of Thame: Edwardian Ambassador* (Woodbridge, 1991).

92 *Foreign Office List 1900*, ed. Sir E. Hertslet (London, 1900), 5–6; Gosselin to O'Conor, 4 Apr. 1899, O'Conor MSS, OCON 6/1/19; Pelcovits, *Old China Hands*, 196.

93 Arthur Nicolson as quoted in H. Nicolson, *Sir Arthur Nicolson, Bart., First Lord Carnock: A Study in the Old Diplomacy* (London, 1930), 17; Edward Malet's reflections in 'Life at the Temple', June 1872, Malet MSS, DD/MAL/539. For a useful, general discussion of this topic see V. G. Kiernan, 'Diplomats in Exile', *Studies in Diplomatic History: Essays in memory of David Bayne Horn*, ed. R. Hatton and M. S. Anderson (London, 1970), 306–21; also J. E. Hoare, *Embassies in the East* (Richmond, 1999), 30–5.

94 Obituary of Sir Nicholas O'Conor, *The Times* (20 Mar. 1908). For Parkes see Howard diary, 22 Mar. 1885, Howard-von Reccum MSS, cont. 1/ 2; also Lady S. Townley, *'Indiscretions' of Lady Susan* (London, 1922), 80.

95 *The Times* (15 Mar. 1899); Baelz to Satow, 23 Nov. 1899, Satow MSS, PRO 30/33/5/5.

96 Quotes from obituary of Sir Thomas Wade, *The Times* (2 Aug. 1895); and Cockerell to O'Conor (private), 3 Mar. 1892, O'Conor MSS, OCON 6/1/3.

97 Salisbury to Curzon (private), 30 Sept. 1895, Curzon MSS, MSS.Eur.F.112/1A. Sir John Walsham, minister 1885–92, proved incompetent and lazy, see Salisbury to Walsham (separate), 12 Nov. 1891, FO 228/1059. He was removed shortly afterwards, see R. A. Jones, *The British Diplomatic Service, 1815–1914* (Gerrards Cross, 1983), 211–12.

[98] T. G. Bowles's *dictum*, as quoted in T. H. S. Escott, *The Story of British Diplomacy: Its Makers and Movements* (London, 1908), 368. For a thoughtful discussion, see K. Neilson, ' "Only a d—d marionette"?: The Influence of Ambassadors on British Foreign Policy, 1904–1914', *Diplomacy and World Power: Studies in British Foreign Policy, 1890–1950*, ed. M. L. Dockrill and B. J. C. McKercher (Cambridge, 1996), 56–78.

[99] Satow diary, 22 June 1900, Satow MSS, PRO 30/33/16/3. At £5,000 p.a. the Peking post was also better salaried than Tokyo (£4,000), *Foreign Office List 1900*, 24 and 31.

[100] Rosebery to O'Conor (private), 14 May 1886, O'Conor MSS, OCON 6/1/2; cf. Kiernan, *British Diplomacy in China*, 15.

[101] Tel. O'Conor to Kimberley (no. 69), 13 June 1895, FO 405/68/11; *The Times* (20 Mar. 1908).

[102] O'Conor to Kimberley (private), 22 Nov. 1894, Kimberley MSS, MS.Eng.c.4396; Lascelles to Kimberley (private), 28 Mar. 1895, ibid., MS.Eng.c.4405; see Gérard to Hanotaux (no. 103), 5 Nov. 1894, *DDF* (1) xi, 270.

[103] MacDonald to Grey (private), 22 Sept. 1912, Grey MSS, FO 800/68.

[104] Escott, *British Diplomacy*, 376.

[105] Quotes from Salisbury to Curzon (private), 30 Sept. 1895, Curzon MSS, MS.Eur.F.112/1A; and *The Times* (15 June 1898).

[106] Quotes from Sir M. Hewlett, *Forty Years in China* (London, 1943), 6; and MacDonald to Satow, 1 Jan. 1901, Satow MSS, PRO 30/33/9/14; cf. W. J. Oudendyk, *Ways and By-ways in Diplomacy* (London, 1939), 36–8 and 116.

[107] I. H. Nish, *The Anglo-Japanese Alliance: A Study of Two Island Empires* (London, 1966), 146.

[108] Quotes from Satow diary, 19 Apr. 1906, Satow MSS, PRO 30/33/16/9; and Balfour to Salisbury, 30 Aug. 1898, Balfour MSS, Add.MSS. 49691; cf. M. H. Wilgus, *Sir Claude MacDonald, the Open Door, and British Informal Empire in China, 1895–1900* (New York, 1987), 92–4.

[109] MacDonald to Satow (private), 30 Nov. 1900, 21 Jan. 1901 and 2 May 1902, Satow MSS, PRO 30/33/9/14, Satow MSS, PRO 30/33/9/14; see *The Times* (11 Sept. 1915). A useful pen portrait is I. H. Nish, 'Sir Claude and Lady Ethel MacDonald', *Britain and Japan: Biographical Portraits*, ed. idem (Folkestone, 1994), 133–45.

[110] B. M. Allen, *The Rt. Hon. Sir Ernest Satow: A Memoir* (London, 1933) remains the only biography. Useful also G. A. Lensen, *Korea and Manchuria between Russia and Japan, 1895–1904: The Observations of Sir Ernest Satow* (Tallahassee, Fla., repr. 1968), 1–43, and N. J. Brailey, 'Sir Ernest Satow, Japan and Asia: The Trials of a Diplomat in the Age of High Imperialism', *HJ* xxxv, 1 (1992), 115–50.

[111] Lowther to Wodehouse (private), 26 May 1895, Kimberley MSS, MS.Eng.c.4396. The Japanese also frowned on Satow's common-law Japanese wife, ibid.; see also *Zusetsu Aanesuto Sato: Bakumatsu-ishin no Igirisu gaiko-kan [The Ernest Satow Album: Portraits of a British Diplomat in Young Japan]* ed. Yokohama kaiko shiryo-kan [Yokohama Archives of History] (Yokohama, 2001), 92–5.

[112] Salisbury to Curzon (private), 30 Sept.1895, Curzon MSS, MS.Eur.F.112/1A; Sanderson to Kimberley (private), 22 Sept. 1894, Kimberley MSS, MS.Eng.c.4380. The Dutch Foreign Minister, Willem Hendrik de Beaufort, thought him 'above all an imperialist', Beaufort diary, 13 Nov. 1914, *BDB* ii, 667.

[113] Satow diary, 18 Feb. 1898, Satow MSS, PRO 30/33/16/1; see also. T. G. Otte, ' "Not proficient in table-thumping": Sir Ernest Satow at Peking, 1900–1906', *D&S* xiii, 2 (2002), 161–200.

[114] Quotes from Satow to Rockhill (private), 7 July 1904, Rockhill MSS, b*46M/386/2377; and Satow diary, 29 Oct. 1901 and 16 Dec. 1905, Satow MSS, PRO 30/33/16/4 and 16/9.

第一章

[1] *The Times* (23 Apr. 1895); cf. The Times, *The History of The Times*, vol.iii, *The Twentieth Century Test, 1884–1912* (London, 1947), 187–96.

[2] Rosebery to Spender (private), 1 Oct. 1895, Spender MSS, BL, Add.MSS. 46387; cf. H.W. Harris, *J. A. Spender* (London, 1946), 98.

[3] Rosebery to Wemyss Reid (confidential), 30 Dec. 1897, in Earl of Crewe, *Lord Rosebery* (2 vols., London, 1931), ii, 554.

[4] I. H. Nish 的 经 典 著 作 *The Anglo-Japanese Alliance: The Diplomacy of Two Island Empires, 1894–1907* (Westport, Conn., repr. 1976), 23–35, 认识到这场战争的重要性，但未提供真正的分析；K. Neilson, *Britain and the Last Tsar: British Policy and the Last Tsar, 1894–1917* (Oxford, 1995), 147–160, 对战争有详细论述，但主要关注点仍然是英俄关系。日本的历史学家们一般对这场战争非常重视，见 W. G. Beasley, *Japanese Imperialism, 1894–1945* (Oxford, pb. ed. 1991), 41–54。

[5] R. Hackett, *Yamagata Arimoto in the Rise of Modern Japan, 1838–1922* (Cambridge, Mass., 1971), 138–9; see H. Conroy, *The Japanese Seizure of Korea, 1868–1910: a Study in Realism and Idealism* (Philadelphia, Pa., 1960).

[6] R. S. McCordock, *British Far Eastern Policy, 1894–1900* (New York, repr. 1976 [orig.1931]), 80–1; B. A. Romanov, *Russia in Manchuria, 1892–1906* (New York, repr. 1974), 64–5.

[7] Tel. Rosebery to O'Conor (no. 7), 27 Jan. 1894, FO 17/1202.

[8] Tel. O'Conor to Kimberley (no. 25), 19 June 1894, FO 17/1204; Nish, *Anglo-Japanese Alliance*, 23–4.   [9] O'Conor to Sanderson (private), 9 June 1894, O'Conor MSS, OCON 5/5/5.

[10] Tel. O'Conor to Kimberley (no. 26, secret), 22 June 1894, FO 17/1202.

[11] Tels. Kimberley to O'Conor (nos. 41 and 42), 21 and 26 June 1894, FO17/1202.

[12] Tel. O'Conor to Kimberley (no. 31, confidential), 1 July 1894, FO 17/1204.

[13] Tel. Kimberley to Paget (no. 18), 3 July 1894, FO 405/60/33.

[14] On this point, see Kimberley to Lascelles (private), 7 Aug. 1894, Lascelles MSS, FO 800/15; and Sanderson to Paget (private), 7 Sept. 1894, Paget MSS, Add.MSS. 51252.

[15] Tel. Hanotaux to Montebello (no. 78), 1 July 1894, *DDF* (1) xi, no.180; tel. Kimberley to O'Conor (no. 45), 2 July 1894, FO 17/1202; see R. Dollot, 'Un Ambassadeur de France sous la Troisième République: Albert Decrais (1838–1915)', *RHD* lxiii, 1 (1949), 34–5.

[16] Précis of interview Mutsu–Khitrovo, 25 June 1894, enclosed in Paget to Kimberley (no. 68), 8 July 1894, FO 46/436; S. I. Witte, *Erinnerungen* (Berlin, 1922), 31–6.

[17] Note Khitrovo to Mutsu (no. 218), 18/30 June 1894, *DJ* i, 77; tel. O'Conor to Kimberley (no. 34, confidential), 3 July 1894, FO 17/1202.

[18] Tel. O'Conor to Kimberley (no. 32), 2 July 1894, FO 17/1204; tel. Mutsu to Komura, 1 July 1894, in *DJ* i, 78.

[19] Tels. Kimberley to O'Conor (nos. 45 and 50), 2 and 7 July 1894, FO 17/1202; tel. Aoki to Mutsu, 3 July 1894, *DJ* i, 78–9.

[20] Summarized in tel. Kimberley to O'Conor (no. 47), 5 July 1894, FO 17/1202.

[21] *PD*, 4th ser. xxvi (5 July 1894), col. 950.

[22] Tel. Kimberley to O'Conor (no. 48), 6 July 1894, FO 17/1202. For details in *DJ* i, 79–80; M. Munemutsu, *Kenkenroku: A Diplomatic Record of the Sino-Japanese War, 1894–5*, transl. and ed. G. M. Berger (Tokyo, 1982), 47–8.   [23] Kimberley to Malet (no. 177), 9 July 1894, FO 64/1325.

[24] Quotes from Sanderson to Kimberley (private), 8 July 1894, Kimberley MSS, MS.Eng.c.4380; and tel. Hanotaux to Montebello (no. 85), 11 July 1894, *DDF* (1), xi, no.188; see Rotenhan to Kiderlen-Wächter, 16 July 1894, *GP* ix, no. 2213.

[25] Tels. Howard to Kimberley (nos. 43 and 44), 10 July 1894, FO 65/1474; Kimberley to Rosebery, 13 July 1894, 13 July 1894, Rosebery MSS 10068.

26 Kimberley to Howard (no. 190), 16 July 1894, FO 65/1471; see Montebello to Hanotaux (no. 83, confidentiel), 25 July 1894, *DDF* (1) xi, no. 205.

27 Notes Mutsu to Khitrovo, 2 July 1894, and vice versa, 1/13 July 1894, *DJ* i, 89–92; Kimberley to Paget (no. 76), 17 July 1894, FO 405/60/104.

28 Giers to Staal, 20 July 1894 (New Style), *SC*, i, 249.

29 Tels. Kimberley to O'Conor (nos. 59 and 60), 16 July 1894, FO 17/1202.

30 Tels. Kimberley to Malet (no. 31), Howard, (no. 26), Ford (no. 45), and Phipps (no. 54), 20 July 1894, FO 27/3175.

31 Tel. O'Conor to Kimberley (no. 48), 18 July 1894, FO 17/1204; note Mutsu to Paget, 22 July 1894, *DJ* i, 82–3. A last minute mediation effort by Italy was no more than a side-show, see tels. Tornelli to Blanc (no. 1940), 12 July 1894, and vice versa (no. 2011), 19 July 1894, *DDI* (2) xxvi, nos. 430 and 450.

32 Mins. Bertie and Kimberley, 27 July 1894, on tel. O'Conor (no. 57), 26 July 1894, FO 17/1204.   33 O'Conor to Kimberley (no. 220, confidential), 26 July 1894, FO 17/1195.

34 O'Conor to Paget (private), 26 July 1894, Paget MSS, Add.MSS. 51252.

35 Sanderson to Paget (private), 7 Sept. 1894, ibid.

36 Tel. Victoria to Rosebery, 30 July 1894, *LQV* (3) ii, 617.

37 Kimberley to Rosebery (private), 30 July 1894, Rosebery MSS 10068; circular tel. Kimberley to Lascelles (no. 36), Malet (no. 33), Edwardes (no. 57), 1 Aug. 1894, FO 83/1320; see G. Martel, *Imperial Diplomacy: Rosebery and the Failure of Foreign Policy* (Kingston and Montreal, 1986), 216.

38 Memo. Rosebery, 30 July 1894, Rosebery MSS 10134; tel. Rosebery to Queen Victoria, 30 July 1894, *LQV* (3) ii, 617; see K. Neilson, 'Britain, Russia and the Sino-Japanese War', *The Sino-Japanese War of 1894–5 in Its International Dimension: STICERD Discussion Paper*, no. 278 (1994), 2.

39 Memo. Bridge, 'Comparative Statement of the Chinese and Japanese Navies', 16 July 1894, and 'Memorandum on the Relative Values of the Armies of China and Japan', 16 July 1894, FO 405/60/89 and 91.   40 *The Times* (24 July 1894).

41 Quotes from Hart to Compbell, 5 Aug. 1894, *IG* ii, no. 938 ; and V. Chirol, *Fifty Years in a Changing World* (London, 1927), 181. 吉尔乐与欧格讷的密切联系，也许解释他为什么能说出英国政府太过依赖于人们假定的中国潜在资源这样的误导言论，同上，*The Far Eastern Question*(London, 1896), 3。

42 O'Conor to Kimberley (no. 220, confidential), 26 July 1894, FO 17/1195.

43 Hamilton diary, 5 Aug. 1894, *EHD*, 161.

44 Min. Bertie, 25 Sept. 1894, Rosebery MSS 10134; Spencer to Rosebery, 10 Oct.(?) 1894, ibid. 10062; T. E. Holland, 'International Law in the War between China and Japan', *FR* lvi, 336 (Dec.1894), 917–18.

45 Notes Paget to Mutsu and vice versa, 23 July 1894, FO 46/436.

46 Min. Villiers, 29 Sept. 1894, FO 17/1213; Bertie to Kimberley, 29 Sept. 1894, Kimberley MSS, MS.Eng.c.4380.   47 Kimberley to Rosebery, 30 Sept. 1894, Rosebery MSS 10069.

48 Spencer to Rosebery, 1 Oct. 1894, *SpP* ii, no. 685; also Morley diary, 4 Oct. 1894, Morley MSS. The notes are reprinted in *DJ* i, 155–9.

49 Lascelles to Kimberley (no. 163), 23 July 1894, FO 65/1473; tel. Kimberley to Lascelles (no. 38), 2 Aug. 1894, FO 65/1474; Neilson, *Last Tsar*, 148.

50 Lascelles to Durand (private), 30 Aug. 1894, Lascelles MSS, FO 800/17; Lascelles to Kimberley (no.185), 29 Aug. 1894, FO 65/1473.

51 Hart to Campbell, 30 Sept. 1894, *IG* ii, no. 946. 这当然也意味着赫德在北京担任的海关总税务司的职务的终结。

52 Tel. Kimberley to O'Conor (no. 115), 5 Oct. 1894, FO 17/1203; Kimberley to Lascelles (private), 7 Aug. 1894, Lascelles MSS, FO 800/15.

53 Tel. O'Conor to Kimberley (no. 85), 26 Sept. 1894, FO 17/1204; tel. vice versa (no. 115), 5 Oct. and min. Kimberley, 7 Oct. 1894, FO 17/1203; M. R. Davies, 'A Threatened City: Some Impressions of Pekin', *FR* lvi, 336 (Dec. 1894), 793.

54 Kimberley to Rosebery (confidential), 3 Oct. 1894, Rosebery MSS 10069.

55 Lascelles to Kimberley (no. 185), 29 Aug. 1894, FO 65/1473; and tel. (no. 82), 4 Oct. 1894, FO 65/1474.

56 Lascelles to Kimberley (private), 10 Oct. 1894, Kimberley MSS, MS.Eng.c.4405; Trench to Kimberley (private), 23 Oct. 1894, ibid., MS.Eng.c.4396.

57 Min. Rosebery, [2 Oct. 1894], on tel. Hart to Campbell, 30 Sept. 1894, and tel. Rosebery to Rendel, 2 Oct. 1894, Rosebery MSS 10134; see F. E. Hamer (ed.), *The Personal Papers of Lord Rendel* (London, 1931), 257–9.

58 Min. Rosebery, [c. 16 Oct. 1894], Rosebery MSS 10134; tel. to Kimberley, 2 Oct. 1894, Rosebery MSS 10069; see tel. Rosebery to O'Conor (no. 7), 27 Jan. 1894, FO 17/1202.

59 O'Conor to Kimberley (no. 365), 5 Oct. 1894, FO 17/1198; tel. Hart to Campbell, 5 Oct. 1894, and note Murray to Rosebery, 5 Oct. 1894, Rosebery MSS 10069. According to Rendel, Hart and O'Conor were 'very good friends', Rendel to Rosebery, 2 Oct. 1894, Rosebery MSS 10134.

60 Murray to Harcourt, 3 Oct. 1894, Harcourt MSS, dep.57.

61 Tel. Blanc to Tornielli (no. 2336), 5 Oct. 1894, *DDI* (2) xxvi, no. 592.

62 Quotes from Murray to Rosebery, 1 Oct. 1894, Rosebery MSS 10143, and Kimberley journal, 8 Oct. 1894, *KJ*, 428.

63 Hamilton diary, 2 Oct. 1894, *EHD*, 172. For the delays in Foreign Office transactions during Kimberley's absence see tel. Tornielli to Blanc (no. 2650), 5 Oct. 1894, *DDI* (2) xxvi, no. 597.

64 Min. Rosebery on Kimberley's MS Memoir, *KJ*, 503; and Rosebery to Sanderson (confidential), 7 Oct. 1894, Rosebery MSS 10069; also Martel, *Imperial Diplomacy*, 219.

65 Murray to Harcourt, 4 Oct. 1894, Harcourt MSS, dep.57; Kimberley journal, 4 Oct. 1894, *KJ*, 428.   66 Tel. Hanotaux to Vauvineux (no. 124), 6 Oct. 1894, *DDF* (1), xi, no. 239.

67 Tels. Rosebery to Kimberley, and vice versa, both 6 Oct. 1894, Rosebery MSS 10069; note Malet to Marschall, 7 Oct. 1894, *GP* ix, no. 2215.

68 Malet to Kimberley (no. 167, confidential), 12 Oct. 1894, FO 64/1326; memo. Marschall, 9 Oct. 1894, *GP* ix, no. 2216; tel. Blanc to Lanza and Nigra (no. 2346), 7 Oct. 1894, *DDI* (2) xxvi, no. 607.

69 Kimberley to Rosebery (private), 8 Oct. 1894, Rosebery MSS 10069; Bertie to Rosebery (private), 8 Oct. 1894, ibid. 10134.

70 Quotes from tels. Vauvineux to Hanotaux (no. 112), 9 Oct. 1894, and Gérard to Hanotaux (no. 34), 9 Oct. 1894, *DDF* (1) xi, nos. 241–2, and 358, n. 1; Lascelles to Kimberley (private), 10 Oct. 1894, Kimberley MSS, MS.Eng.c.4380.

71 Hart to Campbell, 21 Oct. 1894, *IG* ii, no. 948; tel. Kimberley to Lascelles (no. 76), 16 Oct. 1894, FO 65/1474; and to Trench (no. 65), 19 Oct. 1894, FO 46/437.

72 Lascelles to Kimberley (no. 220), 17 Oct. 1894, FO 65/1473; and tel. (no. 93), 17 Oct. 1894, FO 65/1474.

73 Lascelles to Kimberley (no. 222, confidential), 21 Oct. 1894, FO 65/1473; Lascelles to Kimberley (private), 25 Oct. 1894, Lascelles MSS, FO 800/17; Neilson, *Last Tsar*, 150.

74 Kimberley to Rosebery (private), 24 Oct. 1894, Rosebery MSS 10069; see memo. Mutsu, 15 Oct., and note Mutsu to Trench, 19 Oct. 1894, *DJ* i, 137–9.

75 Kimberley to Rosebery (private), 4 Nov. 1894, Rosebery MSS 10069; note Tsungli Yamên to O'Conor, 3 Nov. 1894, FO 405/61/449; tel. Kimberley to Lascelles (no. 91), 9 Nov. 1894, FO 65/1474.

76 Lascelles to Kimberley (no. 253, confidential), 12 Nov. 1894, FO 65/1473; tel. Takahira to Mutsu (no. 15), 11 Nov. 1894, *DJ* i, 140.

77 Kimberley to Rosebery, 11 Nov. 1894, and vice versa, 12 Nov. 1894, Kimberley MSS 10243; Neilson, *Last Tsar*, 150.

78 Gérard to Hanotaux (no. 96), 23 Oct. 1894, *DDF* (1), xi, no. 255; see Hamilton diary, 24 Oct. 1894, *EHD*, 178.

79 Tels. Dufferin to Kimberley (*en clair* and no. 8), 16 and 17 Jan. 1895, FO 27/3223; Gosselin to Kimberley (no. 186), 27 Oct. 1894, FO 64/1326; Staal to Giers, 11/23 Jan. 1894, *SC* ii, 258.

80 Harcourt to Kimberley and vice versa (private), both 16 Nov. 1894, Harcourt MSS, dep.51; Kimberley to Ripon, 17 Nov. 1894, Ripon MSS, Add.MSS. 43526.

81 Kimberley to Trench (no. 109, confidential), 21 Oct. 1894, FO 46/434; Lascelles to Kimberley (no. 220), 17 Oct. 1894, FO 65/1473.

[82] Tel. Trench to Kimberley (no. 79), 23 Oct. 1894, FO 46/434; Trench to Kimberley (nos. 151, 154, and 156), 23, 24, and 26 Oct. 1894, FO 46/438.

[83] Gresham to Dun (no. 66), 6 Nov., and note Mutsu to Dun, 26 Nov. 1894, *FRUS 1894*, 76 and 178; J. M. Dorwart, *The Pigtail War: American Involvement in the Sino-Japanese War of 1894–5* (Amherst, Mass., 1975), 75–7.

[84] Trench to Kimberley (no. 189), 7 Dec. 1894, FO 46/438.

[85] Tel. Kimberley to O'Conor (no. 160), 9 Dec. 1894, FO 17/1203. Nish, *Anglo-Japanese Alliance*, 15–16, fails to appreciate the significance of this early decision.

[86] Tel. O'Conor to Kimberley (no. 125), 18 Dec. 1894, FO 17/1204; Gérard to Hanotaux (no. 103), 5 Nov. 1894, *DDF* (1) xi, no. 270.

[87] Lascelles to Kimberley (no. 19, confidential), 23 Jan. 1895, FO 65/1490; Rosebery to Lascelles (confidential), 6 Jan. 1895, Lascelles MSS, FO 800/16.

[88] O'Conor to Kimberley (no. 12, confidential), 10 Jan. 1895, FO 17/1232.

[89] *The Times* (11 Nov. 1894); see Sheffield speech, 25 Oct. 1894, anon. (ed.), *Lord Rosebery's Speeches, 1874–1896* (London, 1896), 233–4.

[90] Tel. Decrais to Hanotaux (no. 186/7), 28 Nov. 1894, *DDF* (1) xi, no. 295; Kimberley journal, 28 Nov. 1894, *KJ*, 149.

[91] Memo. Hanotaux (*secret*), 28 Nov. 1894; Montebello to Hanotaux (no. 132), 5 Dec. 1894; and Herbette to Hanotaux (no. 286), 11 Dec. 1894, *DDF* (1) xi, nos. 296, 306, and 311.

[92] Tel. Montebello to Hanotaux (no. 174), 28 Nov. 1894, ibid., no. 294.

[93] Gérard to Hanotaux (no. 134, *confidentiel*), 19 Dec. 1894, ibid., no. 320.

[94] Sanderson to Lascelles (private), 9 Jan. and 30 Mar. 1895, Lascelles MSS, FO 800/16; see Neilson, *Last Tsar*, 152.

[95] Quotes from Kimberley to Rosebery, 24 Jan. 1895, Rosebery MSS 10069; min. Rosebery, n.d., on tel. Kimberley to Trench (no. 3), 25 Jan. 1895, FO 46/455.

[96] The exchange of notes can be followed in *DJ* i, 186–94; Mutsu, *Kenkenroku*, 153 and 279, n.3.

[97] Hart to Campbell, 17 Feb. 1895, *IG* ii, no. 964.

[98] Lascelles to Kimberley (no. 29, confidential), 29 Jan. 1895, FO 65/1490; Montebello to Hanotaux (no. 11), 25 Jan. 1895, and tel. vice versa (no. 16), 29 Jan. 1895, *DDF* (1) xi, nos. 352 and 355.

[99] For details, see Romanov, *Russia in Manchuria*, 50–1.

[100] Tel. Khitrovo to Staal (*sécret*), 3/15 Feb. 1895, *SC* i, 260; tel. Harmand to Hanotaux (no. 31), 1 Feb. 1895, *DDF* (1) xi, no. 357.

[101] Kimberley to Trench (private), 25 Jan. 1895, Kimberley MSS, MS.Eng.c.4396; tel. Lascelles to Kimberley (no. 11), 2 Feb. and min. Kimberley, 3 Feb. 1895, FO 65/1494; Neilson, 'Sino-Japanese War', 5–6.   [102] Courcel to Hanotaux (no. 25, *confidentiel*), 1 Feb. 1895, *DDF* (1) xi, no. 358.

[103] Min. Kimberley, 3 Feb. 1895, FO 65/1494; Staal to Chichkin (*confidentiel*), 25 Jan./6 Feb. 1895, *SC*, ii, 259.

[104] Tel. Hatzfeldt to Marschall (no. 31, *ganz geheim*), 6 Feb. 1895, *GP* ix, no. 2223; tel. Herbette to Hanotaux (no. 12), 6 Feb. 1895, *DDF* (1), no. 363.

[105] Notes Kimberley to Rosebery, 8 and 26 Jan. 1895, Rosebery MSS 10069; tel. Silvestrelli to Blanc (*riservatissimo personale*), 28 Jan. 1895, *DDI* (2) xxvi, no. 888; see also R. Robinson and J. Gallagher (with A. Denny), *Africa and the Victorians: The Official Mind of Imperialism* (London, 2nd edn. 1981), 335–7.

[106] Chichkin to Staal (*confidentiel*) and (*très secrète*), both 8 Feb. 1895, *SC* i, 260–2.

[107] Tel. Lascelles to Kimberley (no. 18), 23 Feb. 1895, FO 65/1494.

[108] Kimberley to Durand (private), 29 Jan. 1895, Kimberley MSS, MS.Eng.c.4388.

[109] O'Conor to Kimberley (no. 6, confidential), 7 Jan. 1895, FO 17/1232.

[110] Quotes from O'Conor to Kimberley (private), 7 Jan. 1895, Kimberley MSS, MS.Eng.c.4396; O'Conor to Sanderson (private), 21 Jan. 1895 (copy), Rosebery MSS 10135.

[111] Mins. Sanderson, Kimberley, and Rosebery, 26, 27 Feb., and 24 Mar. 1895, FO 17/1232.

[112] O'Conor to Elgin (private), 30 Mar. 1895, Elgin MSS, MSS.Eur. F84/25; see O'Conor to Kimberley (no. 65), 20 Feb. 1895, FO 17/1233.

[113] O'Conor to Kimberley (no. 66, confidential), 24 Feb., and (no. 82, confidential), 14 Mar. 1895, FO 17/1233; see Bardi to Blanc (no. 28/24), 5 Mar. 1895, *DDI* (2) xxvi, no. 963.

[114] Tel. Courcel to Hanotaux (no. 14), 23 Feb. 1895, *DDF* (1) xi, no. 376; tel. Kimberley to Dufferin (no. 8), and Lascelles (no. 11), 8 Mar. 1895, FO 27/3223.

[115] Lascelles to Kimberley (no. 54A), 27 Feb. 1895, FO 65/1489.

[116] Staal to Chichkin (*secrète*), 22 Feb./6 Mar.1895, *SC* ii, 263–4. For the 'sparring' between Britain and Russia, see Neilson, *Last Tsar*, 152.

[117] Courcel to Hanotaux (no. 68), 5 Mar. 1895, *DDF* (1) xi, no. 395.

[118] Lobanov to Staal (*confidentiel*), 2[/15] Mar. 1895, *SC* ii, 264.

[119] Tel. Lascelles to Kimberley (no. 26), 21 Mar. 1895, FO 65/1494.

[120] Kimberley to Rosebery, 22 Mar. 1895, Rosebery MSS 10069; tel. Hanotaux to Montebello (no. 51), 28 Mar. 1895, *DDF* (1) xi, no. 410; tel. Tschirschky to Marschall (no. 60), 25 Mar. 1895, *GP* ix, no. 2229.

[121] Protocol of Fourth Meeting, 1 Apr. 1895, *DJ* i, 216–22. The Germans had warned Japan of a possible intervention in March, and the *New York Herald* (erroneously) reported the conclusion of an Anglo-German-Russian Far Eastern agreement, see tel. Marschall to Gutschmid (no. 6), 6 Mar. 1895, *GP* ix, no. 2226. [122] Tel. Courcel to Hanotaux (no. 31), 1 Apr. 1895, *DDF* (1) xi, no. 422.

[123] Staal to Lobanov (*confidentiel*), 22 Mar./3 Apr.1895, *SC* ii, 265–6.

[124] Quotes from Lascelles to Kimberley (no. 88), 9 Apr. 1895, FO 65/1490; and tel. (no. 36), 8 Apr. 1895, FO 65/1494.

[125] Harcourt called Rosebery 'a rogue and a liar', Morley diary, 1 June 1894, Morley MSS (uncat-alogued); Kimberley to Rosebery (private & confidential), 19 Feb. 1895, Rosebery MSS 10069; A. G. Gardiner, *The Life of Sir William Harcourt* (2 vols., London, 1923) ii, 258–79; K.O. Morgan, 'John Morley and the Crisis of Liberalism in 1894', *NLWJ* xv, 4 (1968), 454–8; D. A. Hamer, *Liberal Politics in the Age of Gladstone and Rosebery: A Study in Leadership and Policy* (Oxford, 1972), 204–6.

[126] Kimberley journal, 7 Dec. 1894, *KJ*, 429; Kimberley to Harcourt (private), 7 Dec. 1894, Harcourt MSS, dep.51.

[127] Kimberley to Rosebery (private), 29 Mar. 1895, Rosebery MSS 10069; *PD* (4) xxxii (1895), esp. cols. 405–6; see Robinson and Gallagher, *Africa and the Victorians*, 337–8.

[128] Kimberley journal, 28 Mar. 1895, *KJ*, 434; Harcourt to Kimberley, 29, 30, 31 Mar., and 3 Apr. 1895, Kimberley MSS, MS.Eng.c.4378; see P. Stansky, *Ambitions and Strategies: The Struggle for the Leadership of the Liberal Party in the 1890s* (Oxford, 1964), 122–4.

[129] Meade to Ripon, 26 Dec. 1894, Ripon MSS, Add.MSS.43558.

[130] Kimberley journal, 30 Mar. and 1 Apr. 1895, *KJ*, 435; Kimberley to Rosebery, 1 Apr. 1895, Rosebery MSS 10070; Morley diary, 14 Apr. 1895, Morley MSS; see D. A. Hamer, *John Morley: Liberal Intellectual in Politics* (Oxford, 1968), 302–5.

[131] Kimberley to Rosebery and vice versa (most confidential), 29 Mar. and 2 Apr. 1895, Rosebery MSS 10070; Rosebery to Queen Victoria, 31 Mar. 1895, *LQV* (3) ii, 491–2. On Kimberley's role as go-between, see Gardiner, *Harcourt* ii, 336–7.

[132] Kimberley to Harcourt, 5 Apr. 1895, Kimberley MSS, MS.Eng.c. 4378; Gardiner, *Harcourt*, ii, 338.

[133] Quotes from Rosebery to Kimberley (confidential), 6 Apr. 1895, Kimberley MSS 10243 (also *KP*, no. 229); Kimberley to Harcourt, 5 Apr., and vice versa, 5 Apr. 1895 (8 p.m.), Harcourt MSS, dep.52.

[134] Kimberley to Rosebery (confidential), 6 Apr. 1895, Rosebery MSS 10070; Stansky, *Ambitions and Strategies*, 124–5. [135] Kimberley to Harcourt, 6 Apr. 1895, Harcourt MSS, dep.52.

[136] Rosebery to Kimberley (secret), 7 Apr. 1895, Kimberley MSS 10243.

[137] Kimberley to Malet (no. 103), 3 Apr. 1895, FO 64/1349; tel. Hatzfeldt to Marschall (no. 70), 4 Apr. 1895, *GP* ix, no. 2234.

[138] Tel. Lascelles to Kimberley (no. 35), 5 Apr. 1895, FO 65/1494; tel. Vauvineux to Hanotaux (no. 54), 6 Apr. 1895, *DDF* (1) xi, no. 436.

[139] Staal to Lobanov (no. 13), 5/17 Apr. 1895, *SC* ii, 266–7; Kimberley to Rosebery (private), 6 Apr. 1895, Rosebery MSS 10070; tel. Hatzfeldt to Marschall (no. 73), 6 Apr. 1895, *GP* ix, no. 2236.

[140] Kimberley to Rosebery (private) and vice versa, both 6 Apr. 1895, Rosebery MSS 10070; Neilson, *Last Tsar*, 154.

[141] Tel. Lascelles to Kimberley (no. 36), 8 Apr. 1895, FO 65/1494; tel. Vauvineux to Hanotaux (no. 54), 6 Apr. 1895, *DDF* (1) xi, no. 436; tel. Marschall to Tschirschky (no. 45), 8 Apr. 1895, *GP* ix, no. 2237.

[142] Tels. Kimberley to Lascelles (no. 45), Dufferin (no. 17), and Gosselin (no. 8), 8 Apr. 1895, FO 64/1352.   [143] Tel. Hatzfeldt to Marschall (no. 74), 8 Apr. 1895, *GP* ix, no. 2239.

[144] Tel. Kimberley to Lascelles (no. 46, secret), 8 Apr. 1895, FO 65/1493. For Staal's comment see tel. Courcel to Hanotaux (no. 39), 9 Apr. 1895, *DDF* (1) xi, no. 438.

[145] Quotes from Lascelles to Kimberley (no. 89, secret and confidential), 10 Apr. 1895, FO 65/1490; min. Sanderson, 9 Apr. 1895, Rosebery MSS 10134.

[146] Kimberley to Rosebery, 9 Apr. 1895, Rosebery MSS 10070; also tel. Courcel to Hanotaux (no. 41), 10 Apr. 1895, *DDF* (1) xi, no. 441.

[147] Quotes from Gosselin to Kimberley (no. 85, confidential), 9 Apr. 1895, FO 64/1350; and min. Sanderson, 15 Apr. 1895, Rosebery MSS 10134.

[148] Lascelles to Kimberley (no. 91), 10 Apr. 1895, FO 65/1490; see tel. Lanza to Blanc (no. 702), 10 Apr. 1895, *DDI* (2) xxvii, no. 21.

[149] Lascelles to Sanderson (private), 11 Apr. 1895, Lascelles MSS, FO 800/17; and to Kimberley (no. 89, secret and confidential), 10 Apr. 1895, FO 65/1490.

[150] Kimberley to Rosebery, 9 Apr. 1895, Rosebery MSS 10070; tel. Courcel to Hanotaux (no. 41), 10 Apr. 1895, *DDF* (1) xi, no. 441.

[151] Courcel to Hanotaux (no. 103, *confidentiel*), 10 Apr. 1895, *DDF* (1) xi, no. 443; Holstein to Hatzfeldt, 9 and 13 Apr. 1895, *HatzP* ii, nos. 637–8.

[152] Rosebery to Kimberley, 10 Apr. 1895, Rosebery MSS 10070.

[153] Sanderson to Rosebery (private), 11 Apr. 1895, Rosebery MSS 10134.

[154] Tel. Tschirschky to Marschall (no. 86), 20 Apr. 1895, *GP* ix, no. 2247.

[155] Kimberley to Rosebery, 10 Apr. 1895, and vice versa (secret), 11 Apr. 1895, Rosebery MSS 10070; note Rosebery to Kimberley, 10 Apr. 1895, Kimberley MSS 10243.

[156] Rosebery to Lascelles (private), 13 Apr. 1895, Lascelles MSS, FO 800/16; Staal to Lobanov (*confidentiel*), 5/17 Apr. 1895, *SC* ii, 269.

[157] Currie to Kimberley (private), 18 Apr. 1895, Kimberley MSS, MS.Eng.c.4398; Neilson, *Last Tsar*, 161–5.

[158] Rosebery to Sanderson (secret), 16 Apr. 1895, Sanderson MSS, FO 800/1; *The Times* (16 Apr. 1895).

[159] Rosebery to Kimberley (confidential), 17 Apr. 1895, Rosebery MSS 10070; Nish, *Anglo-Japanese Alliance*, 28–30; see *DJ* i, 256–60 and 263–71.

[160] Lowther to Kimberley (private), 18 Apr. 1895, Kimberley MSS, MS.Eng.c.4396. On Trench's stroke see Lowther to Wodehouse (private), 8 Mar. 1895, ibid.

[161] Monson to Kimberley (no. 119, most confidential), 18 Apr. 1895, FO 7/1214.

[162] Monson to Kimberley (private), 19 Apr. 1895, Kimberley MSS, MS.Eng.c.4407.

[163] Tel. Lascelles to Kimberley (no. 43), 19 Apr. 1895, FO 65/1494; tel. Tschirschky to Marschall (no. 81), 17 Apr. 1895, *GP* ix, no. 2243; tel. Lanza to Blanc (no. 760), 18 Apr. 1895, *DDI* (2) xxvii, no. 36.

[164] Lascelles to Kimberley (no. 107, confidential), 22 Apr. 1895, FO 65/1490; Staal to Lobanov (*confidentiel*), 10/22 Apr. 1895, *SC* ii, 269–70; see Neilson, *Last Tsar*, 158.

[165] Lowther to Kimberley (no. 130, secret), 21 Apr. 1895, FO 46/456.

[166] Tel. Hatzfeldt to Marschall (no. 99), 22 Apr. 1895, *GP* ix, no. 2248; Gosselin to Kimberley (no. 90, confidential), 20 Apr. 1895, FO 64/1350.

[167] Rosebery to Cromer (secret), 22 Apr. 1895, Cromer MSS, FO 633/7; Martel, *Imperial Diplomacy*, 243.

[168] Queen Vitoria to Kimberley, 27 Apr. 1895, Kimberley MSS, MS.Eng.c.4373, also in *LQV*(3) ii, 497–8. 远东的僵局在英国内阁会议的议事日程上并未占重要地位。英国内阁关注的是英联邦事务，见 Hamilton diary, 23 Apr. 1895, *EHD*, 242。

[169] Tel. Kimberley to Lascelles (no. 57), 23 Apr. 1895, FO 65/1493; tel. Courcel to Hanotaux (no. 60), 23 Apr. 1895, *DDF* (1) xi, no. 477; tel. Hatzfeldt to Holstein (private), 23 Apr. 1895, *GP* ix, no. 2249.

[170] Lobanov to Staal (*très confidentiel*), 12/24 Apr. 1895, *SC* ii, 270–1. On Khitrovo's (and Harmand's) suspicions of a secret Anglo-Japanese understanding, see Lowther to Wodehouse (private), 9 May 1895, Kimberley MSS, MS.Eng.c.4396.

[171] Tels. Lascelles to Kimberley (no. 47), 24 Apr. 1895, FO 65/1494, and vice versa (no. 63), 25 Apr. 1895, FO 65/1493; and despatch Lascelles to Kimberley (no. 116, confidential), 25 Apr. 1895, FO 65/1490.

[172] Lowther to Kimberley (private), 26 Apr. 1895, Kimberley MSS, MS.Eng.c.4396; Lowther to Kimberley (nos. 132 and 133, most confidential), both 24 Apr. 1895, FO 46/456; see also *DJ* i, 293–4.

[173] Tel. Lascelles to Kimberley (no. 47), 24 Apr. 1895, FO 65/1494; Lascelles to Rosebery (private), 24 Apr. 1895, Rosebery MSS 10134.

[174] Kimberley to Trench (no. 35, confidential), 24 Apr. 1895, FO 46/449; tel. Katō to Mutsu, 24 Apr. 1895, *DJ* i, 342–3.

[175] Rosebery to Kimberley (confidential), 28 Apr. 1895, Rosebery MSS 10070.

[176] Kimberley to Trench, 29 Apr. 1895, FO 46/449; Lascelles to Kimberley (no. 120, confidential), 7 May 1895, FO 65/1491; Neilson, *Last Tsar*, 159.

[177] Tel. Malet to Kimberley (no. 8), 5 May 1895, FO 64/1352; tel. Tornielli to Blanc (no. 829), 2 May 1895, *DDI* (2) xxvii, no. 81; Nish, *Anglo-Japanese Alliance*, 33–5.

[178] O'Conor to Bertie (private), 23 May 1895 (copy), FO 17/1235.

[179] Satow diary, 31 May 1895, Satow MSS, PRO 30/33/16/1.

[180] Quotes from Kimberley to Cavendish, 30 May 1895, Kimberley MSS, MS.Eng.c.4396; Viscount Grey of Fallodon, *Twenty-Five Years* (2 vols., New York, 1925) i, 24.

[181] Currie to O'Conor (private), 28 Apr. 1895, O'Conor MSS, OCON 5/2/1; Dufferin to Kimberley (private), 1 May 1895, Kimberley MSS, MS.Eng.c.4402.

[182] Malet to Kimberley (no. 102), 4 May 1895, FO 64/1350; Kimberley to Currie (private), 7 May 1895, Kimberley MSS, MS.Eng.c.4399.

[183] Lascelles to Kimberley (no. 119), 7 May 1895, FO 65/1491; Neilson, *Last Tsar*, 159.

[184] Staal to Lobanov, 3/15 May 1895, and Lobanov to Mohrenheim, 11/23 May 1895, *SC* ii, 273–4.   [185] Kimberley to Lascelles (private), 1 May 1895, Kimberley MSS, MS.Eng.c.4405.

第二章

[1] O'Conor to Kimberley (no. 171, very confidential), 8 May 1895, FO 17/1235; to Salisbury (private), 1 July 1895, Salisbury MSS, 3M/A/106/1.

[2] For details see C. Hou, *Foreign Investment and Economic Development in China, 1840–1937* (Cambridge, Mass., 1965), 23–4, 31–3, and 236, fn. 4; L. K. Young, *British Policy in China, 1895–1902* (Oxford, 1970), 26–7; D. McLean, 'The Foreign Office and the First Chinese Indemnity Loan, 1895', in *HJ* xvi, 2 (1973), 304.

[3] Hart to Campbell, 27 Jan. 1895, *IG* ii, no. 962; see Hou, *Foreign Investments*, 236, fn. 4. For the background, S. F. Wright, *Hart and the Chinese Customs* (Belfast, 1950), 657–8; L. K. Little, 'Introduction', *IG* i, 4–22.

[4] Memo. Sanderson, 7 May 1895, Rosebery MSS 10135. On the DAB and Disconto Gesellschaft, see M. Müller-Jabusch, *Fünfzig Jahre Deutsch-Asiatische Bank, 1890–1939* (Berlin, 1940); B. Barth, *Die deutsche Hochfinanz und die Imperialismen: Banken und Aussenpolitik vor 1914* (Stutgart, 1995), 40–1.

[5] Holstein to Brandt, 19 May 1895, *HP* iii, no. 461; memo. Howard, 7 June 1895, Kimberley MSS, MS.Eng.c.4402; B. A. Romanov, *Russia in Manchuria, 1892–1906* (New York, repr. 1974), 65–6.

[6] Memo. Sanderson, 7 May 1895, Rosebery MSS 10135; E.W. Edwards, *British Diplomacy and Finance in China, 1895–1914* (Oxford, 1987), 9–10.

[7] Tel. Kimberley to O'Conor (private and secret), 8 May 1895, and vice versa (private and secret), 14 May 1895, Kimberley MSS, MS.Eng.c.4396. For earlier incidents, D. McLean, 'Commerce, Finance, and British Diplomatic Support in China, 1885–86', *EcHR* xxvi, 3 (1978), 464–76.

[8] Tel. Kimberley to O'Conor (no. 55, confidential), 7 May 1895, FO 17/1242.

⁹ Tel. Kimberley to O'Conor (confidential), 8 May 1895, Kimberley MSS, MS.Eng.c.4396; also min. Sanderson, n.d., on tel. Kimberley to Malet (no. 48, secret), 18 May 1895, FO 64/1352; Müller-Jabusch, *Deutsch-Asiatische Bank*, 75–93.

¹⁰ Cameron to Sanderson, 9 May, and memo. Cameron, 10 May 1895, FO 17/1253; mins. Sanderson (on three conversations with Cameron), all 11 May 1895, Rosebery MSS 10135; cf. F. H. H. King, *The History of the Hong Kong and Shanghai Banking Corporation*, ii, *The Hongkong Bank in the Period of Imperialism and War, 1895–1918* (Cambridge, 1988), 265–7.

¹¹ Min. (3rd) Sanderson, 11 May 1895, Rosebery MSS 10135; memo. Sanderson, 13 May 1895, FO 17/1253; McLean, 'Chinese Loan,' 307–8.

¹² Tel. Malet to Kimberley (no. 10), 20 May 1895, FO 64/1352; McLean, 'Chinese Loan', 309. Montebello later described Kimberley's hopes as 'un peu naïve', Montebello to Hanotaux (no. 72, *confidentiel*), 12 June 1895, *DDF* (1) xii, no. 64.

¹³ Tel. Dufferin to Kimberley (private and secret), 25 May 1895, Kimberley MSS, MS.Eng.c.4402.

¹⁴ Tels. Kimberley to O'Conor (private and secret), 15 May 1895, Kimberley MSS, MS.Eng.4396, and vice versa (no. 53), 11 May 1895, FO 17/1235; K. Neilson, *Britain and the Last Tsar: British Policy and Russia, 1894–1917* (Oxford, 1995), 179.

¹⁵ Quotes from tel. O'Conor to Kimberley (private and secret), 12 May 1895, Kimberley MSS, MS.Eng.c.4396; and Sanderson to Rosebery (private), 18 May 1895, Rosebery MSS 10134.

¹⁶ Tels. Kimberley to Dufferin (no. 62), Lascelles (no. 50), Malet (no. 87), and O'Conor (no. 66), 21 May 1895, FO 27/3223; tel. O'Conor to Kimberley (private and secret), 18 May 1895, Kimberley MSS, MS.Eng.c.4396; tel. Hanotaux to Courcel (no. 111), 20 May 1895, *DDF* (1) xii, no. 15.

¹⁷ Tels. Dufferin to Kimberley (no. 28), 29 May 1895, FO 27/3223; and (private), 21 May 1895, Kimberley MSS, MS.Eng.c.4402; McLean, 'Chinese Loan', 314–15.

¹⁸ Tel. Malet to Kimberley (no. 11), 21 May 1895, FO 64/1352; see tel. Herbette to Hanotaux (no. 104), 24 May 1895, *DDF* (1) xii, no. 29.

¹⁹ Lobanov to Mohrenheim (*très confidentiel*), 11/23 May 1895, SC ii, 273; cf. tel. Hanotaux to Montebello (no. 138), 17 May 1895, *DDF* (1) xii, no. 11.

²⁰ Tel. Kimberley to Lascelles (no. 81), 18 May 1895, FO 65/1493; vice versa (no. 133), 22 May 1895, FO 65/1491; Staal to Lobanov, 17/29 May 1895, SC ii, 275; see Neilson, *Last Tsar*, 180.

²¹ Sanderson to Rosebery (private), 19 May 1895, Rosebery MSS 10134; Kimberley to Rosebery, 21 May 1895, ibid. 10070.

²² Lascelles to Sanderson (private), 22 May 1895, Lascelles MSS, FO 800/17; R. Quested, *The Russo-Chinese Bank* (Birmigham, 1977), 5–6 and 29–32; O. Crisp, *Studies in the Russian Economy before 1914* (London, 1976), 125–6.

²³ Memo. Sanderson, 26 May 1895, FO 17/1253; Lascelles to Kimberley (private), 6 June 1895, Kimberley MSS, MS.Eng.c.4405; Gosselin to Kimberley (no. 142), 10 June 1895, FO 64/1350.

²⁴ O'Conor to Bertie (private), 23 May 1895, FO 17/1235.

²⁵ Tels. Dufferin to Kimberley (nos. 32, 33, and 35), 6, 7, and 10 June 1895, FO 27/3223; Herbette to Hanotaux (no. 112), 11 June 1895 and Hanotaux to Montebello (no. 185), 12 June 1895, *DDF* (1) xii, nos. 57 and 60.

²⁶ Quotes from note Mohrenheim to Hanotaux (*confidentiel*), 11 June 1895, *DDF* (1) xii, no. 58; Holstein to Radolin, 4 June 1895, *HP* iii, no. 464.

²⁷ Tel. Kimberley to O'Conor (private), 18 June 1895, Kimberley MSS, MS.Eng.c.4396.

²⁸ Gosselin to Kimberley (no. 142), 8 June 1895, FO 64/1352; tel. Marschall to Gutschmid (no. 27), 7 June 1895, *GP* ix, no. 2276.

²⁹ Tel. Courcel to Hanotaux (no. 91), 10 June 1895, *DDF* (1) xii, no. 55.

³⁰ Lascelles to Kimberley (nos. 156 and 164, confidential), 16 and 19 June 1895, and min. Kimberley, n.d., on Lascelles to Kimberley (no. 157, confidential), 16 June 1895, FO 65/1491.   ³¹ Staal to Lobanov, 27 June/9 July 1895, SC ii, 277–8.

³² Tel. Gosselin to Salisbury (no. 24), 8 July 1895, FO 64/1352. For the agreement see *Treaties and Agreements with and concerning China, 1894–1919*, ed. J. V. A. MacMurray (2 vols., New York, 1921) i, 41.

33 Lascelles to Salisbury (no. 177, very confidential), 10 July 1895, FO 65/1491; also tel. Dufferin to Kimberley (no. 42, secret), 9 July 1895, FO 27/3223.

34 Memo. Macbean, 'Russian Advances in Asia, 1890–5' (confidential), ? 1896, Curzon MSS, MSS.Eur.F.111/700; O. Crisp, 'The Russo-Chinese Bank: An Episode in Franco-Russian Relations', in *SEER* lii (1974), 197–212; T. H. von Laue, *Sergei Witte and the Industrialization of Russia* (New York, repr. 1969), 242–7.

35 Sanderson to Lascelles (private), 26 June 1895, Lascelles MSS, FO 800/9. The Germans had come to view Lobanov in a similar light, tel. Hatzfeldt to Holstein, 18 June 1895, *GP* ix, no. 2315.

36 Salisbury to Lascelles (private), 27 July 1895, Lascelles MSS, FO 800/16; P. T. Marsh, 'Lord Salisbury and the Ottoman Massacres', in *JBS* xi, 2 (1972), 63–84.

37 Holstein to Eulenburg, 8 July 1895, as quoted in N. Rich, *Friedrich von Holstein: Politics and Diplomacy in the Era of Bismarck and Wilhelm II* (2 vols., Cambridge, 1965), ii, 441.

38 Müller-Jabusch, *Deutsch-Asiatische Bank*, 90–3; King, *HSBC* ii, 271–2.

39 Memo. Spring-Rice, 5 Nov. 1896, and Lascelles to Salisbury (no. 341, confidential), 6 Nov. 1896, FO 64/1379; Courcel to Hanotaux (no. 149, *confidentiel*), 23 June 1895, *DDF* (1) xii, no. 73.

40 Salisbury to Satow(private), 3 Oct. 1895, Satow MSS, PRO 30/33/5/2. 萨道义不得不请求指示，可见日本在索尔兹伯里心目中属次要角色，Satow to Salisbury (private), 15 Aug. 1895, Salisbury MSS, 3M/A/126/1。

41 Satow diary, 6 Oct. 1897, Satow MSS, PRO 30/33/16/1.

42 Sanderson to O'Conor, 15 Apr. 1896, O'Conor MSS, OCON 6/1/6.

43 Kimberley to Ripon (private), 10 June 1895, Ripon MSS, Add.MSS. 43527. For the French concessions see M. Bruguière, 'Le Chemin de Fer du Yunnan: Paul Doumer et la politique d'intervention Française en Chine, 1889–1902 (I)', *RHD* lxxxvii, 2 (1963), 44–5.

44 Reay to Elgin (private), 29 June 1895, Elgin MSS, MSS.Eur. F84/25; also Salisbury to Chamberlain (private), 27 Nov. 1895, Chamberlain MSS, BUL, JC 5/67/31.

45 Memo. Curzon, 'Siam, France, and China', 13 Aug. 1895, Curzon MSS, MSS.Eur.F112/3; Courcel to Hanotaux (no. 155, *confidentiel*), 12 July 1895, *DDF* (1) xii, no. 88.

46 The text of the conventions can be found in *DDF* (1) xii, no. 272, appendix; see J. D. Hargreaves, 'Entente Manquée: Anglo-French Relations, 1895–6', *CHJ* xi, 1 (1953), 65–92.

47 Tels. Beauclerk to Salisbury (nos. 158, secret, and 164), 29 Nov. and 10 Dec. 1895, FO 17/1241 and 1242; see Romanov, *Russia in Manchuria*, 106.

48 *The Times* (25 Oct. 1895); Staal to Lobanov (*particulière*), 17/29 Oct. 1895, *SC* ii, 283–4.

49 Salisbury to Goschen (no. 319), 30 Oct. 1895, FO 65/1489; Romanov, *Russia in Manchuria*, 68.

50 Tel. Hatzfeldt to Auswärtiges Amt (no. 253), 25 Oct. 1895, *GP* x, no. 2393; Salisbury to G. J. Goschen (private), 25 Oct. 1895, Salisbury MSS, 3M/E/Goschen.

51 *The Times* (10 Nov. 1895 and 4 Feb. 1896).

52 Quotes from Cockburn to O'Conor, 9 Jan. 1896, O'Conor MSS, OCON 6/1/4; Knobel to Roëll (no. 38), 26 Nov. 1895, *BBBP* (2) v, no. 104.

53 Goschen to Salisbury (no. 31, secret), 27 Feb. 1896; Foreign Office memo., 'Cassini Convention', Mar. 1898, FO 881/6981; see M. Bounds, 'The Sino-Russian Treaty of 1896', *Harvard Papers on China*, no. 23 (1970), 112–13.

54 A point overlooked by Bounds, 'Sino-Russian Treaty', 120; see MacMurray, *Treaties* i, 74–7. For Russian bribery of Li Hung-chang and Chang Yin-wan, see *KA* ii (1922), 287–93.

55 Memo. Malcolm, 10 June 1896, Salisbury MSS, 3M/A/129/103; M. M. Jefferson, 'Lord Salisbury's Conversations with the Tsar at Balmoral, 27 and 29 September 1896', *SEER* xxxix (1960), 216–22.

56 Tel. Muravev to Osten-Sacken, 28 Oct./9 Nov. 1897, anon., 'Zakhrat Germanie Kiao Chao v 1897', *KA* no. 87 (1928), 39–40. On Nicholas II's strong reaction see R. R. Mclean, *Royalty and Diplomacy in Europe, 1890–1914* (Cambridge, 2001), 35.

57 Lascelles to Salisbury (no. 226), 20 Aug. 1897, FO 64/1411.

58 Holstein to Hatzfeldt (private), 13 Nov. 1897, *HP* iv, no. 630; Holstein to Eulenburg (private), 10 Nov. 1897, *EulP* ii, no. 1352.

59 Goschen to Salisbury (no. 251), 29 Oct. 1897, FO 65/1534.

60 Tels. Hohenlohe to Hatzfeldt (no. 326), 16 Nov. 1897, and vice versa (no. 218), 16 Nov. 1897, *GP* xiv/1, nos. 3702–3.

61 Tel. Salisbury to MacDonald (no. 59), 17 Nov. 1897, FO 17/1314; T. G. Otte, 'Great Britain, Germany and the Far Eastern Crisis of 1897–8', *EHR* cx, 439 (1995), 1161–2.

62 Campbell to Satow (private), 7 Oct. 1904, Satow MSS, PRO 30/33/7/3; see N. A. Pelcovits, *Old China Hands and the Foreign Office* (New York, 1948), 207; A. J. Sargent, *Anglo-Chinese Commerce and Diplomacy* (Oxford, 1907), 234–5 and 282.

63 MacDonald to Salisbury (no. 127), 8 Sept. 1897, FO 17/1313; also memo. Gundry, 15 June 1897, WO 106/17; M. H. Wilgus, *Sir Claude MacDonald, the Open Door and the British Informal Empire in China, 1895–1900* (New York, 1987), 80–1.

64 Satow diary, 6 Oct. 1897, Satow MSS, PRO 30/33/16/1; Gough to Salisbury (nos. 314 and 316), 19 and 20 Nov. 1897, FO 64/1412.

65 Lascelles to Salisbury (nos. 299 and 309), 7 and 19 Nov. 1897, FO 64/1412; MacDonald to Bertie (private), 1 Dec. 1897, Bertie MSS, FO 800/162.

66 Quotes from min. Sanderson, 13 Dec. 1897, on Gough to Salisbury (no. 346), 10 Dec. 1897, FO 64/1412; and memo. Bertie, 18 Nov. 1897, FO 17/1330.

67 Note Sanderson to Salisbury, 19 Nov. 1897, Sanderson MSS, FO 800/2.

68 Quotes from Satow to Salisbury (no. 245), 1 Dec. 1897, FO 46/485; Hart to Campbell, 28 Nov. 1897, *IG* ii, no. 1088.

69 Min. Salisbury, n.d. [18? Nov. 1897], FO 17/1330; tels. Hatzfeldt to Hohenlohe (nos. 219 and 220), 17 and 20 Nov. 1897, *GP* xiv/1, nos. 3708 and 3710.

70 Memo. Hanotaux, 24 Nov. 1897, *DDF* (1) xiii, no. 366.

71 Min. Bertie, n.d., on tel. MacDonald to Salisbury (no. 93), 22 Dec. 1897, FO 17/1314.

72 Osten-Sacken to Muravev, 10/22 Nov. 1897, 'Zakhrat Germanie', 49–50; note Rotenhan to Osten-Sacken, 22 Nov. 1897, *GP* xiv/1, no. 3711; Rich, *Holstein* ii, 566–7.

73 Sanderson to Salisbury (private), 19 Nov. 1897, Sanderson MSS, FO 800/2; min. Bertie, 23 Dec. 1897, FO 17/1330.

74 Tels. Salisbury to MacDonald (nos. 59 and 60), 17 and 21 Nov. 1897, FO 17/1314; also tel. Bertie to Salisbury, 18 Nov. 1897, ibid.

75 Min. Salisbury, n.d. [24 Nov. 1897], FO 17/1330.

76 Tels. MacDonald to Salisbury (nos. 82 and 84), 12 and 14 Dec. 1897, and min. Campbell, n.d. [13 Dec. 1897], FO 17/1314; Goschen to Salisbury (no. 8), 9 Jan. 1898, FO 65/1552.

77 Tel. Buller to Admiralty (no. 548), 15 Dec. 1897, and to Seymour (no. 570), 26 Dec. 1897, ADM 125/52.

78 MacDonald to Salisbury (no. 161), 1 Dec. 1897, FO 17/1313; min. Campbell, n.d. [c. 23 Nov. 1897], FO 17/1314.

79 Tel. Salisbury to MacDonald (no. 67), 8 Dec. 1897, ibid.; Chinese Secretary's Office, record book, 13 and 21 Dec. 1897, FO 233/44; memo. Davidson, 'Kiaochou: Observations on German Demands', 8 Dec. 1897, FO 17/1330.

80 Tel. Salisbury to MacDonald (no. 70), 15 Dec. 1897, FO 17/1314.

81 Tel. Heyking to Auswärtiges Amt (no. 98), 16 Dec. 1897, *GP* xiv/1, no. 3735; MacDonald to Salisbury (no. 175), 16 Dec. 1897, FO 17/1313.

82 MacDonald to Salisbury (no. 161), 1 Dec. 1897, FO 17/1313.

83 Morrison to Bland, 6 Dec. 1897, *GEM* i, no. 15; Goschen to Salisbury (No. 293), 21 Dec. 1897, FO 64/1534.

84 Goschen to Salisbury (no. 293), 26 Dec. 1897, FO 65/1534; tel. Vauvineux to Hanotaux (no. 324), 5 Dec. 1897, *DDF* (1) xiii, no. 374.

85 China Association to Salisbury, 1 Dec. 1897, FO 17/1330; see Pelcovits, *Old China Hands*, 207–8.

86 Keswick to Bertie, 3 Dec. 1897, and Gundry to Bertie, 5 Dec. 1897, FO 17/1330; Bredon to Bertie (private), 20 Dec. 1897, FO 17/1330. External advice in this matter was often in the realm of geopolitical fantasy. Examples can be found in FO 17/1333.

87 Memo. Sanderson (on conversation with O'Conor), 23 Dec. 1897, FO 17/1330.

88 O'Conor to Sanderson (private), 24 Mar. 1898, Salisbury MSS, 3M/A/129/39.

89 Memo. Bertie, 23 Dec. 1897, and min. Salisbury, n.d., FO 17/1330.

90 Tels. MacDonald to Buller, 21 Nov., and vice versa, 22 Nov. 1897, FO 228/1244; tel. MacDonald to Salisbury (private), 23 Nov. 1897, FO 17/1313.

91 Min. Salisbury, n.d., on Smith to Bertie, 27 Dec. 1897, encl. in Bertie to Salisbury (private), 28 Dec. 1897, Bertie MSS, Add.MSS. 63013.

92 Bertie to Salisbury (private), 30 Dec. 1897, Bertie MSS, Add.MSS. 63013.

93 Memo. Allen, 10 Jan. 1898, FO 405/76/31; Lord C. Beresford, *The Break-Up of China* (London and New York, 1899), 76–7.

94 Min. Salisbury, n.d., on tel. MacDonald to Salisbury (private), 23 Nov. 1897, FO 17/1330.

95 Courcel to Hanotaux (no. 347), 23 Dec. 1897, *DDF* (1) xiii, no. 384; also Staal to Muravev, 10/22 Dec. 1897, *SC* ii, 354–5.

96 Memo. Sanderson, 23 Dec. 1897, Sanderson MSS, FO 800/2. Grenville, by contrast, argues that Salisbury 'refused to acknowledge that a "Far Eastern Crisis" ever existed', idem, *Salisbury*, 130.

97 Memo. Salisbury, n.d., encl. in Salisbury to Cross (private), 30 Dec. 1897, Cross MSS, Add.MSS. 51264; vice versa (private), 31 Dec. 1897, Salisbury MSS, 3M/E/Cross (1892–1902).

98 Goschen to Salisbury (private), 31 Dec. 1897, Salisbury MSS, 3M/E/Goschen (1897–8).

99 Quotes from Chamberlain to Salisbury (private), 29 Dec. 1897, Salisbury MSS, 3M/E/Chamberlain (1896–7), and reply (private), 30 Dec. 1897, Chamberlain MSS, JC 5/67/88; Garvin, *Life of Joseph Chamberlain* iii, 249.

100 Chamberlain to Salisbury (private), 31 Dec. 1897, Salisbury MSS, 3M/E/Chamberlain (1896–7).

101 Satow to Salisbury (private), 30 Dec. 1897, Salisbury MSS, 3M/A/126/34.

102 Tels. Salisbury to MacDonald (nos. 76 and 77), 28 and 31 Dec. 1897, FO 17/1314.

103 Min. Salisbury, n.d. [24? Nov. 1897], FO 17/1314; note Lansdowne to Salisbury, 29 Dec. 1897, Salisbury MSS, 3M/E/ Lansdowne (1897–9); A. N. Porter, 'Lord Salisbury, Foreign Policy and Domestic Finance, 1860–1900', *Salisbury: The Man and His Policies*, ed. R. Blake and H. Cecil (London, 1987), 155–9.

104 Goschen to Salisbury (private), 2 Jan. 1898, Salisbury MSS, 3M/E/Goschen (1897–8); see A. D. Elliot, *The Life of George Joachim Goschen, First Viscount Goschen, 1831–1907* (2 vols., London, 1911) ii, 209–10.

105 Tel. MacDonald to Salisbury (no. 9), 5 Jan. 1898, FO 17/1340; Curzon to Salisbury (private), 27 Dec. 1897, Salisbury MSS, 3M/E.1/110.

106 Lascelles to Salisbury (no. 8), 5 Jan. 1898, FO 64/1437; tel. Bülow to Hatzfeldt (no. 3), *GP* xiv/1, no. 3747.

107 Tels. MacDonald to Salisbury (nos. 12 and 22), 3 and 5 Jan. 1898, FO 17/1340; Bülow to Hatzfeldt (no. 42), 8 Jan. 1898, *GP* xiv/1, no. 3748. The full German text was obtained only in 1906, Carnegie to Grey (no. 261), 11 June 1906, FO 371/432/25894.

108 Salisbury to Lascelles (no. 14), 12 Jan. 1898, FO 64/1436; tel. Hatzfeldt to Bülow (no. 7), 12 Jan. 1898, *GP* xiv/1, no. 3750.   109 Hart to Campbell, 7 Jan. 1898, *IG* ii, no. 1092.

110 Beach to Salisbury (confidential), 26 Dec. 1897, Hicks Beach MSS, PCC/34; Edwards, *Finance*, 21–2.

111 Salisbury to Iwan-Muller (confidential), 31 Aug. 1896, *BD* vi, app. IV; see T. G. Otte, '"Floating Downstream": Lord Salisbury and British Foreign Policy, 1878–1902', in idem (ed.), *The Makers of British Foreign Policy: From Pitt to Thatcher* (London and New York, 2002), 114–19.

112 Tel. Salisbury to MacDonald (secret), 31 Dec. 1897, CAB 37/46/29; O'Conor to Salisbury (no. 12, confidential), 12 Jan. 1898, FO 65/1552. A point missed by Edwards, *Finance*, 22–3.

113 Tel. MacDonald to Bertie (private), 16 Jan. 1898, FO 17/1340.

114 索尔兹伯里致贝尔福函，1898 年 1 月 6 日，Whittinghame Muniment MSS, GD 433/2/39。这份重要文件在此是首次出现在学术著作中。关于索尔兹伯里 1895 年与内阁的分歧，见 T. G. Otte, 'A Question of Leadership: Lord Salisbury, the Unionist Cabinet and Foreign Policy Making, 1895–1900', *CBH* xiv, 4 (2000), 7–8。

115 德文郡公爵致詹姆斯，1898 年 1 月 11 日，James of Hereford MSS, Herefordshire CRO, M45/937。对于历史学者们来说幸运的是，索尔兹伯里的私人秘书忘记了将内阁的决定——因此也未将张伯伦致德文郡公爵的信——通知詹姆斯；也见 Lord Askwith, Lord James of Hereford (London, 1930), 254–6。

116 Quotes from Staal to Muravev (*confidentiel*), 10/22 Dec. 1897, *SC* ii, 358; Chamberlain to James (secret), 11 Jan. 1898, James of Hereford MSS, M45/936.

117 Staal to Muravev, 7/19 Jan. 1898, *SC* ii, 365; see Baron R. R. Rosen, *Forty Years in Diplomacy* (2 vols., London, 1922) i, 104.

118 Tel. O'Conor to Salisbury (no. 12, secret), 23 Jan. 1898, *BD* i, no. 8; tel. Vauvineux to Hanotaux (no. 324), 5 Dec. 1897, *DDF* (1) xiii, no. 374; see also Spring-Rice to Villiers (private), 26 Dec. 1897, Villiers MSS, FO 800/23.

119 Hicks Beach to Salisbury, 23 Jan. 1898, Hicks Beach MSS, PCC/34; Lady V. Hicks Beach, *Life of Sir Michael Hicks Beach, Earl St. Aldwyn* (2 vols., London, 1932) ii, 58–9.

120 Tels. MacDonald to Salisbury (private) and vice versa, both 4 Jan. 1898, Salisbury MSS, 3M/A/106/8; tel. Salisbury to MacDonald (no. 72), 23 Dec. 1897, FO 17/1314.

121 Rothschild to Bertie (private and confidential), 17 Jan. 1898, Bertie MSS, Add.MSS. 63013; see Stuers to Beaufort, 10 Jan. 1898, *BBBP* (2) vi, no. 376.

122 *The Times* (18 Jan. 1898); see T. G. Otte, ' "Avenge England's Dishonour": Parliament, By-elections and Foreign Policy in 1898', *EHR* cxxi, 491 (2006), 6–7.

123 Sanderson to O'Conor (private), 19 Jan. 1898, O'Conor MSS, OCON 6/1/15; see Courcel to Hanotaux (no. 22), 20 Jan. 1898, *DDF* (1) xiv, no. 22; and Staal to Muravev, 21 Jan./1 Feb. 1898, *SC* ii, 369–70.

124 Min. Bertie, 17 Jan. 1898, Bertie MSS, Add.MSS. 63013; see Neilson, *Last Tsar*, 187.

125 Salisbury to Selborne (private), 26 Aug. 1897, Selborne MSS, Bodl., MS Selborne 5; to Monson (private), 12 Feb. 1898, Monson MSS, Bodl., MS.Eng.hist.c.594.

126 Tel. Salisbury to O'Conor (no. 7, secret), 17 Jan. 1898, *BD* i, no. 5; Grenville, *Lord Salisbury*, 136–7.

127 Tel. O'Conor to Salisbury (no. 10, secret), and despatch (no. 24), both 20 Jan. 1898, *BD* i, nos. 6–7.   128 Tel. O'Conor to Salisbury (no. 12, secret), 23 Jan. 1898, ibid., no. 8.

129 Tel. Courcel to Hanotaux (no. 10, *confidentiel*), 23 Jan. 1898, *DDF* (1) xiv, no. 25.

130 Tel. MacDonald to Salisbury (no. 30), 29 Jan. 1898, FO 17/1340; also memo. Gérard, 12 Feb. 1898, *DDF* (1) xiv, no. 50.

131 Tel. Salisbury to O'Conor (no. 22, secret), 25 Jan. 1898, *BD* i, no. 9.

132 Tel. Salisbury to MacDonald (no. 23), 28 Jan. 1898, FO 17/1339; A. Malozemoff, *Russian Far Eastern Policy, 1881–1904* (Berkeley and Los Angeles, 1958), 100–10.

133 Salisbury to Hicks Beach, 29 Jan. 1898, Hicks Beach MSS, PCC/69; Neilson, *Last Tsar*, 189.

134 Chamberlain to Balfour (secret), 3 Feb. 1898, Chamberlain MSS, JC 5/5/70. Chamberlain's prediction of parliamentary problems was quite accurate, see Otte, ' "Avenge England's Dishonour" ' 397–400.

135 Tels. O'Conor to Salisbury (nos. 17, secret, and 25), 3 and 5 Feb. 1898, *BD* i, nos. 11 and 13; see memo. Drummond Wolff (secret and confidential), 2 Apr. 1898, Balfour MSS, Add.MSS. 49746.

136 Tel. MacDonald to Salisbury (no. 69), 10 Mar. 1898, FO 17/1340; tel. Salisbury to O'Conor (no. 36, secret), 8 Feb. 1898, *BD* i, no. 14; see Young, *British Policy*, 62–3.

137 Tel. Salisbury to MacDonald (no. 34, secret), 11 Feb. 1898, *BD* i, no.15.

138 Sanderson to O'Conor (private), 2 Feb. 1898, O'Conor MSS, OCON 6/1/15.

139 Note Lamsdorff to O'Conor, 10/22 Jan. 1898, ibid., OCON 6/1/4; tel. O'Conor to Salisbury (no. 34, secret), 22 Feb. 1898, *BD* i, no. 20.

140 O'Conor to Lascelles (private), 23 Feb. 1898, Lascelles MSS, FO 800/6.

141 Staal to Muravev (no. 11), 18 Feb./2 Mar. 1898, *SC* ii, 372; Hou, *Foreign Investments*, 47.

142 欧格讷致索尔兹伯里电报（第 32 号，秘密），1898 年 2 月 19 日，*BD* i, no. 18。施塔尔早先曾警告过穆拉维约夫，这样的行动将妨碍关系缓和，见施塔尔致穆拉维约夫函，1898 年 1 月 21 日 /3 月 2 日，*SC* ii, 371。

143 贝尔福致戈申函（私密），1898 年 2 月 26 日，Balfour MSS, Add.MSS. 49706。尼尔森（Neilson）在 *Last Tsar*, 193 中称索尔兹伯里这时在国外养病，是不正确的。索尔兹伯里是直到 3 月 26 日星期六才动身前往法国南部的博利厄（Beaulieu）的，见本书第三章，也见 Courcel to Hanotaux (no. 160), 22 Mar. 1898, *DDF* (1) xiv, no. 98。

144 Balfour to Goschen (private), 26 Feb. 1898, Balfour MSS, Add.MSS. 49706.

145 Sanderson to O'Conor (private), 2 and 17 Mar. 1898, O'Conor MSS, OCON 6/1/15.

146 Quotes from O'Conor to Salisbury (no. 71, secret), 3 Mar. 1898, *BD* i, no. 22; and Sanderson to O'Conor (private), 9 Mar. 1898, O'Conor MSS, OCON 6/1/15.

147 O'Conor to Bertie (private), 10 Mar. 1898, Bertie MSS, Add.MSS. 63013; Neilson, *Last Tsar*, 192.

148 Tel. Salisbury to Pauncefote (no. 18, very confidential), 7 Mar. 1898, FO 5/2364; Grenville, *Lord Salisbury*, 145.

149 Tel. Pauncefote to Salisbury (no. 13, confidential), 8 Mar. 1898, FO 5/2365. Pauncefote's visit to the White House did not go undetected, see tel. Cambon to Hanotaux (no. 23), 10 Mar. 1898, *DDF* (1) xiv, no. 77.

150 Memo. Bax-Ironside, n.d. [26 Feb. 1898], FO 17/1333; tel. Heyking to Auswärtiges Amt (no. 46), 27 Feb. 1898, KDGP, MSS 705.K13/1.

151 Curzon to Spring-Rice (private), 20 Feb. 1898, Spring-Rice MSS, CASR I/28.

152 Bertie to Lascelles (private), 16 Mar. 1898, FO 64/1437.

153 Tel. MacDonald to Salisbury (separate and secret), 25 Feb. 1898, *BD* i, no. 25; R. S. Yorke, 'Wei-hai-Wei: Our Latest Leasehold Possession; Being a Recollection of Wei-hai-Wei, with Suggestions for a Definite Policy in the Far East', *FR* lxiv, 379 (1898), 38–41; E. Z. Sun, 'The Lease of Wei-hai-Wei', *PHR* xix, 3 (1950), 278–9.

154 Balfour to MacDonald, 7 Mar. 1898, FO 17/1338; tel. MacDonald to Salisbury (no. 71), 10 Mar. 1898, FO 17/1340; see Sun, 'Lease', 280–2.

155 Tel. Salisbury to MacDonald (no. 68), 12 Mar. 1898, FO 17/1338.

156 Staal to Muravev (no. 18), 4/14 Mar. 1898, *SC* ii, 374; see Chirol to Morrison, 24 Feb. 1898, *GEM* i, no. 26; Alice Blanche Balfour diary, 15 Mar. 1898, Whittinghame Muniment MSS, GD 433/2/224.

157 Min. Balfour, 14 Mar. 1898, Balfour MSS, Add.MSS. 49746; min. Curzon, n.d. [but before Sept. 1898 as initialled GNC], Curzon MSS, MSS.Eur.F.112/368.

158 Tel. Salisbury to Pauncefote (no. 21, confidential), 15 Mar. 1898, FO 5/2364; see A. E. Campbell, 'Great Britain and the United States in the Far East, 1895–1903', *HJ* i, 2 (1958), 163–4; R. G. Neale, *Great Britain and United States Expansion, 1898–1900* (Ann Arbor, 1966), 10–14.

159 Tel. Pauncefote to Salisbury (no. 18), 16 Mar. 1898, FO 5/2365; see B. Perkins, *The Great Rapprochement: England and the United States, 1898–1914* (London, 1969), 211–12.

160 Tel. O'Conor to Salisbury, 23 Mar. 1898, O'Conor MSS, OCON 6/1/14; despatches (nos. 99, 112, and 128), 16, 21, and 29 Mar. 1898, FO 65/1553.

161 Memo. Cartwright, 31 Mar. 1898, FO 881/7008.

162 Satow to Salisbury (private), 23 Mar. 1898, Salisbury MSS, 3M/A/126/37; and (no. 38), 23 Mar. 1898, FO 46/496; also Sanderson to O'Conor (private), 17 Mar. 1898, O'Conor MSS, OCON 6/1/15.

163 Pourtalès-Gorgier to Hanotaux (no. 8), 26 Jan. 1898, *DDF* (1) xiv, no. 31; Nish, *Anglo-Japanese Alliance*, 58–60; Rosen, *Forty Years* i, 156–9.

164 Tel. Balfour to Queen Victoria, 18 Mar. 1898, CAB 41/24/32; Alice Blanche Balfour diary, 9 Mar. 1898, Whittinghame Muniment MSS, GD 433/2/244.

165 Memo. Courcel (on conversation with Charles Dilke), 11 Mar. 1898, *DDF* (1) xiv, no. 80, app.; also Devonshire to James, 14 Mar. 1898, James of Hereford MSS, M45/948.

166 Salisbury to Selborne (private), 30 June 1895, Selborne MSS, MS Selborne 5; Brodrick to Selborne (private), 26 July 1895, ibid., MS Selborne 2; see P. Fraser, 'The Liberal Unionist Alliance: Chamberlain, Hartington and the Conservatives, 1886–1904', *EHR* lxxvii, 4 (1962), 62–78; P. T. Marsh, *Joseph Chamberlain: Entrepreneur in Politics* (New Haven, 1994), 366–9.

[167] Balfour to Salisbury, 24 July 1892, *S-BC*, 427–30; Chamberlain to Devonshire, 23 July 1895, B. Holland, *The Life of Spencer Compton, Eighth Duke of Devonshire* (2 vols., London, 1911), ii, 261; R. V. Kubicek, *The Administration of Imperialism: Joseph Chamberlain at the Colonial Office* (Durham, NC, 1969), 12–13; R. Faber, *The Vision and the Need: Late Victorian Imperialist Aims* (London, 1966), 74–7.

[168] Chamberlain speech at the Congress of Chambers of Commerce of the Empire, 9 June 1896, *Mr. Chamberlain's Speeches*, ed. C. W. Boyd (2 vols., London, 1914) ii, 367–71; M. Crouzet, 'Joseph Chamberlain', *Les Politiques d'Expansion Impérialiste*, ed. P. Renouvin (Paris, 1949), 165 and 168–70.

[169] Chamberlain to Selborne (secret), 1 Dec. 1897, Selborne MSS, MS Selborne 8; Chamberlain to Monson (secret), 1 Nov. 1897, Monson MSS, MS.Eng.hist.c.594.

[170] Rumbold to father, 26 Aug. 1898, Rumbold MSS, Bodl., MS Rumbold dep. 10; see Lady F. Balfour, *Ne Obleviscaris* (2 vols., London, s.a.), ii, 270.

[171] Quotes from Chamberlain to Balfour (private), 3 Feb. 1898, Balfour MSS, Add. MSS. 49773; and Lascelles to O'Conor, 11 Mar. 1898, O'Conor MSS, OCON 6/1/15.

[172] Balfour to Devonshire (private), 31 Mar. 1898, Balfour MSS, Add.MS. 49769; B. E. C. Dugdale, *Arthur James Balfour: First Earl of Balfour* (2 vols., London, 1939), i, 189–90; S. H. Zebel, *Balfour: A Political Biography* (Cambridge, 1973), 94–5.

[173] Lansdowne to Salisbury (private), 2 and 3 Feb. 1898, Salisbury MSS, 3M/E/Lansdowne (1897–9); Lord Newton, *Lord Lansdowne: A Biography* (London, 1929), 100–1 and 147–51.

[174] Hamilton diary, 24 July 1886, *EHD (1)*, 43; P. Colson (ed.), *Lord Goschen and His Friends: The Goschen Letters* (London, s.a. [1946]), 23; Elliot, *Goschen* ii, 143–50; T. J. Spinner, *George Joachim Goschen: The Transformation of a Victorian Liberal* (Cambridge, 1973), 65–82.

[175] Memo. Goschen, 5 Mar. 1897, ADM 116/1605; A. J. Marder, *The Anatomy of Sea Power: A History of British Naval Policy in the Pre-Dreadnought Era, 1880–1905* (Hamden, Conn., repr. 1964), 350–1.

[176] Min. Goschen, n.d., on O'Conor to Sanderson (private), 24 Mar. 1898, Salisbury MSS, 3M/A/129/39.

[177] Goschen to Salisbury (private), 10 Jan. 1898, Salisbury MSS, 3M/E/Goschen (1897–8); Goschen to Devonshire (private), 12 Mar. 1898, Devonshire MSS, 340.2759. On the Goschen–Chamberlain relationship see also Brodrick to Selborne (private), 26 July 1895, Selborne MSS, MS Selborne 2.

[178] Salisbury to Chamberlain (private), 13 Dec. 1896, Chamberlain MSS, JC 5/67/56. For the meeting of 11 Jan., Devonshire to James, 11 Jan. 1898, James of Hereford MSS, M45/937.

[179] Hamilton diary, 5 Apr. 1896, *EHD* (2), 322; also Hicks Beach, *Life of Hicks Beach* ii, 30–3, 48–51, and 62–4.

[180] Hicks Beach to Salisbury (private), 26 Dec. 1897, Hicks Beach MSS, PCC/34; min. Curzon, n.d., Curzon MSS, MSS.Eur.F.112/368.

[181] Devonshire to Goschen (private), 12 Mar. 1898, Devonshire MSS, 340.2760; min. Curzon, n.d., Curzon MSS, MSS.Eur.F.112/368.

[182] Holland, *Duke of Devonshire*, i, 20; J. Ehrman, *Cabinet Government and War, 1890–1940* (Cambridge, 1958), 23.

[183] Curzon to Brodrick (private), 26 June 1895, Midleton MSS, BL, Add.MSS. 50073; Salisbury to Curzon, 27 June 1895, Curzon MSS, MSS.Eur.F.112/1A.

[184] Balfour to Devonshire (confidential), 12 Oct. 1900, Sandars MSS, Bodl., MS.Eng.hist.c.732; Salisbury to Devonshire (private), 22 Oct. 1900, Devonshire MSS, 340.2840; and to James, 26 Apr. 1899, James of Hereford MSS, M45/991.

[185] Min. 2nd Lord Chaplin, n.d., on Wedgwood to Chaplin (private), 23 Sept. 1936 (author's possession); E. H. Vane-Tempest-Stewart (Marchioness of Londonderry), *Henry Chaplin: A Memoir* (London, 1926), 173–4.

[186] Memo. Chaplin, 19 Aug. 1898, Balfour MSS, Add.MSS. 49772.

[187] Balfour to Salisbury (private), 23 Oct. 1900, Sandars MSS, MS.Eng.hist.c.732; Balfour to Devonshire (confidential), 12 Sept. 1900, and Devonshire to Salisbury (private), 20 Oct. 1900, Devonshire MSS, 340.2837–8.

[188] Balfour to Goschen (private), 26 Feb. 1898, Balfour MSS, Add.MSS. 49706.

189 Min. Salisbury, 22 Mar. 1898, *BD* i, no. 34; tel. Balfour to Queen Victoria, 22 Mar. 1898, PRO, CAB 41/24/33.

190 Curzon to Brodrick (private), 18 June 1900, Midleton MSS, Add.MSS. 50074; cf. Salisbury to Curzon (private), 15 Apr. 1898, Curzon MSS, MSS.Eur.F.111/144; D. Dilke, *Curzon in India* (2 vols., London, 1969) i, 57–8.

191 Curzon to Salisbury (private), 29 Dec. 1897, Salisbury MSS, 3M/E/1/109. Among his writings on Asian affairs were *Russia in Central Asia in 1889 and the Anglo-Russian Question* (London, 1889), *Persia and the Persian Question* (2 vols., London, 1892), and *Problems of the Far East: Japan–Korea–China* (London, 1894, rev. ed. 1896).

192 Min. Curzon, n.d., Curzon MSS, MSS.Eur. F.112/368; memo. Balfour, 14 Mar. 1898, Balfour MSS, Add.MSS. 49746.

193 伯蒂备忘录，1898 年 3 月 14 日，*BD* i, no. 24; 寇松致布罗德里克函（私密），1898 年 10 月 4 日，Midleton MSS, Add.MSS. 50073。他们合作还有一个证据，就是两人在备忘录中对中国地名的拼写是一致的——而伯蒂的备忘录和笔记中地名通常是不一致的。

194 Memo. Curzon, 'Memorandum on the Advantages of a British Lease of Wei-hai-Wei', 14 Mar. 1898, Curzon MSS, MSS.Eur. F.112/363.　　195 Memo. Bertie, 14 Mar. 1898, *BD* i, no. 24.

196 Memo. Curzon, 14 Mar. 1898, Curzon MSS, MSS.Eur.F112/363.

197 Bertie to Balfour, 17 Mar. 1898, Balfour MSS, Add.MSS. 49746.

198 寇松备忘录，未注明日期，Curzon MSS, MSS.Eur. F.112/368。寇松后来称 3 月 26 日是做出决定的日期，见寇松致汉密尔顿函（私密），1900 年 8 月 22 日，Hamilton MSS, MSS. Eur.D.510/5。这似乎不可能，因为窦纳乐是 3 月 25 日奉命提出租借威海卫的要求的。

199 Curzon to Salisbury (private), 11 Apr. 1898, Salisbury MSS, 3M/E/1/118.

200 'Diplomaticus', 'A Monroe Doctrine for Asia', *FR* lxiii, 374 (Feb. 1898), 333; H. W. Wilson, 'Frontbench Invertebrates', *NR* xxxi, 4 (Apr. 1898), 300–1; anon., 'The Failure of Our Foreign Policy', *CR* lxxiii, 4 (1898), 457–80; 'Diplomaticus', 'The Break-Down of Our Chinese Policy', *FR* lxiii, 5 (1898), 844–54. For a detailed discussion, see Otte, ' "Avenge England's Dishonour" '.

201 Tel. MacDonald to Barrington (private), 1 Apr. 1898, Salisbury MSS, 3M/A/106/9; tel. Admiralty to Seymour (no. 49), 26 Mar. 1898, ADM 125/88; I. H. Nish, 'The Royal Navy and the Taking of Wei-hai-Wei, 1898–1905', *MM* liv, 1 (1967), 39–54.

202 Tel. MacDonald to Salisbury, 3 Apr. 1898, FO 83/1907; Chinese Secretary's Office, Record Books, 1 July 1898, FO 233/44. Memo. King-Hall, 24 May 1898, ADM 125/88; journal Fitzgerald, 27 May 1898, ADM 50/379. For the text of the convention see A. H. Oakes and R. W. Brant (eds.), *A Complete Collection of the Treaties and Conventions between Great Britain and Foreign Powers*, vol. xxi (London, 1901), 295–6; also P. Atwell, *British Mandarins and Chinese Reformers: The British Administration of Weihaiwei (1898–1930)* (Hong Kong and Oxford, 1985), 7–17.

203 Salisbury to O'Conor (no. 76A), 26 Mar. 1898, *BD* i, no. 40.

204 Staal to Muravev (no. 24), 18/20 Mar. 1898, *SC* ii, 375–6.

205 Sanderson to O'Conor (private), 13 Apr. 1898, O'Conor MSS, OCON 6/1/15; O'Conor to Salisbury (nos. 128 and 137A), 29 Mar. and 4 Apr. 1898, FO 65/1553; Neilson, *Last Tsar*, 194–5.

206 Tel. Geoffray to Hanotaux (no. 59, *très confidentiel*), 26 Mar. 1898, *DDF* (1) xiv, no. 100.

207 Tel. Hanotaux to Montebello (no. 245), 6 Apr. 1898, *DDF* (1) xiv, no. 134.

208 Lascelles to Salisbury (no. 105), 7 Apr. 1898, FO 64/1437; Sanderson to Lascelles (no. 73), 30 Mar. 1898, FO 244/562; min. Klehmet, 4 Apr. 1898, *GP* xiv/1, no. 3760.

209 Lascelles to Salisbury (no. 105), 7 Apr. 1898, FO 64/1437; min. Sanderson, n.d. [9? April 1898], Balfour MSS, Add.MSS. 49739; tel. Bülow to Hatzfeldt (no. 99), 4 Apr. 1898, *GP* xiv/1, no. 3761.

210 Note Lascelles to Bülow, 20 Apr. 1898, *BD* i, no. 52; tel. Bülow to Wilhelm II, 21 Apr. 1898, *GP* xiv/1, no. 3770.　　211 Lascelles to Salisbury (no. 168), 26 May 1898, FO 64/1438.

212 Sanderson to O'Conor (private), 13 Apr. 1898, O'Conor MSS, OCON 6/1/15. For a detailed discussion see my, ' "Wee-ah-wee"?: Britain at Weihaiwei, 1898–1930', *British Naval Strategy East of Suez, 1900–2000*, ed. G. Kennedy (London, 2005), 4–34.

213 *PD* (4) lvi (1898), cols. 232–40.

²¹⁴ Balfour to MacDonald, 30 Mar. 1898, FO 17/1338; memo. Ardagh, 'Wei-hai-Wei', 12 Apr. 1898, Ardagh MSS, PRO 30/40/14/2; F. D. Acland to father, 6 May [recte June] 1898, Acland MSS, Devon RO, 1148M. Add.14, ser. II/8; memo. Lewis, 'Report on the Proposed Defences of the Naval Establishment at Wei-hai-Wei', 11 Sept. 1898, CAB 11/59.

²¹⁵ Memo. Brodrick, 19 Mar. 1901, G. W. Balfour MSS, PRO 30/60/36; Hicks Beach to Selborne (private), 13 Jan. 1901, and min. Roberts, 13 Mar. 1901, Selborne MSS, MS Selborne 26. For a somewhat exaggerated assessment, see C. B. Davis and R. J. Gowen, 'The British at Weihaiwei: A Case Study in the Irrationality of Empire', TH lxiii, 1 (2000), 87–104.

²¹⁶ Quotes from War Office to Admiralty (no. 206/WHW/107), 7 June 1901, CAB 11/59; report Joint Committee on Wei-hai-Wei, n.d. [Apr. 1899], ADM 116/552; min. Roberts, 13 Mar. 1901, WO 32/8244; Ommaney to Foreign Office (no. 19367/1905), 27 June 1905, CO 521/8; memo. Lucas, 'Wei-hai-Wei', 7 June 1904, CO 882/6; memo. Clarke, 'Wei-hai-Wei', 7 Oct. 1905, CAB 17/65.

²¹⁷ Tel. MacDonald to Salisbury (no. 71), 10 Mar. 1898, FO 17/1340. On the political value of naval bases see Mahan's comments on Gibraltar, *The Influence of Sea Power upon History, 1660–1783* (Boston, 5th edn 1894), 29–30.

²¹⁸ Salisbury to Balfour, 6 Jan. 1898, Whittinghame Muniment MSS, GD 433/2/39.

第三章

¹ Quotes from Alice Blanche Balfour diary, 4 Mar. 1898, Whittinghame Muniment MSS, GD 433/2/224; and Brodrick to Selborne (private), 16 Aug. 1898, Selborne MSS, MS Selborne 2; see Sir C. Petrie, *The Powers Behind the Prime Ministers* (London, 1958), 56–84.

² Curzon to Salisbury (private), 11 Apr. 1898, Salisbury MSS, 3M/E/1/118.

³ For traditional views blaming Berlin for the failure of the talks, see E. Fischer, *Holsteins Grosses Nein: Die deutsch-englischen Bündnisverhandlungen von 1898–1901* (Berlin, 1925), 59–62; H. Bächtold, 'Der entscheidende Wendepunkt der Vorkriegszeit', *WWA* xx, 3 (1924), 381–407; E. Kehr, 'Deutschenglisches Bündnisproblem der Jahrhundertwende', *DG* v, 11 (1928), 211–29; F. Meinecke, *Geschichte des deutsch-englischen Bündnisproblems, 1890–1901* (Munich, repr. 1972 [1927]), 236–7, 251–7.

⁴ G. Ritter, *Die Legende von der verschmähten englischen Freundschaft 1898/1901: Beleuchtet aus der neuen englischen Aktenveröffentlichung* (Freiburg, 1929), *passim*; G. Roloff, 'Die Bündnisverhandlungen zwischen Deutschland und England, 1898–1901', *BM* vii, 11 (1929), 1171 and 1221–2; but see idem, 'Die Verhandlungen über ein deutsch-englisches Bündnis, 1898–1901', *PrJb* clxxvii, 3 (1926), 345–64.

⁵ J. A. S. Grenville, *Lord Salisbury and Foreign Policy: The Close of the Nineteenth Century* (London, 1970 (pb)), 160–1; C. J. Lowe, *Reluctant Imperialists: British Foreign Policy, 1878–1902* (New York, 1969), 233; H. W. Koch, 'The Anglo-German Alliance Negotiations: Missed Opportunity or Myth ?', *History* liv, 3 (1969), 378–92; P. M. Kennedy, 'German World Policy and Alliance Negotiations with England, 1897–1900', *JMH* xlv, 4 (1973), 605–25. For an earlier version of this argument see J. D. Bickford and E. N. Johnson, 'The Contemplated Anglo-German Alliance, 1890–1901', *PSQ*, xlii, 1 (1927), 1–57.

⁶ Chamberlain to Selborne (secret), 1 Dec. 1897, Selborne MSS, MS Selborne 8.

⁷ Chamberlain to Balfour (private), 3 Feb. 1898, Balfour MSS, Add.MSS. 49773.

⁸ Esher diary, 29 Jan. 1898, *EJL* i, 210–11; P. Fraser, *Lord Esher: A Political Biography* (London, 1973), 40–1.

⁹ Devonshire to Goschen (private), 12 Mar. 1898, Devonshire MSS, 340.2760; memo. Chamberlain, 'Niger Negotiations', 17 Mar. 1898, CAB 37/46/27; also Sanderson to O'Conor (private), 11 Mar. 1898, O'Conor MSS, OCON 6/1/15.

¹⁰ There is an interesting parallel here with Lloyd George, cf. K. O. Morgan, 'Lloyd George and Germany', *HJ* xxxix, 4 (1996), 755–66. For a discussion of 'race', see W. Mock, 'The Function of "Race" in Imperialist Ideologies: The Example of Joseph Chamberlain', *Nationalist and Racialist Movements in Britain and Germany Before 1914*, ed. P. M. Kennedy and A. J. Nicholls (London, 1981), 190–203; S. Anderson, *Race and Rapprochement: Anglo-Saxonism and Anglo-American Relations, 1895–1904* (London and Toronto, 1981), 87–90.

¹¹ W. S. Churchill, *Great Contemporaries* (London, rev.edn 1938), 72.

¹² Alice Blanche Balfour diary, 15 Mar. 1898, Whittinghame Muniment MSS, GD 433/2/224; Devonshire to Goschen (private), 23 Mar. 1898, Devonshire MSS, 340.2762.

¹³ Bertie to Grey (private), 12 Jan. 1912, Grey MSS, FO 800/176; also Wyndham to Hurd, 23 Jan. 1898, *Life and Letters of George Wyndham*, ed. J. W. Mackail and G. Wyndham (2 vols., London, s.a.) i, 327; Steiner, *Foreign Office*, 26.

¹⁴ Balfour to Hicks Beach (private), 30 Aug. 1898, Hicks Beach MSS, PCC/88.

¹⁵ Alice Blanche Balfour diary, 11 Aug. 1898, Whittinghame Muniment MSS, GD 433/2/224; see Curzon to Salisbury (private), 11 Apr. 1898, Salisbury MSS, 3M/E/1/118.

¹⁶ Balfour to Goschen (private), 23 Mar. 1898, Balfour MSS, Add. MSS. 49706.

¹⁷ Eckardstein to Chamberlain (private), 5 Oct. 1899, Chamberlain MSS, JC 7/2/2B/7; see H. W. Lucy, *A Diary of the Unionist Parliament, 1895–1900* (Bristol, 1901), 129; R. Kühlmann, *Erinnerungen* (Heidelberg, 1948), 194.

¹⁸ Chaplin to Balfour (private), 31 Mar. and n.d. [1 Apr.1898], Balfour MSS, Add.MSS. 49772; Londonderry, *Retrospect*, 25–6; idem, *Henry Chaplin*, 141–2 and 282–4.

¹⁹ McDonnell to Salisbury (private), 3 Dec. 1896, Salisbury MSS, 3M/E/A.C. de Rothschild; Alfred Rothschild obituary, *The Times* (1 Feb. 1918); E. C. Corti, *The Reign of the House of Rothschild* (London, 1928), 453–7; N. de Rothschild, 'Alfred de Rothschild and "Le Style Rothschild"' (unpubl. thesis, s.loc., 1973).

²⁰ Chamberlain to Rothschild (confidential), 8 Apr. 1897, Chamberlain MSS, JC 7/2/22/2; see Rothschild to Hartington, 25 Apr. 1885, Devonshire MSS, 340.1752; Churchill to Rothschild, 6 July 1885, and 6 Nov. 1890, RAL, XI/109/127; Rothschild to Sandars (private), 1 Apr. 1910, Sandars MSS, MSS.Eng.hist. c. 760.

²¹ Anon. memo. [probably by Eckardstein], n.d. [1912 or 1913], in Rothschild, 'Alfred Rothschild', app.; Rothschild to Salisbury (private & confidential), 16 Jan. 1899, and McDonnell to Salisbury (private), 30 Mar. 1897, Salisbury MSS, 3M/E/A.C. de Rothschild.

²² 阿农（Anon）备忘录，未注明日期，引自 Rothschild, 'Alfred Rothschild', app.; H. Freiherr von Eckardstein, *Lebenserinnerungen und politische Denkwürdigkeiten* (3 vols., Leipzig, 1920) i, 292–3。埃卡德施泰因称聚会的时间在 2 月末，但根据事件背景分析，1898 年 3 月 16 日至 24 日之间的某天似乎更为可能。

²³ Balfour to Salisbury (private), 14 Apr. 1898, Balfour MSS, Add.MSS. 49691; tel. Hatzfeldt to Holstein (private), 24 Mar. 1898, *GP* xiv/1, no. 3779. Eckardstein's claim that he arranged the meeting could not be verified, see Eckardstein, *Lebenserinnerungen* i, 293.

²⁴ 格伦维尔（Grenville）教授认为哈茨费尔特在配合威廉街耍弄两面三刀的花招，并且是他先提出的结盟提议，这是建立在对哈茨费尔特和荷尔斯泰因的密切关系的误解的基础上的，见 Grenville, *Salisbury and Foreign Policy*, 151。哈茨费尔特的急惰、他的健康状态不佳和他与索尔兹伯里的密切关系，也使得他不可能冒规避已有的外交渠道的风险，从而损害他与英国外交大臣的关系，拉塞尔斯致桑德森函（私密），1898 年 3 月 19 日，Lascelles MSS, FO 800/17; F. von Trotha, *Fritz von Holstein als Mensch und Politiker* (Berlin, 1931), 94; L. Cecil, *The German Diplomatic Service, 1871–1914* (Princeton, 1976), 229–30。

²⁵ Tel. O'Conor to Salisbury (no. 57), 23 Mar. 1898 (received 24 Mar.), *BD* i, no. 37; see Lord Askwith, *Lord James of Hereford* (London, 1930), 253–4.

²⁶ Tel. Admiralty to Seymour (no. 49), 25 Mar. 1898, ADM 125/88; Goschen to Balfour (private), 27 Mar. 1898, Balfour MSS, Add.MSS. 49706.

²⁷ Balfour to Salisbury (private), 14 Apr. 1898, Balfour MSS, Add.MSS. 46961. According to Balfour's account the meeting had always been scheduled for this day, though this was quite clearly not the case.

²⁸ Tel. Hatzfeldt to Bülow (no. 62), 25 Mar. 1898, and Hatzfeldt to Hohenlohe (no. 324, *geheim*), 7 Apr. 1898, *GP* xiv/1, nos. 3781 and 3789. This impression is also confirmed by information given by Eckardstein, Chaplin to Balfour (private), n.d. [1 Apr. 1898], Balfour MSS, Add.MSS. 49772.

²⁹ Tel. Hatzfeldt to Holstein (private), 26 Mar. 1898, *HP* iv, no. 644. For Cumberland, see E. M. Carroll, *Germany and the Great Powers, 1866–1914: A Study of Public Opinion and Foreign Policy* (New York, 1938), 396.

³⁰ Tel. Bülow to Hatzfeldt (private), 27 Mar. 1898, *HP* iv, no. 645; Schwabach to Rothschild, 29 Mar. 1898 (copy), Balfour MSS, Add.MSS. 49772.

³¹ For German suspicions of Chamberlain, see Hatzfeldt to Hohenlohe (nos. 218 and 234), 15 and 21 Mar. 1896, *GP* xi, nos. 2639 and 2715. The social dimension of European diplomacy is often overlooked by historians, see D. Lieven, *The Aristocracy in Europe, 1815–1914* (London, 1992), 201–10.

³² Chamberlain to Balfour (secret), 3 Feb. 1898, Chamberlain MSS, JC 5/5/78.

³³ *The Times* (24 and 26 Mar. 1898); see Brodrick to Selborne (private), 16 Aug. 1898, Selborne MSS, MS Selborne 2.

³⁴ Memo. Chamberlain, 29 Mar. 1898, Chamberlain MSS, JC 7/2/2A/3. The text in Garvin, *Life of Chamberlain* iii, 259–60, deviates slightly from the original.

³⁵ Tel. Hatzfeldt to Bülow (private), 29 Mar. 1898, *GP* xiv/1, no. 3782.

³⁶ Balfour to Salisbury (private), 14 Apr. 1898, Balfour MSS, Add.MSS. 49691; note on memo. Chamberlain, 29 Mar. 1898, Chamberlain MSS, JC 7/2/2A/3; Grenville, *Salisbury*, 151.

³⁷ Tel. Hatzfeldt to Bülow (no. 62), 25 Mar. 1898, *GP* xiv/1, no. 3781; tel. Holstein to Hatzfeldt (private), 28 Mar. 1898, *HP* iv, no. 647.   ³⁸ Esher diary, 29 Jan. 1898, *EJL* i, 210–11.

³⁹ Sanderson to Lascelles (no. 75), 29 Mar. 1898, FO 64/1437.

⁴⁰ Memo. Chamberlain, 29 Mar. 1898, Chamberlain MSS, JC 7/2/2A/3.

⁴¹ Chaplin to Balfour (private), 1 Apr. 1898, Balfour MSS, Add.MSS. 49772; see tel. MacDonald to Salisbury (no. 108), 29 Mar. 1898, FO 17/1340; Nish, 'Royal Navy', 47.

⁴² Goschen to Balfour (private), n.d. [31 Mar. or 1 Apr. 1898], Balfour MSS, Add.MSS. 49706; Devonshire to Balfour, 30 Mar. 1898, ibid., Add.MSS. 49769.

⁴³ Chaplin to Balfour (private), 31 Mar. and n.d. ('Friday night') [1 Apr. 1898], Add.MSS. 49772.

⁴⁴ Balfour to Devonshire, 31 Mar. 1898, Balfour MSS, Add.MSS. 49769.

⁴⁵ Tel. Bülow to Hatzfeldt (no. 89, *geheim*), 30 Mar. 1898, *GP* xiv/1, no. 3783.

⁴⁶ Memo. Chamberlain, 1 Apr. 1898, Chamberlain MSS, BUL, JC 7/2/2A/4.

⁴⁷ Tel. Hatzfeldt to Bülow (no. 71), 1 Apr. 1898, *GP* xiv/1, no. 3784.

⁴⁸ Balfour to Salisbury, 14 Apr. 1898, Balfour MSS, Add. MSS. 49461; memo. Chamberlain, 1 Apr. 1898, Chamberlain MSS., JC 7/2/2A/4.

⁴⁹ Memo. Chamberlain, 1 Apr. 1898, Chamberlain MSS, JC 7/2/2A/4.

⁵⁰ Tel. Hatzfeldt to Bülow (no. 71, *ganz geheim*), 1 Apr. 1898, *GP* xiv/1, no. 3784.

⁵¹ Memo. Chamberlain, 1 Apr. 1898, and min. Chamberlain, 1 Apr. 1898, Chamberlain MSS, JC 7/2/2A/4.

⁵² Holstein to Hatzfeldt, 3 Apr. 1898, *HP* iv, no. 648; Bülow to Hatzfeldt (private), 3 Apr. 1898, *GP* xiv/1, no. 3785. On Holstein's conviction of a British 'Kastanienpolitik', see Trotha, *Fritz von Holstein*, 180.

⁵³ Chinese Secretary's Office, record book entry 2 Apr. 1898, FO 233/44; tel. MacDonald to Salisbury (no. 113), 3 Apr. 1898, *BD* i, no. 44.

⁵⁴ Salisbury to Balfour (private), 9 Apr. 1898, Balfour MSS, Add.MSS. 49691. On 22 April, Chamberlain told Eckardstein that Salisbury had not been informed, see memo. Chamberlain, 22 Apr. 1898, Chamberlain MSS, JC 7/2/2A/5.

⁵⁵ Balfour to Salisbury (private), 14 Apr. 1898, Balfour MSS, Add.MSS. 49691; tel. Hatzfeldt to Bülow (private), 5 Apr. 1898, *GP* xiv/1, no. 3786.

⁵⁶ Hatzfeldt to Salisbury (confidential and private), 15 Apr. 1898, *HatzP* ii, no. 720.

⁵⁷ Balfour to Salisbury (private), 14 Apr. 1898, Balfour MSS, Add.MSS. 49691; Dugdale, *Balfour* i, 260.

58 Tel. Bülow to Hatzfeldt, 6 Apr. 1898, *GP* xiv/1, no. 3787; Röhl, *Wilhelm II* ii, 972–3.

59 Lascelles to Salisbury (no. 105), 7 Apr. 1898, FO 64/1437; min. Sanderson, n.d. [4 or 5 Apr. 1898], Balfour MSS, Add.MSS. 49739.   60 *PD* (40) lvi (1898), col. 232.

61 Curzon to Balfour (private), 6 Apr. 1898, Balfour MSS, Add.MSS. 49732.

62 Balfour to Sanderson, 9 Apr. 1898, ibid., Add.MSS. 49739.

63 Balfour to Sanderson, 10 Apr. 1898, ibid.   64 Memo. Sanderson, 13 Apr. 1898, ibid.

65 Balfour to Curzon (private), 13 Apr. 1898, ibid., Add.MSS. 49732; also memo. Curzon, Nov./Dec. 1922, Curzon MSS, MSS.Eur.F.112/365; see Dilks, *Curzon in India* i, 58.

66 Tel. Heyking to Bülow (no. 104), 8 June 1898, KDGP, MSS 705.K13/1.

67 在4月5日议会下院关于中国问题的辩论中，他倡议与德国结成一个联盟，*PD* (4) lvi (1898), cols. 234–6。关于埃卡德施泰因是自作主张的观点，见 Grenville, *Lord Salisbury*,159–60。

68 Eckardstein, *Lebenserinnerungen* i, 294.

69 查普林致贝尔福（私密），1898 年 4 月 12 日，Balfour MSS, Add.MSS. 49772。埃卡德施泰因声称曾与哈茨费尔特商量过；他还提到只与德国皇帝会谈过一次，*Lebenserinnerungeni*, 294–6。

70 Eckardstein to Rothschild, 'Monday' [viz. 18 Apr. 1898], Whittinghame Muniment MSS, GD 433/2/78.

71 Rothschild to Balfour (most strictly private and most strictly confidential), 18 Apr. 1898, ibid., GD 433/2/244.

72 Hatzfeldt to Bülow, 20 Apr. 1898, *HP* iv, no. 649.

73 Memo. Chamberlain, 22 Apr. 1898, Chamberlain MSS, JC 7/2/2A/5; tel. Hatzfeldt to Bülow (private), 23 Apr. 1898, *GP* xiv/1, no. 3791; Garvin, *Life of Chamberlain* iii, 271–2.

74 Memo. Chamberlain, 25 Apr. 1898, Chamberlain MSS, JC 7/2/2A/6; tel. Hatzfeldt to Hohenlohe (no. 359, *ganz geheim*), 26 Apr. 1898, *GP* xiv/1, no. 3793.

75 Memo. Chamberlain, 26 Apr. 1898, ibid., JC 7/2/2A/7; Garvin, *Life of Chamberlain* iii, 276–7.

76 Zara Steiner's argument, see *Britain and the Origins of the First World War*, 25.

77 The argument advanced by Kennedy, 'German World Policy', 605–25.

78 Balfour to Salisbury (private), 22 Apr. 1898, Balfour MSS, Add.MSS. 49691; see T. G. Otte, '"The Winston of Germany": The British Foreign Policy Elite and the Last German Emperor', *CJH* xxxvi, 3 (2001), 487–8.

79 Salisbury to Balfour (private), 9 Apr. 1898, Balfour MSS, Add.MSS. 49691.

80 Chamberlain to Salisbury (private), 29 Apr. 1898, Chamberlain MSS, JC 11/30/117.

81 Salisbury to Chamberlain (private), 2 May 1898, ibid., JC 5/67/91.

82 Chamberlain to Salisbury (private), 2 May 1898, ibid., JC 11/30/118.

83 Memo. Chamberlain, 3 May 1898, ibid., JC 7/2/2A/8; Grenville, *Lord Salisbury*, 164.

84 *The Times* (5 May 1898); see J. H. Rob, *The Primrose League, 1883–1906* (New York, 1942), ch. vi.

85 *The Times* (14 May 1898). The notion of an Anglo-American alliance enjoyed a large degree of popularity also among Radicals, see S. Maccoby, *English Radicalism, 1886–1914* (London, 1953), 260–1.

86 L. M. Penson, 'The New Course in British Foreign Policy', *Essays in Modern History*, ed. I. R. Christie (London, 1968), 313; C. H. D. Howard, ' "Splendid Isolation" ', *History* xlvii, 1 (1962), 34–5.

87 Geoffray to Hanotaux (no. 293, *confidentiel*), 17 May 1898, *DDF* (1) xiv, no. 193; Staal to Muravev (no. 42), 13/25 May 1898, *SC* ii, 384–5; also Alice Blanche Balfour diary, 18 May 1898, Whittinghame Muniment MSS, GD 433/2/224; see M. Crouzet, 'Joseph Chamberlain', *Les Politiques d'Expansion Impérialiste*, ed. P. Renouvin (Paris, 1949), 165.

88 Lascelles to Salisbury (no. 168, very confidential), 26 May 1898, CAB 37/47/37 (original in FO 64/1438).

89 Curzon to Salisbury (private), 12 June 1898, Salisbury MSS, 3M/E/1/121; Marsh, *Chamberlain*, 439.

90 Salisbury to Chamberlain (private), 2 May 1898, Chamberlain MSS, JC 5/67/91; Otte, ' "Winston of Germany" ', 477–90.

[91] Quotes from Salisbury to Lascelles (no. 109A), 11 May 1898, FO 64/1436; and Hatzfeldt to Bülow (no. 394), 11 May 1898, *GP* xiv/1, 230–1, n.*; G. S. Papadopoulos, 'Lord Salisbury and the Projected Anglo-German Alliance of 1898', *BIHR* xxvi, 74 (1954), 214–18.

[92] Tel. Hatzfeldt to Auswärtiges Amt (no. 137), 22 May 1898, *HP* iv, no. 654; Grenville, *Lord Salisbury*, 168.

[93] Staal to Muravev (no. 43), 13/25 May 1898, *SC* ii, 387; tel. Hatzfeldt to Auswärtiges Amt (no. 119), 15 May 1898, *GP* xiv/1, no. 3797.

[94] Tel. Hatzfeldt to Auswärtiges Amt (no. 150, *geheim*), 2 June 1898, *GP* xiv/1, no. 3800. For the later idea of an African agreement, see Kennedy, *Anglo-German Antagonism*, 235–6; Marsh, *Chamberlain*, 439–40.

[95] Balfour to Salisbury, 30 Aug. 1898, Balfour MSS, Add.MSS. 49691.

[96] 桑德森致斯科特函（私密），1898 年 10 月 12 日，Scott MSS, BL, Add.MSS. 52298。小国的野心的例证之一，是荷兰对汕头港或汕头湾内的 Namoo 群岛提出了要求，见 Knobel to Roëll, 7 Jan. 1898, *BBBP*(2) vi, no. 380。

[97] Curzon to Salisbury, 11 Apr. 1898, Salisbury MSS, 3M/E/1/118.

[98] Salisbury to Curzon, 30 May and 4 June 1898, Curzon MSS, MSS.Eur.F.112/1B.

[99] Quotes from Curzon to Salisbury, 11 Apr. 1898, Salisbury MSS, 3M/E/1/118; and memo. Curzon, 12 June 1898, Curzon MSS, MSS.Eur.F.111/78B.

[100] Tel. MacDonald to Salisbury (no. 137), 25 Apr. 1898, FO 17/1340; see M. H. Wilgus, *Sir Claude MacDonald, the Open Door, and British Informal Empire in China, 1895–1900* (New York, 1987), 126–69; E. Z. Sun, *Chinese Railways and British Interests, 1898–1911* (New York, 1954), 37–8.

[101] Memo. Cartwright, 9 July 1898, FO 17/1360. For a comprehensive treatment, see G. Kurgan-van Hentenrijk, *Leopold II et les groupes financiers belges en Chine* (Brussels, 1971).

[102] Tel. Salisbury to MacDonald (no. 200), 9 June 1898, FO 17/1339.

[103] Quotes from Gundry to Bertie, 6 July, and mins. Campbell and Salisbury, n.d. [c. 9 July 1898] on Gundry to Salisbury, 8 July 1898, FO 17/1360; N. Pelcovits, *Old China Hands and the Foreign Office* (New York, 1948), 236–7.

[104] Tel. MacDonald to Salisbury (no. 233), 23 July 1898, FO 17/1341; and tel. vice versa (no. 222), 13 July 1898, FO 17/1339.

[105] Tel. Salisbury to MacDonald (no. 230), 22 July, and min. Salisbury, 8 Aug. 1898, *BD* i, nos. 55–6; see Sun, *Chinese Railways*, 37.

[106] Salisbury to Curzon, 8 Aug. 1898, MSS.Eur.F.112/1B; Neilson, *Last Tsar*, 198.

[107] An important point made by A. L. Rosenbaum, 'The Manchuria Bridgehead: Anglo-Russian Rivalry and the Imperial Railways of Northern China', *MAS* x, 1 (1976), 54.

[108] Alice Blanche Balfour diary, 11 Aug. 1898, Whittinghame Muniment MSS, GD 433/2/224; Balfour to Villiers, 17 Nov. 1898, Bertie MSS, Add.MSS. 63013.

[109] *The Times* (12 and 18 Aug. 1898).

[110] Balfour to Scott (no. 167A), 12 Aug. 1898, FO 65/1551; also Geoffray to Delcassé (no. 446), 23 Aug. 1898, *DDF* (1) xv, no. 138, n. 1.

[111] 贝尔福备忘录《牛庄铁路》（'Newchwang Railway'）（机密），1898 年 8 月 13 日，CAB 37/47/62。这份备忘录上的日期是 7 月 13 日，一定是印错了。贝尔福是直到 8 月才掌管外交部的，他首次会见莱萨是在 8 月 12 日。有一份手写的摘要笔记上日期为 8 月 15 日。

[112] Tel. Balfour to Scott (no. 215), 17 Aug. 1898, *BD* i, no. 57.

[113] Salisbury to Scott, 28 May 1898, Scott MSS, Add.MSS. 52297.

[114] Scott to Salisbury (no. 286), 18 Aug. 1898, FO 65/1555; Neilson, *Last Tsar*, 198.

[115] Tel. Balfour to Scott (no. 217), 19 Aug. 1898, FO 65/1558; Scott to Salisbury (no. 288, confidential), 21 Aug. 1898, FO 65/1555.

[116] Scott to Salisbury (private and confidential), 8 Sept. 1898, Scott MSS, Add.MSS. 52297; Scott to Salisbury (no. 295, confidential), 2 Sept. 1898, FO 65/1555.

117 Scott to Salisbury (no. 304), 10 Sept. 1898, FO 65/1556; R. Quested, *The Russo-Chinese Bank* (Birmingham, 1977), 29–37; O. Crisp, 'The Russo-Chinese Bank: An Episode in Franco-Russian Relations', *SEER* lii, 127 (1974), 208–11; idem, *Studies in the Russian Economy before 1914* (London, 1976), 117.

118 MacDonald to Bertie, 18 Sept. 1898, Bertie MSS, Add.MSS. 63013.

119 Salisbury to Scott (nos. 186, confidential, and 197A), 1 and 20 Sept. 1898, FO 65/1560.

120 Scott to Salisbury (no. 316, confidential), 22 Sept. 1898, FO 65/1556; Romanov, *Russia in Manchuria*, 155–7.

121 Scott to Sanderson (private), 22 Sept. 1898, Scott MSS, Add.MSS. 52298; Scott to Salisbury (no. 316, confidential), 22 Sept. 1898, FO 65/1555.

122 Scott to Salisbury (nos. 319, confidential, and 325, very confidential), 30 Sept. and 6 Oct. 1898, FO 65/1555; Scott to Sanderson (private), 6 Oct. 1898, Scott MSS, Add.MSS. 52297.

123 Scott to Salisbury (no. 355, very confidential), 2 Nov. 1898, and mins. Salisbury and Balfour, [c.7 Nov.], FO 65/1556. The minutes are partially reprinted in *BD* i, no. 59. For the Fashoda background, Grenville, *Salisbury*, 229–31.

124 Scott to Sanderson, 17 Nov. 1898, Scott MSS, Add.MSS. 52297. Neilson, *Last Tsar*, 200, places too much emphasis on this consideration, owing to a mistaken assumption that Muravev was still in France, see Scott to Salisbury (no. 361, very confidential), 8 Nov. 1898, FO 65/1556.

125 Scott to Salisbury (no. 361, very confidential), 8 Nov. 1898, FO 65/1556.

126 Tel. Salisbury to Scott (no. 320), 24 Nov. 1898, FO 65/1551.

127 Scott to Salisbury (no. 381, very confidential), 26 Nov. 1898, FO 65/1556.

128 Staal to Muravev, 25 Nov./7 Dec. 1898, *SC* ii, 399–400; Scott to Salisbury (no. 3, confidential), 5 Jan. 1899, FO 65/1577.

129 Scott to Salisbury (nos. 34–6, all confidential), 2 and 6 Feb. 1899, FO 65/1577; see memo. Bertie, 28 Jan. 1899, FO 17/1398; Edwards, *Diplomacy and Finance*, 41–2.

130 Scott to Salisbury (no. 40, confidential), 8 Feb. 1899, and note Muravev to Scott, 26 Jan./7 Feb. 1899, FO 65/1577.

131 Montebello to Delcassé (no. 16), 16 Feb. 1899, *DDF* (1) xv, no. 85.

132 Scott to Lascelles (private), 9 Feb. 1899, Lascelles MSS, FO 800/15; Neilson, *Last Tsar*, 201.

133 Memo. Salisbury, 15 Feb. 1899, Salisbury MSS, 3M/A/89/53.

134 Salisbury to Chamberlain, 19 Feb. 1899, Chamberlain MSS, JC 11/30/152.

135 Tel. Salisbury to Scott (no. 31), 22 Feb. 1899, FO 65/1581; note Bertie to Staal, 12 Feb. 1899, FO 405/84/143.

136 Quotes from Scott to Salisbury (no. 60), 2 Mar. 1899, FO 65/1578; and tel. Scott to Salisbury (private), 6 Mar. 1899, FO 65/1582.

137 Scott to Salisbury (no. 68), 9 Mar. 1899, and note Scott to Muravev, 22 Feb./7 Mar. 1899, FO 65/1578.

138 Lascelles to Scott, 20 Jan. 1899, Scott MSS, Add.MSS. 52301; Sanderson to Scott, 15 Mar. 1899, Add.MSS. 52298.

139 Scott to Salisbury (no. 86, confidential), 22 Mar. 1898, FO 65/1578; and (private), 23 Mar. 1899, Scott MSS, Add.MSS. 52303. Muravev had highlighted the strategic value of the Manchurian line. On this point see also G. N. Curzon, *Problems of the Far East* (London, 1896), 314.

140 Sanderson to Scott, 28 Mar. 1899, Scott MSS, Add.MSS. 52298; Neilson, *Last Tsar*, 203.

141 Tel. Scott to Salisbury (no. 44), 30 Mar. 1899, and mins. Campbell and Villiers, 30 Mar. 1899, FO 65/1582; Salisbury to Scott (no. 82), 7 Apr. 1899, FO 65/1576; tel. Sanderson to Salisbury (no. 35), 14 Apr. 1899, FO 83/1907; see Joseph, *Foreign Diplomacy*, 390.

142 Scott to Salisbury (nos. 121 and 127), 20 and 29 Apr. 1899, FO 65/1578; tel. Salisbury to Sanderson, 15 Apr. 1899, FO 83/1907; Salisbury to Brodrick, 1 May 1899, Midleton MSS, PRO 30/67/4. For the text see MacMurray (ed.), *Treaties* i, 204–5.

143 Scott to Sanderson, 20 Apr. 1899, Scott MSS, Add.MSS. 52303.

144 Memo. Bülow, 14 Mar. 1899, *GP* xiv/1, no. 3778, 182.   145 *PD* (4) lxx (1899), col. 927.

146 Cambon to Delcassé (no. 101, *très confidentiel*), 20 Apr. 1899, *DDF* (1) xv, no. 150. For such a map, see Langer, *Diplomacy of Imperialism*, 685.

147 Min. Salisbury, 20 May 1899, Bertie MSS, Add.MSS. 63013.

第四章

[1] Min. Salisbury, 20 May 1899, and memo. Bertie, 19 May 1899, Bertie MSS, Add.MSS. 63013.

[2] Scott to Salisbury (private), 10 Aug. 1899, Scott MSS, Add.MSS. 52303; Neilson, *Last Tsar*, 206.

[3] Salisbury to MacColl, 6 Sept. 1901, in G. W. E. Russell, *Malcolm MacColl: Memoirs and Correspondence* (London, 1914), 282–3; Otte, ' "Floating Downstream" ', 114–15 and 119.

[4] Satow diary, 18 Feb. 1898, Satow MSS, PRO 30/33/16/1; also R. Hart, 'The Peking Legations: A National Uprising and International Episode', *FR*, lxviii, 407 (1900), 713–39.

[5] MacDonald to Salisbury (no. 201), 30 Sept. 1898, FO 17/1337; V. Purcell, *The Boxer Uprising: A Background Study* (Cambridge, 1965), 118.

[6] Tels. Currie to Salisbury (no. 95), 30 Dec. 1898, and min. Campbell, 30 Dec. 1899, FO 45/785; and vice versa (no. 31), 19 Feb. 1899, FO 45/801.

[7] Min. Campbell, 11 Feb. 1899 on Currie to Salisbury (no. 29, confidential), 7 Feb. 1899, FO 45/798; note Carnevaro to Currie, 6 Feb. 1899, *DDI* (3) iii, no. 154.

[8] Quote from Salisbury to Currie (no. 29A), 22 Feb. 1899, FO 45/797; tel. MacDonald to Salisbury (no. 56), 7 Mar. 1899, FO 17/1383; Currie to Salisbury (no. 100), 15 May 1899, FO 45/799. For Italian dependency on British support in general, see E. Serra, *L'Intesa Mediterranea de 1902: una fase risolutiva nei rapporti Italo-Inglesi* (Milan, 1957), 80–2.

[9] MacDonald to Bertie (private), 2 Apr. 1900, FO 17/1412.

[10] P. A. Cohen, *History in Three Keys: The Boxers as Event, Experience and Myth* (New York, 1997), 94–5; J. W. Esherick, *The Origins of the Boxer Uprising* (Berkeley and Los Angeles, 1987), 148–50; Purcell, *Boxer Uprising*, 32–56.

[11] MacDonald to Salisbury (no. 96), 21 May 1900, FO 17/1413.

[12] Quotes from min. Salisbury, n.d. [21 May 1900], and tel. Salisbury to MacDonald (no. 58), 22 May 1900, FO 17/1418.; see my ' "Heaven knows where we shall finally drift": Lord Salisbury, the Cabinet, Isolation, and the Boxer Rebellion', *Incidents and International Relations: People, Power, and Personalities*, ed. G. Kennedy and K. Neilson (Westport, Conn., 2002), 25–7.

[13] See B. Nasson, *The South African War, 1899–1902* (London, 1999), 211. For China's declaration of 21 June, see C. C. Tan, *The Boxer Catastrophe* (New York, 1955), 75.

[14] Sanderson to O'Conor (private), 26 June 1900, O'Conor MSS, OCON 6/1/25; tels. Carles to Salisbury (nos. 24, 25, and 26), 29 June, 1 and 2 July 1900, FO 17/1429; also W. M. Hewlett, *The Siege of the Peking Legations, June to August 1900* (Harrow-on-the-Hill, Mdx., 1900), 2–3. For Carles see P. D. Coates, *The China Consuls: British Consular Officials, 1843–1943* (Oxford and Hong Kong, 1988), 287 and 357.

[15] Satow diary (on conversation with Bertie), 31 May 1900, Satow MSS, PRO 30/33/16/3.

[16] Satow diary, 3 July 1900, Satow MSS, ibid.; mins. Sanderson, n.d., and Campbell, 29 June 1900, on tel. Carles to Salisbury (no. 22), 26 June 1900, FO 17/1429.

[17] Tel. Salisbury to Gough (no. 77), 2 July 1900, FO 244/585; min. Salisbury, n.d., on tel. Carles to Salisbury (no. 21), 29 June 1900, FO 17/1429.

[18] Tel. Salisbury to MacDonald (no. 64), 7 June 1900, FO 17/1419; tel. Hatzfeldt to Bülow (no. 330), 11 June 1900, *GP* xvi, no. 4521.

[19] Memo. Browne, 'Some Notes on the Military Situation in the Far East', 20 May 1900 (submitted on 1 June), FO 17/1431.

[20] Tel. Salisbury to Queen Victoria, 10 June 1900, Salisbury MSS, 3M/A/84/112; see *LQV* (3) iii, 516.

[21] Bower to Ardagh (private), 14 June 1900, Ardagh MSS, PRO 30/40/22/1; tel. Hatzfeldt to Auswärtiges Amt (no. 330), 11 June 1900, *GP* xvi, no. 4521.

[22] Tel. Whitehead to Salisbury (private), 26 June 1900, Salisbury MSS, 3M/A/126/84; Villiers to Admiralty, 13 June 1900, ADM 116/116.

[23] Tel. MacDonald to Salisbury (no. 110), 14 June 1900, FO 17/1418; Bertie to Walpole, 15 June 1900, and tel. Hamilton to Curzon, 20 June 1900, L/MIL/7/16666; Dilks, *Curzon in India* i, 208–9.

²⁴ Quotes from Satow diary, 12 June 1900, Satow MSS, PRO 30/33/16/3; and tel. Salisbury to Queen Victoria, 16 June 1900, Salisbury MSS, 3M/A/84/114.

²⁵ Memo. Bax-Ironside, 'Local Situation in Peking', 19 June 1900, Salisbury MSS, 3M/A/106/30.

²⁶ Satow diary, 30 May 1900, Satow MSS, PRO 30/33/16/3; Salisbury to Bertie (private), 18 June 1900, Bertie MSS, Add.MSS. 63014.

²⁷ Hamilton to Curzon (private), 6 June 1900, Hamilton MSS, MSS.Eur.C.126/2; A. P. Kaminsky, *The India Office, 1880–1910* (New York, 1986), 71–3.

²⁸ Brodrick to Salisbury, 11 June 1900, Midleton MSS, PRO 30/67/5.

²⁹ Quotes from Brodrick to Curzon (private), 15 June 1900, Curzon MSS, MSS.Eur.F.111/10A; Brodrick to Salisbury, 12 June 1900, Midleton MSS, PRO 30/67/5; see Nish, *Anglo-Japanese Alliance*, 83–4.

³⁰ Brodrick to Curzon (private), 15 June 1900, Curzon MSS, MSS.Eur. F. 111/10A.

³¹ Salisbury to Brodrick (private), 15 June 1900, Midleton MSS, PRO 30/67/5.

³² Brodrick to Curzon (private), 15 June 1900, Curzon MSS, MSS. Eur.F.111/10A; Satow diary, 15 June 1900 (on conversation with Brodrick), Satow MSS, PRO 30/33/16/3.

³³ Quotes from Cambon to Delcassé (nos. 162 and 168), 12 and 21 June 1900, *DDF* (1) xvi, nos. 177 and 195; and tel. Carles to Salisbury (no. 9), 13 June 1900, FO 17/1429.

³⁴ Lascelles to Salisbury (no. 155, confidential), 15 June 1900, *BD* ii, no. 2.

³⁵ Brodrick to Curzon (confidential), 22 June 1900, Curzon MSS, MSS.Eur, F.111/10A; and to Salisbury, 21 June 1900, Salisbury MSS, 3M/E/Brodrick (1878–1900).

³⁶ Memo. Brodrick, 'Position at Taku', 25 June 1900, Midleton MSS, PRO 30/67/5; and to Curzon (confidential), 29 June 1900, Curzon MSS, MSS.Eur.F.111/10A.

³⁷ Whitehead to Bertie (private), 24 May 1900, FO 46/527; Grenville, *Lord Salisbury*, 311.

³⁸ Tel. Whitehead to Salisbury (private), 26 June 1900, Salisbury MSS, 3M/A/126/84; also tel. Cobianchi to Visconti-Venosta (no. 1062), 23 June 1900, *DDI* (2) iii, no. 415.

³⁹ Brodrick to Curzon (private), 6 July 1900, Curzon MSS, MSS.Eur.F.111/1B. For a different view, see Grenville, *Salisbury*, 311–12.

⁴⁰ Salisbury to Queen Victoria, 14 July 1900, CAB 41/25/44. For Franco-Russian objections, see Montebello to Delcassé (no. 64), 5 July 1900, *DDF* (1) xvi, no. 213.

⁴¹ Hamilton to Curzon, 29 June 1900 (copy), WO 32/6144; memo. Ellis, 'Amalgamated Scheme for the Despatch of the Expeditionary Force to China', 17 Sept. 1901, L/MIL/17/02/13.

⁴² Quotes from Salisbury to Queen Victoria, 20 July 1900, CAB 41/25/45; and Satow diary, 25 June 1900 (on conversation with Bertie), Satow MSS, PRO 30/33/16/3.

⁴³ Hamilton to Curzon (private), 3 Aug. 1900, Hamilton MSS, MSS.Eur.C.126/2; tel. MacDonald to Salisbury (unnumbered), 3 Aug. 1900, FO 17/1418.

⁴⁴ Brodrick to Curzon, 6 July 1900, Curzon MSS, MSS.Eur.F.111/10B.

⁴⁵ Report Norie, 'Official Account of the Military Operations in China, 1900–1', 12 Apr. 1903, ch. 2, L/MIL/17/20/12; NID Report no.587, 'Diary of Principal Events in China during the Boxer Insurrection, 1900', n.d., ADM 232/32. On Seymour see R. Brooks, *The Long Arm of Empire: Naval Brigades from Crimean War to Boxer Rebellion* (London, 1999), 237–8.

⁴⁶ Tel. Seymour to Admiralty (no. 384), 27 June 1900, WO 32/6145; memo. Browne, 26 July 1900, L/MIL/7/16713.

⁴⁷ Scott to Salisbury (no. 215), 11 July 1900, FO 65/1600; Hamilton to Curzon, 29 June 1900 (copy), WO 32/6144; Montebello to Delcassé (no. 68, *confidentiel*), 12 July 1900, *DDF* (1) xvi, no. 225.

⁴⁸ Quotes from tel. Salisbury to Scott (no. 107), 15 July 1900, FO 65/1603; and despatch vice versa (no. 225), 21 July 1900, FO 65/1600.

⁴⁹ Hamilton to Curzon (private), 6 and 20 July 1900, Hamilton MSS, MSS.Eur.C.126/2.

⁵⁰ Hamilton to Curzon (private), 12 July 1900, Hamilton MSS, MSS.Eur.C.126/2. For the background, see memo. Hamilton, 'Forecast of financial position', 14 June 1900, and note Hamilton to Beach, 5 July 1900, T 168/48; see Lady V. Hicks Beach, *Life of Sir Michael Hicks Beach (Earl St. Aldwyn)* (2 vols., London, 1932) ii, 117–21.

⁵¹ Hicks Beach to Salisbury (private), 2 Sept. 1900, Salisbury MSS, 3M/E/Hicks Beach (1899–1902); and vice versa (private), 12 Aug. 1900, Hicks Beach MSS, PCC/72/2; see M. Wright,

'Treasury Control, 1854–1914', *Studies in the Growth of Nineteenth Century Government* (London, 1972), 217–22.

52 Quotes from Hamilton to Curzon (private), 20 July 1900, Hamilton MSS, MSS.Eur.C.126/2; Hamilton to Salisbury (confidential), 16 July 1900, Salisbury MSS, 3M/E/Hamilton (1898–1902).

53 Esher journal, 4 Dec. 1900, *EJL* i, 270; Hamilton to Curzon (private), 17 Aug. 1899, Curzon MSS, MSS.Eur. F.111/158.

54 Salisbury to Queen Victoria, 20 July 1900, CAB 41/25/45. For the Cabinet discussions also Hamilton to Curzon (private), 20 July 1900 (1st letter), Hamilton MSS, MSS.Eur.C.126/2.

55 Scott to Sanderson (private), 25 July 1900, Scott MSS, Add.MSS. 52303; Scott to Salisbury (no. 225), 21 July 1900, FO 65/1600; Neilson, *Last Tsar*, 210.

56 Tels. Bülow to Wilhelm (no. 71), and vice versa (no. 9), both 19 June 1900, *GP* xvi, nos. 4527–8; see K. A. Lerman, *The Chancellor as Courtier: Bernhard von Bülow and the Governance of Germany 1900–1909* (Cambridge, 1990), 29–32; A. Mombauer, 'Wilhelm, Waldersee and the Boxer Rebellion', *The Kaiser: New Research on Wilhelm II's Role in Imperial Germany*, ed. idem and W. Deist (Cambridge, 2003), 91–118.

57 Memo. Barrington, 18 July 1900, Salisbury MSS, 3M/A/122/87; Holstein to Hatzfeldt (*ganz geheim*), 24 June 1900, *HatzP* ii, no. 821.

58 Quotes from Chamberlain to Devonshire (private), 5 Nov. 1899, Devonshire MSS, 340.2802; and min. Salisbury, n.d. [19 July 1900], Salisbury MSS, 3M/A/122/87.

59 Salisbury to Queen Victoria, 20 July 1900, CAB 41/25/45; tel. Hatzfeldt to Auswärtiges Amt (no. 434), and to Holstein (*privat*), both 20 July 1900, *GP* xvi, nos. 4578–9.

60 Hamilton to Curzon (private), 20 July 1900 (2nd letter), Hamilton MSS, MSS.Eur.C.126/2.

61 Quotes from Curzon to Brodrick (confidential), 19 July 1900, Midleton MSS, Add.MSS. 50074; Hamilton to Curzon (private), 8 Aug. 1900, Hamilton MSS, MSS.Eur.C.126/2.

62 Hatzfeldt to Eckardstein, 18 and 20 July 1900, in Eckardstein, *Lebenserinnerungen* ii, 189–91; tels. Derenthall to Hatzfeldt (no. 253), 31 July 1900, and vice versa (no. 469), 31 July 1900, *GP* xvi, nos. 4595–6.

63 Satow diary, 20 Aug. 1900, Satow MSS, PRO 30/33/16/3; Salisbury to Brodrick (private), 28? Apr. 1899, Midleton MSS, PRO 30/67/4; see T. G. Otte, '"The Winston of Germany": The British Foreign Policy Élite and the Last German Emperor', *CJH* xxxvi, 3 (2001), 488–9.

64 Lascelles to Salisbury (nos. 203 and 210), 1 and 9 Aug. 1900, FO 64/1494; see *The Times* (30 July 1900).

65 Sanderson to Scott (private), 20 Aug. 1900, Scott MSS, Add.MSS. 52298.

66 Wilhelm II to Prince of Wales (private), 31 July 1900, extract communicated by Eckardstein on 2 Aug. 1900, Salisbury MSS, 3M/A/86/26.

67 Memo. Salisbury, 2 Aug. 1900, Salisbury MSS, 3M/A/86/27.

68 Tel. Wilhelm II to Bülow, 6 Aug. 1900, *GP* xvi, no. 4602; Lascelles to Salisbury (no. 203), 1 Aug. 1900, FO 64/1494; P. Winzen, 'Prince Bülow's "Weltmachtpolitik"', *AJPH* xxii, 2 (1976), 228–33.

69 Scott to Salisbury (private), 9 Aug. 1900, Scott MSS, Add. MSS. 52,303; and (no. 262), 13 Aug. 1900, FO 65/1600; L. K. Young, *British Policy in China, 1895–1902* (Oxford, 1970), 153–4; A. Malozemoff, *Russian Far Eastern Policy, 1881–1904* (Berkeley and Los Angeles, 1958), 413–14.

70 Tel. Lascelles to Salisbury (no. 20), 7 Aug. 1900, FO 64/1496; memo. Maj. Crowe, 'General Count von Waldersee', 8 Aug. 1900, L/MIL/7/16731.

71 Lascelles to Salisbury (no. 211), 10 Aug. 1900, FO 64/1494; and (private), 10 Aug. 1900, Salisbury MSS, 3M/A/121/10. According to Derenthall's minute Lascelles 'warmly supported' Waldersee's candidature, see *GP* xvi, 88, n. *.

72 Bertie to Salisbury (private), 8 Aug. 1900, FO 64/1496; see Monson to Salisbury (private), 22 July 1900, Salisbury MSS, 3M/A/118/52.

73 Brodrick to Hicks Beach (private), 9 Aug. 1900, Hicks Beach MSS, PCC/72/2.

74 Tel. Salisbury to Lascelles (no. 117), 9 Aug. 1900, FO 64/1496; *Note Verbale*, 10 Aug. 1900, FO 64/1494, also in *GP* xvi, no. 4607 (in the *GP* version it reads *supreme command* rather than *supreme direction*).

75 Lascelles to Salisbury (private), 10 Aug. 1900, Lascelles MSS, FO 800/17; see tel. Delcassé to Boutiron (no. 63), 14 Aug. 1900, *DDF* (1) xvi, no. 276; Bertie to Godley (immediate and confidential), 13 Aug. 1900, L/MIL/7/16731.

76 Eulenburg to Emperor Wilhelm II (private), 11 Aug. 1900, *EulP* iii, no. 1423; see Gaslee to Hamilton (no. 548), 22 Aug. 1900, L/MIL/7/16740.

77 Sanderson to Scott (private), 28 Aug. 1900, Scott MSS, Add.MSS. 52298.

78 Tel. Lamsdorff to Urusov, 12/25 Aug. 1900, *DDF* (1) xvi, no. 285; tel. Scott to Salisbury (no. 93), 29 Aug. 1900, FO 65/1604; tel. Gaselee to Bigge, 28 Aug. 1900, *QVL* (3) iii, 585–6.

79 Scott to Bertie, 6 Sept. 1900, Scott MSS, Add.MSS. 52302.

80 Scott to Salisbury (no. 277), 30 Aug. 1900, FO 65/1600; Montebello to Delcassé (no. 90), 31 Aug. 1900, *DDF* (1) xvi, no. 294; B. A. Romanov, *Russia in Manchuria, 1892–1906* (Ann Arbor, 1952), 185–6; Malozemoff, *Russian Far Eastern Policy*, 133–6.

81 Tel. MacDonald to Salisbury (nos. 116 and 130), 28 Aug. and 24 Sept. 1900, FO 17/1418; Purcell, *Boxer Uprising*, 255–8.

82 Tels. MacDonald to Salisbury (nos. 121A and 135), 7 and 29 Sept. 1900, FO 17/1418; Harding to Salisbury (no. 311), 27 Sept. 1900, FO 65/1601.

83 Lascelles to Salisbury (no. 228), 23 [*recte* 22] Aug. 1900, *BD* ii, no. 8; tel. Lascelles to Salisbury (no. 29), 22 Aug. 1900, FO 64/1496; tel. Wilhelm to Bülow (no. 146), 22 Aug. 1900, *GP* xvi, no. 4617; memo.Wilhelm II, 23 Aug. 1900, ibid., no. 4618.

84 Tel. Wilhelm to Waldersee, 25 Aug. 1900, in A. von Waldersee, *Denkwürdigkeiten des General-Feldmarschalls Alfred Grafen von Waldersee*, ed. H. O. Meissner (3 vols., Stuttgart, 1922–3) iii, 10–11; Lascelles to Salisbury (private), 1 Sept. 1900, Lascelles MSS, FO 800/17.

85 Tel. Whitehead to Salisbury (no. 51), 27 Aug. 1900 (copy), ADM 116/118; Sanderson to Scott (private), 28 Aug. 1900, Scott MSS, Add.MSS. 52298.

86 Hamilton to Curzon (private), 22 Aug. 1900, Hamilton MSS, MSS.Eur.C.126/2; also Lascelles to Barrington (private), 10 Aug. 1900, Salisbury MSS, 3M/A/121/59.

87 Hamilton to Salisbury (private), 2 Aug. 1900, Salisbury MSS, 3M/E/Hamilton (1898–1902); T. G. Otte '"A Question of Leadership": Lord Salisbury, the Unionist Cabinet and Foreign Policy Making, 1895–1900', *CBH* xiv, 4 (2000), 16. D. Steele, *Lord Salisbury: A Political Biography* (London, 1999), 364–6, underestimates the extent to which the discontented ministers organized their activities.

88 Hamilton to Curzon (private), 29 Aug. 1900, Hamilton MSS, MSS.Eur.C.126/2.

89 Hamilton to Hicks Beach (private), 20 Aug. 1900, Hicks Beach MSS, PCC/72/1; and to Salisbury (private), 31 Aug. 1900, Salisbury MSS, 3M/E/Hamilton (1898–1902). For the workings of the committee, see Hicks Beach to Salisbury (private), 2 Sept. 1900, Salisbury MSS, 3M/E/Hicks Beach (1899–1902); and Goschen to Bertie, 30 Aug. 1900, Bertie MSS, Add.MSS. 63014.

90 Hamilton to Curzon (private), 27 Apr. 1900, Hamilton MSS, MSS.Eur.C.126/2; also to Salisbury (confidential), 16 July 1900, Salisbury MSS. 3M/E/Hamilton (1898–1902).

91 Hamilton to Curzon (private), 5 Sept. 1900, ibid.; Young, *British Policy*, 201.

92 Goschen to Salisbury (private), 27 Aug. 1900, Salisbury MSS, 3M/E/Goschen (1899–1900); T. J. Spinner, *George Joachim Goschen: The Transformation of a Victorian Liberal* (Cambridge, 1973), 220–1.

93 Goschen to Balfour (private), 1(?) Sept. 1900, Balfour MSS, Add.MSS. 49706.

94 Salisbury to Goschen (private), 29 Aug. 1900 (copy), ibid.

95 Quotes from tel. Lascelles to Salisbury (no. 30), 30 Aug. 1900, *BD* ii, no. 9; and tel. Salisbury to Sanderson, 31 Aug. 1900, FO 83/1907.

96 Goschen to Chamberlain (private), 2 Sept. 1900, in J. Amery, *The Life of Joseph Chamberlain* (4 vols., London, 1932–51) iv, 138–9; Goschen to Balfour (private), 1(?) Sept. 1900, Balfour MSS, Add.MSS. 49706.

97 Satow to Salisbury (private), 8 Oct. 1900, ibid., 3M/A/106/34; tel. Admiralty to Seymour (no. 173), 16 Aug. 1900, FO 17/1444; also R. Bickers, *Britain in China: Community, Culture and Colonialism, 1900–1949* (Manchester, 1999), 123–6.

98 Sanderson to Lascelles (private), 15 Aug. 1900, Lascelles MSS, FO 800/6; Lansdowne to Hamilton, 16 Aug. 1900, Lansdowne MSS, Lans (5) 28.

99 Tel. Salisbury to Sanderson, 17 Aug. 1900, FO 83/1907; see Goschen to Salisbury (private), 10 Aug. 1900, Salisbury MSS, 3M/E/Goschen (1899–1900).

100 Salisbury to Goschen (private), 29 Aug. 1900, Balfour MSS, Add.MSS. 49706; mins. Steadman and Walpole, 30 Aug. 1900, on tel. Warren to Salisbury (no. 112), 30 Aug. 1900, L/MIL/6/41.

101 Memo. Waters, 3 Sept. 1900, FO 64/1494; W. H.-H. Waters, *'Secret and Confidential': The Experiences of a Military Attaché* (London, 1926), 253–5.

102 Tel. Bülow to Hatzfeldt (no. 310), 1 Sept. 1900, *GP* xvi, no. 4714; Schwabach to Rothschild, 1 Sept. 1900, in P. H. von Schwabach, *Aus meinen Akten* (Berlin, 1927), 10–11.

103 Bertie to Lascelles (no. 184), 4 Sept. 1900, FO 244/585; Broderick to Chamberlain (private), 4 Sept. 1900, Chamberlain MSS, JC 11/8/1; see *GP* xvi, no. 4718, n. ***.

104 Goschen to Chamberlain (private), 2 Sept. 1900, in Amery, *Life of Chamberlain* iv, 139; Richthofen to Wilhelm II, 4 Sept. 1900, *GP* xvi, no. 4717.

105 Goschen to Bertie (private), 4 Sept. 1900, Bertie MSS, FO 800/162; Balfour to Akers-Douglas (private), 30 Aug. 1900, Chilston MSS, Kent AO, C.22/18; and to Lady Elcho, 29 Aug. and 6 Sept. 1900, Balfour MSS, Add.MSS. 49835.

106 Lansdowne to Hicks Beach (private), 7 Sept. 1900, Hicks Beach MSS, PCC/84; Hicks Beach to Salisbury (private), 2 Sept. 1900, Salisbury MSS, 3M/E/Hicks Beach (1899–1902).

107 Lansdowne to Hamilton (private), 3 Aug. 1900, Lansdowne MSS, Lans (5) 28; memo. Lansdowne, 31 Aug. 1900, Salisbury MSS, 3M/E/Lansdowne (1900–2).

108 Brodrick to Lascelles (confidential), 4 Sept. 1900, Lascelles MSS, FO 800/6.

109 Tel. Goschen to Salisbury (private), 4 Sept. 1900, and vice versa (private), 5 Sept. 1900, Salisbury MSS, 3M/A/89/70 and 73; Young, *British Policy*, 201.

110 Bertie to Salisbury (private), 5 Sept. 1900, Bertie MSS, Add.MSS. 63014; see K. A. Hamilton, *Bertie of Thame: Edwardian Ambassador* (Woodbridge, 1990), 18.

111 Salisbury to Scott (private), 4 Sept. 1900, Scott MSS, Add.MSS. 52297; Bertie to Lascelles (private), 5 Sept. 1900, Bertie MSS, FO 800/162; Otte, ' "Winston of Germany" ', 490.

112 Lansdowne to Salisbury (private), 27 Aug. 1900, Salisbury MSS, 3M/E/Lansdowne (1900–1902); Hicks Beach to Salisbury (private), 2 Sept. 1900, Hicks Beach MSS, PCC/34; Lord Newton, *Lord Lansdowne* (London, 1929), 186.

113 Goschen to Salisbury (confidential), 7 Aug. 1900, Salisbury MSS, 3M/E/Goschen (1899–1900); Spinner, *Goschen*, 222–3; A. D. Elliot, *The Life of George Joachim Goschen, First Viscount Goschen, 1831–1907* (2 vols., London, 1911) ii, 223–4.

114 Quotes from Brodrick to Chamberlain (private), 7 Sept. 1900, Chamberlain MSS, JC 11/8/2; and to Balfour (private), 7 Sept. 1900, Balfour MSS, Add.MSS. 49720.

115 Hicks Beach to Salisbury (private), 2 Sept. 1900, Hicks Beach MSS, PCC/34; Goschen to Salisbury (private), 4 Sept. 1900, Salisbury MSS, 3M/E/Goschen (1899–1900); and to Bertie (private), 4 Sept. 1900 [third letter, written after the meeting], Bertie MSS, Add.MSS. 63014.

116 Goschen to Bertie (private), 7 Sept. 1900, Bertie MSS, FO 800/162.

117 Hamilton to Curzon (private), 13 Sept. 1900, Hamilton MSS, MSS.Eur.C.126/2; tel. MacDonald to Salisbury (unnumbered), 28 Aug. 1900 (received 8 Sept.), FO 17/1418.

118 Chamberlain to Salisbury (private), 31 Aug. 1900, Chamberlain MSS, JC 11/30/198.

119 Memo. Chamberlain, 'The Chinese Problem', 10 Sept. 1900, Chamberlain MSS, JC 14/4/1/1 (also in CAB 37/53/56); Marsh, *Chamberlain*, 495–6.

120 Lascelles to Bertie (private), 15 Sept. 1900, Lascelles MSS, FO 800/17; Akers-Douglas diary, 12 Sept. 1900, Chilston MSS, F.28.

121 Tel. Bertie to Lascelles (unnumbered), 11 Sept. 1900, FO 244/585; tel. Richthofen to Bülow (no. 318), 12 Sept. 1900, *GP* xvi, no. 4719.

122 Quotes from memo. Bertie, 13 Sept. 1900, *BD* ii, no. 12; and Bertie to Lascelles (private), 12 Sept. 1900, Lascelles MSS, FO 800/6.

123 Salisbury to Lascelles (no. 205), 25 Sept. 1900, *BD* ii, no. 14; tel. Hatzfeldt to Auswärtiges Amt (no. 590), 14 Sept. 1900, *GP* xvi, no. 4720.

124 Tel. Hatzfeldt to Holstein (*privat*), 1 Sept. 1900, *GP* xvi, no. 4716.

125 Holstein to Hatzfeldt, 23 Aug. 1900, *HatzP* ii, no. 827. Holstein regarded the Anglo-Russian antagonism as irremovable, see Trotha, *Holstein*, 211–12.

126 Tel. Richthofen to Hatzfeldt (no. 346), 22 Sept. 1900, *GP* xvi, no. 4721.

127 Salisbury to Lascelles (no. 205), 25 Sept. 1900, *BD* ii, no. 14; tel. Hatzfeldt to Auswärtiges Amt (no. 608), 25 Sept. 1900, *GP* xvi, no. 4722.

128 Sanderson to Lascelles (private), 3 Oct. 1900, Lascelles MSS, FO 800/6; tel. Hatzfeldt to Auswärtiges Amt (no. 614), 28 Sept. 1900, *GP* xvi, no. 4724.

129 For the internal debates at Berlin, see tel. Richthofen to Hatzfeldt (*privat*), 28 Sept. 1900, *GP* xvi, no. 4725; Holstein to Hatzfeldt, 30 Sept. 1900, *HatzP* ii, no. 829; also Rich, *Holstein* ii, 623–4.

130 见桑德森修改过的协议草案，未注明日期（应为 1900 年 10 月 2—6 日），FO 17/1448 ; tels. Hatzfeldt to Auswärtiges Amt (nos. 623 and 641), 2 and 9 Oct. 1900, *GP* xvi, nos. 4728 and 4737. Young, **British Policy**, 205 中称是哈茨费尔特提出了这个方案，但没有提供证据。哈茨费尔特报告称是索尔兹伯里主动提出的。由于插入北纬 38 度线对德国实在太有利，这也许刺激起哈茨费尔特将功劳归到了自己头上。

131 Lascelles to Salisbury (private), 5 Oct. 1900, Salisbury MSS, 3M/A/121/61; tel. Bülow to Hatzfeldt (no. 362), 3 Oct. 1900, *GP* xvi, no. 4729.

132 Lascelles to Salisbury (private), 5 Oct. 1900, Salisbury MSS, 3M/A/121/61; memo. Sanderson, 4 Oct. 1900, FO 64/1507.

133 Hatzfeldt to Salisbury (private), 4 Oct. 1900, FO 64/1506; draft agreement by Sanderson, n.d. [4 Oct. 1900], FO 17/1448.

134 Min. Sanderson, 6 Oct. 1900, on draft agreement with Salisbury's amendments, FO 17/1448; Salisbury to Hatzfeldt (private), 4 Oct. 1900, Lascelles MSS, FO 800/6.

135 Quotes from Salisbury to Hatzfeldt (private), 6 Oct. 1900, Lascelles MSS, FO 800/6; and to Brodrick (private), 8 Oct. 1900, Midleton MSS, PRO 30/67/5.

136 Tels. Hatzfeldt to Bülow (no. 641 and 642), 9 and 10 Oct. 1900, and vice versa (no. 378), 12 Oct. 1900, *GP* xvi, nos. 4737–9.

137 Sanderson to Lascelles (private), 17 Oct. 1900, Lascelles MSS, FO 800/6. For the text of the agreement see *BD* ii, no. 17, and *GP* xvi, no. 4744.

138 Salisbury to Curzon (private), 17 Oct. 1900, Curzon MSS, MSS.Eur.F.111/159; Monger, *End of Isolation*, 17.

139 Memo. Ardagh, 'China', 30 Sept. 1900, Ardagh MSS, PRO 30/40/22/1.

140 Quotes from tel. Currie to Salisbury (private), 21 Oct. 1900, Salisbury MSS, 3M/A/125/54; and Kennedy to Lascelles, 7 Nov. 1900, Lascelles MSS, FO 800/6.

141 Currie to Salisbury (private), 24 Oct. 1900, Salisbury MSS, 3M/A/125/55.

142 Quotes from Chamberlain to Balfour (private), 21 Oct. 1900, Whittinghame Muniment MSS, GD 433/2/39; and Hamilton to Curzon (private), 24 Oct. 1900, Hamilton MSS, MSS.Eur.C.126/2.

143 Memo. Sandars, n.d. [before 8 Oct.] and 20 Oct. 1900, Sandars MSS, MS.Eng.hist.c.732; Min. Akers-Douglas, n.d. [21 or 22 Oct. 1900], Chilston MSS, C.21/3; see Otte, 'Question of Leadership', 18–20.

第五章

1 Brodrick to Selborne (confidential), 28 Oct. 1900, Selborne MSS 2; also Curzon to Brodrick (private), 9 Nov. 1900, Midleton MSS, Add.MSS. 50075; Balfour to Goschen (private), [25 Dec. 1900], Goschen MSS, MS.Eng.hist.c.386.

2 Quote from Esher journal, 9 Nov. 1900, *EJL* i, 267–8; see also Macdonnell to Akers-Douglas (private), 5 Nov. 1900, Chilston MSS, C.24; Lansdowne to Akers-Douglas (private), 7 Nov. 1900, ibid., C.325/6.

3 Lansdowne to Lascelles (private), 11 Nov. 1900, Lascelles MSS, FO 800/17; Lansdowne to Balfour, 9 Nov. 1900, Whittinghame Muniment MSS, GD 433/2/39; Lord Newton, *Lord Lansdowne* (London, 1929), 196–7.

4 Lascelles to Salisbury (no. 274), 31 Oct. 1900, FO 64/1495.

5 Lascelles to Lansdowne (private), 17 Nov. 1900, Lansdowne MSS, FO 800/128.

6 Ibid; see Lascelles to Salisbury (nos. 261 and 263), 19 Oct. 1900, FO 64/1494.

7 Sanderson to Satow (private), 12 Oct. 1900, Satow MSS, PRO 30/33/7/1; B. M. Allen, *The Rt. Hon. Sir Ernest Satow, GCMG: A Memoir* (London, 1933), 122.

[8] Tel. Gaselee to Hamilton (no. 40), 29 Aug. 1900, L/MIL/7/16666; M. H. Hunt, 'The Forgotten Occupation: Peking, 1900–1901', *PHR* xlviii, 4 (1979), 501–29.

[9] Seymour to MacGregor (no. 497), 8 Aug. 1900, ADM 125/109; *Réglements Généraux d'Administration de la Cité Chinoise de Tientsin* (Tientsin, Dec. 1900) (copy in RG 395/920).

[10] Quotes from Satow diary, 20 Aug. 1900, Satow MSS, PRO 30/33/16/3; Min. Bertie, 20 Aug. 1900, FO 17/1444.

[11] Tel. MacDonald to Salisbury (no. 116), 28 Aug. 1900, FO 17/1418; memo. Mallet and Bertie, 'Questions with Russia with regard to the Northern Railways of China', both 12 Feb. 1901, FO 17/1500; see Lord Hardinge of Penshurst, *Old Diplomacy* (London, 1948), 75.

[12] Memo. Ardagh, 'The Taku–Tientsin Railway', 16 July 1900, FO 17/1442; S. Countess of Malmesbury, *The Life of Major-General Sir John Ardagh* (London, 1909), 282–3.

[13] Memo. Ardagh, 'Position in China', 15 Aug. 1900, Ardagh MSS, PRO 30/40/22/1; and memo. Ardagh, 15 Sept. 1900, WO 32/6146.

[14] Note Scott to Lamsdorff, 26 July 1900, and Scott to Salisbury (no. 244), 1 Aug. 1900, FO 65/1600.   [15] Tel. MacDonald to Salisbury (unnumbered), 28 Aug. 1900, FO 17/1418.

[16] Min. Salisbury, n.d. [6 or 7 Sept. 1900], on tel. MacDonald to Seymour, 2 Sept. 1900, FO 17/1446; tel. Salisbury to MacDonald (no. 87), 7 Sept. 1900, FO 17/1419.

[17] Scott to Salisbury (no. 277), 30 Aug. 1900, FO 65/1600.

[18] Memo. War Office Intelligence Division, 'The Russian Operations in Manchuria, June–October 1900', Jan. 1901, FO 17/1501; Hardinge to Salisbury (no. 319), 4 Oct. 1900, FO 65/1601; Malozemoff, *Russian Far Eastern Policy*, 136–7.

[19] Hardinge to Bertie, 20 Sept. 1900, Hardinge MSS. 3; and to Salisbury (no. 323), 6 Oct. 1900, FO 65/1601; see Neilson, *Last Tsar*, 212.

[20] Hardinge to Salisbury (no. 353), 22 Oct. 1900, FO 65/1601.

[21] Quotes from Hardinge to Salisbury (no. 356), 26 Oct. 1900, *BD* ii, no. 19; and note Lamsdorff to Hardinge, encl. in Hardinge to Salisbury (no. 357), 28 Oct. 1900, FO 65/1601.

[22] Hardinge to Salisbury (no. 362), 30 Oct. 1900, ibid. (my emphasis).

[23] Hardinge to Salisbury (no. 364), 31 Oct. 1900, ibid.; on Kinsky see H. H. D. Beaumont, 'Diplomatic Butterfly' (unpubl. TS), PP/MCR/113, fo. 180.

[24] Hardinge to Sanderson, 8 Nov. 1900, Hardinge MSS 3.

[25] Quotes from min. Lansdowne, n.d., on Hardinge to Lansdowne (no. 386), 14 Nov. 1900, FO 65/1602; and Hardinge to Bertie (private), 15 Nov. 1900, Bertie MSS, Add.MSS. 63014; see Scott to Salisbury (no. 244), 1 Aug. 1900, FO 65/1600.

[26] 阿德致桑德森函，1900 年 11 月 8 日，及桑德森备忘录，1900 年 11 月 9 日，HD3/119。阿德对英国财政的潜在实力的看法，说明大臣们对英国财政危机的认识分歧比历史学家们通常认为的还要大，见 A. L. Friedberg, 'Britain Faces the Burden of Empire: The Financial Crisis of 1901–1905', *W&S* v, 2 (1987), 15–37。金达（Kinder）是一位普遍被称为"英国旗帜"的铁路工程师，在中国北方铁路建设中起了重大作用，见金达讣告，*The Times*(10 Aug. 1936); also A. W. S. Wingate, *A Cavalier in China*(London, 1940), 116。

[27] Scott to Lansdowne (private), 29 Nov. 1900, Lansdowne MSS, FO 800/140; Young, *British Policy*, 269–71; Neilson, *Last Tsar*, 212–13.

[28] Sanderson to Scott (private), 9 Dec. 1900, Scott MSS, Add.MSS. 52298.

[29] Quotes from Hardinge to Corbett, 3 Aug. 1898, Corbett MSS, 17M78/151 (I am grateful to Richard Bird for bringing this document to my attention); and Bertie to Lascelles (private), 27 Feb. 1901, Lascelles MSS, FO 800/10; see Earl of Onslow, *Sixty Three Years* (London, s.a.), 90.

[30] Tel. Pückler to *Auswärtiges Amt* (no. 363), 29 Oct. 1900, *GP* xvi, no. 4747. For Bülow's fence-mending, see Bülow, *Denkwürdigkeiten* i, 399–400; B. Vogel, *Deutsche Russlandpolitik: Das Scheitern der deutschen Weltpolitik unter Bülow, 1900–1906* (Düsseldorf, 1973), 118–24.

[31] Quotes from mins. Lansdowne and Wolseley, 9 and 10 Aug. 1900, WO 32/6410; also Knox to Godley, 14 Aug. 1900, and min. Hutchinson, 14 Aug. 1900, L/MIL/7/16731.

[32] Memo. Browne, 'Memorandum on Course Affairs may take in Pekin', 10 Aug. 1900, FO 17/1444; memo. Major Crowe, 'General Count von Waldersee', 8 Aug. 1900, L/MIL/7/16731.

33 Min. Bertie, 13 Sept. 1900, FO 17/1419; min. Lansdowne, 11 Aug. 1900, WO 32/6410.

34 Tel. Waldersee to Wilhelm II (no. 25), 8 Oct. 1900, *GP* xvi, no. 4734.

35 Grierson staff diary, 25 Sept. 1900, WO 32/6411; tel. Gaselee to Hamilton (no. 460), 30 Sept. 1900, L/MIL/6/41/10095.

36 Hamilton to Curzon (private), 11 Oct. 1900, Hamilton MSS, MSS.Eur.C.126/2. For Russian proceedings in the railway question see Grierson staff diary, 27 Sept. 1900, WO 32/6411; and the critical reflections on the performance of British troops in memo. Spratt-Bowring, 7 July 1901, WO 106/76.

37 Grierson staff diary, 1 Oct. 1900, WO 32/6411; Waldersee to Wilhelm II, 20 Oct. 1900, Waldersee, *Denkwürdigkeiten* iii, 20.

38 Lascelles to Salisbury (no. 254), 11 Oct. 1900, FO 64/1494; Army Order, 8 Oct. 1900, encl. in Grierson to Knox (no. 2), 13 Oct. 1900, WO 32/6412.

39 Quotes from Lascelles to Salisbury (nos. 254 and 256), 11 and 12 Oct. 1900, FO 64/1494; and vice versa (no. 236), 22 Oct. 1900, FO 64/1491; note Bertie to Salisbury, 21 Oct. 1900, FO 17/1448.

40 Tel. Bülow to Hatzfeldt (no. 436), 31 Oct. 1900, *GP* xvi, no. 4751; Bertie (for Salisbury) to Lascelles (no. 252), 5 Nov. 1900, FO 64/1491.

41 Lansdowne to Lascelles (no. 280), 27 Nov. 1900, FO 64/1491; tel. Hatzfeldt to Auswärtiges Amt (no. 779), 22 Nov. 1900, *GP* xvi, no. 4765.

42 Quotes from Grierson to Knox (no. 1), 2 Oct. 1900, WO 32/6411; Grierson staff diary, 27 Sept. 1900, WO 32/6411; also Campbell to Satow (private), 21 Oct. 1900, Satow MSS, PRO 30/33/9/4.

43 Salisbury to Lascelles (nos. 222 and 241), 25 Oct. and 1 Nov. 1900, FO 64/1496; Hardinge to Salisbury (no. 353), 22 Oct. 1900, FO 65/1601.

44 Grierson to Knox (no. 4), 20 Nov. 1900, WO 32/6414; see Waldersee to Gaselee (no. 1125), 13 Nov. 1900, WO 32/6414.

45 Campbell to Lansdowne (no. 63), 29 Nov. 1900, FO 17/1428; Satow to Lansdowne (private), 15 Nov. 1900, Lansdowne MSS, FO 800/119; also Knobel to Beaufort (no. 140/50), 15 Feb. 1901, *BBBP* (3) i, no. 385.

46 Min. Lansdowne, n.d., on Hardinge to Lansdowne (no. 386), 14 Nov. 1900, FO 65/1602.

47 Quotes from mins. Campbell, 12 Nov., and Lansdowne, n.d. [12 or 13 Nov. 1900], on tel. Satow to Lansdowne (no. 201), 11 Nov. 1900, FO 17/1418; and memo. Bertie, 21 Nov. 1900, FO 17/1450; see T. G. Otte, '"Not Proficient in Table-thumping": Sir Ernest Satow at Peking, 1900–1906', *D&S* xiii, 2 (2002), 168–9.

48 Min. Campbell, 18 Feb. 1901, on Satow to Lansdowne (no. 196), 20 Dec. 1900, FO 17/1516; Grierson staff diary, 17 Jan. 1901, WO 32/6417; report Lt.-Col. MacDonald, 'Report on Railways', 16 Feb. 1901, L/MIL/7/16774.

49 Grierson to Knox (no. 20), 9 Jan. 1901, WO 32/6416; memo. Browne, 'Notes on the position of the French and German Forces at Paoting-fu', 21 Mar. 1901, FO 17/1471; see Esherick, *Origins*, 279 and 282–3.

50 Grierson to Knox (no. 4), 20 Nov. 1900, WO 32/6414; and (no. 33), 7 Mar. 1901, WO 32/6420.

51 Quotes from min. Lansdowne, n.d. [May 1901], FO 17/1471; and Lansdowne to Satow (private), 9 Apr. 1901, Satow MSS, PRO 30/33/7/1; also memo. Sanderson, 25 May 1901, FO 17/1505.

52 *The Times* (3 Jan. 1901); *The History of the Times* (5 vols., London, 1947 et seq.) iii, 198 and 356. For the Curzon quote see A. J. A. Morris, *The Scaremongers: The Advocacy of War and Rearmament, 1896–1914* (London, 1984), 276.

53 *The Times* (3 Jan. 1901). 协议文本被刊载于 MacMurray 主编之 *Treaties and Agreements* i, 329, n.1.; Malozemoff, Russian Far Eastern, 191–208，不过其中有一些事实错误，见 *GEM* i, no. 112, n. 3。

54 Tel. Gaselee to Hamilton (no. 60), 29 Dec. 1900 (copy), FO 17/1499; also. Servan de Bezaure to Delcassé (no. 191), 9 Jan. 1901, *DDF* (2) i, no. 16 (Servan lists a 16-point agreement).

55 托尔致兰斯当函（第 2 号），1901 年 1 月 2 日，FO 17/1469；萨道义日记，1901 年 1 月 10 日，Satow MSS, PRO 30/33/16/4。英国外交部经常告诫公使馆要厉行节约，见英国外交部致驻外使节函，1894 年 9 月 17 日，FO 83/1320。

56 *The Times* (3 Jan. 1901); see G. W. Monger, 'The End of Isolation: Britain, Germany and Japan, 1900–1902', *TRHS* (5) xiii (1963), 109–10.

[56] *The Times* (3 Jan. 1901); see G. W. Monger, 'The End of Isolation: Britain, Germany and Japan, 1900–1902', *TRHS* (5) xiii (1963), 109–10.

[57] *PD* (4) lxxxviii (1900), cols. 303–22; N. A. Pelcovits, *Old China Hands and the Foreign Office* (New York, repr. 1969), 275–6.

[58] Satow diary, 14 Dec. 1900, Satow MSS, PRO 30/33/16/4; tels. Satow to Lansdowne (nos. 7 and 9), 4 and 6 Jan. 1901, FO 17/1487.

[59] Montebello to Delcassé (no. 7), 17 Jan. 1901, *DDF* (2) i, no. 30; tel. Izvolsky to Lamsdorff (no. 2), 14 Jan. 1901, in I. Yerukhomovich (ed.), 'Nakanie russko-yaponskoi voyna', *KA* 63 (1934), 9–11.

[60] Scott to Lansdowne (no. 7), 8 Jan. 1901, and mins. Campbell, 14 Jan. 1901, and Lansdowne, n.d., FO 65/1619; tel. Lansdowne to Scott (no. 1, confidential), 3 Jan. 1901, FO 65/1624.

[61] Quotes from Scott to Lansdowne (no. 13), 10 Jan. 1901, FO 65/1619; and Scott to Lascelles (private), 10 Jan. 1901, Lascelles MSS, FO 800/6.

[62] Bertie to BCC, 8 Jan. 1901, and vice versa, 12 Feb. 1901, quoted in memo. Bertie, 'Questions with Russia in regard to Northern Railways of China', 12 Jan. 1901, FO 17/1500; also Bertie to Keswick, 11 Jan. 1901, FO 17/1499.

[63] Min. Lansdowne, n.d., on note Bertie to Lansdowne, 12 Jan. 1901, FO 17/1499.

[64] Quotes from min. Lansdowne, 3 Jan. 1901, on Keswick to Bertie, 2 Jan. 1901, ibid.; Lansdowne to Hamilton, 10 Jan. 1901, Lansdowne MSS, Lans (5) 28.

[65] Quotes from min. Bertie (on conversation with Lascelles), 29 Dec. 1900, FO 17/1451 (my emphasis); and memo. Bertie, 13 Jan. 1901, FO 17/1499.

[66] Quotes from Lansdowne to Salisbury (private), 15 Jan., and vice versa (private), 17 Jan. 1901, FO 17/1499; Grenville, *Salisbury*, 330.

[67] Lansdowne to MacDonald (nos. 6 and 8), 12 and 15 Jan. 1901, FO 46/538; J. A. S. Grenville, 'Lord Lansdowne's Abortive Project of 12 March 1901 for a Secret Agreement with Germany', *BIHR* xxvii, 3 (1954), 204–5.

[68] Lansdowne to Lascelles (secret), 17 Jan. 1901, Lascelles MSS, FO 800/10.

[69] Lansdowne to Satow (private), 16 Jan. 1901, Satow MSS, PRO 30/33/7/1.

[70] Hamilton to Curzon (private), 18 Jan. 1901, Hamilton MSS, MSS.Eur.C.126/3; also Scott to Lansdowne (no. 28), 19 Jan. 1901, FO 65/1619; Neilson, *Last Tsar*, 214–15.

[71] Wilhelm II to Lascelles, 19 Jan. 1901, Lascelles MSS, FO 800/18; Sanderson to O'Conor (private), 5 Feb. 1901, O'Conor MSS, OCON 6/1/26; Otte, ' "Winston of Germany" ', 490–1.

[72] Tel. Hatzfeldt to Auswärtiges Amt (no. 51), 18 Jan. 1901, *GP* xvii, no. 4979; Eckardstein, *Lebenserinnerungen* ii, 236–7.

[73] 档案资料的不完整，使得再现这次会谈变得越发困难。哈茨费尔特的正式报告是根据埃卡德施泰因的草稿写成的，而且是在最后一次会谈两天后才写的。而英国方面对这次会谈却没有文字记录。按照格伦维尔（Grenville）所著《索尔兹伯里传》（*Salisbury*）第334—335页的记载，埃卡德施泰因有意误导了德国外交部，说是英国高级大臣就结盟伸出了触角。但这是后来的记载了。实际上，并没有证据证明查特斯沃斯庄园会谈中出现了两面派做法。有人抓住张伯伦摩洛哥事务先签订一个协议的建议，认为这就是埃卡德施泰因造假的内在证据。然而，张伯伦此前的确提出过这样的建议，是在1899年11月德皇上一次访问英国时。见张伯伦致拉塞尔斯信件（机密），1899年12月12日（抄件），Chamberlain MSS, JC 7/2/2A/35。似乎两次世界大战之间的德国修正主义作家们对埃卡德施泰因的中伤诬蔑，仍在主宰着对他去1900年前后英德会谈中所发挥的作用的评价。

[74] Memo. Lansdowne, 'Memorandum respecting Russia and the Northern Chinese Railways', 22 Nov. 1900, CAB 37/53/76; and 'Russian actions concerning the Imperial Railways of North China', 17 Jan. 1901, CAB 37/55/9; *The Times* (7 Jan. 1901).

[75] Tyrrell to Asquith (private), 16 Sept. 1922, Asquith MSS, Bodl., MS Asquith 34.

[76] Quotes from min. Lansdowne, n.d., in Newton, *Lansdowne*, 199; and Wilhelm II to Bülow, 29 Jan. 1901, *GP* xvii, no. 4987; also min. Bertie, 4 Feb. 1901, Bertie MSS, Add.MSS. 63014. On the German 'doctrine' of the Anglo-Russian antagonism, see Vogel, *Russlandpolitik*, 118–24.

[77] Quotes from Scott to Lansdowne (nos. 36 and 41), 31 Jan. and 6 Feb 1901, and mins. Lansdowne, n.d. [4 Feb.] and Cranborne, n.d. [11 Feb.], FO 65/1619. For evidence contradicting Lamsdorff's assurances, see tel. Satow to Lansdowne (no. 33), 5 Feb. 1901, FO 17/1487.

78 Keswick to Bertie, 6 Feb. 1901, FO 17/1500; see Pelcovits, *Old China Hands*, 275–7.

79 Tel. Lansdowne to MacDonald (no. 13), 29 Jan. 1901, FO 46/542; Harmand to Delcassé (no. 8, *très confidentiel*), 31 Jan. 1901, *DDF* (92), i, no. 63.

80 Memo. Bertie, 5 Feb. 1901, FO 46/547; note Lansdowne to Salisbury, 5 Feb. 1901, FO 46/538; Foreign Office memo., 7 Feb. 1901, FO 244/596; see Izvolsky to Lamsdorff, 9/21 Feb. 1901, Yerukhomovich (ed.), 'Russko-yaponskoi voyna', 13–16.

81 荷尔斯泰因致比洛电报（私密），及比洛回电（私密），均发于 1901 年 2 月 9 日，GP xvi, nos. 4810–11；哈茨费尔特致荷尔斯泰因电报及荷尔斯泰因回电（私密），1901 年 2 月 10 日和 11 日，同上 xvii, nos. 4988–9. *GP*（《欧洲重大政治文件集》）的编辑们将这次会谈（载于卷十七）和"满洲危机"（载于卷十六）视为不相及之事，因此造成了后来的学术文献中的一些困惑和混淆。

82 Quotes from Lansdowne to Lascelles (no. 54), 12 Feb. 1901, *BD* ii, no. 30; and tel. Hatzfeldt to Auswärtiges Amt (no. 134), 12 Feb. 1901, *GP* xvi, no. 4813 (sent in Hatzfeldt's name).

83 Tel. Lansdowne to Satow (no. 35), 13 Feb. 1901, FO 17/1482.

84 Memo. Mallet, 'Memorandum on Recent Events in China', 22 Feb., and Keswick to Bertie, 6 Feb. 1901, FO 17/1500; Satow to Lansdowne (no. 63), 13 Feb. 1901, FO 17/1470.

85 Memo. Bertie, 'Questions with Russia with regard to Northern Railways of China', 12 Feb. 1901, FO 17/1500.

86 Memo. Lansdowne, 'Northern Railways', 15 Feb. 1901, FO 17/1500 (printed version in CAB 37/56/23).

87 Tel. MacDonald to Lansdowne (no. 4), 15 Feb. 1901, FO 46/542.

88 Note Lansdowne to Salisbury, 16 Feb. 1901, FO 17/1500.

89 Note Salisbury to Lansdowne, 16 Feb. 1901, ibid.

90 For this view see Young, *British Policy*, 295.

91 Note Lansdowne to Bertie, 17 Feb. 1901, FO 17/1500.

92 Note Bertie to Lansdowne, 17 Feb. 1901, ibid.; and min. Bertie, 12 Jan. 1901, FO 17/1487.

93 Quotes from mins. Lansdowne and Bertie, both 17 Feb. 1901, FO 17/1500.

94 Tel. Satow to Lansdowne (no. 48), 19 Feb. 1901, FO 17/1487; the instructions are in tel. Lansdowne to Satow (no. 35), 13 Feb. 1901, FO 17/1482.

95 Scott to Lansdowne (no. 53, very confidential), 20 Feb. 1901, FO 65/1619.

96 Memo. Erskine, 'Memorandum respecting Assurances given at different times by the Russian Government', 19 Feb. 1901, FO 881/7469.

97 Sanderson to Scott (private), 27 Feb. 1901, Scott MSS, Add. MSS.52299.

98 Memo. Sanderson, 28 Feb. 1901, and min. Lansdowne, n.d., Lansdowne MSS, FO 800/115.

99 Tel. Satow to Lansdowne (no. 56), 27 Feb. 1901, FO 17/1487; note Lofêng-lu to Lansdowne, 1 Mar. 1901, FO 405/754/92.

100 Tel. Lansdowne to Satow (no. 49), 1 Mar. 1901, FO 17/1482.

101 Memo. Lansdowne, 1 Mar. 1901, FO 65/1624 (circulated to the Cabinet, CAB 37/56/28); see tel. Satow to Lansdowne (no. 50), 28 Feb. 1901, FO 17/1487.

102 Scott to Lansdowne (no. 69, confidential), 6 Mar. 1901, FO 65/1620; see memo. Sanderson, 28 Feb. 1901, Lansdowne MSS, FO 800/115; Ardagh to Sanderson, 8 Nov. 1900, HD3/119.

103 Tel. Lansdowne to Satow (no. 53), 2 Mar. 1901, FO 17/1482.

104 Tel. Lansdowne to Satow (no. 55), 4 Mar. 1901, ibid.; tels. vice versa (nos. 28, confidential, and 29), 6 and 8 Mar. 1901, FO 17/1487; see Otte, ' "Table-thumping" ', 176.

105 Lansdowne to Lascelles (no. 69A), 1 Mar. 1901, FO 244/596; Lansdowne to MacDonald (no. 22), 1 Mar. 1901, FO 46/538; tel. Hatzfeldt to Auswärtiges Amt (no. 175), 1 Mar. 1901, *GP* xvi, no. 4822.

106 Tel. Hatzfeldt [i.e. Eckardstein] to Bülow (no. 44), 16 Feb. 1901, and marginal note by Bülow, n.d., *GP* xvi, no. 4817.

107 Quotes from tels. Holstein to Hatzfeldt (*privat*), 1 Mar. 1901, and Bülow to Wilhelm II (no. 20), 6 Mar. 1901, *GP* xvi, no. 4821 and 25.

108 Lascelles to Lansdowne (private), 22 Feb. 1901, Lascelles MSS, FO 800/18; and despatch (no. 48), 28 Mar. 1901, FO 64/1520.

[109] Memo. Bertie, 4 Mar. 1901, FO 17/1501; tel. Lansdowne to Lascelles (no. 62), 5 Mar. 1901, FO 64/1523.

[110] Tel. Lansdowne to Scott (no. 54), 4 Mar. 1901, *BD* ii, no. 45.

[111] Quotes from Scott to Lansdowne (private), 7 Mar. 1901, Lansdowne MSS, FO 800/140; Scott to Lansdowne (no. 68, confidential), 6 Mar. 1901, FO 65/1620.

[112] Tel. Scott to Lansdowne (no. 27), 7 Mar. 1901, *BD* ii, no. 48; tel. Lansdowne to Satow (no. 59), 8 Mar. 1901, FO 17/1482.

[113] Hamilton to Curzon (private), 6 Mar. 1901, Hamilton MSS, MSS. Eur.C.126/3.

[114] Scott to Lansdowne (no. 71), 7 Mar. 1901, FO 65/1620; W. Frauendienst, 'Graf Alvenslebens Petersburger Mission, 1900–1905', *BM* x, 9 (1932), 884–5.

[115] Tel. Satow to Lansdowne (no. 67), 6 Mar. 1901, *BD* ii, no. 47; see memo. Mallet, 15 Mar. 1901, FO 17/1502.

[116] Tel. Lansdowne to Lascelles (no. 67), 8 Mar. 1901, FO 64/1523; tel. Hatzfeldt to Auswärtiges Amt (no. 198), 8 Mar. 1901, and min. Bülow, 9 Mar., *GP* xvi, no. 4829; see Rich, *Holstein* ii, 637, who erroneously states that Bertie, not Sanderson, took part in the conversation.

[117] Tel. Holstein to Eckardstein (*privat*), 9 Mar. 1901, Eckardstein, *Lebenserinnerungen* ii, 312; Vogel, *Russlandpolitik*, 118–24.

[118] Tel. Lascelles to Lansdowne (no. 14), 7 Mar. 1901, FO 64/1524.

[119] Fulford to Satow, 27 Feb. 1901, FO 17/1471; tel. Lansdowne to Lascelles (no. 68), 9 Mar. 1901, FO 244/596; see tel. Pichon to Delcassé (no. 73), 8 Mar. 1901, *DDF* (2) i, no. 130.

[120] Tel. Lansdowne to Lascelles (no. 70), 9 Mar. 1901, FO 64/1523; see memo. Lansdowne, 15 Feb. 1901, FO 17/1500.

[121] 兰斯当致斯科特电报（第 59 号），1901 年 3 月 9 日，FO 65/1624。对于俄国人拒绝做出更为精确的解释，法国人也很不满，见德尔卡塞（Delcassé）致蒙泰贝洛（Montebello）函（第 69 号），1901 年 3 月 6 日，及蒙泰贝洛回函（第 21 号，机密），1901 年 3 月 12 日，DDF(2) i, nos. 124 and 135。

[122] Tel. MacDonald to Lansdowne (no. 9), 18 Mar. 1901, FO 46/542; Boissière to Lanessan (*confidentiel*), 10 Mar. 1901, *DDF* (2) i, no. 133; I. H. Nish, *The Origins of the Russo-Japanese War* (London, 2nd edn. 1987), 101–4.

[123] Note Hayashi to Lansdowne, 9 Mar. 1901, *BD* ii, no. 51. For a different view of German policy, see Young, *British Policy*, 289.

[124] Mins. Bertie and Salisbury, n.d. [9 or 10 Mar. 1901], ibid.

[125] Tel. Lansdowne to Monson (no. 27), 8 Mar. 1901, ibid., no. 40; see Sanderson to Lascelles (private), 27 Mar. 1901, Lascelles MSS, FO 800/10.

[126] Lansdowne to MacDonald (no. 27), 16 Mar. 1901, FO 46/538 (the interview with Hayashi took place on 10 March); Monger, *End of Isolation*, 26.

[127] Sanderson to Lansdowne (private), 10 Mar. 1901, Lansdowne MSS, FO 800/119.

[128] Memo. Bertie, 11 Mar. 1901, *BD* ii, no. 54.

[129] Lascelles to Bertie, 9 Mar. 1901, Bertie MSS, Add.MSS. 63014; tel. Lascelles to Lansdowne (no. 16), 10 Mar. 1901, *BD* ii, no. 52; Vogel, *Russlandpolitik*, 105–6.

[130] Lascelles to Lansdowne (private), 10 Mar. 1901, Lansdowne MSS, FO 800/128.

[131] Memo. Lansdowne, 12 Mar. 1901, FO 46/547 (circulated to Cabinet, CAB 37/56/30).

[132] Grenville's assessment, idem, 'Lansdowne's Abortive Project', 210. For the orthodox interpretation, idem, *Lord Salisbury*, 340; Monger, *End of Isolation*, 27; also J. Charmley, *Splendid Isolation?: Britain, the Balance of Power and the Origins of the First World War* (London, 1999), 283–4.

[133] See Ardagh to Sanderson, 8 Nov. 1900, HD3/119.

[134] For a representative view see Grenville, 'Lansdowne's Abortive Project', 211–12. Eckardstein's role was one factor. He was still regarded as reliable, see min. Edward VII, n.d. [early Mar. 1902], on Lascelles to Lansdowne (private), 28 Feb. 1902, Lansdowne MSS, FO 800/129.

[135] Lascelles to Bertie (private), 9 Mar. 1900, Bertie MSS, Add.MSS. 63014; tels. Lansdowne to Lascelles (no. 67), 8 Mar. 1901, FO 64/1523, and vice versa (no. 16), 10 Mar. 1901, *BD* ii, no. 42.

[136] Tel. Lansdowne to Lascelles (no. 71), 11 Mar. 1901, FO 244/596 (author's emphasis).

[137] Tel. Lascelles to Lansdowne (no. 14), 7 March 1901, FO 64/1524; and (private), 10 Mar. 1901, Landsowne MSS, FO 800/128; and tel. vice versa (no. 71), 11 Mar. 1901, FO 244/596, need to be read in conjunction.

[138] Memo. Lansdowne, 12 Mar. 1901, FO 46/547. For Richthofen's complaint see Lascelles to Lansdowne (private), 10 Mar. 1901, Lansdowne MSS, FO 800/128; and vice versa (private), 18 Mar. 1901, Lascelles MSS, FO 800/10.

[139] Brodrick to Selborne (private), 13 Mar. 1901, Selborne MSS, Selborne 26.

[140] Memo. Cranborne, 'Our Policy in Manchuria', 13 Mar. 1901, Lansdowne MSS, Lans (5) 34.

[141] 索尔兹伯里致爱德华七世函，1901 年 3 月 13 日，CAB 41/26/5；兰斯当致拉塞尔斯电报（第 73 号），1901 年 3 月 13 日，FO 64/1523；J. M. Goudswaard, *Some Aspects of the End of Britain's 'Splendid Isolation', 1898–1904* (Rotterdam, 1952), 72–3. 索尔兹伯里将兰斯当的建议称为"结盟"，不应太过较真——他在使用这个词时，含义往往很宽泛，见索尔兹伯里致维多利亚女王函，1890 年 6 月 10 日，*LQV* (3) i, 613。

[142] Tel. Lascelles to Lansdowne (no. 17), 14 Mar. 1901, FO 64/1524.

[143] Lascelles to Lansdowne (no. 69), 16 Mar. 1901, FO 64/1520. 比洛曾向法国暗示，德国对中国长江流域的商业很感兴趣，而在中国北方，"俄国人可以做他们想做的事情"。Tel. Noailles to Delcassé (no. 25), 6 Feb. 1901, DDF (2) i, no. 69.

[144] Lansdowne to Lascelles (private), 18 Mar. 1901, Lascelles MSS, FO 800/10; Newton, *Lansdowne*, 199–200.

[145] Memo. Lansdowne, 18 Mar. 1901, FO 64/1655.

[146] Lansdowne to Lascelles (private), 18 Mar. 1901, Lascelles MSS, FO 800/10.

[147] Memo. Lansdowne, 18 Mar. 1901, FO 64/1655.

[148] Lascelles to Lansdowne (private), 23 Mar. 1901, Lansdowne MSS, FO 800/128; see Lascelles to Salisbury (no. 338, very confidential), 21 Dec. 1898, FO 64/1439.

[149] Lansdowne to Lascelles (private), 1 Apr. 1901, Lascelles MSS, FO 800/10; Otte, ' "Winston of Germany" ', 491.

[150] Hamilton to Curzon (private), 15 Mar. 1901, Hamilton MSS, MSS.Eur.C.126/3; Neilson, *Last Tsar*, 217.

[151] Scott to Lansdowne (no. 83), 18 Mar. 1901, and min. Lansdowne, n.d., FO 65/1620; Izvolsky to Lamsdorff (no. 12), 12/24 Mar. 1901, Yerukhomovich (ed.), 'Russko-yaponskoi voyna', 19–21; Romanov, *Russia in Manchuria*, 216–17.

[152] Satow to Lansdowne (no. 110, confidential), 21 Mar. 1901, FO 17/1471; see Tan, *Boxer Catastrophe*, 188–9.

[153] Tels. Satow to Lansdowne (no. 73), 17 Mar. 1901, FO 17/1484, and vice versa (no. 74), 20 Mar. 1901, FO 17/1482. For a detailed discussion, see Otte, ' "Table-Thumping" ', 175–7.

[154] Memo. Oakes, 21 Mar. 1901, FO 17/1502.   [155] Memo. Ardagh, 23 Mar. 1901, ibid.

[156] Lansdowne to Scott (private), 26 Mar. 1901, Scott MSS, Add.MSS. 52297.

[157] *PD* (4) xcii (1901), cols. 15–29; Lascelles to Scott (private), 29 Mar. 1901, Scott MSS, Add.MSS. 52302; Neilson, *Last Tsar*, 217. For a snapshot of the state of British opinion, Cambon to Delcassé (no. 99), 30 Mar. 1901, *DDF* (2) i, no. 162.

[158] Memo. Lansdowne, 29 Mar. 1901, FO 64/1655; tel. Lansdowne to Lascelles (no. 110A), *BD* ii, no. 79; see tel. Bülow to Hatzfeldt (no. 154, *geheim*), 24 Mar. 1901, *GP* xvii, no. 4998.

[159] Quotes from Lansdowne to Lascelles (private), 1 Apr., and Sanderson to Lascelles (private), 27 Mar. 1901, Lascelles MSS, FO 800/10.

[160] Memo. Lansdowne, 29 Mar. 1901, FO 64/1655.

[161] Quotes from Scott to Lansdowne (private), 4 Apr. 1901, Lansdowne MSS, FO 800/140; and tel. vice versa (no. 92), 5 Apr. 1901, FO 65/1624; also Delcassé to Pichon (no. 83), 5 Apr. 1901, *DDF* (2) i, no. 174.

[162] Lansdowne to Hicks Beach (private), 7 Apr. 1901, Hicks Beach MSS, PCC/84.

[163] Sanderson to Satow (private), 12 Apr. 1901, Satow MSS, PRO 30/33/7/1.

[164] Scott to Lansdowne (no. 110, very confidential), 17 Apr. 1901, FO 65/1620.

[165] Quotes from Lascelles to Lansdowne (no. 69), 16 Mar. 1901, FO 64/1520; and tel. vice versa (no. 79), 16 Mar. 1901, *BD* ii, no. 34.

[166] Note Campbell to Lansdowne, 26 Mar. 1901, FO 17/1502; Young, *British Policy*, 292.

[167] Quotes from Lansdowne to Lascelles (no. 136), 7 Apr. 1901, *BD* ii, no. 37; and (private), 1 Apr. 1901, Lascelles MSS, FO 800/10. On the political aspects of record-keeping, see T. G. Otte, ' "Old Diplomacy": reflections on the Foreign Office before 1914', *Foreign Office and British Diplomacy in the Twentieth Century*, ed. G. Johnson (London, 2005), 35–7.

[168] 拉塞尔斯致兰斯当函（私密），1901 年 3 月 29 日，Lansdowne MSS, FO 800/128。伯蒂在这件事情上错怪了"我的朋友博西（Bossy，即桑德森）"，见伯蒂致拉塞尔斯函（私密），1901 年 3 月 20 日，Lascelles MSS, FO 800/10 。

[169] Sanderson to Satow (private), 12 Apr. 1901, Satow MSS, PRO 30/33/7/1; see tel. Lascelles to Lansdowne (no. 24), 10 Apr. 1901, FO 64/1524.

[170] Quotes from Lascelles to Lansdowne (no. 63), 15 Mar. 1901, FO 64/1520; and min. Bertie, n.d. [22 Mar. 1901], on tel. Lascelles to Lansdowne (no. 22), 21 Mar. 1901, FO 64/1524.

[171] Quotes from Eckardstein to Holstein (*privat*), 18 Mar. 1901, Eckardstein, *Lebenserinnerungen* ii, 277–8; and Hamilton to Curzon (private), 22 Mar. 1901, Hamilton MSS, MSS.Eur.C.126/3.

第六章

[1] *Messager Officiel* (24 Mar./6 Apr. 1901) (copy in FO 65/1620); B. A. Romanov, *Russia in Manchuria, 1892–1906* (Ann Arbor, 1952), 216–18. For the term 'arrested crisis' see J. Burckhardt, *Reflections on History* (London, 1944), 168.

[2] Quotes from Sanderson to Satow (private), 12 Apr. 1901, *BD* ii, no. 73, and (private), 12 Apr. 1901, Satow MSS, PRO 30/33/7/1 (second letter under that date, not reproduced in *BD*).

[3] Lansdowne to Satow (private), 9 Apr. 1901, Satow MSS, Pro 30/33/7/1.

[4] Sanderson to Scott (private), 24 Apr. 1901, Scott MSS, Add. MSS. 52299; Lansdowne to Hamilton, 13 Apr. 1901, Lansdowne MSS, Lans (5) 28. For the loan talks, cf. tel. Bülow to Hatzfeldt (no. 191), 20 Apr. 1901, *GP* xvi, no. 4899; and tel. Pichon to Delcassé (no. 166, *confidentiel*), 30 Apr. 1901, *DDF* (2) i, no. 214.

[5] 兰斯当备忘录，1901 年 4 月 9 日，FO 64/1655；以及兰斯当致拉塞尔斯电报（第 131A 号），1901 年 4 月 9 日，BDii, no. 80。兰斯当的备忘录，贝尔福、德文郡公爵、张伯伦和希克斯·比奇都看过。

[6] Tel. Eckardstein to Holstein (*privat*), 10 Apr. 1901, Eckardstein, *Lebenserinnerungen* ii, 335; see Lascelles to Lansdowne (private), 22 Mar. 1901, Lansdowne MSS, FO 800/128.

[7] Memo. Sanderson, 9 Apr. 1901, Lascelles MSS, FO 800/10.

[8] Tel. Bülow to Hatzfeldt (no. 154, *geheim*), 24 Mar. 1901, *GP* xvii, no. 4998.

[9] 拉塞尔斯致兰斯当电报（第 24 号），1901 年 4 月 10 日，FO 64/1524。其中的粗话得到了 1901 年 4 月 10 日荷尔斯泰因致埃卡德施泰因的电报（私密）的证实，Eckardstein, *Lebenserinnerungen* ii, 336。"十足像一团面条"是用英语表述的。

[10] Lansdowne to Lascelles (private), 13 Apr. 1901, *BD* ii, no. 81; Bertie to Eckardstein, 13 Apr. 1901, Eckardstein, ibid. ii, 338.

[11] Quotes from tel. Eckardstein to Holstein (*privat*), 13 Apr. 1901, Eckardstein, ibid. ii, 337–8; and tel. Richthofen to Hatzfeldt, 14 Apr. 1901, *GP* xvii, no. 5001 (also in Eckardstein, ibid. ii, 338).

[12] Eckardstein, ibid. ii, 285–6 and 343; Hayashi, *Secret Memoirs*, 115–16; also R. von Kühlmann, *Erinnerungen* (Heidelberg, 1948), 194. 尼什（Nish）教授不排除林董是三国同盟方案真正的发起人的可能性，*Anglo-Japanese Alliance*, 126。

[13] Min. Sanderson, 16 Apr. 1901, Lansdowne MSS, FO 800/115; Nish, *Anglo-Japanese Alliance*, 126.

[14] Lascelles to Lansdowne (private), 13 Apr. 1901, Lansdowne MSS, FO 800/128; Lascelles to Lansdowne (no. 95, very confidential), 12 Apr. 1901, *BD* ii, no. 72.

15 Tel. Lansdowne to MacDonald (no. 44, confidential), 17 Apr. 1901, *BD* ii, no. 99; Hayashi, *Secret Memoirs*, 116–17.

16 Tel. Hatzfeldt to Bülow (*privat*), 20 Apr. 1901, *GP* xvi, no. 4900; Hatzfeldt to Holstein (private), 20 Apr. 1901, *HP* iv, no. 771; tel. Lansdowne to Lascelles (no. 117), 20 Apr. 1901, FO 64/1523. For a different view, see Charmley, *Splendid Isolation?*, 287–8, who argues that Lansdowne was not unduly concerned about the latest developments.

17 Hatzfeldt to Holstein, 4 May 1901, *HP* iv, no. 772; Holstein to Eckardstein (*privat*), 11 May 1901, Eckardstein, *Lebenserinnerungen* ii, 348.

18 Hamilton to Curzon (private), 24 Apr. 1901, Hamilton MSS, MSS.Eur.C.126/3.

19 Tels. Hatzfeldt to Bülow (*privat*), 15 May 1901, and to Auswärtiges Amt (nos. 375 and 381), 16 and 17 May 1901, *GP* xvii, nos. 5004–6. The telegrams were sent in Hatzfeldt's name, see tels. Eckardstein to Holstein (*privat*), 15 and 17 May 1901, Eckardstein, *Lebenserinnerungen* ii, 348.

20 Lansdowne to Eckardstein, 24 May 1901, *BD* ii, no. 84; tel. Richthofen to Hatzfeldt (no. 234), 20 May 1901, *GP* xvii, no. 5009.

21 Lansdowne to Salisbury, 24 May 1901, *BD* ii, no. 82.

22 这是很耐人寻味的一点，却被以下两本书都忽略了：Grenville，*Salisbury*，352，和 Charmley，*Splendid Isolation?*，288。

23 Memo. Lansdowne, 24 May 1901, *BD* ii, no. 82; tel. Hatzfeldt to Auswärtiges Amt (no. 394, *geheim*), 23 May 1901, *GP* xvii, no. 5010.

24 哈茨费尔特致荷尔斯泰因函，1901 年 5 月 26 日，HP iv, no. 774（原文强调）。大使没有向官方报告此情况，见哈茨费尔特致荷尔斯泰因电报（私密），1901 年 5 月 27 日，*GP* xvii, no. 5012。

25 Quotes from Hatzfeldt to Lansdowne (*confidentielle*), 25 May, and (*particulière et confidentielle*), 30 May, and vice versa (confidential), 26 May 1901, *BD* ii, nos. 87, encls. 2–3, and 88; tels. Holstein to Hatzfeldt and vice versa (*privat*), both 29 May 1901, *GP* xvii, nos. 5015–16.

26 Quotes from Notes Sanderson to Lansdowne, 27 and 28 May 1901, and min. Lansdowne, n.d., Lansdowne MSS, FO 800/115; Grenville, *Lord Salisbury*, 352.

27 Sanderson to Lascelles (private), 29 May 1901, Lascelles MSS, FO 800/10.

28 Note Sanderson to Lansdowne, 27 May 1901, FO 64/1655; 'Draft Convention', and 'Amended Draft Convention', n.d. [26–7 May 1901], *BD* ii, no. 85, encl. 1 and 2. For the argument of their 'moderate' nature, see Charmley, *Splendid Isolation?*, 289–90.

29 Memo. Lansdowne, 18 Mar. 1901, FO 64/1655.

30 Draft Lansdowne to Lowther (confidential), 16 July 1901, CAB 37/57/71; J. A. S. Grenville, 'Great Britain and the Isthmian Canal, 1898–1901', *AHR* lxi, 1 (1955), 69.

31 请注意桑德森致兰斯当函，1901 年 5 月 27 日，FO 64/1655；兰斯当回函，n.d. [c. 28 May 1901]，Lansdowne MSS, FO 800/115。这一定是指 19 世纪 90 年代中期制定，由桑德森保存的文件。关于这个问题的下一份备忘录，是直到 1902 年才编辑的，见 Sanderson to Curzon (secret), 8 Oct. 1896, Curzon MSS, F.112/10; memo. Sanderson, 'Memorandum on the Triple Alliance and other subsequent agreements', 16 July 1902, FO 881/7750。

32 See Plunkett to Lansdowne (no. 111, confidential), 7 May 1901, FO 7/1310. Plunkett's report was perceptive, see E. Decleva, *Da Adua a Sarajevo: La politica estera italiana e la Francia, 1896–1914* (Bari, 1971), 161–76.

33 Memo. Salisbury, 29 May 1901, *BD* ii, no. 86 (original emphasis); Otte, '"Floating Downstream"', 118–19.

34 The traditional interpretation is expounded in Grenville, *Salisbury*, 353–5; also Monger, *End of Isolation*, 37–8; Z. S. Steiner and K. Neilson, *Britain and the Origins of the First World War* (Basingstoke and New York, 2nd edn. 2005), 28.

35 Quotes from Lansdowne to Lascelles, 30 May 1901, FO 64/1655; Lansdowne to Lascelles (secret), 9 June 1901, *BD* ii, no. 89. For the rumours see Hatzfeldt to Holstein, 8 June 1901, *HP* iv, no. 777.   36 Eckardstein to Holstein, 8 June 1901, *HP* iv, no. 778.

37 Tel. Eckardstein to Hatzfeldt (*privat*), 29 July 1901, *GP* xvii, no. 5021.

[38] Quotes from Lascelles to Lansdowne (no. 206), 25 Aug. 1901, FO 64/1521; Lansdowne to Lascelles (private), 28 Aug. 1901, Lascelles MSS, FO 800/10; see memo. MacDonald, 'Memorandum on questions which may be raised by the German Emperor to the King', 10 Aug. 1901, FO 64/1539; also Sir S. Lee, *King Edward VII: A Biography* (2 vols., London, 1925) ii, 127–30.

[39] Tel. Salisbury to MacDonald (no. 115), 6 Oct. 1900, FO 17/1417. A detailed account of the conference can be gleaned from J. S. Kelly, *A Forgotten Conference: The Negotiations at Peking, 1900–1901* (Geneva and Paris, 1963).

[40] Satow to Bertie, 1 Feb. 1901, Bertie MSS, Add. 63014; T. G. Otte, '"Not Proficient in Table-thumping": Sir Ernest Satow at Peking, 1900–6', *D&S* xiv, 2 (2002), 169–70.

[41] Memo. Bertie, 27 Dec. 1900, FO 17/1451; Ardagh to Sanderson, 8 Nov. 1900, HD 3/119; Young, *British Policy*, 255–6.

[42] Tels. Satow to Lansdowne (nos. 92, 107, and 155), 24 Mar., 3 Apr., and 7 May 1901, FO 17/1487; and min. Sanderson, 15 Apr. 1901, Lansdowne MSS, FO 800/115.

[43] Lansdowne to Lascelles, 13 Apr. 1901, FO 64/1655; memo. Bertie, 29 and 30 Mar., and 5 Apr. 1901, FO 17/1502; Hamilton, *Bertie of Thame*, 25–6.

[44] Lansdowne to Hamilton, 13 Apr. 1901, Lansdowne MSS, Lans (5) 28; for the proposal see tels. Satow to Lansdowne (nos. 149, 155, and 156), 1 and 7 May 1901, FO 17/1484.

[45] Tel. Lansdowne to Satow (no. 148), 11 May 1901, FO 17/1486; and (private), 31 May 1901, Satow MSS, PRO 30/33/7/1.

[46] Memo. Bertie, 'Anglo-Japanese Agreement', 22 July 1901, FO 46/547. For text see *A Complete Collection of Treaties and Conventions between Great Britain and Foreign Powers*, ed. A. H. Oakes and R. W. Brant (London, 1901) 363–9.

[47] Sanderson to Satow (private), 27 Apr. and 10 May 1901, Satow MSS, PRO 30/33/7/1; Grierson to Knox (no. 37), 21 Mar. 1901, WO 32/6422.

[48] Lansdowne to Satow (private), 9 Apr. 1901, ibid.

[49] Tel. Lascelles to Lansdowne (no. 25), 10 Apr. 1901, *BD* ii, no. 149; min. Campbell, n.d. [11 Apr. 1901], FO 64/1524.

[50] Lansdowne to Satow, 31 May 1901, Satow MSS, PRO 30/33/7/1; Lascelles to Lansdowne (private), 13 Apr. 1901, Lansdowne MSS, FO 800/128.

[51] Satow to Lansdowne (private), 26 Apr. 1901, also 10 May 1901, Lansdowne MSS FO 800/119; see Godley to Sanderson (no. F.1614), 29 Mar. 1901, 5 July 1901, L/MIL/7/16675; memo. India Office, 'Cost of the Troops in China', n.d. [Jan. 1902], FO 17/1545.

[52] Balfour to Goschen (most private), [25 Dec.] 1900, Goschen MSS, MS.Eng.hist.c.386; memo. Hamilton, 'Taxation versus Loans', n.d. [late 1900], T 168/47; see Lady V. Hicks Beach, *Life of Sir Michael Hicks Beach (Earl St Aldwyn)* (2 vols., London, 1932) ii, 137–40 and 166–8; A. L. Friedberg, *The Weary Titan: Britain and the Experience of Relative Decline, 1895–1905* (London, 1987), 107–9.

[53] Hicks Beach to Salisbury (private), 10 May 1901, Salisbury MSS, 3M/E/Hicks Beach (1899–1902); also Hicks Beach to Lansdowne, 5 Oct. 1900, Lansdowne MSS, Lans (5) 46.

[54] Sanderson to Satow (private), 10 May 1901, Satow MSS, PRO 30/33/7/1; Marsh, *Domestic Statecraft*, 95 and 104.

[55] Lansdowne to Salisbury (private), 17 May 1901, Salisbury MSS, 3M/E/Lansdowne (1900–2).

[56] Hicks Beach to Salisbury (private), 14 May and 9 Sept. 1901, ibid., 3M/E/Hicks Beach (1899–1902).

[57] Lansdowne to Satow (private), 20 Jan. 1902, Satow MSS, PRO 30/33/7/2; see mins. of the interdepartmental (Foreign, War, India, and Colonial Offices) conference on the withdrawal of the force, 9 Oct. 1902, FO 17/1555.

[58] Hamilton to Curzon (private), 19 Sept. 1901, Hamilton MSS, MSS.Eur. C.126/3; see memo. Campbell, 'Number of Troops in China', 22 Jan. 1902, FO 17/1546.

[59] Memo. Bertie, 13 Jan. and 11 Mar. 1901, FO 17/1501; min. Bertie, 17 Feb. 1901, FO 17/1500.

[60] Memo. Bertie, 20 June 1901, FO 46/547. For different views, see Monger, *End of Isolation*, 47–9; Charmley, *Splendid Isolation?*, 296; Steiner and Neilson, *Origins*, 29–30.

[61] Memo. Bertie, 2 July 1901, FO 17/1506; see Satow to Bertie (private), 6 July 1901, Satow MSS, PRO 30/33/14/2.

62 Memo. Bertie, 22 July 1901, FO 17/1507; Nish, *Anglo-Japanese Alliance*, 154–6.

63 Memo. Bertie, 'Anglo-Japanese Agreement', 22 July 1901, FO 46/547. For a slightly different assessment, see Hamilton, *Bertie of Thame*, 27.

64 Lansdowne to Whitehead (no. 89, secret), 31 July 1901, *BD* ii, no. 102; Hayashi, *Secret Memoirs*, 124–6. For a different view Monger, 'End of Isolation', 116–17.

65 Lansdowne to Whitehead (no. 91, secret), 14 Aug. 1901, *BD* ii, no. 103.

66 MacDonald to Lansdowne (private), 3 Sept. 1901, and vice versa, 4 Sept. 1901, Lansdowne MSS, FO 800/134.

67 Lansdowne to Satow (private), 25 Aug. 1901, Satow MSS, PRO 30/33/7/1; see Salisbury to Edward VII, 16 Aug. 1901, CAB 41/26/21.

68 Curzon to Selborne (private), 29 May 1901, Selborne MSS, Selborne 10.

69 英国的地区战略目标在兰斯当草拟的致哈丁的公文快件中有所概括，1901 年 9 月某日，Lansdowne MSS, FO 800/137。这个快件没有发出。关于贷款的讨论，可参阅 FO 60/645；见 D. McLean, *Britain and the Buffer State: The Collapse of the Persian Empire, 1890–1914* (London, 1979), 60–2。

70 Memo. Lansdowne, 'Financial Assistance to Persia', 22 Oct. 1901, CAB 37/58/101. On the financial aspects, see min. Hicks Beach, 12 Oct. 1901, Lansdowne MSS, FO 800/137; F. Kazemzadeh, *Russia and Britain in Persia, 1864–1914* (New Haven, 1968), 352–8.

71 Salisbury to Lansdowne, 18 Oct. 1901, Lansdowne MSS, FO 800/137; Hardinge to Bertie, 30 Nov. and 8 Nov. 1901, Bertie MSS, Add. MSS. 63014; Neilson, *Last Tsar*, 221.

72 Lansdowne to Hamilton, 9 Sept. 1901, Lansdowne MSS, Lans (5) 28; Sanderson to Lansdowne, 5 Sept. 1901, and min. Lansdowne, n.d., Lansdowne MSS, FO 800/115; see J. B. Kelly, 'Salisbury, Curzon and the Kuwait Agreement of 1899', *Studies in International History*, ed. K. Bourne and D. C. Watt (London, 1967), 249–90.

73 Lascelles to Chirol (private), 24 Nov. 1901 (copy), Lascelles MSS, FO 800/18; C. D. Penner, 'The Bülow–Chamberlain Recriminations of 1900–1', *TH* v, 2 (1943), 97–109.

74 Hamilton to Curzon (private), 22 Nov. 1901, Hamilton MSS, MSS.Eur.C.126/3.

75 Hamilton to Curzon (private), 4 July 1901, ibid.. For further details see A. J. Marder, *The Anatomy of British Sea Power: A History of British Naval Policy in the Pre-Dreadnought Era, 1880–1905* (London, repr. 1964), 375–80; R. Williams, *Defending the Empire: The Conservative Party and British Defence Policy, 1899–1915* (New Haven, 1991), 27–9.

76 赫尔伯特（Hulbert）备忘录，（1901 年）8 月 1 日，关于怀特黑德（Whitehead）致兰斯当函（第 68 号），1901 年 6 月 21 日，ADM 1/7553。赫尔伯特司令官也注意到日本海军开支的重大缩减，如他在评估日本海军时所预测的那样，见赫尔伯特备忘录《日本海军评估，1901—1902 年》（*Japanese Naval Estimates, 1901–2*），未注明日期，同上。

77 'Memorandum on Present Arrangements for war in the Mediterranean with France and Russia', Mar. 1902, ADM 121/75; see K. Neilson, 'The Anglo-Japanese Alliance and British Strategic Foreign Policy, 1902–1914', paper at STICERD conference, Glasgow, 12 Sept. 2002; for details see J. T. Sumida, *In Defence of Naval Supremacy: Finance, Technology, and British Naval Policy 1889–1914* (London, 1990), 18–20.

78 Memo. Selborne, 'Balance of Naval Power in the Far East', 4 Sept. 1901, CAB 37/58/81; also Z. S. Steiner, 'Great Britain and the Creation of the Anglo-Japanese Alliance', *JMH* xxxi, 1 (1959), 29–31.   79 Lansdowne to Selborne, 10 Sept. 1901, Selborne MSS 26.

80 Kerr to Selborne (secret), 2 Sept. 1901, Selborne MSS, Selborne 27 (also in *SelP*, 123).

81 Selborne to Chamberlain (private), 21 Sept. 1901, Chamberlain MSS, JC 11/32/13; Hicks Beach to Salisbury (private), 9 and 16 Sept. 1901, Salisbury MSS, 3M/F/Hicks Beach (1899–1902); memo. Hicks Beach, 'Financial Difficulties: Appeal for Economy in Estimates', Oct. 1901, CAB 37/58/109. The memorandum was written in mid-September, see copy in Selborne MSS 117.

82 Kerr to Selborne, 5 Oct. 1901, Selborne MSS, Selborne 26.

83 Memo. Selborne, 'The Navy Estimates and the Chancellor of the Exchequer's Memorandum on the Growth of Expenditure', 16 Nov. 1901, CAB 37/59/118.

84 Balfour to Selborne, 25 Oct. 1901, Selborne MSS 26.

85 Memo. Bertie, 22 Sept. 1901, and marginal notes by Lansdowne, FO 17/1507. For Lansdowne's request see letter to Bertie (private), 27 Aug. 1901, Bertie MSS, FO 800/163. On the link between the July and September memoranda, see Nish, *Anglo-Japanese Alliance*, 177–8.

86 Lansdowne to Whitehead (no. 108A), 16 Oct. 1901, *BD* ii, no. 105. On the policy differences at Tokyo, see I. H. Nish, 'The First Anglo-Japanese Alliance Treaty', *STICERD Discussion Papers*, no. IS/02/432 (Apr. 2002), 2–3.

87 Note Lansdowne to Salisbury, and memo. Lansdowne, both 23 Oct. and min. Salisbury, 25 Oct. 1901, FO 46/547; I. H. Nish, 'British Foreign Secretaries and Japan, 1892–1905', *Shadow and Substance in British Foreign Policy, 1895–1939, Memorial Essays Honouring C. J. Lowe*, ed. B. J. C. McKercher and D. J. Moss (Edmonton, Alb., 1984), 62–3.

88 Balfour to Lansdowne (private), 12 Dec. 1901, Balfour MSS, Add.MSS.49727; see Salisbury to Edward VII, 5 Nov. 1901, CAB 41/26/24.

89 MacDonald to Lansdowne (no. 137, secret), 24 Oct. 1901, and vice versa (no. 115, secret), 6 Nov. 1901, *BD* ii, nos. 106 and 110; Grenville, *Salisbury*, 399–400.

90 British draft agreement, 6 Nov. 1901, *BD* ii, no. 125; Nish, *Anglo-Japanese Alliance*, 182–3.

91 Memo. Bertie, 9 Nov. 1901, *BD* ii, no. 91; cf. draft memo. Bertie, n.d. [27 Oct. 1901?], FO 64/1539, which is often pithier than the printed version.

92 Cranborne to Bertie, [12 Apr.] 1903, Bertie MSS, Add.MSS. 63015; T. G. Otte, 'The Elusive Balance: British Foreign Policy and the French Entente before the First World War', *Anglo-French Relations in the Twentieth Century: Rivalry and Cooperation*, ed. A. Sharp and G. Stone (London and New York, 2000), 16–17.

93 兰斯当的备忘录（非常机密），1901 年 11 月 22 日，FO 64/1655。尽管备忘录上兰斯当亲笔写下的日期是 11 月 22 日，但古奇（Gooch）和坦珀利（Temperley）的研究认为日期应为 11 月 11 日。

94 1901 年 12 月 4 日兰斯当备忘录和 12 月 6 日索尔兹伯里笔记，*BD* ii, no. 93。内阁会议于 12 月 13 日召开，根据索尔兹伯里致爱德华七世函，1901 年 12 月 13 日，CAB 41/26/27。

95 Hardinge to Lansdowne (no. 331, confidential), 26 Nov. 1901, and Scott to Lansdowne (no. 343, very confidential), 11 Dec. 1901, *BD* ii, nos. 76 and 114; see Nish, 'First Anglo-Japanese Alliance', 5–7.

96 Lansdowne to MacDonald (no. 128, secret), 12 Dec. 1901, *BD* ii, no. 115; memo. Lansdowne, 'Anglo-Japanese Agreement', 16 Dec. 1901, CAB 37/59/133.

97 Balfour to Lansdowne (private), 12 Dec. 1901, Balfour MSS, Add.MSS. 49727; D. Judd, *Balfour and the British Empire: A Study in Imperial Evolution, 1874–1932* (London, 1968), 67–8; E. W. Edwards, 'The Prime Minister and Foreign Policy: the Balfour Government, 1902–1905', *British Government and Administration: Studies Presented to S. B. Chrimes*, ed. H. Hearder and H. R. Loyn (London, 1974), 207–8.

98 Lansdowne to Balfour (private), 12 Dec. 1901, Balfour MSS, Add.MSS. 49727; see Rolo, 'Lansdowne', 162; Newton, *Lansdowne*, 246.

99 Salisbury to Edward VII, 13 Dec. 1901, CAB 41/26/27; memo. Lansdowne, 'Anglo-Japanese Agreement', 16 Dec. 1901, CAB 37/59/133; A. Cohen, 'Joseph Chamberlain, Lord Lansdowne and British Foreign Policy, 1901–1903: From Collaboration to Confrontation', *AJPH* xliii, 2 (1997), 126–7.

100 Lansdowne to Lascelles (no. 393A, secret), 19 Dec. 1901, *BD* ii, no. 94; memo. Metternich, 28 Dec. 1901, *GP* xvii, no. 5030. The two accounts are remarkably similar. However, Metternich does not mention Lansdowne's idea of a limited bilateral understanding.

101 Min. Austen Chamberlain (?), n.d., on draft despatch Lansdowne to Lascelles (no. 393A), 19 Dec. 1901, CAB 37/59/141.

102 Salisbury to Edward VII, 13 Dec. 1901, CAB 41/26/27; memo. Lansdowne, 4 Dec. 1901, and Lansdowne to MacDonald (no. 132, very secret), 19 Dec. 1901, *BD* ii, nos. 93 and 117.

103 Salisbury to Edward VII, 19 Dec. 1901, CAB 41/26/28; note Hayashi to Lansdowne, 19 Dec. 1901, CAB 37/59/143.

[104] Lansdowne to MacDonald (no. 133, secret), 31 Dec. 1901, *BD* ii, no. 119; memo. Lansdowne, 'Anglo-Japanese Agreement', 1 Jan. 1902, CAB 37/60/1; idem, 'First Anglo-Japanese Alliance', 7–9.

[105] Lansdowne to MacDonald (no. 2, secret), 7 Jan. 1902, *BD* ii, no. 120. On Itō's visit to Bowood see the important new evidence in Nish, 'First Anglo-Japanese Alliance', 7–8.

[106] Beach to Lansdowne, 2 Jan. 1902, Lansdowne MSS, FO 800/134; Grenville, *Salisbury*, 414.

[107] Memo. Salisbury, 7 Jan. 1902, CAB 37/60/3. For a different view, see Charmley, *Splendid Isolation?*, 303.

[108] For the text of the treaty, see *BD* ii, no. 125; see Lansdowne to MacDonald (private), 9 Jan. 1902, FO 800/134. The best treatment of the final phase of negotiations remains Nish, *Anglo-Japanese Alliance*, 211–18; see also Hayashi, *Secret Memoirs*, 170–95.

[109] Lansdowne to Curzon (private), 16 Feb. 1902, Curzon MSS, MSS.Eur. F11/151. For the parliamentary and public debate, see C. H. D. Howard, *Splendid Isolation: A Study of Ideas* (London, 1967), 92–5.

[110] The argument developed by M. E. Howard, *The Continental Commitment: The Dilemma of British Defence Policy in the Era of the Two World Wars* (Harmondsworth, 1974 (pb)), 92–3; also Goudswaard, *Aspects*, 92–3.

[111] Nish, 'First Anglo-Japanese Alliance', 10; see tel. Alvensleben to *Auswärtiges Amt* (no. 37), 13 Feb. 1902, *GP* xvii, no. 5047.

[112] Lascelles to King Edward VII (private), 27 Dec. 1901, Lascelles MSS, FO 800/18; Wilhelm II to Edward VII (private), 30 Dec. 1901, and Edward VII to Lansdowne, 5 Jan. 1902, Lansdowne MSS, FO 800/115; Mclean, *Royalty and Diplomacy*, 98–9.

[113] 拉塞尔斯致兰斯当函（私密），1902 年 2 月 8 日，Lansdowne MSS, FO 800/129。拉塞尔斯"将德皇的话语转化为外交语言"，意思是："(他)饶有兴趣并非常满意地接受了通报"，(公文第 23 号)，1902 年 2 月 7 日，FO 64/1551。兰斯当的指示在电报（第 3 号）中，1902 年 2 月 3 日，FO 64/1553。

[114] Lansdowne to Lascelles (no. 34), 3 Feb. 1902, FO 244/311; tel. Metternich to *Auswärtiges Amt* (no. 74), 3 Feb. 1902, *GP* xvii, no. 5043.

[115] Lansdowne to Lascelles (private), 17 Jan. 1902, Lascelles MSS, FO 800/18; Rich, *Holstein* ii, 668–9; Winzen, '*Weltmachtkonzept*', 386.

[116] Hamilton to Curzon (private), 16 Jan. 1902, Hamilton MSS, MSS.Eur. C.126/3; Lascelles to Knollys (private), 17 Jan. 1902, Lascelles MSS, FO 800/18.

[117] Lansdowne to Lascelles (private), 24 Feb. 1902, Lascelles MSS, FO 800/18. Bülow's assurances are reported in vice versa (private), 22 Feb. 1902, Lansdowne MSS, FO 800/129.

[118] Foreign Office to India Office (secret), 20 Aug. 1902, *BD* ii, no. 151; Delcassé to Prinet, 19 Aug. 1902, *DDF* (2) ii, no. 379; K. Kwai, 'Anglo-German Rivalry in the Yangtze Region, 1895–1902', *PHR* viii, 4 (1939), 422–4.

[119] Satow to Lansdowne (private), 26 Oct. 1902, Lansdowne MSS, FO 800/120; and tels. (nos. 310, 319, and 328), 17, 20, and 29 Oct. 1902, FO 17/1531. For a detailed account, see Otte, ' "Table-Thumping" ', 177–9.

[120] Min. Bertie, 21 Nov. 1902, FO 64/1562.

[121] Memo. Crowe, 'Memorandum on the Present State of British Relations with France and Germany', 1 Jan. 1907, *BD* iii, App. A, 413; also Satow diary, 2 June 1904, Satow MSS, PRO 30/33/16/7.

[122] Kerr to Selborne, 28 Apr. 1902, *SelP*, 144; Lascelles to Lansdowne (private), 25 Apr. 1902, Lansdowne MSS, FO 800/129.

[123] Memo. Ritchie, 'Public Finances', 23 Dec. 1902, CAB 37/63/170; memo. Selborne, 'Naval Estimates, 1903–4', 10 Oct. 1902, ibid. /143; see also Sumida, *Naval Supremacy*, 24–6.

[124] Lascelles to Lansdowne (private), 25 Apr. 1902, Lansdowne MSS, FO 800/129.

[125] Tel. Montebello to Delcassé (no. 9), and despatch (no. 17), 12 and 13 Feb. 1902, *DDF* (2) ii, nos. 79 and 84. Montebello described Lamsdorff as 'vivement impressionné', ibid., no. 84; Loudon to Lynden de Melvil (no. 82/19), 26 Feb. 1902, *BBBP* (3) i, no. 545.

123 Memo. Ritchie, 'Public Finances', 23 Dec. 1902, CAB 37/63/170; memo. Selborne, 'Naval Estimates, 1903–4', 10 Oct. 1902, ibid. /143; see also Sumida, *Naval Supremacy*, 24–6.

124 Lascelles to Lansdowne (private), 25 Apr. 1902, Lansdowne MSS, FO 800/129.

125 Tel. Montebello to Delcassé (no. 9), and despatch (no. 17), 12 and 13 Feb. 1902, *DDF* (2) ii, nos. 79 and 84. Montebello described Lamsdorff as 'vivement impressionné', ibid., no. 84; Loudon to Lynden de Melvil (no. 82/19), 26 Feb. 1902, *BBBP* (3) i, no. 545.

126 Tel. Alvensleben to Auswärtiges Amt (no. 43), 19 Feb. 1902, and *Aufzeichnung* Bülow, 25 Feb. 1902, *GP* xvii, nos. 5049 and 5051.

127 Stuers to Lynden de Melvil (no. 243/139), 21 Mar. 1902, *BBBP* (3) ii, no. 555; Scott to Lansdowne (no. 88), 20 Mar. 1902, FO 65/1641. For the text see *DDF* (2) ii, no. 145.

128 Satow diary, 11 Feb. 1902, and 17 Aug. 1903, Satow MSS, PRO 30/33/16/5 and 6.

129 Satow to Lansdowne (private), 27 Aug. 1903, Lansdowne MSS, FO 800/120; cf. Satow to Salisbury (private), 6 Apr. 1898, Salisbury MSS, 3M/A/126/38.

130 MacDonald to Satow (private), 5 (cont. 15) Nov. 1903, Satow MSS, PRO 30/33/9/14; MacDonald to Lansdowne (no. 164, secret), 29 Oct. 1903, *BD* ii, no. 254.

131 Balfour to Edward VII, 11 Dec. 1903, CAB 41/28/26; Balfour to Hamilton (private), 11 Sept. 1903, Balfour MSS, 49978. On the belief of Russia's culpability, see Neilson, *Last Tsar*, 238–44.

132 Balfour to Chamberlain, 1 Jan. 1904, Chamberlain MSS, AC 17/1/69; see memo. Chamberlain (secret), 'Financial Position', 7 Dec. 1903, CAB 37/67/84; R. A. Rempel, *Unionists Divided: Arthur Balfour, Joseph Chamberlain and the Unionist Free Traders* (Newton Abbott 1972), 57–61.

133 Selborne to Lansdowne (private), 21 Dec. 1903, Balfour MSS, Add.MSS. 49728.

134 Balfour to Selborne (private), 21 Dec. 1903, Selborne MSS, Selborne 34.

135 Chamberlain to Balfour (private), 21 Dec. 1903, Balfour MSS, Add.MSS. 49728.

136 Lansdowne to Chamberlain, 22 Dec. 1903, Chamberlain MSS, AC 17/1/17.

137 Lansdowne to Balfour, 22 Dec. 1903, Balfour MSS, Add.MSS. 49728.

138 Memo. Balfour, 'Japan and Russia', 22 Dec. 1903, CAB 17/54. 贝尔福在收到兰斯当 12 月 22 日的来信前，已基本上写完了这份文件，见 draft memo, Balfour, 21 Dec. 1903, Balfour MSS, Add.Mss. 4978。

139 Balfour to Selborne (private), 23 Dec. 1903, Selborne MSS, Selborne 34.

140 Hardinge to Bertie (private and confidential), 24 Dec. 1903, Bertie MSS, Add.MSS. 63015.

141 Selborne to Lansdowne, 24 Dec. 1903, CAB 37/67/94.

142 Lansdowne to Balfour, 24 Dec. 1903, Balfour MSS, Add.MSS. 49728.

143 Edward VII to Balfour (private), 25 Dec. 1903, ibid., Add.MSS. 49683; Lee, *Edward VII* ii, 282–3.

144 Draft Balfour to Edward VII, 26 or 27 Dec. 1903, Balfour MSS, Add.MSS. 49863; see Lansdowne to Gerald Balfour, 26 July [1905], Whittinghame Muniment MSS, GD 433/2/123; S. Heffer, *Power and Place: The Political Consequences of King Edward VII* (London, 1998), 171–2.

145 Memo. A. Chamberlain, 25 Dec. 1903, CAB 37/67/96.

146 Balfour to Selborne (private), 29 Dec. 1903, Selborne MSS 34; Campbell to Satow (private), 1 Jan. 1904, Satow MSS, PRO 30/33/7/3.

147 Memo. Balfour, 'Situation in the Far East', 29 Dec. 1903, CAB 37/67/97; Neilson, *Last Tsar*, 242–3.

148 Balfour to Lansdowne (private), 31 Dec. 1903 (two letters), Balfour MSS, Add.MSS. 49728; memo. Lansdowne 'Proposed Agreement with Russia', 1 Jan. 1904, CAB 37/68/1.

149 CID, minutes of 29th, 30th, and 31st meetings, 4 and 27 Jan. and 8 Feb. 1904, CAB 2/1. For a detailed survey see K. Neilson, ' "A Dangerous Game of American Poker": Britain and the Russo-Japanese War', *JSS* xii, 1 (1989), 63–87.

150 Scott to Sanderson (private), 6 Jan. 1904, Lansdowne MSS, FO 800/115; Balfour to Lansdowne (private), 11 Feb. 1904, Balfour MSS, Add.MSS. 49728; Nish, *Anglo-Japanese Alliance*, 298–332.

151 Gericke van Herwijnen to Lynden de Melvil (no. 74), 9 Feb. 1904, *BBBP* (3) ii, no. 144.

152 Monson to Lansdowne (private), 23 Feb. 1904, Lansdowne MSS, FO 800/126; Delcassé to Cambon, 14 Jan. 1904, *PCC* ii, 107–9.

153 Lansdowne to Monson (private), 28 Dec. 1902, Monson MSS, MS.Eng.hist.c.595; Lansdowne to Bertie (private), 30 Mar. 1904, Bertie MSS, Add.MSS. 63016; P. J. V. Rolo, *Entente Cordiale: The Origins and Negotiations of the Anglo-French Agreement of 8 April 1904* (London, 1969), 228 and 243–4; E. W. Edwards, 'The Japanese Alliance and the Anglo-French Agreement of 1904', *History* xlii, 1 (1957), 19–27; J. Long, 'Franco-Russian Relations during the Russo-Japanese War', *SEER* lii, 127 (1974), 212–33.

154 Cromer to Balfour (private), 15 Oct. 1903, Cromer MSS, FO 633/6; Hardinge to Bertie (private), 22 Apr. 1904, Bertie MSS, Add.MSS. 63016; Otte, 'Elusive Balance', 15–16.

155 Lansdowne to Lascelles (no. 27), 11 Feb. 1904, FO 244/636; and vice versa (no. 46), 12 Feb. 1904, FO 64/1593; see J. Steinberg, 'Germany and the Russo-Japanese War', *AHR* lxxv, 4 (1970), 1970–1.

156 Satow to Lansdowne, 25 Feb. 1904, Lansdowne MSS, FO 800/120; Lascelles to Barrington, 4 Mar. 1904, Lascelles MSS, FO 800/12; Neilson, *Last Tsar*, 247.

157 Satow to Lansdowne (private), 29 Dec. 1903, Lansdowne MSS, FO 800/120; Otte, ' "Table-Thumping" ', 182–3.

158 Hardinge diary, 29 May 1904, Hardinge MSS, vol. 5; Hardinge to Lansdowne (no. 330), 2 July 1904, FO 65/1680; see D. Lieven, 'Pro-Germans and Russian Foreign Policy, 1890–1914', *IHR* ii, 1 (1980), 24–39.

159 Balfour to Edward VII, 21 July 1904, CAB 41/29/27; Selborne to Balfour, 28 Aug. 1904, Balfour MSS, Add.MSS. 49708; *History of The Times* iii, 390–1.

160 Tel. Lansdowne to Hardinge (no. 174), 24 Oct. 1904, FO 65/1729; tel. Balfour to Selborne, 24 Oct. 1904, Selborne MSS, Selborne 39. For a detailed discussion see Neilson, ' "American Poker" ', 73–87.

161 Lansdowne to Hardinge (no. 375), 25 Oct. 1904, *BD* iv, no. 12.

162 Lansdowne to Hardinge (private), 29 Oct. 1904, Hardinge MSS, vol. 7; Lansdowne to Hardinge (no. 377), 26 Oct. 1904, *BD* iv, no. 13.

163 Benckendorff to Lansdowne, 28 Oct. 1904, Lansdowne MSS, FO 800/141; Lansdowne to Balfour, n.d. [but 28 Oct. 1904], Balfour MSS, Add.MSS. 49729.

164 Gericke van Herwijnen to Lynden de Melvil (no. 584), 29 Oct. 1904, *BBBP* (3) ii, no. 254; D. Walder, *The Short Victorious War: The Russo-Japanese War, 1904–1905* (London, 1973), 190–202.

165 Report Shebeko, 15 Nov. 1904, in A. A. Serge'ev, 'Vilgelma II o russko-iaponskaya voyna 1905 goda', *KA* ix (1932), 56–65; J. A. White, *Transition to Global Rivalry: Alliance Diplomacy and the Quadruple Entente, 1895–1907* (Cambridge, 1995), 106.

166 Mallet to Sandars, 1 Nov. 1904, Balfour MSS, Add.MSS. 49747; also Spring-Rice to Ferguson, 10 Nov. 1904, *The Letters and Friendships of Sir Cecil Spring-Rice*, ed. S. Gwynn (2 vols., London, 1929) i, 432–3.

167 For the text, anon., 'Russko-germanskii dogorov 1905 goda, saklotsennie v Byerka', *KA* v (1924), 24–6; see R. R. Maclean, 'Dream of a German Europe: Wilhelm II and the Treaty of Björkö of 1905', *The Kaiser: New Research on Wilhelm II's Role in Imperial Germany*, ed. A. Mombauer and W. Deist (Cambridge, 2003), 119–42.

168 Lansdowne to Tower (private), 20 Aug. 1905, Lansdowne MSS, FO 800/130.

169 Balfour to Spring-Rice (private), 17 Jan. 1905, Balfour MSS, Add.MSS. 49729.

170 Quotes from Satow to Dickins, 27 Jan. 1905, Satow MSS, PRO 30/33/11/6; and Paléologue diary, 29 May 1905, id., *Un grand tournant de la politique mondiale, 1904–1906* (Paris, 1934), 336.

171 Hardinge to Lansdowne, 7 June 1905, Hardinge MSS, vol. 6.

172 MacDonald to Hardinge, 23 Dec. 1904, ibid. 7; Nish, *Anglo-Japanese Alliance*, 299–300.

173 Percy to Balfour (private), 18 Jan. 1905, Balfour MSS, Add.MSS. 49747. Neilson, *Last Tsar*, 261, makes a similar point; see D. Steeds, 'The Second Anglo-Japanese Alliance and the Russo-Japanese War', *STICERD Discussion Paper*, no. 432 (2002), 20–2.

174 Memo. Clarke, 'The Afghanistan Problem', 20 Mar. 1905, CAB 38/8/26. On this point see the pertinet observations by P. Towle, 'The Russo-Japanese War and the Defence of India', *MA* xliv, 3 (1980), 114–15.

[175] Memo. Clarke, 10 Apr. 1905, CAB 17/54; CID, minutes of 70th meeting, 12 Apr. 1905, CAB 2/1; see J. Gooch, *The Plans of War: The General Staff and British Military Strategy* (London, 1974), 218–20; also K. M. Wilson, 'The Anglo-Japanese Alliance of August 1905 and the Defending of India: A Case of the Worst Case Scenario', *JICH* xxi, 4 (1993), 324–56.

[176] Clarke to Balfour, 11 June 1905, Whittinghame Muniment MSS, GD 433/2/39; see min. Clarke, 4 May 1905, Sydenham MSS, Add.MSS. 50836.

[177] Memo. Ottley, 'Renewal of Anglo-Japanese Alliance', 9 May 1905, CAB 17/67; Neilson, 'Anglo-Japanese Alliance' (TS), 20.

[178] Lansdowne to Hardinge, 4 Sept. 1905, Hardinge MSS 7; R. A. Esthus, *Double Eagle and Rising Sun: The Russians and Japanese at Portsmouth in 1905* (Durham, NC, 1986), 144–5; P. Lowe, *Great Britain and Japan, 1911–15: A Study of British Far Eastern Policy* (London, 1969), 18–19.

结论

[1] Memo. Sanderson, 'Observations on printed Mem[orandu]m on Relations with France and Germany', Jan. 1907, *BD* iii, app. B, encl. 1, 430.

[2] Memo. Bertie, 9 Nov. 1901, ibid. ii, no. 91.

[3] 重要的例外有 K. Neilson, *Britain and the Last Tsar: British Policy and Russia,1894–1917* (Oxford, 1995) 和 J. Siegel, *Endgame: Britain, Russia and the Final Struggle for Central Asia*(London, 2002)，对于 Paul Kennedy 的权威性研究所例证的过于重视英德关系的方法做了重要的修正，另外也对 Keith Wilson 著作中的观点，即对俄国的某种"姑息"是英国政策的主要决定因素，进行了批驳。

[4] Representative for this interpretation, M. E. Howard, *The Continental Commitment: The Dilemma of British Defence Policy in the Era of Two World Wars* (London, 1972); C. Barnett, *Britain and Her Army, 1509–1970: A Military, Political and Social Survey* (Harmondsworth, 1974 (pb)), esp. 353–70; P. M. Kennedy, *The Realities behind Diplomacy: Background Influences on British External Policy, 1865–1980* (London, 1981), 118–39. I have set out my own views in 'Neo-Revisionism or the Emperor's New Clothes: Some Reflections on Niall Ferguson on the Origins of the First World War', *D&S* xi,1 (2000), 271–90, and 'The Elusive Balance: British Foreign Policy and the French Entente before the First World War', *Anglo-French Relations in the Twentieth Century: Rivalry and Cooperation*, ed. A. Sharp and G. Stone (London, 2000), 11–35.

[5] Here especially, I. H. Nish, *The Anglo-Japanese Alliance: A Study of Two Island Empires* (Westport, Conn., repr. 1976), and Neilson, *Last Tsar*.

[6] I am following here Paul W. Schroeder's insightful comments, see 'Did the Vienna Settlement Rest on a Balance of Power', *AHR* xcvii, 4 (1992), 683–706.

[7] E. W. Edwards, *British Diplomacy and Finance in China, 1895–1914* (Oxford, 1987); also D. C. M. Platt, *Finance, Trade and Politics in British Foreign Policy, 1815–1914* (Oxford, 1968).

[8] Again are pertinent the points raised by Schroeder, 'Vienna Settlement', 683–706; K. Neilson, ' "Greatly Exaggerated": The Myth of the Decline of Great Britain before 1914', *IHR* xii, 4 (1991), 695–725.

[9] See K. M. Wilson, *Empire and Continent: Studies in British Foreign Policy from the 1880s to the First World War* (London, 1987), 1–30; G. Miller, *Straits: British Policy towards the Ottoman Empire and the Origins of the Dardanelles Campaign* (Hull, 1997), 7–11; D. McLean, *Britain and Her Bufferstate: The Collapse of the Persian Empire, 1890–1914* (London, 1979), 3–4.

[10] G. Martel, *Imperial Diplomacy: Rosebery and the Failure of Foreign Policy* (Kingston, Ont., and London, 1986), 257–8.

[11] Salisbury to Balfour, 6 Jan. 1898, Whittinghame MSS, GD 433/2/39.

[12] J. Charmley, *Splendid Isolation?: Britain, the Balance of Power and the Origins of the First World War, 1874–1914* (London, 1999), 398–9.

13 For the background B. J. Williams, 'The Strategic Background to the Anglo-Russian Entente of 1907', *HJ* ix, 3 (1966), 360–73; idem, 'Great Britain and Russia, 1905 to the 1907 Convention', *British Foreign Policy under Sir Edward Grey*, ed. F. H. Hinsley (Cambridge, 1977), 133–47.

14 G. W. Monger, *The End of Isolation: British Foreign Policy, 1900–1907* (London, 1963), 214; also P. M. Kennedy, *The Realities Behind Diplomacy: Background Influences on British External Policy, 1865–1980* (London, 1981), 124–5.

15 'The Anglo-Japanese Alliance of August 1905 and the Defence of India: A Worst Case Scenario', JICH xxi, 4 (1993), 354, 不过他正确地强调了，无论贝尔福还是兰斯当都没有看出英日同盟更长期的后果，同上，338—348。

16 Salisbury to Chamberlain (private), 2 May 1898, Chamberlain MSS, JC 5/67/91.

17 For such interpretations Z. S. Steiner and K. Neilson, *Britain and the Origins of the First World War* (Basingstoke and New York, rev. edn. 2003), 26–7; P. M. Kennedy, 'German World Policy and Alliance Negotiations with England, 1897–1900', *JMH* xlv, 4 (1973), 605–25.

18 Min. Austen Chamberlain, Dec. 1901, CAB 37/59/141.

19 As quoted in A. L. Kennedy, *Salisbury, 1830–1903: Portrait of a Statesman* (London, 1953), 393.

20 G. W. Monger, 'The End of Isolation: Britain, Germany and Japan, 1900–1902', *TRHS* (5) xiii (1963), 108.

21 I. H. Nish, *The Anglo-Japanese Alliance: The Diplomacy of Two Island Empires, 1894–1907* (Westport, Conn., repr. 1976), 371–2.

22 Satow to Dickins, 27 Jan. 1905, Satow MSS, PRO 30/33/11/6.

23 1907 年初，东京和巴黎在财政和政治方面恢复了合作，此后不久，日本就和法国的盟友俄国达成了协议。1907 年 7 月签订的俄日协定确定了俄国和日本分别独占蒙古和朝鲜，并在中国东北划分了势力范围。这样的划分在 1910 年 3 月的第二次俄日协定中得到了确认。这个协定巩固了两个昔日敌人之间的关系。俄日重新修好和日本于 1910 年 8 月吞并朝鲜，稳定了国际政治的远东一极。1911 年英日通商条约的签订和 1912 年已有的英日同盟条约续期，虽然是对伦敦和东京之间裂痕的遮掩，但仍然有助于进一步——虽然是暂时地——巩固新的远东现状，参见 E. W. Edwards, 'The Far Eastern Agreements of 1907', JMHxxvi, 3 (1954), 340–55; P. Lowe, *Great Britain and Japan, 1911–15: A Study of British Far Eastern Policy*(London, 1969), 38–43。

24 Quotes from Clarke to Balfour, 13 June 1905, Whittinghame Muniment MSS; and Spring-Rice to Lansdowne (private), 6 Aug. 1905, Lansdowne MSS, FO 800/116; see T. G. Otte, '"Almost a Law of Nature"?: Sir Edward Grey, the Foreign Office, and the Balance of Power in Europe, 1905–1912', *Power and Stability: British Foreign Policy, 1865–1965: Essays in Honour of Michael Dockrill*, ed. E. Goldstein and B. J. C. McKercher (London, 2003), 83–8.

25 1903—1909 年这一国际政治的过渡时期仍然有待于适当的研究。我在下面这篇文章中阐述了自己的一些想法："The Fragmenting of the Old World Order: Britain, the Great Powers, and the Russo-Japanese War", *The Russo-Japanese War in Perspective*, ed. R. Kowner (London, 2006), 91–108。

▎重要文献

一、手稿资料
1. 英国国家机关档案

A. The National Archive (Public Record Office), Kew, Richmond, Surrey

Admiralty

ADM 1	Admiralty Board Papers.
ADM 50	China Station, journals.
ADM 116	Admiralty Secretary's Casebooks.
ADM 121	Mediterranean Station, correspondence.
ADM 125	China Station, correspondence.
ADM 232	Admiralty, Naval Intelligence Department, reports.

Cabinet Papers

CAB 2	Committee of Imperial Defence, Minutes.
CAB 11	Committee of Imperial Defence, Defence Schemes, correspondence and miscellaneous papers.
CAB 17	Committee of Imperial Defence, Memoranda.
CAB 37	Cabinet Memoranda.
CAB 38	Committee of Imperial Defence, Photographic Copies of Minutes and Memoranda.
CAB 41	Prime Minister's letters to the Monarch.

Colonial Office

CO 521	Weihaiwei, correspondence.
CO 882	Far Eastern Department, Confidential Print.

Foreign Office

FO 5	General Correspondence: United States of America.
FO 7	General Correspondence: Austria-Hungary.
FO 17	General Correspondence: China.
FO 27	General Correspondence: France.
FO 45	General Correspondence: Italy.
FO 46	General Correspondence: Japan.
FO 64	General Correspondence: Germany.
FO 65	General Correspondence: Russia.
FO 83	Various, Great Britain and General.
FO 228	Peking Legation archives, correspondence with naval authorities (China Station).

FO 233	Chinese Secretary's Office, record books.
FO 244	Berlin Embassy archives.
FO 366	Chief Clerk's Department.
FO 371	General Correspondence: Political.
FO 405	Confidential Print, China.
FO 881	Confidential Print, numerical series.
HD 3	Permanent Under-Secretary's Department: Secret Service Papers.

Treasury

T 1	Treasury Board Papers.
T 168	Miscellaneous Papers of Sir Edward Hamilton.

War Office

WO 32	Registered Papers, Central Series.
WO 106	Directorate of Military Operations and Intelligence.

B. British Library Oriental and India Office Collection, London

L/MIL/6	India Office, Military Department.
L/MIL/7	India Office, Military Department, Operational Files.
L/MIL/17	India Office, Military Department.

C. Baker Library, Harvard University

MSS.705.K13.	German Legation at Peking, 'Acten der Kaiserlich-Deutschen Gesandtschaft in Peking, betreffend Tientsin-Pukou Eisenbahn, 1898–1916'.

D. United States National Archive, Washington, DC

RG 395	US Army Records, China Expeditionary Force, 1900–1.

2. 私人文件

Acland	Bodleian Library, Oxford.
Acland	Devon Record Office, Exeter.
Ardagh	Public Record Office, Kew.
Asquith	Bodleian Library, Oxford.
A.J. Balfour	British Library, London.
G.W. Balfour	Public Record Office, Kew.
Battersea	British Library, London.
Beaumont	Imperial War Museum, London.
Bertie	Public Record Office, Kew, and British Library, London.
A. Chamberlain	University of Birmingham.
J. Chamberlain	University of Birmingham.
Chilston	Kent Archives Office, Maidstone.

Corbett	Public Record Office, Kew, and Hampshire Record Office, Winchester.
Cromer	Public Record Office, Kew.
Cross	British Library, London.
Curzon	British Library, Oriental and India Office Collection, London.
Devonshire	Chatsworth House, Bakewell, Derbyshire.
Elgin	British Library, Oriental and India Office Collection, London.
Gladstone	British Library, London.
Goschen	Bodleian Library, Oxford.
Grey	Public Record Office, Kew.
Hamilton	British Library, Oriental and India Office Collection, London.
Harcourt	Bodleian Library, Oxford.
Hardinge	Cambridge University Library.
Hicks Beach	Gloucestershire Record Office, Gloucester.
Howard-von Reccum	Library of Congress, Washington, DC.
James of Hereford	Hereford County Record Office, Hereford.
Kimberley	Bodleian Library, Oxford, and
	National Library of Scotland, Edinburgh.
Lansdowne	Public Record Office, Kew, and
	British Library, London (uncatalogued).
Lascelles	Public Record Office, Kew.
Malet	Public Record Office, Kew, and
	Somerset County Record Office, Taunton.
Midleton	Public Record Office, Kew, and British Library, London.
Monson	Bodleian Library, Oxford.
Morley	Bodleian Library, Oxford.
Nicolson	Public Record Office, Kew.
O'Conor	Churchill College Archive Centre, Cambridge.
Paget	British Library, London.
Ripon	British Library, London.
Rockhill	Houghton Library, Harvard University.
Rosebery	National Library of Scotland, Edinburgh.
Rothschild	N.M. Rothschild Archive and Library, London.
Salisbury	Hatfield House, Hatfield, Hertfordshire.
Sandars	Bodleian Library, Oxford.
Sanderson	Public Record Office, Kew.
Satow	Public Record Office, Kew.
Scott	British Library, London.
Selborne	Bodleian Library, Oxford.

Spender	British Library, London.
Spring-Rice	Churchill College Archive Centre, Cambridge.
Villiers	Public Record Office, Kew.
Whittinghame Muniment	National Archive of Scotland, Edinburgh.

二、已出版资料

The Annual Register: A Review of Public Events at Home and Abroad for the Year 1900 (London, 1901).

ANON., 'Zakhrat Germanie Kiao-Chao v 1897 g.', *KA* no. 87 (1928), 1–22.

ANON., 'Russko-germanskii dogorov 1905 goda, saklotsennie v Byerka', *KA* v (1924), 5–49.

BAHLMAN, D. W. R. (ed.), *The Diary of Sir Edward Walter Hamilton, 1880–1885* (2 vols., Oxford, 1972).

BOYCE, D. G. (ed.), *The Crisis of British Power: The Imperial and Naval Papers of the Second Earl of Selborne, 1895–1910* (London, 1990).

BRETT, M. V. (ed.), *Journals and Letters of Reginald, Viscount Esher* (2 vols., London, 1934).

BRITISH GOVERNMENT (ed.), *Correspondence respecting the Affairs of China (China No. 1/1898) (C 8814)* (London, 1898).

BROOKS, D. (ed.), *The Destruction of Lord Rosebery: from the Diary of Sir Edward Hamilton, 1894–1895* (London, 1986).

BUCKLE, G. E. (ed.), *The Letters of Queen Victoria*, 3rd ser. (3 vols., London, 1932).

CAMBON, H. (ed.), *Paul Cambon: Correspondance* (3 vols., Paris, 1940–46).

COLSON, P. (ed.), *Lord Goschen and His Friends: The Goschen Letters* (London, s.a. [c. 1946]).

DRUS, E., 'A Journal of Events during the Gladstone Ministry, 1868–1874, by John, First Earl of Kimberley', *CM* (3) xxi (1958), 1–49.

EBEL, G. and BEHNEN, M. (eds.), *Botschafter Paul Graf von Hatzfeldt: Nachgelassene Papiere, 1838–1901* (2 vols., Boppard, 1976).

FAIRBANK, J. K., et al. (eds.), *The I.G. in Peking: Letters of Robert Hart, Chinese Maritime Customs, 1868–1907* (2 vols., Cambridge, Mass., 1975).

GOOCH, G. P. and TEMPERLEY, H. W. V. (eds.), *British Documents on the Origins of the War, 1898–1914* (11 vols., London, 1926–38).

GORDON, P. (ed.), *The Red Earl: The Papers of the Fifth Earl Spencer, 1835–1910* (2 vols., Northampton, 1986).

HANSARD SOCIETY (ed.), *Parliamentary Debates*, 4th ser. (London, 1894–1902).

HARCOURT WILLIAMS, R. (ed.), *The Salisbury–Balfour v Correspondence, 1869–1892* (s. loc., 1988).

HAWKINS, A. and POWELL, J. *The Journal of John Wodehouse, First Earl of Kimberley for 1862–1902* (Cambridge, 1997).

KAJIMA, M. (ed.), *The Diplomacy of Japan, 1894–1922* (3 vols., Tokyo, 1976).

LEPSIUS, J. et al. (eds.), *Die Grosse Politik der europäischen Kabinette, 1871–1914* (40 vols., Berlin, 1922–27).

LO HUI-MIN (ed.), *The Correspondence of G. E. Morrison, 1895–1920* (2 vols., Cambridge, 1976).

MACMURRY, J. V. A. (ed.), *Treaties and Agreements with and concerning China, 1894–1919* (2 vols., New York, 1921).

MATTHEW, H. C. G. (ed.), *The Gladstone Diaries*, vol. x (Oxford, 1990).

MEYENDORFF, BARON A. (ed.), *Correspondance Diplomatique de M. de Staal (1884–1900)* (2 vols., Paris, 1929).

MINISTÈRE DES AFFAIRES ETRANGÈRES (ed.), *Documents Diplomatiques Français, 1871–1914*, 1st ser. (14 vols., Paris, 1930–46), 2nd ser. (9 vols., Paris, 1930–46).

MINISTERO DEGLI AFFARI ESTERI (ed.), *I Documenti Diplomatici Italiani*, 2nd ser. (27 vols., Rome, 1960–2000), 3rd ser. (4 vols. [to date], Rome, 1953–2000).

OAKES, A. H. and BRANT, R. W. (eds.), *A Complete Collection of the Treaties and Conventions between Great Britain and Foreign Powers*, vol. xxi (London, 1901).

PALÉOLOGUE, M., *Un grand tournant de la politique mondiale, 1904–1906* (Paris, 1934).

POWELL, J. (ed.), *Liberal by Principle: The Politics of John Wodehouse, 1st Earl of Kimberley, 1843–1902* (London, 1996).

RICH, N. and FISHER, M. H. (eds.), *The Holstein Papers* (4 vols., Cambridge, 1955).

RÖHL, J. C. G., *Philipp Eulenburgs politische Korrespondenz* (3 vols., Boppard, 1981).

SCHWABACH, P. H. VON (ed.), *Aus meinen Akten* (Berlin, 1927).

SMIT, C. (ed.), *Bescheiden Betreffende de Buitenlandse Politiek van Nederland*, 3rd ser., *1899–1919* (5 vols., The Hague, 1957–62).

UNITED STATES GOVERNMENT (ed.), *Papers Relating to the Foreign Relations of the United States 1894* (DC, 1897).

—— (ed.), *Papers Relating to the Foreign Relations of the United States 1898* (DC, 1901).

VALK, J. P. DE and VAN FAASSEN, M. (eds.), *Dagboeken en aantekeningen van Willem Hendrick de Beaufort, 1874–1918* (2 vols., The Hague, 1993).

WOLTRING, J. (ed.), *Bescheiden Betreffende de Buitenlandse Politiek van Nederland*, 2nd ser., *1870–1899* (6 vols., The Hague, 1962–72).

YERUKHOMOVICH, I., 'Nakanie russko-yaponskoi voyna', *KA* no. 63 (1934), 1–54.

三、事件同时代出版物

Black and White Budget

The Economist

The Times

ADAMS, B., 'The Spanish War and the Equilibrium of the World', *Forum* xxv, 8 (1898), 641–51.

ANON., *Foreign Office, Diplomatic and Consular Sketches* (London, 1883).

ANON., *Lord Rosebery's Speeches, 1874–1896* (London, 1896).

ANON., 'Crisis in the Far East', *NR* xxx, 2 (1898), 817.

ANON., 'The Failure of Our Foreign Policy', *CR* lxxiii, 4 (1898), 457–80.

ANON., 'British Interests in the Far East', *BwM* clxiii, 5 (1898), 718.

ANON., *The Foreign Policy of Lord Rosebery: Two Chapters in Recent Politics, 1886 and 1892–5, With Extracts from Lord Rosebery's Speeches* (London, 1901).

ANON., 'Reshuffle', *NR* xxxii, 12 (1900), 462–5.

ANON., [W. St J. Brodrick?], 'The Problem of China', *EdR* cxc, 389 (1899).

ANON., [Lord R. Cecil], 'Lord Castlereagh', *QR* cxi, 221 (1862), 201–38.

The Essays of the Late Marquess of Salisbury, KG, 1861–4: Foreign Policy (London, 1905).

BERESFORD, LORD C., *The Break-Up of China with an Account of Its Present Commerce, Currency, Waterways, Armies, Railways, Politics and Future Prospects* (London and New York, 1899).

CHIROL, V., *The Far Eastern Question* (London, 1896).

CURZON, G. N., *Russia in Central Asia in 1889 and the Anglo-Russian Question* (London, 1889).

—— *Persia and the Persian Question* (2 vols., London, 1892).

—— *Problems of the Far East: Japan–Korea–China* (London, rev. edn. 1896).

DAVIES, M. R., 'A Threatened City: Some Impressions of Pekin', *FR* lvi, 336 (1894).

'Diplomaticus', 'The Break-Down of Our Chinese Policy', *FR* lxiii, 5 (1898), 844–54.

ESCOTT, T. H. S., *The Story of British Diplomacy: Its Makers and Movements* (London, 1908).

HALLETT, H. S., 'The Partition of China', *NC* xliii, 1 (1898), 154–64.

HART, R., 'The Peking Legations: A National Uprising and International Episode', *FR* lxviii, 407 (1900), 713–39.

HOLLAND, T. E., 'International Law in the War between China and Japan', *FR* lvi, 336 (1894).

LUCY, H. W., *A Diary of the Unionist Parliament, 1895–1900* (Bristol, 1901).

'Tearem, M. P', 'Our "Expert" Statesmen', *CR* lxxiii, 5 (1898), 628.

YERBURGH, R. A., 'Our Duty Towards China', *NR* xxxiii, 98 (1899), 902–16.

YORKE, R. S., 'Wei-hai-Wei: Our Latest Leasehold Possession; Being a Recollection of Wei-hai-Wei, With Suggestions for a Definite Policy in the Far East', *FR* lxiv, 379 (1898), 36–43.

YOUNGHUSBAND, F. E., 'England's Destiny in China', *CR* lxxiv, 10 (1898), 457–73.

四、二手资料

1. 回忆录和传记

ALLEN, B. M., *The Rt. Hon. Sir Ernest Satow, GCMG: A Memoir* (London, 1933).

AMERY, J., *The Life of Joseph Chamberlain* (4 vols., London, 1932–51).

ASKWITH, LORD, *Lord James of Hereford* (London, 1930).

BALFOUR, LADY F., *Ne Obleviscaris* (2 vols., London, s.a.).

BALFOUR, M., *The Kaiser and His Times* (London, 1964).

—— *Britain and Joseph Chamberlain* (London, 1985).

BENTLEY, M., *Lord Salisbury's World: Conservative Environments in Late-Victorian Britain* (Cambridge, 2001).

BLAKE, R., *The Unknown Prime Minister: The Life and Times of Andrew Bonar Law, 1858–1923* (London, 1955).

—— *Disraeli* (London, repr.1969 (pb)).

BUCHAN, J., 'Lord Rosebery,1847–1930 [*sic*]', *PBA* xvi (1930), 1–20.

BÜLOW, B. VON, *Denkwürdigkeiten* (4 vols., Berlin, 1930).

CECIL, LADY G., *The Life of Robert, Marquis of Salisbury* (4 vols., London, 1921–32).

CECIL, H., *Lord Lansdowne, from the Entente Cordiale to the 'Peaced Letter' of 1917: A European Statesman Assessed* (London, 2004).

CECIL, L., *Albert Ballin* (Princeton, 1967).

CHIROL, V., *Fifty Years in a Changing World* (London, 1927).

CHURCHILL, W. S., *Great Contemporaries* (London, 1939).

CREWE, EARL of, *Lord Rosebery* (2 vols., London, 1931).

DILKS, D., *Curzon in India* (2 vols., London, 1969).

DUGDALE, B. E. C., *Arthur James Balfour, First Earl of Balfour . . .* (2 vols., London, 1939).

DUGDALE, E. T. S., *Maurice de Bunsen: Diplomat and Friend* (London, 1934).

ECKARDSTEIN, H. VON, *Lebenserinnerungen und politische Denkwürdigkeiten* (3 vols., Leipzig, 1920).

EGREMONT, M., *Balfour: A Life of Arthur James Balfour* (London, 1980).

ELLIOT, A. D., *The Life of George Joachim Goschen, First Viscount Goschen, 1831–1907* (2 vols., London, 1911).

FEILING, K., *In Christ'Church Hall* (London, 1960).

FITZMAURICE, LORD E., *The Life of Granville George Leveson-Gower, Second Earl Granville, KG, 1815–1891* (2 vols., London, 1905).

FRASER, P., *Joseph Chamberlain: Radicalism and Empire, 1868–1914* (London, 1966).

—— *Lord Esher: A Political Biography* (London, 1973).

GARDINER, A. G., *Prophets, Priests, and Kings* (London, repr. 1914).

—— *The Life of Sir William Harcourt* (2 vols., London, 1923).

GARVIN, J. L., (cont. J. Amery), *The Life of Joseph Chamberlain* (4 vols., London, 1932–51).

GILMOUR, D., *Curzon* (London, 1994).

GREY, VISCOUNT, of Fallodon, *Twenty-Five Years* (2 vols., New York, 1925).

HAMILTON, K. A., *Bertie of Thame: Edwardian Ambassador* (Woodbridge, 1990).

HARDINGE, LORD, of Penshurst, *Old Diplomacy* (London, 1948).

HARRIS, H. W., *J. A. Spender* (London, 1946).

HAYASHI, COUNT T., *The Secret Memoirs of Count Tadasu Hayashi, G.C.V.O.*, ed. A. M. Pooley (London, 1915).

HEFFER, S., *Power and Place: The Political Consequences of King Edward VII* (London, 1998).

HEWLETT, W. M., *The Siege of the Peking Legations, June to August 1900* (Harrow-on-the-Hill, Mdx., 1900).

HICKS BEACH, LADY V., *Life of Sir Michael Hicks Beach (Earl St Aldwyn)* (2 vols., London, 1932).

HOLLAND, B., *The Life of Spencer Compton, Eighth Duke of Devonshire, 1833–1908* (2 vols. London, 1911).

JAMES, R. R., *Rosebery: A Biography of Archibald Philip, Fifth Earl of Rosebery* (London, 1964).

JUDD, D., *Balfour and the British Empire: A Study in Imperial Evolution, 1874–1932* (London, 1968).

—— *Radical Joe: A Life of Joseph Chamberlain* (Cardiff, repr. 1993).

KENNEDY, A. L., *Salisbury, 1830–1903: Portrait of a Statesman* (London, 1953).

KÜHLMANN, R. VON, *Erinnerungen* (Heidelberg, 1948).

LEE, SIR S., *King Edward VII: A Biography* (2 vols., London, 1925).

MACKAIL, J. W. and G. WYNDHAM (eds.), *Life and Letters of George Wyndham* (2 vols., London, s.a.).

LONDONDERRY, MARCHIONESS of, *Henry Chaplin: A Memoir* (London, 1926).

—— *Retrospect* (London, 1938).

MALCOLM, I., *Vacant Thrones* (London, 1931).

MARSH, P. T., *Joseph Chamberlain: Entrepreneur in Politics* (New Haven, 1994).

MIDLETON, EARL of, *Records and Reactions, 1856–1939* (London, 1939).

MUNEMUTSU, M. *Kenkenroku: A Diplomatic Record of the Sino-Japanese War, 1894–5*, trsl. and ed. G. M. Berger (Cambridge, Mass., 1982).

NEWTON, LORD, *Lord Lansdowne: A Biography* (London, 1929).

—— *Lord Lyons: A Record of British Diplomacy* (2 vols., London, 1913).

NICOLSON, H., *Sir Arthur Nicolson, Bart., First Lord Carnock: A Study in the Old Diplomacy* (London, 1930).

POSCHINGER, H. VON, *Also sprach Bismarck* (3 vols., Vienna, 1910–11).

RAYMOND, E.T., [pseud. E. R. Thompson], *The Man of Promise—Lord Rosebery: A Critical Study* (London, 1923).

RENDEL, S., *The Personal Papers of Lord Rendel*, ed. F. E. Hamer (London, 1931).

RICH, N., *Friedrich von Holstein: Politics and Diplomacy in the Era of Bismarck and Wilhelm II* (2 vols., Cambridge, 1965).

ROBERTS, A., *Salisbury: Victorian Titan* (London, 1999).

RODD, J. R., *Social and Diplomatic Memories* (3 vols., London, 1922–5).

RÖHL, J. C. G., *Wilhelm II* (2 vols. [to date], Cambridge, 1994–2004).

RONALDSHAY, EARL of, *The Life of Lord Curzon* (3 vols., London, 1928).

ROSEN, BARON [R. R.], *Forty Years in Diplomacy* (2 vols., London, 1922).

ROTHSCHILD, N. DE, 'Alfred de Rothschild and "Le Style Rothschild"' (MA thesis, [London], 1973).

RUSSELL, G. W. E., *Malcolm MacColl: Memoirs and Correspondence* (London, 1914).

SPINNER, T. J., *George Joachim Goschen: The Transformation of a Victorian Liberal* (Cambridge, 1973).

STEELE, D., *Lord Salisbury: A Political Biography* (London, 1999).

TAYLOR, R., *Lord Salisbury* (London, 1975).

TROTHA, F. VON, *Fritz von Holstein als Mensch und Politiker* (Berlin, 1931).

WALDERSEE, A. VON, *Denkwürdigkeiten des General-Feldmarschalls Alfred Grafen von Waldersee*, ed. H. O. Meisner (3 vols., Stuttgart, 1922–3).

WINGATE, A. W. S., *A Cavalier in China* (London, 1940).

WITTE, S. I., *Erinnerungen*, ed. O. Hoetzsch and H. von Hoerner (Berlin, 1923).

YOKOHAMA KAIKO SHIRYO-KAN (ed.), *Zusetsu Aanesuto Sato: Bakumatsu-ishin no Igirisu gaiko-kan [The Ernest Satow Album: Portraits of a British Diplomat in Young Japan]* (Yokohama, 2001).

YOUNG, K., *Arthur James Balfour: The Happy Life of the Politician, Prime Minister, Statesman and Philosopher, 1848–1930* (London, 1963).

ZEBEL, S. H., *Balfour: A Political Biography* (Cambridge, 1973).

2. 其他书籍

ANDERSON, P. R., *The Background of Anti-English Feeling in Germany, 1890–1902* (New York, repr. 1969).

ANDERSON, S., *Race and Rapprochement: Anglo-Saxonism and Anglo-American Relations, 1895–1904* (London and Toronto, 1981).

ANDREW, C. M., *Théophile Delcassé and the Making of the Entente Cordiale* (London, 1966).

BARTH, B., *Die deutsche Hochfinanz und die Imperialismen: Banken und Aussenpolitik vor 1914* (Stuttgart, 1995).

BEASLEY, W. G., *Japanese Imperialism, 1894–1945* (Oxford, 1991 (pb)).

BELOFF, M., *Imperial Sunset* (2 vols., London, 2nd edn. 1987).

BENTLEY, M., *Politics Without Democracy, 1815–1914: Perception and Preoccupation in British Government* (London, 1984).

——— J. STEVENSON (eds.), *High and Low Politics in Modern Britain: Ten Studies* (Oxford, 1983).

BICKERS, R., *Britain in China: Community, Culture and Colonialism, 1900–1949* (Manchester, 1999).

BODELSEN, C. A., *Studies in Mid-Victorian Imperialism* (New York, repr. 1968).

BROOKS, R., *The Long Arm of Empire: Naval Brigades from Crimean War to Boxer Rebellion* (London, 1999).

BURCKHARDT, J., *Reflections on History* (London, 1943).

CECIL, A., *British Foreign Secretaries, 1807–1916: Studies in Personality and Policy* (London, 1927).

CECIL, L., *The German Diplomatic Service, 1871–1914* (Princeton, 1976).

CHARMLEY, J., *Splendid Isolation?: Britain, the Balance of Power and the Origins of the First World War, 1874–1914* (London, 1999).

COATES, P. D., *The China Consuls: British Consular Officials, 1843–1943* (Oxford and Hong Kong, 1988).

COHEN, P. A., *History in Three Keys: The Boxers as Event, Experience and Myth* (New York, 1997).

CONROY, H., *The Japanese Seizure of Korea, 1868–1910: A Study of Realism and Idealism* (Philadelphia, 1960).

COOKE, A. B. and J. R. VINCENT, *The Governing Passion: Cabinet Government and Party Politics in Britain, 1885–86* (Brighton, 1974).

CORTI, E. C., *The Reign of the House of Rothschild* (London, 1928).

COSTIN, W. C., *Great Britain and China, 1833–1860* (Oxford, 1937).

CRISP, O., *Studies in the Russian Economy before 1914* (London, 1976).

DECLEVA, E., *Da Adua a Sarajevo: La politica estera italiana e la Francia, 1896–1914* (Bari, 1971).

DORWART, J. M., *The Pigtail War: American Involvement in the Sino-Japanese War of 1894–5* (Amherst, Mass., 1975).

EDWARDS, E. W., *British Diplomacy and Finance in China, 1895–1914* (Oxford, 1987).

EHRMAN, J., *Cabinet Government and War, 1890–1940* (Cambridge, 1958).

ELDRIDGE, C. C., *England's Mission: The Imperial Idea in the Age of Gladstone and Disraeli, 1868–1880* (London, 1973).

ESHERICK, J. W., *The Origins of the Boxer Uprising* (Berkeley and Los Angeles, 1987).

ESTHUS, R. A., *Double Eagle and Rising Sun: The Russians and Japanese at Portsmouth in 1905* (Durham, NC, 1986).

FABER, R., *The Vision and the Need: Late Victorian Imperialist Aims* (London, 1966).

FISCHER, E., *Holsteins Grosses Nein: Die deutsch-englischen Bündnisverhandlungen, 1898–1901* (Berlin, 1925).

FRIEDBERG, A. L., *The Weary Titan: Britain and the Experience of Relative Decline, 1895–1905* (London, 1987).

GILLARD, D., *The Struggle for Asia, 1828–1914: A Study in British and Russian Imperialism* (London, 1977).

GOUDSWAARD, J. M., *Some Aspects of the End of Britain's 'Splendid Isolation', 1898–1904* (Rotterdam, 1952).

GREAVES, R. L., *Persia and the Defence of India, 1884–1892* (London, 1959).

GRENVILLE, J. A. S., *Lord Salisbury and Foreign Policy: The Close of the Nineteenth Century* (London, repr. 1970 (pb)).

HAMER, D. A., *Liberal Politics in the Age of Gladstone and Rosebery: A Study in Leadership and Policy* (Oxford, 1972).

HOPPEN, K. T., *The Mid-Victorian Generation, 1846–1886* (Oxford, 1998).

HOU, C., *Foreign Investment and Economic Development in China, 1840–1937* (Cambridge, Mass., 1965).

HOWARD, C. H. D., *Splendid Isolation: A Study of Ideas. Concerning Britain's International Position and Foreign Policy during the Later Years of the Third Marquess of Salisbury* (London, 1967).

HOWARD, M. E., *The Continental Commitment: The Dilemma of British Defence Policy in the Era of Two World Wars* (Harmondsworth, 1974 (pb)).

HSÜ, I. C. Y., *The Rise of Modern China* (New York and Oxford, 2nd edn.1975).

INGRAM, E., *In Defence of British India: Great Britain in the Middle East, 1775–1842* (London, 1984).

JOHNSON, N. S., 'The Role of the Cabinet in the Making of Foreign Policy, 1885–1895, with special reference to Lord Salisbury's second administration' (D.Phil. thesis, Oxford, 1970).

JONES, R. A., *The Nineteenth Century Foreign Office: Administrative History* (London, 1971).

—— *The British Diplomatic Service, 1815–1914* (Gerrards Cross, 1983).

JOSEPH, P., *Foreign Diplomacy in China, 1894–1900* (London, 1928).

KAJIMA, M., *The Diplomacy of Japan, 1894–1922* (2 vols., Tokyo, 1976).

KAMINSKY, A. P., *The India Office, 1880–1910* (New York, 1986).

KELLY, J. S., *A Forgotten Conference: The Negotiations at Peking, 1900–1901* (Geneva and Paris, 1963).

KENNEDY, P. M., *The Samoan Triangle: A Study in Anglo-German-American Relations, 1878–1900* (Dublin, 1974).

—— *The Rise and Fall of British Naval Mastery* (London, 3rd edn.1981).

—— *The Realities behind Diplomacy: Background Influences on British External Policy, 1865–1980* (London, 1981).

—— *The Rise of the Anglo-German Antagonism, 1860–1914* (London and Atlantic Highlands, NJ, 1990 (pb)).

KIERNAN, E. V. G., *British Diplomacy in China, 1880–1885* (New York, repr. 1970).

KING, F. H. H., *The History of the Hong Kong and Shanghai Banking Corporation*, vol. ii, *The Hongkong Bank in the Period of Imperialism and War, 1895–1918* (Cambridge, 1988).

KUBICEK, R. V., *The Administration of Imperialism: Joseph Chamberlain at the Colonial Office* (Durham, NC, 1969).

KURGAN-VAN HENTENRIJK, G., *Leopold II et les groupes financiers belges en Chine* (Brussels, 1971).

LANGER, W. L., *European Alliances and Alignments, 1871–1890* (New York, 2nd edn.1956).

—— *The Diplomacy of Imperialism, 1890–1902* (New York, 2nd edn.1965).

LENSEN, G. E., *Korea and Manchuria between Russia and Japan, 1895–1904: The Observations of Sir Ernest Satow* (Tallahassee, Fla., repr. 1968).

LERMAN, K. A., *The Chancellor as Courtier: Bernhard von Bülow and the Governance of Germany, 1900–1909* (Cambridge, 1990).

LIEVEN, D., *The Aristocracy in Europe, 1815–1914* (London, 1992).

LOWE, C. J., *Salisbury and the Mediterranean, 1886–1896* (London, 1965).

—— *Reluctant Imperialists: British Foreign Policy, 1878–1902* (New York, 1969).

LOWE, P., *Great Britain and Japan, 1911–1915: A Study in British Far Eastern Policy* (London, 1969).

—— *Britain in the Far East: A Survey from 1819 to the Present* (London, 1983).

MACCOBY, S., *English Radicalism, 1886–1914* (London, 1953).

MCCORDOCK, R. S., *British Far Eastern Policy, 1894–1900* (New York, repr. 1976).

MCLEAN, D., *Britain and the Buffer State: The Collapse of the Persian Empire, 1890–1914* (London, 1979).

MCLEAN, R. R., *Royalty and Diplomacy in Europe, 1890–1914* (Cambridge, 2001).

MAHAN, A. T., *The Influence of Seapower upon History, 1660–1783* (Boston, 5th edn. 1894).

MALOZEMOFF, A., *Russian Far Eastern Policy, 1881–1904* (Berkeley, and Los Angeles, 1958).

MANNHEIM, K., *Wissenssoziologie*, ed. K. H. Wolff (Frankfurt, 1964).

MARCH, A. L., *The Idea of China: Myth and Theory in Geographic Thought* (Newton Abbot, 1974).

MARDER, A. J., *The Anatomy of British Sea Power: A History of British Naval Policy in the Pre-Dreadnought Era, 1880–1905* (London, repr. 1964).

MARSDEN, A., *British Diplomacy and Tunis, 1875–1902: A Case Study in Mediterranean Policy* (Edinburgh, 1971).

MARSH, P., *The Discipline of Popular Government: Lord Salisbury's Domestic Statecraft, 1881–1902* (Hassocks, 1978).

MARTEL, G., *Imperial Diplomacy: Rosebery and the Failure of Foreign Policy* (Kingston, Ont., and London, 1986).

MATTHEW, H. C. G., *The Liberal Imperialists: The Idea and Politics of a Post-Gladstonian Élite* (Oxford, 1973).

MEINECKE, F., *Geschichte des deutsch-englischen Bündnisproblems, 1890–1901* (Munich, 1927, repr. 1972).

MONGER, G. W., *The End of Isolation: British Foreign Policy, 1900–1907* (London, 1963).

MORRIS, A. J. A., *The Scaremongers: The Advocacy of War and Rearmament, 1896–1914* (London, 1984).

MORTON, F., *The Rothschilds* (London, 1961).

MÜLLER-JABUSCH, M., *Fünfzig Jahre Deutsch-Asiatische Bank, 1890–1939* (Berlin, 1940).

MUNRO, H. H., *The Novels and Plays of 'Saki' (H. H. Munro)* (London, repr. 1939).

NASSON, B., *The South African War, 1899–1902* (London, 1999).

NEALE, R. G., *Great Britain and United States Expansion, 1898–1900* (East Lansing, Mich., 1966).

NEILSON, K., *Britain and the Last Tsar: British Policy and Russia, 1894–1917* (Oxford, 1995).

NISH, I. H., *The Anglo-Japanese Alliance: The Diplomacy of Two Island Empires, 1894–1907* (Westport, Conn., repr. 1976).

—— *The Origins of the Russo-Japanese War* (London, 2nd edn. 1987).

PELCOVITS, N. A., *Old China Hands and the Foreign Office* (New York, repr. 1969).

PENSON, L. M., *Foreign Affairs under the Third Marquis of Salisbury* (London, 1962).

PERKINS, B., *The Great Rapprochement: England and the United States, 1898–1914* (London, 1969).

PETRI, SIR C., *The Powers Behind the Prime Ministers* (London, 1958).

PINTO-DUSCHINSKY, M., *The Political Thought of Lord Salisbury, 1854–1868* (London, 1967).

PLATT, D. C. M., *Finance, Trade and Politics in British Foreign Policy, 1815–1914* (Oxford, 1968).

PRIBRAM, A. F., *England and the International Policy of the European Great Powers, 1871–1914* (Oxford, 1931).

PURCELL, V., *The Boxer Uprising: A Background Study* (Cambridge, 1965).

QUESTED, R., *The Russo-Chinese Bank* (Birmingham, 1977).

REIFELD, H., *Zwischen Empire und Parlament: Zur Gedankenbildung und Politik Lord Roseberys (1880–1905)* (Göttingen, 1987).

REMPEL, R. A., *Unionists Divided: Arthur Balfour, Joseph Chamberlain and the Unionist Free Traders* (Newton Abbot, 1972).

RENOUVIN, P. and J.-B. DUROSELLE, *Introduction à l'histoire des relations internationales* (Paris, 1964).

RITTER, G., *Die Legende von der verschmähten englischen Freundschaft 1898/1901: Beleuchtet aus der neuen englischen Aktenveröffentlichung* (Freiburg, 1929).

ROB, J. H., *The Primrose League, 1883–1906* (New York; 1942).

ROBINSON, R. and J. GALLAGHER (with A. Denny), *Africa and the Victorians: The Official Mind of Imperialism* (London, 2nd edn. 1981).

RÖHL, J. C. G., *Germany Without Bismarck: The Crisis of Government in the Second Reich, 1890–1900* (London, 1967).

ROMANOV, B. A., *Russia in Manchuria, 1892–1906* (Ann Arbor, 1952; repr. New York 1974).

SERRA, E., *L'Intesa Mediterranea del 1102: une fase risolutiva nei rapporti Italo-Inglesi* (Milan, 1957).

SHANNON, R., *The Age of Salisbury, 1881–1902: Unionism and Empire* (London, 1996).

SIEGEL, J., *Endgame: Britain, Russia and the Final Struggle for Central Asia, 1907–1914* (London, 2002).

STANSKY, P., *Ambition and Strategies: The Struggle for the Leadership of the Liberal Party in the 1890s* (Oxford, 1964).

STEINER, Z. S., *The Foreign Office and Foreign Policy, 1898–1914* (Cambridge, 1969).
—— and K. NEILSON, *Britain and the Origins of the First World War* (Basingstoke and New York, 2nd and revised edn. 2003).
SUMIDA, J. T., *In Defence of Naval Supremacy: Finance, Technology and British Naval Policy, 1889–1914* (London, 1990).
TAN, C. C., *The Boxer Catastrophe* (New York, 1955).
TAYLOR, A. J. P., *The Struggle for Mastery in Europe, 1848–1918* (Oxford, 1954).
THORNE, C., *Border Crossings: Studies in International History* (Oxford, 1988).
The Times, The History of the Times (3 vols., London, 1939–1947).
VOGEL, B., *Deutsche Russlandpolitik: Das Scheitern der deutschen Weltpolitik unter Bülow, 1900–1906* (Düsseldorf, 1973).
WALDER, D., *The Short Victorious War: The Russo-Japanese War, 1904–1905* (London, 1973).
WATT, D. C., *Personalities and Policies: Studies in the Formulation of British Foreign Policy in the Twentieth Century* (London, 1965).
—— *What About People?: Abstractions and Reality in History and the Social Sciences* (London, 1983).
WEBER, M., *Economy and Society: An Outline of Interpretative Sociology*, transl. and ed. G. Roth and C. Wittich (2 vols., Berkeley and Los Angeles, 1968).
WHITE, J. A., *Transition to Global Rivalry: Alliance Diplomacy and the Quadruple Entente, 1895–1907* (Cambridge, 1995).
WILGUS, M. H., *Sir Claude MacDonald, the Open Door, and the British Informal Empire in China, 1895–1900* (New York, 1987).
WILLIAMS, R., *Defending the Empire: The Conservative Party and British Defence Policy, 1899–1915* (New Haven, 1991).
WILSON, K. M., *Empire and Continent: Studies in British Foreign Policy from the 1880s to the First World War* (London, 1987).
WINZEN, P., *Die Englandpolitik Friedrich von Holsteins, 1895–1901* (Cologne, 1975).
—— *Bülows Weltmachtkonzept: Untersuchungen zur Frühphase seiner Aussenpolitik* (Boppard, 1977).
WRIGHT, S., *Hart and the Chinese Customs* (Belfast, 1950).
YOUNG, L. K., *British Policy in China, 1895–1902* (Oxford, 1970).

3. 文 章

BÄCHTOLD, H., 'Der entscheidende Wendepunkt der Vorkriegszeit', *WWA* xx, 3 (1924), 381–407.
BICKFORD, J. D. and E. N. JOHNSON, 'The Contemplated Anglo-German Alliance, 1890–1901', *PSQ* xlii, 1 (1927), 1–57.
BOUNDS, M., 'The Sino-Russian Treaty of 1896', *Harvard Papers on China*, no. 23 (1970).
BRAILEY, N. J., 'Sir Ernest Satow, Japan and Asia: The Trials of a Diplomat in the Age of High Imperialism', *HJ* xxxv, 1 (1992), 115–50.

CAMPBELL, A. E., 'Great Britain and the United States in the Far East, 1895–1903', *HJ* i, 2 (1958), 154–75.

CHUN, H., 'Sino-Korean Tributary Relations in the Ch'ing Period', *The Chinese World Order: Traditional China's Foreign Relations*, ed. J. K. Fairbank (Cambridge, Mass., 1968), 90–111.

COHEN, A., 'Joseph Chamberlain, Lord Lansdowne and British Foreign Policy, 1901–1903: From Collaboration to Confrontation', *AJPH* xliii, 2 (1997), 122–34.

CORNFORD, J., 'The Parliamentary Foundations of the "Hotel Cecil" ', *Ideas and Institutions of Victorian Britain: Essays in Honour of George Kitson Clark*, ed. R. Robson (London, 1967), 268–311.

CRISP, O., 'The Russo-Chinese Bank: An Episode in Franco-Russian Relations', *SEER* lii, 127 (1974), 197–212.

CROMWELL, V. and Z. S. STEINER, 'The Foreign Office before 1914: A Study in Resistence', *Studies in the Growth of Nineteenth Century Government*, ed. G. Sutherland (London, 1972), 167–94.

CROUZET, M., 'Joseph Chamberlain', *Les Politiques d'Expansion Impérialiste*, ed. P. Renouvin (Paris, 1949).

DARWIN, J., 'Imperialism and the Victorians: The Dynamics of Territorial Expansion', *EHR* cxii, 3 (1997), 614–42.

DAVIS, C. B. and R. J. GOWEN, 'The British at Weihaiwei: A Case Study in the Irrationality of Empire', *TH* lxiii, 1 (2000), 87–104.

DOLLOT, R., 'Un ambassadeur de France sous la troisième République: Albert Decrais (1838–1915)', *RHD* lxiii, 1 (1949).

EDWARDS, E. W., 'The Japanese Alliance and the Anglo-French Agreement of 1904', *History* xlii, 1 (1957), 19–27.

—— 'The Prime Minister and Foreign Policy: The Balfour Government, 1902–1905', *British Government and Administration: Studies Presented to S. B. Chrimes*, ed. H. Hearder and H. R. Loyn (London, 1974), 202–14.

FRASER, P., 'The Liberal Unionist Alliance: Chamberlain, Hartington and the Conservatives, 1886–1904', *EHR* lxxvii, 4 (1962), 62–78.

FRAUENDIENST, W., 'Graf Alvenslebens Petersburger Mission, 1900–1905', *BM* x, 9 (1932), 884.

FRIEDBERG, A. L., 'Britain Faces the Burden of Empire: The Financial Crisis, 1901–5', *W&S* v, 2 (1987), 15–37.

GILLARD, D., 'Salisbury and the Indian Defence Problem', *Studies in International History: Essays Presented to W. Norton Medlicott*, ed. K. Bourne and D. C. Watt (London, 1967), 236–48.

—— 'Lord Salisbury', *British Foreign Secretaries and Foreign Policy: From Crimean War to First World War*, ed. K. M. Wilson (London, 1987), 119–37.

GONG, G. W., 'China's Entry into International Society', *The Expansion of International Society*, ed. H. Bull and A. Watson (Oxford, 1984), 171–83.

GRENVILLE, J. A. S., 'Lord Lansdowne's Abortive Project of 12 March 1901 for a Secret Agreement with Germany', *BIHR* xxvii, 3 (1954), 201–13.

—— 'Britain and the Isthmian Canal, 1898–1901', *AHR* lxi, 1 (1955), 51–69.

HARGREAVES, J. D., 'Entente Manquée: Anglo-French Relations, 1895–6', *CHJ* xi, 1 (1953), 65–92.

—— 'Lord Salisbury, Isolation, and the Yangtze Valley, June–September 1900', *BIHR* xxx, 1 (1957), 62–75.

HOWARD, C. H. D., ' "Splendid Isolation" ', *History* xlvii (1962), 32–41.

HUNT, M. H., 'The Forgotten Occupation: Peking, 1900–1901', *PHR* xlviii, 4 (1979), 501–29.

JEFFERSON, M. M., 'Lord Salisbury's Conversations with the Tsar at Balmoral, 27 and 29 September 1896', *SEER* xxxix, 2 (1960), 216–22.

JOLL, J., '1914: The Unspoken Assumptions', *The Origins of the First World War*, ed. H. W. Koch (London, repr. 1977), 307–28.

KAWAI, K., 'Anglo-German Rivalry in the Yangtze Region, 1895–1902', *PHR* viii, 3 (1939), 413–34.

KELLY, J. B., 'Salisbury, Curzon and the Kuwait Agreement of 1899', *Studies in International History*, ed. K. Bourne and D. C. Watt (London, 1967), 249–90.

KENNEDY, P. M., 'German World Policy and Alliance Negotiations with England, 1897–1900', *JMH* xlv, 4 (1973), 605–25.

KIERNAN, E. V. G., 'Diplomats in Exile', *Studies in Diplomatic History: Essays in Memory of David Bayne Horne*, ed. R. Hatton and M. S. Anderson (London, 1970), 306–21.

KOCH, H. W., 'The Anglo-German Alliance Negotiations: Missed Opportunity or Myth?', *History* liv, 3 (1969), 378–92.

LIEVEN, D., 'Pro-Germans and Russian Foreign Policy, 1890–1914', *IHR* ii, 1 (1980), 24–54.

LONG, J., 'Franco-Russian Relations during the Russo-Japanese War', *SEER* lii, 127 (1974), 213–33.

MCKERCHER, B. J. C., 'Diplomatic Equipoise: The Lansdowne Foreign Office, the Russo-Japanese War of 1904–5, and the Global Balance of Power', *CJH* xxiv, 2 (1984), 299–339.

MCLEAN, D., 'The Foreign Office and the First Chinese Loan, 1895', *HJ* xvi, 2 (1973), 303–21.

—— 'Commerce, Finance, and British Diplomatic Support in China, 1885–86', *EcHR* xxvi, 3 (1978), 464–76.

MCLEAN, R. R., 'Dream of a German Europe: Wilhelm II and the Treaty of Björkö of 1905', *The Kaiser: New research on Wilhelm II's Role in Imperial Germany*, ed. A. Mombauer and W. Deist (Cambridge, 2003), 119–42.

MANCALL, M., 'The Ch'ing Tribute System: An Interpretative Essay', *Chinese World Order*, ed. Fairbank (See Chun), 63–89.

MARSH, P., 'Lord Salisbury and the Ottoman Massacres', *JBS* xi, 2 (1972), 63–84.

—— 'The Conservative Conscience', *The Conscience of the Victorian State*, ed. idem (Syracuse, NY, 1979), 215–42.

MARTEL, G., 'Documenting the Great Game: "World Policy" and the "Turbulent Frontier" in the 1890s', *IHR* ii, 2 (1980), 288–308.

MOCK, W., 'The Function of "Race" in Imperialist Ideologies: The Example of Joseph Chamberlain', *Nationalist and Racialist Movements in Britain and Germany before 1914*, ed. P. M. Kennedy and A. J. Nicholls (London, 1981), 190–203.

MOMBAUER, A., 'Wilhelm, Waldersee and the Boxer Rebellion', *The Kaiser*, ed. idem and Deist (See McLean, R. F.), 91–118.

MONGER, G. W., 'The End of Isolation: Britain, Germany and Japan, 1900–1902', *TRHS* (5) xiii (1963), 103–21.

MORGAN, K. O., 'John Morley and the Crisis of Liberalism, 1894', *NLWJ* xv, 4 (1968), 451–65.

—— 'Lloyd George and Germany', *HJ* xxxix, 4 (1996), 755–66.

NEILSON, K., ' "A Dangerous Game of American Poker": Britain and the Russo-Japanese War', *JSS* xii, 1 (1989), 63–87.

—— ' "Greatly Exaggerated": The Myth of the Decline of Great Britain before 1914', *IHR* xiii, 4 (1991), 695–725.

—— 'Britain, Russia and the Sino-Japanese War', *The Sino-Japanese War of 1894–5 in its International Dimension, STICERD Discussion Paper*, no. 278 (1994), 2–22.

—— ' "Only a d—d marionette"?: The Influence of Ambassadors on British Foreign Policy, 1904–1914', *Diplomacy and World Power: Studies in British Foreign Policy, 1890–1950*, ed. M. L. Dockrill and B. J. C. McKercher (Cambridge, 1996), 56–78.

—— ' "Incidents" and Foreign Policy: A Case Study', *D&S* ix, 1 (1998).

—— 'The Anglo-Japanese Alliance and British Strategic Foreign Policy, 1902–1914', unpublished paper given at STICERD conference, Glasgow, 12 Sept. 2002.

NISH, I. H., 'The Royal Navy and the Taking of Wei-hai-Wei, 1898–1905', *MM* liv, 1 (1968), 39–54.

—— 'British Foreign Secretaries and Japan, 1892–1905', *Shadow and Substance in British Foreign Policy, 1895–1939: Memorial Essays Honouring C. J. Lowe*, ed. B. J. C. McKercher and D. J. Moss (Edmonton, Alb., 1984), 57–76.

—— 'Sir Claude and Lady Ethel MacDonald', *Britain and Japan: Biographical Portraits*, ed. idem (Folkestone, 1994), 133–45.

—— 'The First Anglo-Japanese Alliance Treaty', *STICERD Discussion Papers*, no. 432 (Apr. 2002), 1–19.

OSTERHAMMEL, J., 'Britain and China, 1842–1914', *The Oxford History of the British Empire*, iii, *The Nineteenth Century*, ed. A. N. Porter and A. Low (Oxford, 1999), 146–69.

OTTE, T. G., 'Great Britain, Germany and the Far Eastern Crisis of 1897–8', *EHR* cx, 439 (1995), 1157–79.

—— 'Eyre Crowe and British Foreign Policy: A Cognitive Map', *Personalities, War, and Diplomacy: Essays in International History*, ed. idem and C. A. Pagedas (London, 1997), 14–37.

—— 'A Question of Leadership: Lord Salisbury, the Unionist Cabinet and Foreign Policy-Making', *CBH* xiv, 4 (2000), 1–26.

—— 'The Elusive Balance: British Foreign Policy and the French Entente before the First World War', *Anglo-French Relations in the Twentieth Century: Rivalry and Cooperation*, ed. A. Sharp and G. Stone (London, 2000), 11–35.

—— ' "The Winston of Germany": The British Foreign Policy Élite and the Last German Emperor', *CJH* xxxvi, 3 (2001), 471–504.

—— ' "Floating Downstream": Lord Salisbury and British Foreign Policy, 1878–1902', *The Makers of British Foreign Policy: from Pitt to Thatcher*, ed. idem (Basingstoke and New York, 2002), 98–127.

—— ' "Not proficient in table-thumping": Sir Ernest Satow at Peking, 1900–1906', *D&S* xiii, 2 (2002), 161–200.

—— ' "Old Diplomacy": Reflections on the Foreign Office before 1914', *The Foreign Office and British Diplomacy in the Twentieth Century*, ed. G. Johnson (London, 2004), 31–52.

—— ' "Wee-ah-wee"?: Britain at Weihaiwei, 1898–1930', *British Naval Strategy East of Suez, 1900–2000*, ed. G. Kennedy (London, 2005), 4–34.

—— 'Diplomacy and Decision-Making', *Palgrave Advances in International History*, ed. P. Finney (Basingstoke and New York, 2005), 36–57.

—— ' "Avenge England's Dishonour": By-elections, Parliament and the Politics of Foreign Policy in 1898', *EHR* cxxi, 491 (2006), 385–428.

—— 'The Fragmenting of the Old World Order: Britain, the Great Powers, and the Russo-Japanese War', *The Russo-Japanese War in Perspective*, ed. R. Kowner (London, 2006), 91–108.

PAPADOPOULOS, G. S., 'Lord Salisbury and the Projected Anglo-German Alliance of 1898', *BIHR* xxvi, 3 (1953), 214–18.

PENNER, C. D., 'The Bülow Chamberlain Recriminations of 1900–1', *T H* v, 2 (1943), 97–109.

PENSON, L. M., 'The Principles and Methods of Lord Salisbury's Foreign Policy', *CHJ* v, 1 (1935–7), 87–106.

—— 'Obligations by Treaty: Their Place in British Foreign Policy, 1898–1914', *Studies in Diplomatic History and Historiography: Essays in Honour of G. P. Gooch*, ed. A. O. Sarkissian (London, 1961), 76–89.

—— 'The New Course in British Foreign Policy', *Essays in Modern History*, ed. I. R. Christie (London, 1968), 308–28.

PETERSSON, N. P., 'Gentlemanly and Not-so-Gentlemanly Imperialism in China before the First World War', *Gentlemanly Capitalism, Imperialism and Global History*, ed. S. Akita (Basingstoke and New York, 2003), 103–22.

PORTER, A. N., 'Lord Salisbury, Foreign Policy and Domestic Finance, 1860–1900', *Lord Salisbury: The Man and His Policies*, ed. R. Blake and H. Cecil (London, 1987), 148–84.

RAMM, A., 'Lord Salisbury at the Foreign Office', *The Foreign Office, 1782–1982*, ed. R. Bullen (Frederick, Md., 1984), 46–65.

ROLO, P. J. V., 'Rosebery and Kimberley', *British Foreign Secretaries*, ed. Wilson (see Gillard), 138–58.

—— 'Lansdowne', ibid., 159–71.

ROLOFF, G., 'Die Bündnisverhandlungen zwischen Deutschland und England, 1898–1901', *BM* vii, 11 (1929), 1167–1222.

—— 'Die Verhandlungen über ein deutsch-englisches Bündnis, 1898–1901', *PrJb* clxxvii, 3 (1926), 345–64.

ROSENBAUM, A. L., 'The Manchuria Bridgehead: Anglo-Russian Rivalry and the Imperial Railways of China, 1897–1902', *MAS* x, 1 (1976), 41–64.

SCHROEDER, P. W., 'Did the Vienna Settlement Rest on a Balance of Power? ', *AHR* xcvii, 4 (1992), 683–706.

SERGE'EV, A. A., 'Vilgelma II o russko-yaponskoi voyna I revolutioni 1905 goda', *KA* ix (1925), 56–65.

STEEDS, D., 'The Second Anglo-Japanese Alliance and the Russo-Japanese War', *STICERD Discussion Paper*, no. 432 (Apr. 2002), 20–34.

STEINBERG, J., 'Germany and the Russo-Japanese War', *AHR* lxxv, 4 (1970), 1965–86.

STEINER, Z. S., 'Great Britain and the Creation of the Anglo-Japanese Alliance', *JMH* xxxi, 1 (1959), 27–36.

—— 'The Last Years of the Old Foreign Office, 1898–1905', *HJ* vi, 1 (1963), 59–90.

SUN, E. Z., 'The Lease of Wei-hai-Wei', *PHR* xix, 3 (1950), 277–83.

TEMPERLEY, H. W. V., 'British Secret Diplomacy from Canning to Grey', *CHJ* vi, 1 (1938), 1–32.

TOWLE, P., 'The Russo-Japanese War and the Defence of India', *MA* xliv, 3 (1980), 111–17.

VARG, P. A. 'The Myth of the China Market, 1890–1914', *AHR* lxxiii, 4 (1967), 742–58.

WILLIAMS, B. J., 'The Strategic Background to the Anglo-Russian Entente of August 1907', *HJ* ix, 3 (1966), 360–73.

—— 'Great Britain and Russia, 1905 to the 1907 Convention', *British Foreign Policy under Sir Edward Grey* ed. F. H. Hinsley (Cambridge, 1977), 133–47.

WILSON, K. M., 'The Anglo-Japanese Alliance of August 1905 and the Defending of India: A Case of Worst Case Scenario', *JICH* xxi, 4 (1993), 324–56.

WINZEN, P., 'Prince Bülow's "Weltmachtpolitik" ', *AJPH* xxii, 2 (1976), 227–42.